# オルタナティブ教育

## 国際比較に見る21世紀の学校づくり

永田佳之 nagata yoshiyuki

新評論

# はじめに――よい加減に窓を開けるということ――

同時多発テロ事件が起きた二〇〇一年九月一一日、私はデンマークのファーボルグという港町にあるオルタナティブ・スクールの支援協会を訪れ、かねてから面会を希望していた事務局スタッフのオーレ・ミケルセン（Ole Mikkelsen）氏と会っていた。あたたかく迎え入れてくれたミケルセン氏は、起きたばかりの惨事にふれた後、あたかも預言者のような面持ちで私にこう語りかけた。

「デンマークのオルタナティブ・スクールは全学校数の一割ほどですが、その一割であることの意義は殊のほか大きいといえます。三割でも五割でもなく、一割ということが肝心なのです。……一割、つまりマイノリティを大切にする、そんな社会がデンマークなのです」

テロ事件の話がなぜこのような話題に結びついたのか、このときの私には正直言ってピンとこなかった。しかし、その後、コペンハーゲンにある独立学校協会の知人から、社会の中の小さきもの、弱きもの、すなわちマイノリティに耳を傾ける文化（culture of listening）がデンマークの民主主義であり、それは大国による覇権主義の対極にある知恵であると言われて、先のミケルセン氏の言葉が妙に説得力をもつようになった。圧倒的な支配力に対して捨て身で挑むテロ行為は、耳を傾けられることのなかった結末である、とミケルセン氏はとらえていたのだろう。

「一割であることの意義」――このメッセージはしばらくの間私をとらえ続け、脳裏から去らなかった。それまでの数年間、オルタナティブな教育実践と行政に関する国際比較研究プロジェクトの現地調査で数多くの教育関係者にインタビューをしてきたが、教育のオルタナティブが重要であるという立場をとる人々の大半が「すべての教育が、オルタナティブ教育のようになるべきである」と力強く主張していたといってよい。それだけに、「一割」にこだわるミケルセン氏の言葉は新鮮に響いてくるメッセージだったのだ。

　氏の言葉と出合って以来、私は、マイノリティとしてのオルタナティブ教育の社会的機能、つまり、たとえ「標準」から逸れようとも、ある程度の冒険や風変わりさ、好い加減さまでもが許容されるようなちょっとしたスキマをシステム内に開けておくこと、または社会システムの中で一割ほどのアソビを設けておくことの意義について考えるようになった。

　デンマークでは、マイノリティの社会的意義を表す際に「健全なマイノリティ（sound minority）」という言葉が使われていることに気づいたのもこの頃である。詳しくは本文に述べるが、マイノリティには社会全体を健全に保つ効力があるという考えがそこにはある。

　その後、「一割の妙」とでもいうべき教育社会の効果がデンマーク以外の国（州）においても見られるのかどうかについて知るため、アメリカやオーストラリア、オランダ、カナダ、韓国、タイ、台湾、ニュージーランド、ロシアなどを訪問し、それぞれのオルタナティブ教育をめぐるシステムの幅と厚みについて調べることができた。その結果、本論で示すように、教育システムの中でオルタナティブ教育の重要性が認められている国（州）のデータを見ると、「一割」という表現も大きな誤りではないということが分かるようになった。初めから意図されていたわけではないが、比較的自由な学校づくりが可能なシステムを取り入れた国では、約一〜二割の学校がオルタナティブ教育を授け、一割前後の生徒がそうした教育を受けているということが明らかになったのだ。たとえ一割であってもマイノリティの声が反映される公共空間が保障されているということは、社会全体にとって有意義なことである——先の国々への訪問調査はこのような想いを私に抱かせてくれた。

　さらに調査研究を進めるにつれて明らかになったのは、それぞれの一割がもつ意味合いが微妙に異なるということである。デンマークの妙とオランダの妙、またはオレゴン州（アメリカ）の妙はそれぞれに異なる。同じ一割のオルタナティブ教育でも大事にはぐくまれているもの、放っておかれて孤立したもの、尻を叩かれて切磋琢磨されているものなど、その内実はさまざまであることが分かってきた。一割の意味は、微妙にかつ深長にズレていたのである。一連の研究成果を報告書としてまとめるところまでたどり着いたと同時に見えてきたさらなる課題は、各国の教育のあり方が示唆する差異を日本社会に投げかけられた問いとして受け止め、私たちのアクチュアリティの中で一つ一つの問いかけに答えていくというものだった。この本は、このような課題を念頭に置いて書かれたといってよい。

ところで、先に述べたスキマやアソビをキーワードにして日本の文化や社会に想いを巡らせてみると、次のようなことに気づく。スキマは、私たちの慣習として昔から大事にされてきた。たとえば、台所や厠の引き戸である。壁の上部にはめ込まれた小さな窓をそっと開けておくと、何となしに風が吹き込み過ごしやすくなる。こういった工夫は、私たちのもつ生活文化の特性の一つであるといってもよいであろう。このような知恵が生活の中で培われ、私たちの感性として受け継がれてきたにもかかわらず、日本の教育システムにはスキマやアソビを見いだすことがかなり難しいといえる。

かつて、全国各地に寺子屋が散在していた時代には多様な学びの場が自発的に運営されていたが、近代的な教育システムが導入されてからは一律の制度が布かれ、教育という営みは外発的なものへと変容した感は否めない。たしかに、近代化の過程で築かれた公教育システムは全国各地に学校をくまなく造り、学校教育の普及に貢献したといえる。しかし、公教育が唯一最良のシステムであるというある種の信仰は教育界全体に息苦しさを生み出し、多くの子どもたちに生きづらさを強いてきたという一面をもつ。とくに、一九九〇年代以降、不登校の子どもたちの急増に象徴されるように、日本の教育は制度疲労の様相を呈してきたにもかかわらず打開策を見いだせないままでいる。

ともあれ、部屋の空気が「よどんだな」と感じるとき、少しでも窓を開けるということをないがしろにしてはならない。たしかに、すべての窓を全開し、いっぺんに空気を入れ替えることが必要なときもある。しかし、そんな手荒なやり方が許されるとするなら、それは末期症状といえるのではないだろうか。そうではなく、社会の知恵として、一割ほどのスキマを常に確保できるようにしておくことが殊のほか大切である、と私は考える。スキマからそよ風を通し、部屋全体をリフレッシュする――私が先に挙げた国々で出会った人々の多くは、こうした新鮮な空気をそれぞれの教育社会に吹き入れる「仕事人」であったように思われる。

室内に招き入れる風は、爽快とまではいえなくても、ある程度気持ちのよいものでなければならない。たとえ一割といえども、よどんだ空気をさらに不快にするような熱風を誰も好まないだろうし、室内の花瓶や絵画を一瞬にして吹き飛ばしてしまうような突風もごめんであろう。部屋全体が不快にならないためには、風が通る窓の開き具合が重要となる。ただ、その加減が決して容易でないことは、これから述べるオルタナティブ教育「先進国」の経験が物語っている。

以下の論考において、社会全体にとっての「よい加減」を創生するためには何が重要か、「よい加減」があまり「いい加減」にならないようにするための適度な緊張感は何がもたらすのか、そのために行政はどうあるべきなのかという課題に取り組んでみたい。本書が、閉塞状況にあるといわれる日本の教育社会に、どんな風を、どれくらいの強さで、どのように通せばよいのかを考えるための一助となれば幸いである。

二〇〇五年四月

永田 佳之

もくじ

はじめに……i

# 序　なぜ今、オルタナティブ教育か……3

1　揺らぐ国家システムとオルタナティブな教育の台頭　4
2　問われる教育社会の公共性　6

# 第1章　オルタナティブ教育とは――現代的な文脈におけるとらえ直し……11

1　オルタナティブな教育とは　12
2　変革の対象としての生徒・学校・教育制度　17
3　オルタナティブ・スクールならではの特徴　19
4　アジアにおけるオルタナティブ教育観　22
5　消極的なとらえ方と積極的なとらえ方　24
6　オルタナティブ教育の概略史　28
7　現代的な文脈におけるオルタナティブ教育のとらえ直し　32

8 セルフ・リフレクティブな教育のとらえ直し 39

# 第2章 〈ケース・スタディ〉諸外国におけるオルタナティブ教育の実際……43

①ボリビア――アンデスの麓の自由学校＝ラ・フローレスタ学園……44
1 ボリビアの社会情勢と教育 45
2 オルタナティブとしてのラ・フローレスタ学園 49
3 新たな旅立ち 61
②タ イ――多元的な教育システムへの構築に向けた「子ども村学園」の挑戦……64
1 経済成長と構造的暴力 65
2 子ども村学園の思想と実践 68
3 近年の教育施策とオルタナティブ教育 71
4 多様なオルタナティブ教育と二元的なシステム 77
③オーストラリア――問われる支援メカニズムのあり方――シュタイナー学校とサドベリー学校の実際から……79
1 マウントバーカー・ヴァルドルフ・スクール――公費助成によるシュタイナー教育理念の実現 82
2 サポート・メカニズム――市場の暴走を抑制する倫理コード 88
3 ブールービン・サドベリー・スクール――苦闘する家族規模の独立学校 93

4 関係性をはぐくむメカニズムとは 103

**④オランダ——標準化政策の中で揺らぐオルタナティブ教育**……105

1 「教育の自由」と「財政平等の原則」 106

2 歴史的背景 107

3 教育行政の権限 109

4 オルタナティブなストリームの台頭 112

5 多様な支援組織 116

6 クオリティ・コントロールのメカニズム 119

7 標準化《スタンダダイゼーション》とオルタナティブ——新たな「闘争」へ 123

**⑤アメリカ合衆国オレゴン州——多元的な〈まなざし〉を可能にする法とキーパースン**……127

1 センター・フォー・アプロープリエイト・トランスポート 130

2 多様な教育の機会 134

3 オルタナティブ教育の定義の変遷 138

4 三つのオルタナティブな教育ストリーム 141

5 オルタナティブ・スクール・ネットワーク自助組織（LEARN） 145

6 学区によって異なる対応 147

7 多元的な質保証《クオリティ・アシュアランス》のあり方 149

8 結びにかえて——問われるシステムづくりのヴィジョン 151

**⑥デンマーク——一五〇年の民衆史の中で培われた支援メカニズム**……154

1 デンマークの教育システムとその背景 155
2 オルタナティブ教育の多様性と多元的ネットワーク 161
3 自由を生かすシステム 168
4 直面する課題 177
5 少数派であることの意義 181

## 第3章 オルタナティブ・スクールはどのくらい存在するのか……185

1 「私学」による分類とその問題点 187
2 教育システム外に位置づけられるオルタナティブ教育 190
3 教育システム内に位置づけられるオルタナティブ教育 208

## 第4章 オルタナティブ教育と係争問題——クオリティ・アシュアランスの功罪……219

1 オルタナティブ・スクールの係争事例 221

2　オルタナティブ・スクールの質保証《クオリティ・アシュアランス》　228
3　クオリティ・アシュアランスの功罪　250

**第5章**

**クオリティ・アシュアランスと教育行財政のあり方**……263

1　各国のクオリティ・アシュアランスと公費助成　264
2　クオリティ・アシュアランスと公費助成の国際比較　267
3　教育行政の類型　272
4　オルタナティブ教育に関する行政の比較考察　278
5　学校選択と学校づくり——オランダとデンマークの差異　281
6　求められる教育社会のあり方　285
7　オルタナティブ教育の陥穽《かんせい》　287
8　適切なクオリティ・アシュアランスとは　292
9　積極支援・育成型の教育社会のあり方　294

あとがき……297

資料Ⅰ　子ども村学園（タイ）評議会規約……312
資料Ⅱ　オルタナティブ教育に関する法令──「積極支援・育成型」の国（州）の事例から……306
資料Ⅲ　デンマークのフリースコーレに関する監査報告……305
資料Ⅳ　オレゴン州のオルタナティブ・スクールに関する監査項目……303
資料Ⅴ　オルタナティブ教育関連組織一覧……302

注および引用・出典一覧……334
参考文献一覧……362
索引……368

# 凡例

＊本文と注での引用・文献参照について

①「(姓、年号)」または「姓(年号)」は、参考文献一覧中の著者による当該年発表の著作を参照または引用していることを示す。例えば、次の例の場合、山田氏によって二〇〇〇年に発表された著作に対応している。

【例】……であると彼は主張する(山田、二〇〇〇年)。山田(二〇〇〇年)はこう述べる。

また次の場合は、ニイル(Neill)氏によって二〇〇〇年に発表された著作に対応している。

【例】……であるとニイルは述べている(Neill 2000)。ニイル(Neill 2000)によれば……。

②「姓、年号、頁数」「姓(年号、頁数)」は、参考文献中の著者による当該年発表の著作の当該頁からの引用を示す。次の例では、参考文献一覧に記載されている山田氏によって二〇〇〇年に発表された著作の10から11ページに対応している。

【例】……であるという出張もある(山田、二〇〇〇年、一〇〜一一ページ)。

山田(山田、二〇〇〇年、一〇〜一一ページ)は次のように言った。

また次の場合は、ニイル(Neill)氏によって二〇〇〇年に発表された著作の10から11ページに対応している。

【例】……であるとニイルは述べている(Neill 2000：10-11)。ニイル(Neill 2000：10-11)によれば……。

＊図表の注は、原文の注は「原注」と記し、筆者による注は「注」もしくは「引用者注」と記してある。

＊第2章の各節の冒頭に示した各国のデータは、主として次の①と②を、補足的に③を使用している。

①国連開発計画(ＵＮＤＰ)、『二〇〇四年人間開発報告書』(http://hdr.undp.org/reports/global/2004)、二〇〇五年三月三〇日にアクセス。

②『データブック・オブ・ザ・ワールド二〇〇五年版――世界各国要覧と最新統計』二宮書店、二〇〇五年。

③外務省ホームページ各国地域情勢(http://www.mofa.go.jp/mofaj/area)、二〇〇五年三月三〇日にアクセス。

なお、各国の「言語」、「人種」、「宗教」は、紙幅の関係上、主なもののみを記してある。

# オルタナティブ教育

――国際比較に見る21世紀の学校づくり――

# 序

## なぜ今、オルタナティブ教育か

# 1　揺らぐ国家システムとオルタナティブな教育の台頭

現代は「グローバリゼーションの時代」とも「地方分権化の時代」ともいわれ、両者の狭間にある国家の役割がさまざまな領域で問われている。グローバル経済や環境破壊にまつわる諸問題に象徴的に現れているように、現代社会が早急に解決を求めているのは地球規模の問題であり、その解決には地域社会が重要な鍵を握っている場合が少なくない。こうした情勢の中で、各界において国家システムそのものがしばしば議論の俎上に載せられているが、教育界もその例外ではない。

教育分野において、伝統的な国家システム内での解決が困難な問題の一つとして不登校問題が挙げられる。一九七〇年代以降、学校に行けない（行かない）子どもは増え続け、現在「不登校」を理由とする長期欠席者（年間三〇日以上）は一三万人を超える。この間、「授業をわかりやすく、進んで登校したいと考えるような学校づくり」、「心の教育の充実」、「教員の資質能力の向上」、「教員の加配」、「教育相談体制の充実」、「家庭・学校・地域の連携」、「家庭教育の支援」、「不登校の子どもたちに対する柔軟な対応」という課題のもとに三〇項目近くの施策が講じられてきた。(1)しかし、これらの諸施策は総じて見ると功を奏さず、学校を忌避する子どもの数は増え続ける一方であった。(2)深刻化する不登校現象に鑑み、文部科学省は専門家らによる「不登校問題に関する調査研究協力者会議」を開催し（二〇〇二年九月）、本格的な対策に取り組む姿勢を示した。

日本は明治以来、国家レベルでさまざまな近代的システムを構築し、国民統合を推し進めてきたが、公教育を通した国家による国民統合というメカニズムが従来ほどうまく機能しなくなっていることを不登校現象は示唆しているといえる。こうした学校忌避の現象は、日本社会のみならず、高度情報化および国際化の過程で市民が多様な価値観をもつようになり、伝統的な社会規範が変容しつつある諸外国の社会においても散見することができる（たとえば、海外不登校問題調査研究会、二〇〇〇年）。

国家レベルの教育システムが疲弊すると同時に既存の制度の内外で新しい学校形態や学びの場が、とくに一九九〇年代以降、各国で隆盛していることは注目されてよい。ごく一例を挙げると次のようになる。

一九九一年にミネソタ州で全米初のチャータースクール法の成立をみて以来、アメリカ合衆国ではチャータースクールが急増し、その総数は二〇〇四年一月現在で三〇〇〇校近くになろうとしている[3]。学校に通わずに家庭で教育を受けるホームスクーラーは八五万人にも上り、学齢期（五～一七歳児）の人口の一・七パーセントを占めている[4]。

また、スウェーデンでは、一九九〇年代初めの教育改革により自由学校（fristående skolor）が増え続け、一九九一年に二六校であったオルタナティブな学校の数は一〇年間で二五〇校を超え[5]、政府の支援を受けながら独自の教育を展開している。

一五〇年以上にわたるオルタナティブ教育運動が成熟期を迎えたといわれるデンマークでも、市民のイニシアティブによる学校づくりとして知られるフリースコーレ（friskole）の数が徐々に増え続け、初等・中等教育段階の学校数の二割強、生徒数の一三パーセント強を占めるようになった（Undervisningsministeriet 2000 : 7, 10）。

さらにニュージーランドにおいても、一九八〇年代後半からの教育改革の流れの中で統合学校または特性《スペシャル・キャラクター》学校と称されるオルタナティブな学校群が公認され、生徒数を増やしている。また、ホームスクーラーも急激な増加を見せ、一九九三年から二〇〇〇年までの間にその数は二倍となり、二〇〇三年七月現在で六四三七人（三六二七家族）の子どもたちがホームスクーラーとして登録されている[6]。

少ない数に留まってはいるが、西欧諸国以外においてもオルタナティブな教育が台頭し、一部では公認される動きも見られる。韓国では、一九九八年に不登校の子どもや中退の青少年などのための特性化学校が初等・中等学校教育

台湾の「理念学校」である種子親子実験学苑

法施行令で認められた。二〇〇四年三月現在、一八校の高校と六校の中学が認可校として政府からの支援を受ける形で運営されており、その数は増える傾向にある[7]。また、台湾においても「理念学校」と呼ばれるオルタナティブ・スクールが二〇校ほど集まり、ネットワークを形成し、精力的に活動している（Lee 2002：163‐164）。タイでも一九九九年に発布した国家教育法において学校づくりの多様な主体が認められ、オルタナティブ教育関連の法整備が進められている（第2章ケーススタディ②を参照）。

いずれの場合も、メインストリームの公立学校数からすればさしたる割合ではないが、かつてのように伝統的な学校が必ずしも絶対視されなくなってきているということの現れであり、その社会的な意味合いは重要であるといえよう。

## 2 問われる教育社会の公共性

二〇世紀後半以後の、日本のオルタナティブな教育運動には三つの潮流が見られる。

第一の潮流は、不登校（登校拒否）の子どもたちの「受け皿」となり、公教育と対峙する形で発展してきたフリースクールなどの教育運動である。この動きは隆盛し、現在でも独自の新聞を発行するなど[8]、全国規模のネットワークを通じて活発な動きを見せている。

第二は、欧米の教育理論や実践に触発される形で発展してきた民間教育運動である。この運動も不登校が社会現象として顕著になった一九八〇年代から台頭し、ドイツのシュタイナー学校やイギリスのサマーヒル・スクールなど海外のオルタナティブ・スクールにも日本人生徒が学ぶ光景が見られるようになった。最近では、これらの教育理念にのっとった学校が認可・無認可で運営されている。

第三は、公費で民間主導の教育を展開しようとする一九九〇年代後半以降の動きであり、アメリカのチャータースクール運動などの影響を受けた、新たな「公立学校」を創り出そうとする市民運動やＮＰＯ活動が挙げられる。[9]全国各地で設立された「新しい公立学校を創り出す会」などは、不登校の子どもを主な対象とするフリースクールやフリースペースと呼ばれるオルタナティブな教育運動と同様に、メインストリームの教育との差異の承認を要請し、さらに公費助成のもとでの独自の認可校の設置権を求めている。

しかし、これらの動向と国家システムとの間には不協和音が聞かれ、オルタナティブな教育運動の主張は制度の中にはなかなか組み込まれず、現実の社会的ニーズと齟齬のある現行システムが指摘されてきた。[10]

一九八〇年代に隆盛期を迎えた日本のフリースクール運動にも子どもの権利の尊重など、公共性に通じるメッセージを内包した理論や実践が見られるが、[11]一九九二年九月の文部省初等中等局長名で「不登校児童・生徒が適応指導教室等の学校外の機関で指導等を受ける場合について、一定要件を満たすときは校長は指導要録上『出席扱い』にできることとする」という通知が出されるまでは公的な認知は一切されてこなかったわけであるから、自ずと公教育と対峙する姿勢が培われていたといってもよい。[12]

ただ、右の運動が各地で台頭した一九八〇年代当初と比べて、現在のオルタナティブな教育をめぐる潮流は若干異なる様相を呈している。両者に差異を見いだせるのは、公共性に対する意識の「温度差」のためでもあろう。一九八〇年代当初は反体制としての性格の強かったオルタナティブな教育運動も、一九九〇年代後半になると個々の実践の中にも〈公共性〉が芽生え始め、[13]また先に触れた国内のチャータースクール運動のように、公的な社会的地位と公費助成の保障を設置の前提として要求する運動が起こるようになった。

こうした近年の情況変化の中で、現在、教育の公共性が改めて問われている。学校教育をつくるに際して「公」と「私」を画してきた従来の一線が、これまでになく曖昧になっているのである。藤田英典（一九九九年b、一九一～一九二ページ）によれば、今日、教育の公共性は次の六つの次元で問い直されている。

❶だれが教育を統治すべきか
❷だれが教育費を負担すべきか
❸だれが子どもを教育すべきか
❹教育はどのような市民社会を志向すべきか
❺教育の機会はどのように平等であるべきか
❻教育はどのような文化水準・経済水準を志向すべきか

たとえば、デンマークでは、❶の問いに対しては親を中心とした地域住民、❷に対しては国家（中央政府）、❸に対しては学校もしくは親、という答えが自明の理となっている。[14]ところが、現代の日本社会における教育論では国家と市場と市民社会の「領分」が曖昧であり、三者の関係性が相当に錯綜しているように思われる。この点に関して、多くの国民のコンセンサスが得られるような「ことわり」（の形成プロセス）が現在ほど求められている時はなかったといえよう。

日本は明治以降、近代国家として一元的な教育システムを整備・拡充し、「国民の育成」や「国民文化の形成」に努めてきた。しかし、政府が教育の個性化を声高に標榜しても不登校の子どもが増え続けたことに象徴されるように義務教育制度はほころびを隠せない状況が続いている。本書は、オルタナティブ教育の国際比較を通して、日本の教育における公共性の各次元をとらえなおす契機づくりを射程に置いていることをあらかじめ強調しておきたい。

＊　＊　＊

最後に、この本を書くにあたり留意した点と本書の構成について述べて、序のむすびとしたい。

本書で用いている主な分析手法の一つは国際比較である。いうまでもなく、比較の効用の一つに、他との対比を通して自らを相対化して客観的な視座が得られること、場合によっては、それまで気づいていない自らの特性が浮き彫りにされることが挙げられる。このような効用を念頭に置きながら、本論では各国のオルタナティブな教育の法令や省令、制度や認証・監査のあり方などを比較・検討したのちに、オルタナティブ教育と行政とのかかわりに関する類型化を試みている。

周知の通り、比較研究は方法論上多くの困難を抱えている。社会的・文化的文脈を異にする二国間の比較、または多国間の比較を可能にするには等価性が重要なポイントとなる。比較の対象となる変数が相互に関連づけられるだけの共通性が不可欠なのである。しかし、本書の主題にあるオルタナティブ教育は国によって相当に異なる意味合いをもつ。実際、ドロップアウトした子どもが大半のオルタナティブ・スクールもあれば、エリート校的な色彩の強いオルタナティブ・スクールもある。こうした共通の用語では括りきれない差異を考慮しなければ、比較分析の意義は半減する。したがって、本論では「オルタナティブ教育」についての既存の定義や解釈を踏まえた上で、国際比較を可能にする軸の設定に努めている。

本書は、次の五つの章から構成される。

第1章では、右に述べたように、オルタナティブ教育に関する従来の定義と解釈をレビューし、さらに本書における独自の「とらえ方」について示す。

第2章では、オルタナティブ教育の事例を六ヵ国から取り扱い、オルタナティブ・スクールにおける実践および理論、それらを取り巻くシステムやメカニズムの実際について論じる。オルタナティブ教育の存立基盤が脆弱な国の事例としてボリビアを、法制度においてオルタナティブ教育の基盤整備が進みつつある事例としてタイを、存立基盤は確立しているが州ごとに異なる支援メカニズムの下で独自の実践が見られる国の事例としてオーストラリアを、オルタナティブ教育を監査システムのなかに組み込み、その功罪が問われているケースとしてオランダを、子ども本位の法規制度のもと、システムのスキマを縫うようにして多彩な実践が行われている事例としてアメリカ（オレゴン州）を、一世紀以上の歳月をかけてオルタナティブ教育のシステムが確立し、オルタナティブ・スクールを支える多元的な支援メカニズムが機能している国の事例としてデンマークをそれぞれ取り上げる。

第3章では、第2章で挙げたようなオルタナティブ・スクールの学校数および生徒数が各国でどれくらい存在するのかを、オルタナティブ教育のシステムが確立していない国々についてはその概要を、また確立している国についてはできるかぎり詳細なデータをもって示す。

第4章では、一九九〇年代以降、各国で見られるオルタナティブ・スクールと政府との係争問題を取り上げ、各国のオルタナティブ教育がどのような現状に置かれ、課題に直面しているのかを明らかにする。また、係争において争点となるクオリティ・アシュアランスのあり方、すなわち各国の法律や認証・監査（評価）の実際についても概説したい。

第5章では、クオリティ・アシュアランスと公費助成という切り口をもって各国のオルタナティブ教育をめぐる教育行財政の諸特性を国際比較を通して明らかにし、教育社会のあり方について吟味する。

以上の作業を通して、私たちの教育社会のあり方を見直し、教育システムを再構築していくための一助となれば幸いである。

# 第1章

## オルタナティブ教育とは
## ――現代的な文脈におけるとらえ直し

「オルタナティブ教育」または「オルタナティブ・スクール」という言葉が使われるようになって久しい。これらの用語は、時代により、また地域によりさまざまな意味合いをもって用いられてきた。進歩主義教育や新教育が台頭した一九二〇年代の欧米で、公民権運動が隆盛した一九七〇年前後のアメリカで、フリースクール運動が勃興した一九八〇年代の日本で、チャータースクールが急増した一九九〇年代のアメリカで、オルタナティブ教育は、それが語られる時代的・社会的文脈によってその含意を微妙に異にしてきたといえる。

たしかに、現代でもオルタナティブ教育と称される各国の教育のあり方はあまりに多様である。しかし、日常で使用され、辞典（事典）でも個別項目として取り扱われている以上、そこには多様な理論や実践を同一の用語で表現することを可能にしている何らかのコアが見いだされるはずである。ここでは、そのコアを明らかにするために、オルタナティブ教育の受け止められ方の実際を示そうと思う。辞典（事典）による定義や専門家および行政官らによる解釈などを取り上げ、オルタナティブ教育に込められた意味を明らかにしたい。さらに、近年のオルタナティブ教育運動に見いだされる特性を踏まえた上でオルタナティブ教育を現代的な文脈の中でとらえ直し、この用語を本論で用いる場合のスタンスについて述べてみたい。

## 1 オルタナティブ教育とは

そもそも「オルタナティブ」とはどのような意味をもつ言葉なのか。一般の辞書には例外なく二者または二者以上の対象からの選択、もしくは何ものかの代わりとなるものが意味されているといってよい。オックスフォード英語辞典には、「取ることができる二つの物のうちの片方かもう片方」、「替わりに選ばれ得る（二者のうちの）片方」、「二

記されている。

第一の意味として「代案。代替物」とあり、第二の意味として「既存の支配的なものに対する、もう一つのもの」と

つ以上のものからの選択」などの意味が与えられている（Murray, et al. 1933 : 257）。また、広辞苑（第五版）には、

これらは辞典の定義づけであるが、実際に、日常の中でオルタナティブという言葉はどのように使用されているのであろう。近ごろよく耳にするようになった言葉として、「オルタナティブ・エネルギー」や「オルタナティブ医療」が挙げられる。前者は、石油を主役とする産業社会のためのエネルギーに対する代替のエネルギーを、後者は病因をつきとめ、その根絶を目指す近代医療に代わる医療を指している。これらの例からも分かる通り、私たちが日常で使う「オルタナティブ」には、単なる代替ではなく、社会の中で問題視されてきた方法や慣習などをとらえ直すような刷新的な意味合いが含まれており、その問題性は近代的な発展の限界に端を発している場合が多い。

では、「オルタナティブ教育」や「オルタナティブ・スクール」というように、教育に関するオルタナティブとなるとどのような意味になるのであろうか。教育学事典などに取り上げられている定義を見ると、刷新の対象となっているのは伝統的な公教育であり、そこには何らかの問題が見いだされていることが分かる。『現代学校教育大事典』（奥田眞丈・河野重男監修、一九九三年、二六三～二六四ページ）によれば、「オルタナティブ・スクール」は、「公立学校の伝統的な教育に不満をもつ人々によって設立・維持され、公立学校と比べてどちらかを選択できる新しい、独自性のある学校ないしその制度」となっている。オルタナティブ教育が生まれた背景には、明らかに近代教育に対する問題意識が介在しており、その用語じたいに既存の学校教育を塗り替える、もしくは部分的に変えていく刷新性が込められているのである。

では、何が問題なのか。通例、近代教育で問題視されているのは、教科書・教師中心の管理的または強制的側面、すなわち子どもの個性を一律のスタンダードに合わせるような権威的な学校教育の特性である。『現代カリキュラム

事典』（日本カリキュラム学会編、二〇〇一年、四六七〜四六八ページ）によれば、批判の対象は「従来型のいわゆる標準的な教育を施す学校」であり、これに代わる別の選択肢として挙げられるのが「特別なカリキュラムや方法に基づく教育を施すような学校」である。具体例として、「公民権運動や反戦運動に積極的にコミットする方向を打ち出した学校」や「ニイル（Neill, A. S.）のサマーヒル・ハイスクール（ママ）に範を採り、固定したカリキュラムを設定せず、通常の成績づけも行わないといった学校」、「地方教育行政の基本路線に従わない教育方針をもつ『自由学校（freedom/free school）』」などの「初期の例」のほか、近年のアメリカで誕生したオープンスクールや壁のない学校、コミュニティスクール、さらには公立のオルタナティブ・スクールとしてマグネットスクールなどが挙げられる。

ここで留意しておきたい点は、「初期の例」の後、つまり一九七〇年代後半以降のアメリカ社会の文脈においてオルタナティブ・スクールという場合、その刷新性は公立学校以外でのオルタナティブにかぎられず、公教育システム内のオルタナティブをも志向しているということである。実際、多くの教育学事典がオルタナティブ・スクールと公教育との関係について言及している。

再び『現代学校教育大事典』（一二六三〜一二六四ページ）から引用すれば、オルタナティブ・スクールは、「(1)公立学校の伝統的な教育に不満をもつ人々によって設立・維持され、公立学校と比べてどちらかを選択できる新しい、独自性のある学校ないしその制度、(2)公立学校として、ないしその中に設けられ、親や子どもによって自由に選択されたり、学校側が親や子どもに自校の代わりに行くことを勧めている学校」の二つに大別されるのであり、前者には、フリースクールやオープンスクールなど、一九六〇年代後半のアメリカを中心に数多く現れ、反体制的な急進派グループの支持によって展開された学校が含まれる。一方、後者は、行政や公立学校が主導権を握って進めてきたもので、(1)のタイプの学校よりやや遅れて、一九七〇年代に入ってから現れた。その中には、英才児や「問題」児、障碍をもつ子ども、妊娠中の子どものための学校など、正規の学校を代替する学校が含まれ、さらに最近では、少数民族の子どもを対象にした学校も含めて考えられている。

とくに、フリースクール運動が隆盛した一九六〇年代後半から一九七〇年代にかけて、たしかにオルタナティブ教育は公教育と対峙する形で発展してきた。しかし、公立学校の中でもオルタナティブな教育理論は発展してきたし、実際にさまざまなプログラムが組まれてきたといえる。公教育システム内のオルタナティブであろうが、システム外のオルタナティブであろうが、オルタナティブ教育を提唱する人や組織が公教育をどのようにとらえているのかによってその内実が規定されるといってよいくらいに、オルタナティブ教育と公教育とは密な関係にあるのである(1)。

オルタナティブ・スクールを公教育と私教育とに分ける類型化をさらに進め、私教育を独立型と宗教型とに分類するとらえ方もある。英語圏を代表する教育学事典といえる『国際教育事典（*The International Encyclopedia of Education : Second Edition*）』（Husén and Postlethwaite 1994 : 260-266）は、オルタナティブ・スクールを①独立型、②宗教立型、③公立型の三タイプに大別している。ルソーやニイル、デューイ、シュタイナーの影響を受けた大半のオルタナティブ・スクールは①に属し、伝統的な教育組織とは一線を画する。②は、世俗的な公立学校の体制外で展開されるキリスト教系などの宗教団体による学校のことである。そして③には、刷新的な教育改革によって自己変革した伝統校や公立制度の中にモンテッソーリやシュタイナーの教育理論・方法を導入した学校、そして公教育システムの中でユニークなプログラムを提供しているアメリカ合衆国のマグネットスクールなどが含まれる。

さて、右にオルタナティブ教育の特性として刷新性や選択を挙げたが、オルタナティブ教育を理解するためのさらなるキーワードは「特殊性」もしくは「特別のニーズ」である。先に挙げた『国際教育事典』（二六〇～二六六ページ）によると、「オルタナティブ・スクールおよびプログラム」の項目には次のような定義が見られる。

「国家によるコントロールを受けた標準的な公立学校における伝統教育に対して、子どもや親が要求する諸経験を実現するための特別な教育方法やプログラム、活動、環境を提供できるように設計された学校」

この中には、進歩主義教育、ペスタロッチ主義、モンテッソーリ主義、ヴァルドルフ（シュタイナー）主義、カウンターカルチャー、オープン・クラスルームなどが含まれるが、これらに共通して見られる特性は「特殊性（specialness）」であり、場合によっては「一般の学校で提供される『メインストリーム』教育に対する意識的な反対」であるという。いうまでもなく、特殊性を必要とするのはメインストリームでは十分に満たされない「特別のニーズ」をもつ子どもや親である。したがって、オルタナティブ教育には、才能の秀でたといわれる英才児から学校教育に適合しない中途退学や不登校の子どもに至るまで幅広い対象が含まれる。(2)

**ルソー**（Jean－Jacques Rousseau, 1712-1778）
18世紀の啓蒙時代にフランスで活躍した思想家。ペスタロッチ（J. H. Pestalozzi）などのロマン主義的な教育思想に影響を与えた。さらに、個性重視が唱えられた20世紀の新教育運動の理論的支柱の一つでもあった。代表的な著作として、教育論の『エミール』（1762）がある。

**ニイル**（Alexander Sutherland Neill, 1883-1973）
イギリスの教育実践家。1921年にサマーヒル・スクールを設立し、子ども中心主義の実践を行った。なかでも「子ども中心の自治」は時代と地域を越えて各国の学校実践に影響を与えてきた。代表的な著作に『人間育成の基礎：サマーヒルの教育（*Summerhill—A Radical Approach to Child-Rearing*）』がある。

**デューイ**（John Dewey, 1859-1952）
アメリカの哲学者であり、また進歩主義教育運動の理論的リーダーでもあった。その活動は理論家にとどまらず、シカゴ大学附属実験小学校で刷新的な実践を行った。3年間にわたる実験は『学校と社会』として著され、教育界に「コペルニクス的転回」をもたらすと、自らの教育観を表現した。

**シュタイナー**（Rudolf Steiner, 1861-1925）
ドイツの思想家・哲学者。20世紀初頭に人智学協会を設立し、精神における自由、法律における平等、経済における友愛を原理とする社会三層化運動を展開。彼の思想は教育のみならず、医学・芸術・経済・農業・建築などの広範な分野を横断する。1919年には自由ヴァルドルフ学校（シュタイナー学校）を設立した。現在、シュタイナー学校は世界中に1,000校近く設立されている。

## 2 変革の対象としての生徒・学校・教育制度

オルタナティブ教育が刷新しようとする対象は、授業法から教育システムに至るまで多岐にわたる。メアリー・レイウィッド（Raywid 1999：51）はオルタナティブ・スクールの変革の対象を、①生徒、②学校、③教育制度の三つに大別している。

①の例は、問題児などに「最後のチャンス」を提供するような社会復帰や矯正を目的とした学校である。前述の通り、生徒の変革を主眼に置いたオルタナティブ教育には、才能に秀でた子ども（gifted child）の「特別のニーズ」までをも含める場合があるが、現代のアメリカ社会では、オルタナティブ・スクールはどちらかといえば英才教育というよりも矯正教育という文脈で使用されることが多いようである(3)。

②の例は、ニューヨークのイースト・ハーレムにあるセントラル・パーク・イースト中等学校（CPESS）のように刷新的なカリキュラムや教授法、運営形態をもつ学校である。繰り返し述べるが、学校の変革を目指したオルタナティブ教育の志向性は公教育の問題から生じる改革と密に結びついている。そこで目指されているのは、フリースクールのように伝統的な学校に代わる新しい内容や手法を取り入れた学びの場づくりのみならず、公立学校制度の中でほかの公立学校を選択できるという学校選択および学校内における生徒の学習の選択幅の拡大などである。

③の例は、ミネアポリスやタコマ、バークレーで実践された、小規模学校や「学校の中の学校」（schools-within-schools）を生み出した制度改革である。オルタナティブ・スクールはシステムの内と外という文脈で語られるにとどまらず、その刷新的性格はシステムそのものの変革をも志向する。『国際教育事典』（松崎巌監修、一九九一年、七九ページ）では、「オルタナティブ・スクール」の解説として次のように記されている。

「一九六〇年代後半からアメリカで始まった教育制度の多様化を志向する試み。その背景には、すべての者に画一的な教育を施す公立学校制度に対する長年にわたる不満がある。（中略）オルタナティブ・スクールという単語はこうした新しい教育形態の一つ一つを指す場合と、複数の教育形態のなかから一つを選択する制度を指す場合とがあり、公立学校では後者を主とし、オープンスクールやフリースクール、コミュニティスクール、壁のない学校などの新しい教育形態と従来の教育形態のなかから教師や両親、生徒が任意に選択する制度が一般的である」

こうした制度の刷新を実現した最近の事例は、アメリカ合衆国の各州で導入されているチャータースクールであるといえよう。チャータースクールの制度は、既存の公教育制度を超えて多様な学校教育づくりの主体のあり方を認めた制度である。その功罪の問題はさておき、[4]一九九〇年代以降、制度の変更によって従来には見られなかった新しいタイプの学校が次々と誕生したチャータースクールの事例は、オルタナティブ教育が志向する刷新性が制度レベルでも可能であることを示唆している。

制度改革がオルタナティブ教育に影響を与えてきた例、またはその逆の例は少ないながらアメリカ合衆国以外でも見られる。たとえば、ニュージーランドでは、一九九〇年前後から教育制度改革が実施され、いわゆるフリースクールも公教育制度の中に「統合学校（Integrated School）」として組み入れられ、公費助成の対象にもなった。また、こうした政府主導の制度改革とは反対に、草の根運動としてのオルタナティブ・スクールが教育制度全体に影響を及ぼしてきた事例としてデンマークのフリースクール運動が挙げられる（詳細は第2章を参照）。

**表１－１　オルタナティブ・スクールの特徴**

| | |
|---|---|
| ・小規模サイズ | ・刷新的プログラム |
| ・前向きなエートス | ・子どもの積極的な参加 |
| ・多様な選択 | ・自治 |
| ・ビジョンの共有 | ・適切な生徒評価 |
| ・適切なカリキュラム | ・教師によるケアと積極的支援 |

## 3　オルタナティブ・スクールならではの特徴

これまでに示したように、オルタナティブ教育らしさはその刷新性や特殊性に見いだすことができる。こうした特性をもつオルタナティブ・スクールとはどのような学校であろうか。それは、伝統的もしくは標準的な公立学校とどこが違うのだろう。ここでは、さらに具体的な特徴を挙げてオルタナティブ・スクールをとらえてみたい。

アメリカ合衆国を拠点に二五年以上にわたってオルタナティブ教育の推進に携わってきたロバート・バーとウィリアム・パレット（Barr and Parrett 1997：Chap. 3）は、その特性として**表１－１**のような諸点を挙げている。それらはいずれも生き生きとした学校生活を思い描かせてくれる特性であり、その裏返しが、彼らが問題視している伝統的な公教育のあり方である。そこには、大規模ゆえに管理的で活気のない公立学校が批判の対象となっている。

**表１－１**のような諸特性をやや包括的に示したのが、二〇年以上にわたってニュージャージー州を中心に教育改革に従事してきたジョン・ケルマイヤー（Kellmayer 1995：33）である。彼は、オルタナティブ教育の特徴を次の四点にまとめている。

❶公教育への批判的な視座
❷成員の親和性
❸関心（concern）とケア（care）の文化
❹子どもやスタッフの高い参画意識

ここでは、小規模なコミュニティであるからこそ実現可能な家族的な雰囲気があり、生徒同士の競争よりも協力が重んじられ、画一的な教育では軽視される傾向にある子どもの個性も重視され、生徒自治などを通して自分たちの学習と生活を自ら組み立てているという学校像が想い描かれている。

以上はオルタナティブ教育をめぐるアメリカにおける見解であるが、ヨーロッパでもオルタナティブな教育運動が推進される中で諸々の理論が形成され、実践が培われてきたことは注目に値する。ドイツでは、二〇世紀を境に、田園教育舎、モンテッソーリ学校、シュタイナー学校、生活共同体学校、フレネ教育、イエナ・プラン学校などが創設された。知的学習だけでなく芸術的・技能的学習を導入したり、教科横断的な学習領域を確保したり、能力や年齢を基準としない学習グループを生徒の活動の核としたり、学習、経験の場を学校を超えた地域に広げたりという実践が行われてきた（栗山、一九九五年、五七ページ）。こうした一世紀余りにわたる教育運動の流れを汲む、一九九〇年代以降のオルタナティブ・スクール（フライエ・アルタナティーヴ・シューレ）の教育方針として栗山次郎（前掲書、一〇七ページ）は『ドイツ自由学校事情』の中で次の特徴を挙げている。

- 生徒の人格を真面目に受け取る。
- 生徒にとって学校に来ることや、授業に出ることは楽しい時間、空間的経験である。
- 生徒の自己決定を最大限尊重し、「きまり」による「管理」は採用しない。
- 学習と生活を統合させる。学校内学習と学校外学習を分割しない。
- 学習内容を固定しないで、変更可能にしておく。
- 授業は生徒の要求に合わせて提供するが、授業への参加は自由意志による。
- 授業の形態、内容は教師と生徒で共同決定する。
- 生徒を心理的に安定させる。学校による生徒の選別機能を認めない。

- 現実を分割して教えない。教科別授業を採用せず、プロジェクト授業を進める。
- 知的作業と手作業は等価である。知的、情緒的（芸術的）、社会的、身体的発達を同時に進める。
- テストはしない。成績表は作らない。「学校報告」を詳しく書く。子どもの（知的、心理的、社会的）発達の記述はするが、点数化はしない。
- 固定したカリキュラムをもたない。学習と遊びは相互に柔軟に移行する。
- 年齢別のクラス制をとらない。
- 見渡せる範囲内での小グループ授業を進める。
- 子どもと親は共同して学校組織に参加する。保護者も授業に参加する。
- 学校は、生徒が現実を認めた上で空想を育てるチャンスを与える。
- 学校は自己管理方式を採用する。子どもを自己管理能力を有する人格と認め、生徒相互による問題解決能力を育てる。

　ここでも生徒の個性と自己決定、選択幅の広いカリキュラム、学習の個別化と共同性、バランスのとれた発達、小集団や異年齢集団、授業内容や学校経営への生徒や親の参画などが重要な特性として指摘されており、近代的な学校で見られる競争や強制、知育重視の文化とは異なる文化が創生される学校をオルタナティブ・スクールとしてとらえていることが分かる。

## 4 アジアにおけるオルタナティブ教育観

オルタナティブ教育は、必ずしも欧米中心に展開されてきたわけではない。たしかに、アジアにおけるオルタナティブ教育の専門家は数からして欧米よりはるかに少なく、情報を発信する言語的な制約もあいまって彼（女）らの論考が人々の目に触れる機会は決して多くはない。しかし、そこには現代社会のあり方に対する批判的な視座と建設的なビジョンが示されている。ここでは、南アジアおよび東アジアからの「声」を一つずつ紹介したい。

インドを中心にオルタナティブな非暴力（平和）教育運動を展開するラム・マニヴァナン（Ram Manivannan）は、オルタナティブ教育の重要性を現代社会の精神的危機と重ね合わせてとらえている。彼によれば、オルタナティブ教育は伝統的な学校教育の断片化された学びをホリスティックな学びに変える可能性を内包しているのである。

根源的ともいえる視座をもって、マニヴァナンは次のように語る。

「オルタナティブ教育のもっとも意義ある特性」は、「現代の教育システムの抱える問題に対して答えを提示しようとするのではなく、自分は何者であるか、教育にはどのような意味があり、その目的は何であるかについて問いかけ、教育の意味と目的および自己理解にとっての重要な答えを求めようとするところにあるのである」（Nagata and Manivannan 2002 : 16）

つまり、オルタナティブ教育は「問うプロセス」に価値を見いだせる教育であり、言い換えれば、自己省察のための教育なのである。そこでは問いかける営みそのものが重要であり、教育は何かを達成するための手段と化さない性質のものとなる。

このように哲学的ともいえるオルタナティブ教育に対する見方は、アジアの他国からの主張にも見られる。韓国のオルタナティブ教育の論客である高炳憲が著した「韓国の対案教育運動の基本的性格」は示唆に富んでいる。(5) 高によれば、韓国の公教育は二一世紀を生きていく子どもたちにふさわしい価値観と生への態度を形成し実践することを適えていない。そのような状況の中、地域社会の親や教師、地域運動家らによって教育の「変革の力」を回復するための努力が展開されているのが「対案（オルタナティブ）教育運動」である。

高がこの論考を著したのは一九九〇年代後半である。当時、韓国の教育界では「対案」という用語をめぐって混乱があり、「対案」の代わりに「新」や「真」を用いるべきであるという提案もなされていた。しかし、高は対案教育運動が始まったばかりである韓国社会において土着の理論を創り出すためにはまずもって多様な実践がなされなくてはならないこと、また対案教育を夢見る人々が負担なく実践できる雰囲気を醸成するために「対案教育運動」の概念の確立はしばらくの間急がないほうがよいことを主張した。

韓国における「対案教育」をめぐる議論で、次のような疑義が呈されたことがある。「対案」を字義的に解釈すれば、「二つの中、場合によっては三つ以上から一つを選ぶ余地」が正しい「対案」となり、こうした解釈の仕方では「対案教育」はただ一つの新しい形態にすぎないことになる。初めは「対案的」であっても、ひとたび普遍化されたら伝統的なものと化し、究極的には既存の教育と変わらなくなるのではないか。このような懐疑論に対して、高は次のように応答している。

「対案教育」の重要な点は、選択が盲目的になされるのではなく、むしろ積極的に、しかも問題解決に向けた未来志向的な価値によってなされるところにある。「対案」とは、単に「新しい」とは異なり、既存の諸価値の根本的な前提と学校制度が根を下ろしている土台それ自体の変化までも包括する概念である。

高は、対案教育が既存の教育の単なる否定としての意味よりは、それをより効果的にリードする多様な教育実践の一つの方法として理解されねばならないという。さらに、既存の教育との関係を前提にしなくては対案教育の議論自体が無意味であり、対案教育の実践者にとっては、むしろ伝統的な教育システムがいかにして対案教育的性格となるのかということのほうが「より緊急かつ生産的な苦悩」であると述べている。

以上、アジアの国々の二人の論客の見解を紹介したが、いずれも西欧からの見解とは趣を異にし、哲学的ともいえる洞察力に富む論点を提示しているといえよう。



## 5 消極的なとらえ方と積極的なとらえ方

これまで、オルタナティブ教育の定義や解釈に加えて欧米やアジアでのとらえ方を概説したが、実際に、オルタナティブ教育やオルタナティブ・スクールはどのように受け止められているのであろうか。

現在のアメリカ合衆国の教育界では、オルタナティブ教育をメインストリームの教育の「補完的な役割」、もしくは「劣っているプログラム」としての見方が根強い（Kellmayer 1995 : 27 ; Barr and Parrett 1997 : 23）。アメリカでは、多くの「擬似オルタナティブ」校やプログラムのために、オルタナティブ・スクールが「不適格者の避難所」や「メインストリームで上手くやれなかった生徒を安直に卒業させる場」として見なされる傾向にあるという。また、「オルタナティブを装ったプログラム」が、困窮する生徒を収容する「ソフトな拘置所」として機能しているという指摘もある（Kellmayer 1995 : 7, 12）。

ミネソタ大学教育・人間開発学部の地域社会生活研究訓練センターが出した研究成果報告は、アメリカ合衆国の行政官によるオルタナティブ教育像を把握する上で重要である。同センターは、二〇〇一年からの三年プロジェクトの一環として全米五〇州およびコロンビア特別区の特別教育（special education）担当責任者に各州のオルタナティブ教育の現状に関する電話インタビューを実施した。その結果、オルタナティブ教育を受ける生徒は、メインストリームの学校からの「移籍」であると回答者の三分の二近くが答えていること、オルタナティブ教育プログラムの三分の一が伝統的な公立校内で実施されていること、さらに教育内容の特徴について、多くの回答者が生徒の行動規範や規律を重んじていることを明らかにした。[6]

ここでいう「移籍」は、「問題」をもつ生徒にとっては最後のチャンスであることを示唆している。州の特別教育担当責任者を対象に行うというこの調査の構造じたいがオルタナティブ・スクールに対する一面的な解釈を助長する可能性を内包している点は否めないが、調査結果から言えることは、現代のアメリカ合衆国でオルタナティブ教育は「選択」に価値を置いた刷新的教育プログラムというよりも、何らかの問題のある子どもの「救済」または「矯正」プログラムとして考えられる傾向が強いということである。それは、あくまでも学校に生徒を留めておくための補助的プログラムとして位置づけられており、近年、規律重視の傾向は強くなっているようだ。

こうした研究報告が指摘している通り、アメリカ合衆国では、かつては異なったタイプの学校選択に価値を置いていたオルタナティブ教育プログラムが二一世紀を境に停学や退学処分を受けた「問題児」を主な対象とした最後の更正機会となり、「望ましくない」生徒の「溜まり場」として見なされる傾向にある。また、オルタナティブ教育の最近の動向をハンドブックとしてまとめたコ

オルタナティブ教育の最近の動向をまとめたB. E. コンレイ著のハンドブック

ンレイ（Conley 2002：44）は、「オルタナティブ・スクールはもともと問題行動やまたは不登校問題をもつ生徒に手を差し伸べることを目的につくられた」と、一九九〇年代以前の情況を振り返り、解説している。
ニュージーランドにおいても、従来のフリースクールのような学校の中には「統合学校」として認証されメインストリームの一部となる一方で、「オルタナティブ」を冠する諸々のプログラムはドロップアウトした生徒や学習遅滞の生徒、社会的問題行動を起こす生徒を対象にしたプログラムとして位置づけられている。(7)

近年、オルタナティブな教育形態が台頭するアジア諸国においても、オルタナティブ・スクールはある種のセーフティネット、つまりメインストリームの教育からドロップアウトした生徒のための教育であると政府や行政から認識される場合が少なくない。韓国初の初等教育段階のフリースクールであるサン・チルドレンズ・スクール校長のユム・オック・ホワン（Yum Ok Hwang）は、「政府のスタンスと対応は、オルタナティブ教育が主に不適応の生徒のためのセーフティネットとして機能するという見方に基づく」（Nagata and Manivannan 2002：149）と、韓国政府の姿勢を批判的に論じている。韓国では、不登校は「非行」として見なされる傾向にあり（東京シューレ、二〇〇〇年、一五〜一六ページ）、筆者らが韓国のオルタナティブ・スクール（代案学校）で調査した際も「問題児の学校」として見なすまなざしに苛まれてきたという声をしばしば耳にした。(8)

台湾では、伝統校で受け入れられない障碍児または軽いハンディキャップのある子どももオルタナティブ・スクールに送られているという（*Ibid*：162）。また、日本でもフリースクールなどの民間施設は不登校の子どもたちの「受け皿」として認識される場合が少なくなく、メインストリームの補完としてオルタナティブ教育をとらえる見方が依然強い。この見方はとくに行政サイドに強く、「学校復帰」を前提としたフリースクールなどの支援プログラムであるスクーリング・サポート・プログラム（ＳＳＰ）がその現れといえよう。(9)

他方、以上のような「劣っているもの」とする見方とは正反対に、オルタナティブ教育を積極的に評価し、そこで受けた子どものほうが成績もよく、罪を犯す生徒数も少ないという見方もある。[10]また、一般の公教育とは異なるオルタナティブ教育ならではの「学力」が培われているという指摘もある。一例であるが、オーストラリアのシュタイナー学校では、価値あるもの、楽しいものを努力ではなく、偶然に発見する能力、すなわちセレンディピティ（serendipity）がはぐくまれているという（永田、二〇〇五年）。

さらに、オルタナティブ・スクールには、むしろ公教育では培われにくい新たな〈公共性〉を読み取ることができるという指摘もある。たとえば、近年、イギリスで導入されたシチズンシップ教育との関連で、[11]サマーヒルなどの生徒自治のある学校のほうが一般の公立校よりも市民性が育成されていることを示したデリー・ハナム（Derry Hannam）による調査報告（Hannam 2001）は、オルタナティブ教育の優れた特性を示す証左の一つといえる。

一九九〇年以降の日本においても、全国のフリースクールなどのオルタナティブな実践に新たな〈公共性〉の萌芽を見いだすことができるとする指摘が見られるようになった。全国各地で独自の活動を展開する日本のフリースクールやフリースペースでは、地域に開かれた活動の中で、子どもも大人も元気になっている姿が統計的にも明らかにされている（たとえば、菊地・永田、二〇〇〇年、オルタナティブ教育研究会、二〇〇三年）。

オルタナティブ教育が、公教育にポジティブな影響を与えているという成果報告もある。ミネソタ州の学校改革センターの報告書「実際に何か起きたか——ミネソタ州公立学校選択プログラムの経験」がその一例である[12]（Boyde 2002）。ミネソタ州では、一九九一年に四〇〇〇人であったオルタナティブ・スクールの生徒数が二〇〇二年には一〇万人に膨れ上がった。これらの生徒は学校生活の満足度が高く、学業成績などの点においても伝統的学校よりも優れた成果を挙げ、しかも公教育システム全体にも望ましい影響を与えたという調査結果が同大学センターから出されている。

オルタナティブ教育を支援する法制度を確立しているオレゴン州では、市民が中心となり、オルタナティブ教育に積極的な意味づけをする試みが行われてきた。第2章でも扱う支援団体「LEARN」が作成した『オルタナティブ教育マニュアル（Alternative Education Manual）』には、次のように記されている。

「二〇年前、オルタナティブ教育プログラムは学校でつまずいた生徒のみを対象にしたプログラムであったが、現在の私たちには、公的な資金をもとに幅広い生徒を対象にした多くの選択肢が用意されている」(Rubinstein, et al., n.d.: 3-4)

たしかに、オルタナティブ・スクールやオルタナティブ教育プログラムは「標準的なクラスルームでの教育からの逸脱」や「敗北者の学校」、「一般のクラスルームでうまくいかない生徒だけを対象にした学校」、さらには「公立学校からの税金盗り」と見なされることもあることを認めながらも、実際、オレゴン州では、学校で成績の振るわない生徒にかぎられず、実にさまざまな生徒を対象にした多様な学校やプログラムが行われているのである（第2章ケーススタディ⑤を参照）。

## 6 オルタナティブ教育の概略史

ここで、オルタナティブ教育とはいつごろ誕生し、どのような軌跡をたどって発展してきたのかについて振り返ってみたい。

先に示したオルタナティブ教育の理論の多くが生まれ、さまざまな試みとしての実践が台頭し、教育運動として国境を越えた広がりを見せたのは一九二〇年代である。当時は、新教育（進歩主義教育）と称される教育刷新の運動が欧米を中心に展開され、ヨーロッパでは新教育連盟（New Education Fellowship）が、アメリカでは進歩主義教育協会（Progressive Education Association）がイニシアティブをとり、活発な理論化や実践が試みられた。これらの新興教育が重要視する基本原則として、進歩主義教育協会の機関誌「プログレッシブ・エデュケーション（Progressive Education）」の編集者であるガートルード・ハートマン（Gertrude Hartman）は次の諸点を挙げている（Hartman 1926 : 121-122）。

❶子ども自身が自然に発達する自由
❷子どもが活動する際の動機や興味
❸案内役としての教師
❹生徒の発達の科学的研究
❺子どもの健全な身体的発達
❻子どもの生活のニーズに応えるための学校と家庭の協力
❼教育運動における進歩主義学校のリーダーとしての役割

この時代に多様な理論を提唱し、実験的ともいえる実践を行ったキルパトリック、ケルシェンシュタイナー、シュタイナー、パーカスト、デューイ、ドクロリー、ニイル、フレネ、モンテッソーリなどが、現在でもオルタナティブ教育の思想および理論のバックボーンとなっている場合が多い。これらの新教育運動や進歩主義教育運動に影響を与えた教育理論家や実践家たちの影響のもとに、オルタナティブ教育は、子ども本位、生活重視、情操的側面の尊重、学校生活の民主的統制、ホリッスティックな子ども観などの特徴をもつに至ったのである。

現在でも影響をもち続ける教育理論（実践）家と彼（女）らの学校（群）をまとめると**図1-1**のようになる。

これらの実践は第二次世界大戦によって姿を消したように見えたが、こうした運動が各地で再び隆盛したのは一九

図１－１　欧米等に影響を与えてきた教育理論・実践家（出身国：実践校（プログラム）／特徴等）

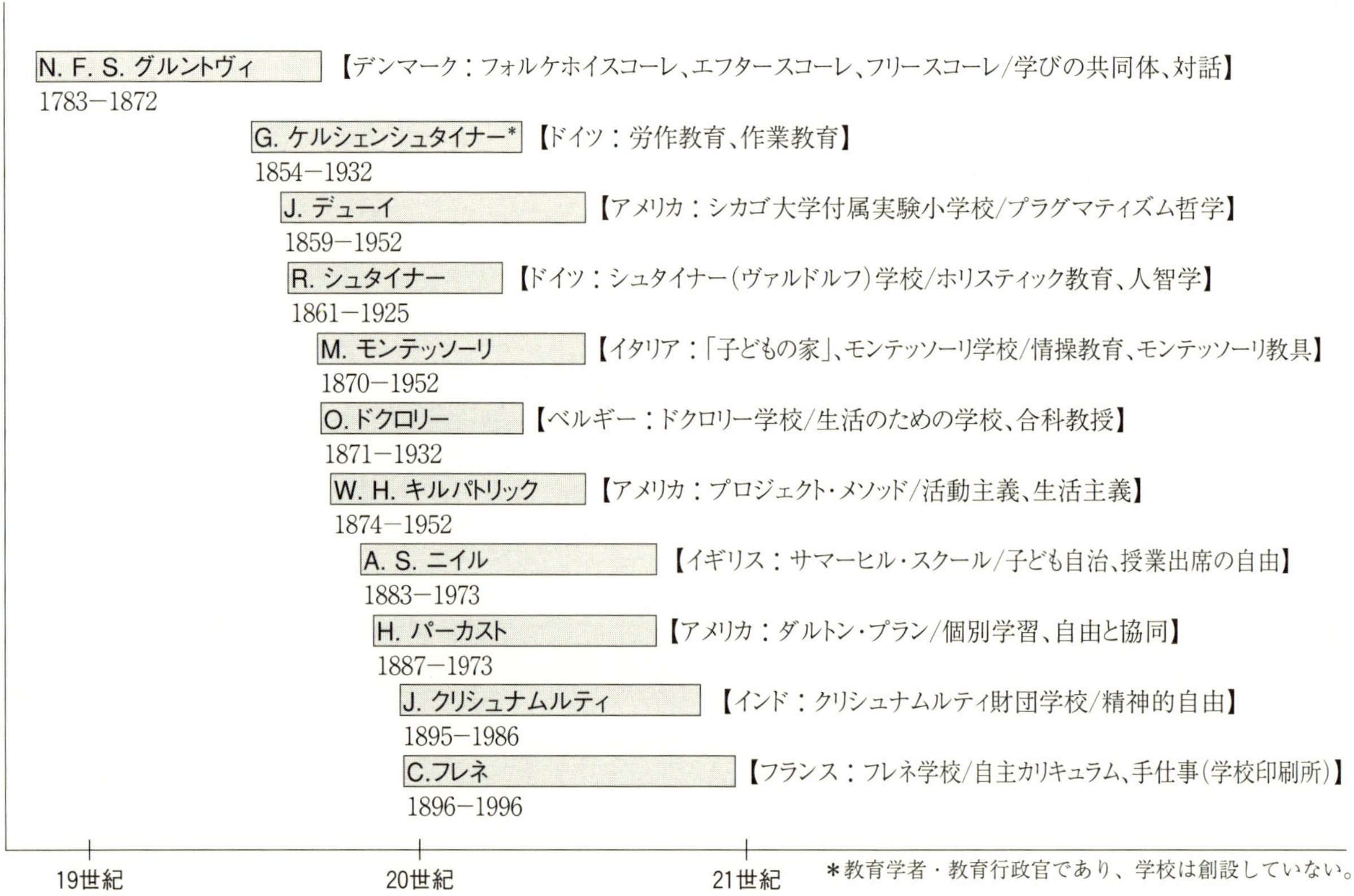


＊教育学者・教育行政官であり、学校は創設していない。

六〇年代である。一九六〇年代のアメリカにおいて、公教育に対する信頼が急速に消失すると同時にフリースクール運動が勃興した。それは、カウンターカルチャー的な性格を強くもつ運動であった。そして、ロン・ミラー（Miller 2002：129‐130）によれば、一九六七年から一九七二年に最盛期を迎えたフリースクール運動も徐々に衰退し、三つの主義主張をもつグループに枝分かれしていった。つまり、「地域に根ざした学校づくり」と「公立オルタナティブ・スクール運動」と「ホームスクーリングの草の根運動」である。

こうした動きの中で注目されるのが、公教育とオルタナティブ教育との結合である。アメリカでは、反権威主義的な色彩の強かったフリースクール運動の衰微とともに、一九七〇年代の中ごろまでに「フリースクール」という用語は「オルタナティブ・スクール」に取って代わられるようになり、公教育改革者によっても使用されるようになった。すなわち、従来のフリースクール運動は、万人のための教育運動ではなく、多様な階層が通う公立学校とは無縁であったという批判と同時に、万人のための公教育改革なくして真の改革はありえないとする「パブリック・オルタナティブ・スクール」の論調が強調されるようになったのである。一九七〇年代から一九八〇年代のアメリカの教育シーンにおいて、オルタナティブ教育は公共的な関心事と常に結びついていたように思われる。

一九八〇年代以降、とくにアメリカの教育を振り返ると、オルタナティブ教育は教育政策の動向の趨勢に左右されてきたといえる（Conley 2002：Chap. 1）。基礎学力（Back to Basics）と同時に卓越性が追及された一九八〇年代は、マグネットスクールなど、特定の教科（科学など）やプログラムにおいて優秀な成果を目指すオルタナティブ・スクールが生まれた。一九九〇年代から二一世紀初頭にかけては構造改革を背景にした競争・学校選択の時代であり、オルタナティブ・スクールも公立学校の私事化・競合化の荒波と無関係ではいられなくなってきている。

オルタナティブ教育は、このように時代的潮流の中で少しずつ強調点をずらしながら継承されてきた。一九七〇年代半ば以降の「パブリック・オルタナティブ」の台頭した公立教育改革の時代からブッシュ政権による「ＮＣＬＢ教育改革法（No Child Left Behind Act of 2001)」[13]に至るまで、時代ごとの政策との距離を伸縮しながらオルタナティブな教育スピリットは連綿と継承されているのである。

## 7 現代的な文脈におけるオルタナティブ教育のとらえ直し

一九六〇年代後半以降の欧米や一九八〇年代の日本などで見られたフリースクール運動などのオルタナティブな教育運動は、メインストリームである公教育に対峙する性格を強くもち、学校教育に対して二項対立的な教育のストリームを形成していたといわれる。しかし、一九九〇年代以降のオルタナティブ教育の特性は、こうした運動とは微妙に異なる性質を帯びていることは強調されてよい。ここでは、近年のオルタナティブ教育に萌芽的に見られる特徴と同時に新たな視座からのとらえ方を示し、現代的な文脈の中でオルタナティブ教育をとらえ直してみたい。

### (1) 〈公共性〉の芽生えと公的支援

フリースクール運動などに見られたように、オルタナティブ教育の担い手たちはメインストリームに対するアウトローとして自己を規定する傾向があった。しかし、現在ではこうした傾向をオルタナティブ教育運動に見いだすことは以前ほど容易でない。先にも触れた通り、近年のオルタナティブ教育セミナーなどにおける提言を見るかぎり、二項対立の図式で公教育をとらえようとしない傾向は顕著である。二〇〇二年に国立教育政策研究所で開催された「アジア・太平洋地域フリースクール・セミナー」においてもこのような認識は随所に示され、公教育をパートナーとして把握する傾向さえうかがえた（Nagata and Manivannan 2002 : 182, 185)。

一九九〇年代以降のオルタナティブ教育の特徴は、〈公共性〉に対する関係者の意識に見て取ることができる（*Ibid*: 185）。オルタナティブな教育を実践している側にも〈公共性〉を形成していく主体としての意識が芽生え、同時に行政サイドにも、特別のニーズに応えるオルタナティブ教育を国家システムの一環として認めようとする動向が見受けられるようになった。実際、現在の日本のオルタナティブな教育実践に〈公共性〉形成の芽を見て取ることはさほど困難ではない（菊地・永田、二〇〇〇年および二〇〇一年／渋谷、二〇〇二年）。

一九六〇～一九七〇年代のオルタナティブ教育運動には評価を持ち込むこと自体に対する反発が強くあったが、近年は、オルタナティブ教育の中でも独自の学力を追求し、理論化していく動きも見られる。(14) 興味深いことに、オルタナティブな教育運動の中に根強い反評価主義を見直す動向も見られるのである（Kellmayer 1995：124）。

また、生活面での〈公共性〉を自治活動を通して実現しようとする動き、すなわち意思決定プロセスに子どもたちを積極的に参加させようとする試みも見受けられ、多様な活動への参画を通した市民性の育成への萌芽をオルタナティブ教育実践に見いだすことも可能である。(15)

一方、国家のほうもオルタナティブ教育との関係性を新たに構築しようとしている。第一に、既存のオルタナティブ教育をメインストリームに取り入れる動向が各国で見られる。第3章でも述べるが、ニュージーランドの統合学校や韓国の特性化学校はすでに実践歴のあるオルタナティブ・スクールを公的に認め、助成していく動きとして注目されている。また、タイの国家教育法（第一二条）などのように、オルタナティブ教育の認証に向けた社会動向も注目される（第2章ケース・スタディ②を参照）。さらに、アメリカのブッシュ政権が発表したＮＣＬＢ教育改革法には刷新的なプログラムに対する助成の機会が示され、新たな可能性をチャータースクール以外の民間教育施設にも拓いているという見方もできる。

こうした既存のオルタナティブ・スクールへの支援とは別の趨勢として注目されるのは、設立当初から公的財源を伴う形で公設民営型のユニークな学校を創ろうとする動きである。その代表的な例がアメリカのチャータースクールであり、日本の教育改革運動にも影響を及ぼし、日本でもチャータースクール法案がＮＰＯなどによって策定されている。

先に、オルタナティブ教育を正規の教育の補完的な役割としてとらえる消極的な見方を紹介した。しかし、右に挙げたようなオルタナティブ教育を各国政府が認証する動向は、公教育がすべてのニーズに応対しようとするのは相当な困難を伴うということと同時に、オルタナティブ教育の「受け皿」を越えた積極的な役割と機能が認められるようになったことの証左である。各国でオルタナティブ教育にいかなる〈公共性〉を見いだし、自国の教育システムの中で位置づけるのかについては、とくに一九九〇年代以降、各国政府の教育政策上の課題の一つとなっており、官と民との協働のあり方が模索されている。また、最終章で述べるように、〈公共性〉をはぐくむ公的な支援のあり方も重要課題となっている。

### (2) 時代的・地域的制約からの脱却

先の「概略史」でも示した通り、オルタナティブ・スクールの起源は一九二〇年代の欧米にあり、その後の運動もとくに一九六〇年代以降のアメリカを中心に発展してきたかのようにとらえることができる。しかし、タイなどの国々でオルタナティブ教育が自らの正当性を主張し始めた一九八〇年代以降のアジアの動向を見るかぎり、オルタナティブ教育は決して西欧社会を中心に展開されているのではなく、ほかの地域にも同様の性格をもった運動が連綿と継承されてきたといってよい。このことは、オルタナティブ教育を既存の社会的通念、とくに教育分野における通念を刷新する機能として見るときにより一層明らかになる。

非暴力の精神的指導者であるインドのマハトマ・ガンディー（Mohandās K. Gāndhī 1869-1948）の思想を継承す

る教育運動やスリランカのサルボダヤ運動を引き合いに出すまでもなく、西欧から強い影響を受けてきた個人の解放のための教育運動とは系譜を異にする独自の教育刷新運動はアジア地域においても見られ、一般には知られるほどではないにせよ、土着的な思想と理論が教育政策に影響を与えた例も見いだされる。[16] また現在では、発展途上国や新興国と称される地域においても西欧に端緒を見いだせるシュタイナー教育やモンテッソーリ教育、サマーヒル教育、Ｎ・Ｆ・Ｓ・グルントヴィに影響を受けたデンマークの成人教育なども広まりつつある。[17] さらには、西欧からの影響とは逆に、インドの哲人、Ｊ・クリシュナムルティ（Jiddu Krishnamurti 1895-1986）の影響を受けた西欧の学校などもオルタナティブ教育実践の一つとして注目されてよい。[18]

刷新性や特殊性を帯びた教育のオルタナティブは多様な地域・文化で醸成されてきたということ、近年においては西欧から非西欧へという影響のフローと同時に、非西欧から西欧へというフローも見られるということを認識するならば、オルタナティブ教育がもはや近代西欧に端を発した教育であると断定することは事実上困難であり、特定の時代や地域に制約されることのないとらえ方が重要となる。

### (3) 全体性《ホールネス》の強調

先に引用したマニヴァナンの主張にも示されていたように、近年のオルタナティブ教育に関する論考では、明らかにホリスティックな視座が強調されるようになった。従来のオルタナティブ教育論は多分に反権威主義的な性格を帯びており、ことさら子どもの個性や管理教育からの解放が唱えられた。しかし、一九九〇年代になると、社会や大人との関係性において子どもをとらえようとするホリスティックな教育観が台頭するようになったのである。

吉田敦彦は『ホリスティック教育論——日本の動向と思想の地平』（日本評論社、一九九九年、一五七ページ）の中で、「オルタナティブ教育の潮流は、ホリスティックな教育観によって自らの教育観を深化させながら、北米でも日本でも、その地道な実践活動を継承している」と述べている。従来のオルタナティブ教育が標榜してきた「大人―子ども」、「知育―感情の解放」、「社会的抑圧―個人の自由」という二項図式を止揚する新たなキーコンセプト、すなわち「人間の全体性《ホールネス》」や「いのち」、「関係性」などがそこでは強調されている。

これらの概念のもとにオルタナティブ教育をとらえ直そうとする傾向が、ホリスティック教育研究者らに見られる。ホリスティック教育の提唱者の一人であるロン・ミラー（Miller 1992：21）も、オルタナティブ教育に影響を与えてきたルソーやペスタロッチ、フレーベル、モンテッソーリ、シュタイナー、ニイル、グッドマン、ホルトなどの思想家や教育者たちはそれぞれに独自の理論または実践を生み出してきたが、いずれも共通して教育を全体性《ホールネス》という観点からとらえており、ホリスティックな教育者であると論じている。

こうした全体性を現実的な社会システムとして見た場合、それは異なる複数の価値が相殺する関係よりも、多様な価値が相互の独自性を保持しながら全体的調和を創生するような多元的社会が描出されるのであり、現在、そうした教育社会のあり方が模索されているといえる。

### (4) 量的な基準――少数派としてのオルタナティブ

最後に指摘しておきたい重要なオルタナティブ教育のとらえ方がある。それは、従来の質的定義に依らない量的な定義である。これまでに示した諸定義は、オルタナティブ教育がもつ性質について言及した質的な定義であるといえる。これとは異なり、量的な視座でその特性をとらえようとする見方もある。言い換えるなら、「子ども中心」や「自由主義」、「個性」などの特性に関わりなく、社会の中の少数派としてオルタナティブを位置づけようとする視座である。

繰り返しになるが、ここで序に引いたデンマークのオルタナティブ・スクール支援協会のスタッフのメッセージを今いちど咀嚼する形で引用させていただきたい。

オルタナティブ教育を社会の中の「オルタナティブ」として成立させているのは、メインストリームの教育に対する「少数」派である。それは、教育制度の中でメインストリームとは性質を根本的に異にする教育主体を指し、その内容は規定されず、常に流動的である。要するに、メインストリームに対する少数派であれば、いかなる主義の教育であろうが、それはオルタナティブなのである。こうした見方は、一見、量的に割り切った皮相的な見解として受け止められるかもしれないが、この立場の重要性を指摘する主張は人間社会の長い歴史の中で培われた知恵というべき思慮深い考えに基づいているといってよい。

前述の「アジア・太平洋地域フリースクール・セミナー」にリソース・パースンとして出席した、デンマークの独立学校協会事務局長であるピーター・ホイゴール氏の主張は傾聴に値する。それは、「オルタナティブ」とは大きな社会の中の少数派の信念や信仰、主義・主張を擁護し、実現していくための概念であり、デンマークにおける民主社会の定義の一つである「他者に耳を傾ける文化をもつ社会」を象徴的に表す概念でもあるという主張である（Nagata and Manivannan 2002：24）。要するに、オルタナティブ教育の真価は特定の信条や理念、理論、方法ではなく、「少数派である」ということ自体なのである。

質的なとらえ方をする場合、「オルタナティブ」の内実は過渡的なものとなる。ある時点においてある特性を帯びた教育が「オルタナティブ（支流）」であるとしても、その教育の主張する思想や理論を拡張する普及運動の過程において「メインストリーム（本流）」となっていく場合もある。進歩派の実践が長い年月をかけて社会一般に浸透し、伝統派に転じるときもあるのである。

こうした新たなとらえ方、つまりオルタナティブな「オルタナティブ教育」の解釈が近年開催された国際セミナーなどで提示されているということは、教育社会全体の中の不可欠なシステムとしてオルタナティブ教育をとらえていこうとする近年の動きを反映していると見ることもできる。

以上、近年のオルタナティブ教育に見いだされる諸特性について述べた。本来なら、最後にオルタナティブ教育についての「定義」を示すべきであろうが、ここではあえて定義づけの誘惑から距離をとり、今いちどオルタナティブ教育の本質的な特性について確認しておきたい。この章で扱った諸定義・解説には、「伝統」や「公教育」などの、いわばオルタナティブ教育と対峙する概念を容易に見いだすことができる。つまり、オルタナティブ教育とはそもそも「相対的な概念」であり、その特性は刷新が必要であると想定されている伝統なり公教育なりがどのような問題性をもつととらえられているのかによって変容するといえよう[19]。従来の教育が画一的であるととらえられていればオルタナティブ教育はその多様性や選択的側面が強調されるし、断片的であると把握されていればホリスティックな性質が強調される。

このように、オルタナティブ教育は多面的・多元的な特性を備えた相対的な概念であり、内実を規定するような定義づけは控えるべきであるというのが筆者の見解である。したがって、ここでは従来からのオルタナティブ教育の重要な特性を踏まえ、さらに近年のオルタナティブ教育の動向を加味し、オルタナティブ教育の内実を規定しない形でのゆるやかな「とらえ方」を次のように提示したい。

❶ 市場および国家から相対的に自律し、メインストリームの規範や通念をとらえ直す〈公共性〉。
❷ 伝統的な教育（公教育・私教育の別を問わない）を批判的に、かつ再構築する視座でとらえる刷新性。
❸ 公教育との協働において独自の社会的役割を担う相互補完性。
❹ 近代西欧という特定の時代的・地域的制約にとらわれず、どの時代のどの地域にも見いだすことのできる多様性。
❺ 二項対立的な思考様式に依拠しない、ホリスティックな視座を重視する全体性《ホールネス》。
❻ 少数派の声に代表される多様な価値や「特別のニーズ」が尊重される多元性。

この六つの特性は、いずれも具体的な教育内容を示すものではなく、むしろ内容を規定するフレームワークとしてとらえるのが相応しいといえよう。

## 8 セルフ・リフレクティブな教育のとらえ直し

最後に、オルタナティブ教育を関係性の相対的概念としてとらえることの重要性を強調し、この章のむすびとしたい。前述の通り、この概念は本質的に何らかの問題が想定される〈対の概念〉との関係性によって規定されるがゆえに、絶対的な定義づけを困難にする。したがって、その内実は「オルタナティブ教育」を語る者が問題領域をどのようにとらえているのかによって異なってくる。また、当事者がその問題領域とどの程度の相対的な距離を置くかによっても自ずと規定されてくる。

では、一般にオルタナティブ教育が語られるとき、どのような関係性や相対的な距離が想定されているのであろう。二〇世紀のアメリカにおいてオルタナティブ教育が公教育批判の文脈の中で語られてきたように、多くの場合、それは伝統と刷新との関係性であり、各々の時代における教育社会のメインストリームとの相対的な距離である。ただ、その伝統やメインストリームが指し示す内実は、時代や社会状況によって相当に異なる。ナショナリズムが出現する一八世紀末以前の西欧の教育界では宗教教育に対するオルタナティブが、ナショナリズムが社会の隅々まで浸透していった一九世紀以後の近代社会においては教育の国家統制に対するオルタナティブが、かつてないほどに市場が教育界に強い影響力をもち始めた二〇世紀末以後においては世界規模で席巻する市場経済主義またはグローバリゼーションに対するオルタナティブが想定されてきたといってよい。

次に、伝統やメインストリームの本質的な問題とは何かを考えてみたい。

ここで、先に挙げた特性の一つである「少数派としてのオルタナティブ」を想い起こしたい。伝統やメインストリームを構成するのはいうまでもなく多数派である。多数派は、本質的に自ずとマジョリティとしての権力性を帯び、排他的となる傾向を内にもつ。一方で、少数派は法律などの社会的な機能によって護られないかぎり理不尽な境遇に置かれ、その声はいつの時代にも社会全体に届かない傾向が見られる。

オルタナティブ教育「先進国」と称されるデンマークの独立学校（フリースクール）関係者は社会の中の「健全なマイノリティ」と「他者（とくに少数派）に耳を傾ける文化としての民主主義」の重要性について事あるごとに触れる[20]（Pedersen 2002: 59）。多数であることじたいに内在する暴力性と、少数であることじたいの本質的価値が繰り返し強調される背景には、第二次世界大戦時に全体主義による席巻を許したことに対する反省があるという。「少数派としてのオルタナティブ」は、ヨーロッパ大陸の小国としての知恵と無関係ではないのである。

オルタナティブ教育は、狭義にとらえるとその内容は規定されて実体をもつ概念となるが、広義にとらえるとその内容は規定されず〈フレームワーク〉としての機能をもつ概念となる。こうした広義な言葉のとらえ方は、確かに内実をつかみづらくするものかもしれない。しかし、狭義にとらえると、「進歩主義」や「民主主義」、「個性尊重主義」、「自由主義」などの規定を伴うと同時に、排他的にならざるを得ないといえよう。

これまで自由主義や個性尊重主義に立脚するオルタナティブ教育論は、往々にしてメインストリームを批判してきた。しかし、こうした質的な定義を伴った主義主張には「自らが正しい」という自己正当化への傾斜が常につきまとう。その意味で、メインストリームの教育と同じ土俵にあったといえる。しかし、オルタナティブ教育を語る際、マイノリティの社会的な存在意義を念頭に置くことにより、こうした陥穽《かんせい》は回避される可能性が拓かれるのではないだろうか。ともすれば、自分も誤っているという意識をいつもどこかにインプットしておく作用、言い換えれば、特定の思想やイデオロギーを絶対視しないための相対化の作用、すなわちセルフ・リフレクティブな作用がオルタナティブという概念には内在しているのである。教育システムの再構築の契機づくりを射程に置くこの論考が広義の概念として「オルタナティブ」を扱う理由がここにある。

# 第2章

## 〈ケース・スタディ〉
## 諸外国におけるオルタナティブ教育の実際

ケース・スタディ❶ ボリビア

# アンデスの麓の自由学校 ＝ラ・フローレスタ学園

**ボリビア共和国**

首都：スクレ（憲法上の首都はスクレ、最大の都市であり、行政府・立法府の所在地はラパス）
国土：109.9万$km^2$
人口：876.6万人
１人当たりGDP：886ドル
言語：スペイン語・ケチュア語・アイマラ語（以上公用語）
民族：先住民（ケチュア系・アイマラ系等）55％・メスティーソ（白人とインディオの混血）32％・白人 13％
宗教：カトリック95％、そのほか伝統宗教やプロテスタント
年平均人口増加率：2.2％
医師数（10万人当たり）：76人
教育への公的支出（GDPに占める割合）：6.0％
女性の国会議席の割合：17.8％

少なくとも、文献上で紹介されてきたオルタナティブ・スクールは欧米の学校やプログラムが大半であるといってよい。一九二〇年代の新教育運動の時代に日本の自由学園などが欧米に紹介されたことはあったが、それは稀なケースであり、近年になりようやくタイやインドのオルタナティブ・スクール（プログラム）がモノグラフ的に紹介され始めたといえる。(1)

南アメリカ諸国に至っては、イギリスの進歩主義教育の実践校として知られるダーティントン・ホール校の元教師であり、現在のサンズ・スクールの代表であるデイビッド・グリブル（Gribble 1998：131-145）が、著書『*Real Education：Varieties of Freedom*（真の教育——自由の多様性）』でエクアドルの首都のキトにあるペスタロッチ学園を紹介したのが最初であろう。管見のかぎりではあるが、オルタナティブ教育はペスタロッチ学園以外はほとんど知られていないのが南米の実情であった。

ここでは、ペスタロッチ学園の影響を受けながらも、独自の理念のもとに伝統と刷新を織り交ぜた実践を行ってきたボリビアの「ラ・フローレスタ（アハユ）学園」を紹介し、オルタナティブ教育の発展に必要な存立基盤が十分に整備されていない社会におけるオルタナティブ・スクールの実際と課題の一端を示したい。

## １　ボリビアの社会情勢と教育

### (1)　ボリビアの多様性と貧困

ボリビアは南米大陸のほぼ中央に位置し、地球儀を見ると日本の対極にあることが分かる。その自然は、実に豊かな「顔」をもっている。西には標高四〇〇〇メートルから六〇〇〇メートルを頂とするアンデスの山々が連なり、東にはアマゾンにつながる熱帯雨林が広がる。こうした起伏に富んだ自然は、ボリビアの人々にとって恵みの大地でもある。世界中で食される野菜の多くはアンデスでつくられ改良された作物であるし、現在でもジャガイモやトウモロコシ、カカオやパパイヤなど幾十種類もの野菜や果実が人々の食生活を豊かにしている。

ボリビアの多様性は自然界にかぎられたことではない。人間社会や文化にも、実にいろいろな表情が見られる。ラテンアメリカ諸国の中でも先住民（インディオ系住民）の人口比率が高く、一国の中にアイマラ、ケチュア、グァラニ、東部アマゾン系（三〇以上の民族の総称）の民族が同居する。「アンデス高地」と呼ばれる西部一帯では、インカの末裔《まつえい》であるケチュア族やアイマラ族の人々が現在でも独自の衣装を身にまとい、デザインの異なる山高帽子を誇らしげにかぶって生活している。話し言葉も多岐にわたっており、四〇種類近い言語が日常生活で使用されている。

こうした豊かな多様性が見られるボリビアであるが、経済的には、長年にわたり貧困問題を抱えてきた。一九九〇年代、世界銀行などの国際援助機関から「南米の最貧国」というレッテルを貼られ、実際に都市部と農村部、または都市部内での貧困の格差は深刻な問題となっている。国連開発計画の『人間開発報告書』によれば、一九九〇年以降、十余年にわたり総人口の三分の一強が一日に二米ドル以下で暮らしてきた(2)。貧困問題はボリビアの政治上の問題と密接に関連しており、政権の不安定さが経済・社会開発の低迷を助長してきたともいわれる。

## (2) 大統領亡命までの紆余曲折

自然と文化の豊かさと社会的な貧困問題とをあわせもつボリビアであるが、その歴史は激動の連続であった。スペインが古代インカ帝国を征服してから「スズの世紀」といわれる二〇世紀まで、国内外での闘争は絶えなかったといってよい。ボリビアは二〇世紀になってスズ財閥が巨大な富をもたらしたが、寡頭支配体制が続き、民衆の生活苦に対する不満は積もっていた。その不満を解消するために仕掛けたともいわれるパラグアイとのチャコ戦争（一九三二〜一九三六）にも敗れ、白人支配層に反発した将校たちによる軍事社会主義政権が誕生したのが一九三六年である。

この後、「早熟な革命」といわれる革命政権が誕生するが、人口の増大、農民の都市への流出、慢性的財政赤字とインフレに悩まされながら政治情勢は相当に不安定であった。一九六四年には軍事クーデターが発生し、その後、約二〇年にわたる軍人支配の時代が続いた。しかし、経済破綻の中、一九八五年の総選挙でようやく軍事政権に終止符が打たれることになる。大統領の座に就いたビクトル・パス＝エステンソーロ（Victor Paz Estenssoro）は戒厳令をしきながらも新経済政策を推し進めた。以後、政権が代わってもこの路線は引き継がれ、一九九〇年に打ち出された民営化政策のもとに、教育、年金、地方分権などの制度的近代化が進められるようになった。

一九八〇年代後半以降のボリビアは、政権交替の影響も受けず、かつてないほどに安定した自由経済と民主政治を享受しているかに見えた。しかし、民衆参加法[(3)]を成立させたサンチェス・デ・ロザーダ（Gonzalo Sánchez de Lozada）大統領の地方分権化政策は、失業者の増大などの社会問題として深刻化するに至った。政権に対する民衆の不信感が募る中、天然ガスをアメリカ資本に売り渡そうとしたことを契機に起きた「ガス戦争」において民衆の怒りは一気にほとばしり出た。民営化政策により多くの失業者を生んだ高地（エルアルト）の人々を中心に、各地で道路を封鎖するなどの大規模な運動が展開された。大統領は民衆の抵抗を軍隊によって弾圧しようとしたが、民衆側は死傷者を出しながらも道路封鎖などによる強固な抵抗運動を展開し、二〇〇三年一〇月、辞任に追い込まれた大統領がアメリカへ亡命するという結末となった。

現在でも、次節で触れるように民衆参加法のもとにいろいろな分野で改革が実施されているが、その社会基盤は決して安定していない。

### (3) 近年の教育改革

一九九〇年代に入り、ボリビアの教育政策は新たな展開を見せた。一九九三年、二七年ぶりの憲法改正が行われ、大胆な社会・経済改革が始まった。それまでの中央主導の体制を一新して地方分権化を推し進め、市町村レベルの自治体に行財政の裁量権を与えたのである。翌年、地方の先住民団体や都市部貧困地域の住民らも主体となって生活向上に取り組むことを謳った民衆参加法が施行され、それに沿う形で教育計画も策定された。そして、一九九五年から二〇〇九年までの一五年にわたる長期計画の下に、現在、各地で住民主導の学校づくりが進められようとしている。

この教育改革法は伝統的な教育観を刷新するような性格をもち、ラディカルな変革が求められている。その骨子には文化の多様性重視策とあわせて地方分権化策が反映されており、学校が実際に活動する地域レベルまで教育行政を分権化することが謳われている。

一五年にも及ぶ教育改革の第一段階は二〇〇一年までの七年間であり、目標の一部を挙げると次のようになる。(4)

- 全国の小学校を学校群、教育地区に組織化する。
- すべての教育段階において、法の定める通りの機能と属性を備えた住民参加組織を全国レベルでつくり上げる。
- 新カリキュラムにのっとった教員養成を行う。
- 新しい教員養成体制により小学校、中学校教員の質を高める。
- 各学校に生徒用ライブラリーを設置し、教材を配布する。
- 学校群の中心校に教授法リソース・センターを整備する。
- 新しい小学校の建設とインフラ整備を行う。
- 小学校第二学年までのカリキュラムを改革する。

- 村落地域における小学校一年生の就学率を上昇させる。
- 全国の小学校、村落部の中学校で改善プログラムを実施し、教材の使用法などに関する教員研修を行う。

このような包括的な教育改革はそれまでのボリビアの教育史には見られず、これほどまでに抜本的な改革は画期的であるといってよい。しかし、それだけに教育改革がもたらした混乱は決して少なくない。地方分権化と一言でいっても、常に財政難にあえぐ中央政府が長年抱えてきた全国的な教育財政負担という荷を一気に下ろしたという感は否めない。

最大の懸念の一つは、地方が十分な力をつけていないにもかかわらず中央政府が権限を委譲し始めていることである。その結果、各地の教育現場が混乱した。実際、次節に述べるように、ボリビア第三の都市であるコチャバンバ郊外のティキパヤ（人口約三万人）というアンデス山脈の麓の小さな街の小学校でも、教育方針をめぐって不和が生じたのである。

## 2 オルタナティブとしてのラ・フローレスタ学園

### (1) 設立の動機と経緯

ラ・フローレスタ学園は、ボリビアでは唯一「自由」という名に相応しい学園であるといわれる。学園創設のきっかけはボリビア政府による教育改革であった。

一九九六年、アンデス高地にあるオルロ県出身のケチュア族先住民の女性であるグラシエラ・チョゲ（Graciela Chogue）氏を中心に学園づくりが始まった(5)。氏は、ティキパヤというコチャバンバ市郊外にある街の公立学校の一教師であった。彼女は、一九九〇年代に入ってボリビア政府が政策として打ち出した教育の地方分権化や住民参加の基本的な考えには賛同したが、変革を拒む旧態依然たる学校の体質に失望していた。中央政府の教育改革指針には伝統的なカリキュラムを一新するような「教授よりも学習を優先」や「個々の学習の必要性に対応」などの目標が掲げられていたが、彼女の勤める現場では昔と何も変わらない、一方的な教師主導の教授が続けられていたのである。

チョゲ氏は政府の地方分権化政策の導入を機に、自分たちで自分たちの学校改革に取り組むことを決意し、当時勤めていたティキパヤ市の公立小学校の同僚に訴えた。ところが、教師たちの意識は一枚岩ではなかった。学校に権限が委譲され、自由裁量が増えるに従って、チョゲ氏自身と彼女に賛同する教師仲間たちは自由な教育の重要性を主張していった。しかし、主張をすればするほど学校内の教師集団は保守派と改革派に分岐していったのである。

度重なる論争の末、一九九六年、自由教育を志向する教員たちが独立する形で新たに学園を設立することになった。一時的に、ティキパヤ村内の個人宅内で「開校」したが、村のはずれの丘の上に村人たちと自力建設で学園を設立することになり、翌年、地元の地域名を冠した「ラ・フローレスタ学園」が誕生した。

### (2) 理　念

ラ・フローレスタ学園の教育が、ボリビアではほかに例を見ないほど刷新的であるのはなぜであろうか。まず、その理念から見てみたい。学校の教育の基本方針としては、三つの「社会的原則」と一四項目から成る「教育的原則」を掲げている（Ajayu, n.d.）。

**①社会的原則**

- 富める者と貧しい者との別を問わず、すべての社会階級の子どもたちの受容
- 宗教、文化、習慣、信条に対する完全な寛容
- 「ワン・ウィーク・キャンプ」での社会学習と実践（年二回）

**②教育的原則**

- いかに学習するかを学ぶ
- 非指示的学習
- 用意された教室ではなく、用意された学習環境
- クラスや学年ではなく「レベル」内での自主的な学習。

  Ⅰ 就学前年齢集団のレベルである「プクヤイ」（アンデス高地の先住民の言葉であるケチュア語で「遊び」という意味）

  Ⅱ 小学校一～三年生にあたる年齢集団の「ジュチュイ」（小さい）

  Ⅲ 小学校四～六年にあたる年齢集団の「チャウピ」（中くらい）

  Ⅳ 中学生にあたる年齢集団の「ジャトゥン」（年長児）

  Ⅴ 高校生にあたる年齢集団の「クヤナクイ」（団結、相互扶助）

- 幼稚園と小学校での学習は、手に触れる教具を活用するモンテッソーリとフレネの教育方法を取り入れる。
- 学習の適切なリズムを重視する。
- 子どもの本当の必要性を重視する。
- 高校レベルの学習において、個人的研究課題や研究プロジェクト、自分で組み立て実施する自己学習など、自律的

な学習過程と時間設定を取り入れる。
- 分断された科目や専攻よりもホリスティックな学習を目指す。
- 情報の蓄積よりも分析を重んじる。
- 自己評価および校友との相互評価を取り入れる。
- エコロジカルな意識（自然についてではなく、自然から学ぶ）を強調する。
- 生徒による集会や自己組織による民主主義を実践する。
- 学校外の世界で体験を積む「プロダクティブ月間」を実施する。

これらの各項目を先に挙げた国の教育改革方針に照らし合わせてみると、その方向性は似ていることが分かる。学園は国の教育改革を先取りし、その改革理念をすでに自らの実践として体現しているといえよう。

上の項目の中で、学園が創設当初からもっとも強調してきたのは、「社会的原則」の一番目の項目である。ボリビアでは公立学校に通う子どもの大半は労働者階級や農村の貧困家庭の子どもたちであり、上流階級の子どもたちは通例、私立学校に通う。このような富裕層と貧困層とを分け隔て社会階層を再生産している教育システムに疑問をもったチョゲ校長は、貧しい家庭の子どもたちにも質の高い教育を提供したいと考え、あえて小村の公立学校として学園を始めた。これは、チョゲ校長をはじめとする幾人かの創設者たちの共通の見解であり、また従来のボリビア社会には見られなかったオルタナティブな学校のあり方でもある。

### (3) 建　築

学園の訪問者の目を引くのは、丘陵に散在する独特な建築群である。学園には五棟ほどの教室と事務棟があるが、その一棟一棟が独自の形状と空間をもっている。概観はそれぞれに異なるが、いずれも伝統的な建築様式と土や藁などの地元の素材を生かした建物である。どの建物も曲線が外郭の形をなしており、角がない。幼稚園舎は、斜めの大地に沿うような湾曲の土壁が教室と教室とをつないでいる。これは、かつての山の民、つまりケチュア族が暮らしていた家屋の形を再現したものであると学園の教師たちは語る。

これらの教室群は村でも目を引くほどの大きさであり、いずれも地域の住民によって建設されている。学園内には、生徒らによる土を生かした手づくり教室も実験的に造られている。のちに触れるが、アンデス高地の先住民を対象にボリビア政府とデンマークのNGOによって始められた「ラカウタ（土の家）住居建設プロジェクト」(6)に生徒自らが見学に赴き、日干し土煉瓦ブロックによる建築技法を学んで、その知識や技能をもとに造られたものである。

学園内のすべての建築とその指導は、学園のイタリア人教師であるサナ（Luisella Sanna）氏の設計によっている。彼女はイタリアの大学で宝石デザインを学んでいたが、その勉学にはさほど打ち込まず、建築仲間とともに建築設計関連の活動などに

ラ・フローレスタ学園の門

専念していた。その結果、習得した建築の知識が学園の校舎のデザインにも役立ったという。彼女のデザインに従って、地元の大工たちと教師らが協力して建てたのが、文字通り手づくりの「ラ・フローレスタ学園」である。

### (4) カリキュラム

「この自由学校にはどのようなカリキュラムがあるのですか」という筆者の質問に、学園のドイツ人教師であるペルハメール（Hannelore Pellhammer）氏は、「カリキュラムはあるけれどない」という答えを返してきた。

平日の朝八時から一二時までは校舎内での学習を中心に進める。金曜日の音楽クラス以外は午後に集団での学習は行われず、生徒自身によるグループまたは個人単位のワークに取り組んでいる。

「個々の子どもには、その子なりのリズムがあります。それは、生理的なリズムであり知的なリズムです。字を書く子どもの動きがもどかしさを感じているようであれば、絵筆を持たせたり、その子どもに合わせた学習法を行います。遊ぶに相応しい時期があり、学ぶに相応しい時期があるのです」

このようにペルハメール氏が語るように、学園のカリキュラムは基本的に個人ベースである。こうした実践の背景には、「教えない指導」(7) が機能するということを長年の実践を通して証明してきたエクアドルのペスタロッチ学園の影響がある。

ラ・フローレスタ学園の創設者らは、学園をデザインする段階でペスタロッチ学園を訪問し、強烈な印象を受けたという。ペルハメール氏は、(8) ペスタロッチ学園について次のように語る。

「イギリスのサマーヒルでは授業に出席するか否かを自由にしていますが、ペスタロッチ学園では科目を教えるという授業そのものがなく、教師はいっさい『指導』をしていません。それでも、子どもたちは教師のサポートのもとに自ら学んでいくのです。そこでは自由が機能しており、この学園でもそれを目指しています」

実際、ラ・フローレスタ学園でも教師の「ティーチング」はほとんど見られない。

体験学習を重視するという学習観の現れの一つが、先に挙げた「プロダクティブ月間」である。たとえば、生徒たちはボリビアの先住民の歴史を学園で学び、チチカカ湖を訪れて遺跡見学を通して古代文明を「体験」する。なかには、エコロジカルな建築に興味をもち、先にも触れた、コチャバンバからバスで五時間ほどかかるラウアチャカという標高約四〇〇〇メートルの高地で行われている「ラカウタ住居建設プロジェクト」を訪れてレポートにまとめ、六〇〇〇年前のエジプトで使われていたといわれる技術を駆使して「土の家」を学園内に再現させた生徒たちもいる。また、ケチュア文化について学びたい二人の男女生徒は、ラパスにあるケチュア族の寮に泊まり、ケチュア文化への理解を深めた。それ以外にも、旧ソ連のチェルノブイリで起きた原発事故について調べることを決めたグループや、農場や工場、精神障碍児センターなどに赴き、実地体験を通して学習した生徒たちもいる。

子どもがいろいろな「世界」と接することを重視している学園では、個性を重んじる一方で社会性も重視している。これらの一連の活動を「ソーシャル・ラーニング」と呼び、その一環として、年に一度、環境学習や劇や演奏などの芸術表現をテーマにしたキャンプも催されている。また、すべての大人と子どもがテント生活を送って、大自然とのつながりを体験するキャンプを行ったりもしている。

先の理念にも表されているように、学園ではモンテッソーリとフレネのメソッドを取り入れている。双方のメソッドともに子どもを学習の主体と見なし、独自の教具や教材を重視するところが評価されているのである。ただし、外来の教育理論を鵜呑みにしているわけではない。学園には、モンテッソーリはあまりに秩序が強調されすぎており、フレネは社会主義的なメッセージ性が強すぎると批判している教師もいた。

「学園の教育はいかなるイデオロギーにも支配されない」と、チョゲ校長は力強く語る。

## (5) 教師たちと生徒たち

学園でインタビューを行った際、「どの科目を教えているのですか？」というこちらからの質問に対して「とまどい」を感じている教師が少なくないことに気づいた。学園では個々人の生徒のニーズに応じたカリキュラムを組むので、ある特定の科目を担当しているという意識がまったくないのである。イタリア人であるサナ氏は、スペイン語も社会科も受けもつ。ドイツ人であるペルハメール氏は、年少児クラスでは英語を、年長児クラスでは環境問題を担当する、という具合である。とくに、個人的な興味関心に沿った学習プロジェクトに取り組む上級生に対しては、個々の状況において教師が応対し、応対しきれない場合は非常勤の講師や学園外の専門家などに依頼している。教えるという役割よりも、生徒の世界と外の世界とを出合わせるという役割を学園の教師たちは重要視しているように思われる。

学園の教師に対する生徒たちのまなざしは、伝統的な学校とは相当に異なる。ボリビアの学校、とくに地方の学校では教師は威厳ある存在であり、それなりに村人や子どもから敬われている。確かに、ラ・フローレスタ学園でも教師を敬う子どもたちの態度を観察することは容易なのであるが、ただ「敬い方」が相当に他校の生徒とは異なるように見える。ラ・フローレスタ学園の生徒たちが敬うのは、学園の大人が自分たちを導いてくれるだけの力量が人格的にも技能的にも備わっているからであり、決して「教師であるから」とか「教員資格があるから」ということではない。

ラ・フローレスタ学園のスタッフ
（前列センターがチョゲ校長）

ある意味で、生徒の大人に対する評価は非常に厳しく、「大人だから敬う」ということはしない。学園での日常生活をつぶさに観察してみると、教師と生徒との関係は上下関係でもなければ、友人同士のような同じ目の高さの関係でもないことが分かる。そこには、信頼に裏打ちされた関係性があり、それはボリビアの伝統教育にはなかなか見いだしにくい関係性であるといってよい。

しかし、こうした生徒たちの大人に対する見方はしばしば村の伝統と相容れない。後述するように、学園の生徒たちは村の中で生意気であると見なされ、自立的態度を容認できない村人との葛藤が絶えないという。

## (6) レベルごとの自治

先の理念に示されているように、ラ・フローレスタ学園は教室や学年ではなく、レベル（ゆるやかな年齢集団）という概念を用いている。レベルは前掲の通りすべてケチュア語の名称が付けられ、各々のレベルは独自の建物をもち、その入り口にはレベル名が掲げられている。各々のレベルが独立した学び舎をもち、その建物を中心に学習活動が展開されているのである。また、先に触れた野外キャンプなど、レベルの垣根を超えたイベントも少なくない。

レベルは、学園全体を小単位に分ける機能と同時に、学園全体をまとめる機能をもつ「学校の中の学校」である。この特性をもっともよく生かしているのが自治である。設立当初は特別に規則を設けたり、自治会を催したりすることは考えられていなかった。しかし、開校してしばらく経つと生徒も教師も相当にルーズになってきたという。朝から三〇分も遅刻してくる教師が珍しくなく、それに合わせるかのように学校に遅刻してくる生徒も増え、学習活動が成り立たなくなったのである。これでは集団生活が機能しないので、ルールを決めることにした。

しかし、伝統的な学校生活に慣らされてきた生徒たちに開校直後から自己統治をさせるのには相当な無理があり、こうした子どもたちに自主的な全校自治会を開かせることもほとんど不可能に近かった。そこで思いついたのが、学園全体ではなく、レベル単位で行う自治システムである。小さな子どもの集団は小さい子どもなりの、上級生なりの規則が別個に決められ、各々の小集団内で自治が機能している。規則は定期的な全校ミーティングで決めずに、各レベルで必要に迫られたときに開く個別ミーティング（月に一〜二回）でつくる。

プクヤイ（幼稚園）では、問題が起きても罰を与えるのではなく、子ども同士で注意しあっている。たとえば、靴をはいてカーペットに上がった子どもに対して側にいた子どもが注意をする程度である。また、上級生では、生徒たちが自主的に話し合いの場をもって、ケースバイケースで決める。日本の高校に相当するクヤナクイには、教師から課される二つのルール（①教室内では靴を脱ぐ、[9]②朝の学習開始時間を厳守する）と、生徒自身が決めた次の三つのルールがある。

❶ほかの生徒に迷惑がかからないかぎり教室内で音楽をかけてよい。
❷暴力・暴言を禁止する。
❸学園の備品を大切にする。

このようにレベルごとのルールが決められているが、どのレベルでも、遅刻してくる者に対して「家に帰す」という罰則を除いては原則的に罰を課していない。

### (7) 伝統の重視と伝統の再創造

もともとティキパヤで暮らす生徒の家庭はケチュア族の伝統を引き継ぐが、アンデスのもう一つの先住民族であるアイマラ族の暮らす地域の炭坑が閉鎖されたため、生活の糧を求めて移住してきたアイマラ族の家庭の子どもも学園で一緒に学んでいる。彼（女）らは家庭内ではケチュア語またはアイマラ語を話すこともあるが、街中や学校では通常はスペイン語を使っている。もともと文字をもたない両言語ともに話者人口が減っているといわれ、自由を重視する一方で伝統文化も重んじる学園では、校長をはじめケチュア語を話せる教師はケチュア語で年少児童に話しかけるようにしている。そして、アイマラ族の子どもには、アイマラ語も自由に操る校長が話しかけるようにしている。子ども時代から伝統文化に慣れ親しませるためである。

学園では、ケチュア族やアイマラ族の伝統文化を重視する一方で、それを絶対視することなく、見直すべき伝統は見直して変えていくという姿勢が見られる。たとえば、先ほど紹介した罰に対する考え方が挙げられる。校長によれば、ケチュア族の伝統文化においては厳しい罰を課す掟があり、長い間にわたって、盗んだ者、嘘ついた者、なまけた者を裸にして鞭を打つという慣習があった。しかし、「人権の立場からいかなる体罰をも容認してはいけない」とチョゲ校長は主張しており、学園では、人権や子どもの権利という観点から「尊重すべき伝統」と「悪しき伝統」とを峻別し、伝統文化に敬意を払いながらも文化の再創造に努めている。

## (8) 評 価

学園では、厳格な評価というよりも「目安的な指標」を用いている。たとえば、フチュイ（小学校前半の年齢集団）では、基本的な文章の読み書きと簡単な計算ができることが指標となる。それぞれの子どもにはそれぞれのペースがあるので、この目安に至っていない子どもは、三年のスパンで考えられているフチュイを四年かけて終えてもよいとされている。

ボリビアでは、高校教育を受けた大半の子どもが大学進学を希望している。進学を希望する生徒自身の求めに応じて、学園では成績表を出すことにしている。しかし、学園が生徒を評価する際の基準は公立学校とは相当に異なっている。その特徴は、習得した知識量を測るのではなく、学習のプロセスを成績基準の対象にしていることである。どのくらい生徒が学んだかではなく、どのように学んだかが重要であると考えているのである。

学園の評価システムの緩やかさは、「自己評価」と「事後相互評価」にという具体的な評価方法に現れている。原則として、自分の活動を自ら評価するべきであるというのが学園の方針である。自己評価はレベルによって方法が異なる。たとえば、チャウピ（中学年の年齢集団）は、一枚の紙に「何をどう学んだか」とか、「学習面でのサポートがまだ必要とされている点は何か」とかについて生徒自らが記入することになっている。また、クヤナクイ（上級生の年齢集団）では、五人くらいのグループをつくって、グループごとのテーマを決め、二ヵ月の調査研究を実施してプレゼンテーションを行う。そして、その次に、その成果について自己評価を記したペーパーを提出する。さらに、教師から提示された成績を不服とした場合は、再考してもらえるように、事後相互評価、つまり教師との面談審査を行って学習のプロセスを振り返る機会も設けられている。

## (9) 学園経営

季節にもよるが、学園近辺の地元で暮らす農民は通常農作業で忙しく、収入が低い。しかし、校舎の修繕などのボランティア活動に年に二回ほど従事することによって学費の一部を免除されている。一方、コチャバンバ市から子どもを通わせている比較的に家計にゆとりのある家庭は、無理のない範囲で多めの授業料を支払っている。

授業料は親の経済的余裕によりまちまちであり、もっとも少ない家庭で一ヵ月当たり四〇ボリビアーノス（約八〇〇円、二〇〇四年三月現在）、多い家庭で二〇〇ボリビアーノス（約四〇〇〇円）である。ボリビアの物価は、ラパスのような大都市以外では決して高くないといわれるが、街の人々の平均収入は相当に低く、不安定でもある。したがって、右の授業料は地元住民にとっては必ずしも安いとはいえない。

学校の運営費としては、ドイツの環境関連の財団などから一年間で約二五万円を受け取っている。また、スイス人やドイツ人の有志が「ヘルプ・モンテシージョ（Help Montesillo）」（モンテシージョは、学園のある丘の名称）という支援組織をつくり、年間二〇万円程度の寄付を集めてボリビアに送金している。さらに、ティキパヤで活動しているフランスのNGOも学園の臨時的なイベントに対して財政支援をしている。これらの寄付をベースにして、学園の運営費をどうにか賄っているのが現状である。

教師の月給は九〇〇ボリビアーノス（約一万八〇〇〇円）である。ちなみに、地元のNGO職員の給与は一一〇〇ボリビアーノス、ボリビアの国家公務員で最低の給与といわれる公立学校教師の初任給は年間約五八〇ボリビアーノス×一四ヵ月（期末手当などを含む）である。また、学園の教師たちはボリビア国内でオルタナティブ教育関連のセミナーをボランティア・ベースで主催してきたが、財政難のため、これからは参加費を徴収しての開催となるかもしれないという。

## 3 新たな旅立ち

先に示した学園の理念を実現する過程で、学園は二つの大きな問題に遭遇した。

一つは、教師の問題である。前述の通り、学園は公立学校として始まった。ボリビアの公立学校では教師の雇用は学校の自由裁量ではない。地元の教育庁が決める教師たちのすべてが学園の教育方針を理解しているわけではなく、なかには権威主義の教師が任命されてきたこともある。こうした教師のことを、「決してひどい教師ではなかったけれど、学園の理念にはどうしても合わなかった」と、学園の設立当初からいる教師は語っていた。

第二の問題は、地元の村人との不和である。設立当初は、自由な教育理念にさほど疑問をもたなかった村人も、傍

移転後のラ・フローレスタ学園の教室
（壁の旗はアンデス先住民を象徴するデザイン）

目にも子どもたちが変わっていくにつれて疑義を呈するようになった。

　モンテシージョの丘に学園が引っ越してからしばらくのことである。自由な校風に反対する保守的な地元の村人から嫌がらせがあった。村人たちは、あまりに自由な身なり格好で登下校し、家庭でも自立的な態度をとる「子ども」とこうした子どもに育てている学校が許せなかったのである。地元の親は子どもたちが制服を着るべきであると主張したり、毎週月曜の朝に国家を歌うように要求したりした。しかし、自由を標榜する学園には譲れない部分が多かった。

　結局、学園の「放任主義」を非難するに留まらず、学園から子どもを転向させる親が出始めた。開校したときには近隣の村の約半数の家族が学園に子どもを送ったが、その数は年々減っていった。声には出さなくとも、あまりにも奇抜な授業方法やカリキュラムに反対する親が少なくなかったようである。その上に、夜中に誰もいない学園に村の若者が入り込み、建物の一部を破壊するという事件まで起きている。

　学園としては地元との対話を重視したが、保守的な村人たちはこうした提案を拒み続けた。結局、理想と現実の狭間に立たされた学園では、職員が一同に会し学校を継続するか否かについて話し合った。開校五年目のことである。その結果、一般の公教育を受けることを望まない一部の親とその子どもたち、そして創設当初からの教師たちの熱意で継続することは決めたが、同時に村を出ていくことで合意した。不幸中の幸いで、地元の理解者から環境関連のＮＧＯ事務所がある建物の二階とその建物の近くの個人宅の敷地を無償で提供するという好意を受け、学園は二〇〇〇年末に再開する運びとなった。公的な支援をいっさい受けない私学としての再開である。

当初からの理念は捨てていない。ボリビア国内の大半の私立学校と決定的に異なるのは、すべての階級の子どもたちを受け入れているという点である。しかし、よほどの寄付がないかぎり貧困層の子どもたちを抱える私立学校の経営難は避けられない。ボリビアでは、「ドン・ボスコ会」などの大規模なカトリック会が運営する一部の学校を除いて、すべての私立学校は政府の支援はいっさい受けられないのである。私学一般は裕福な家庭の子弟が多いので問題ないが、ラ・フローレスタ学園の場合は階級差別に反対しているので自ずと入ってくる授業料も少なく、財政基盤が脆弱にならざるを得ない。

新たに生まれ変わった学園の生徒数は五二人（四～一八歳）であり、校長を含めた五人の教師と数名の非常勤講師が働いている。規模は相当に縮小したが、活気は以前にも増してある。学園の名称も、心機一転して変更することにした。現段階では先住民言語であるアイマラ語の「アハユ（内に宿る精神）学園」としているが、将来的には「エコロジカル」や「ホリスティック」などで形容するかもしれないという。

ペルハメール氏は住民との不和について「理解しあえない者同士の片方が無益な対立を回避し、自ら去っていった」事件であったと振り返る。ラ・フローレスタ（アハユ）学園の経験は、刷新性を標榜するオルタナティブ教育が伝統的な学校制度の中で、また保守的な地域で存続していくことの難しさを示唆しているといえよう。

ケース・スタディ 2 タイ

# 多元的な教育システムの構築に向けた「子ども村学園」の挑戦

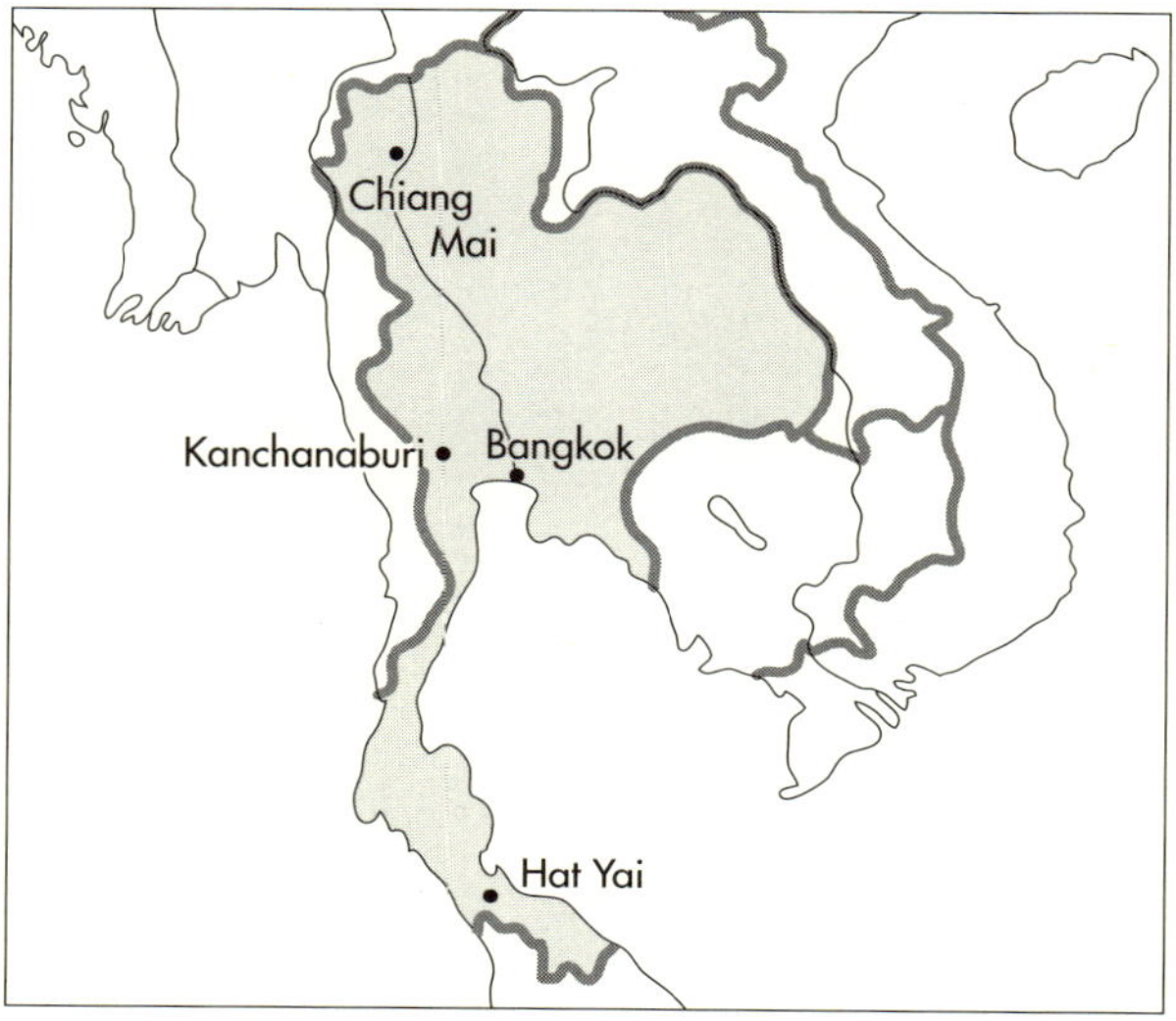


**タイ王国**

首都：バンコク
国土：51.3万$km^2$
人口：6,376.3万人
１人当たりGDP：2,060ドル
言語：タイ語（公用語）・ラオ語・カンボジア語・マレー語・中国語
民族：タイ族系（シャム族・ラオ族）75％・中国系14％・マレー族・クメール族・山岳少数民族
宗教：上座部仏教95％・イスラム教４％
年平均人口増加率：1.5％
医師数（10万人当たり）：30人
教育への公的支出（GDPに占める割合）：５％
女性の国会議席の割合：9.6％

「子ども村学園」に言及することなくして、タイのオルタナティブ教育について語るのは不可能であるといってよいくらい、オルタナティブ教育に対する同学園のインパクトは大きい。一九七九年に創設して以来、四半世紀にわたり、実践レベルと政策レベルの双方において学園はタイの教育社会に影響を及ぼしてきた。とくに、一九九九年の国家教育法策定過程での貢献は、今後の教育社会のあり方にも影響を与えるであろうといわれている。

ここでは、急速な経済成長に伴い児童労働や性的虐待などの「暴力の文化」を産み出したタイ社会において、子ども村学園がいかに「平和の文化」を創生し、劣悪な生活環境に置かれてきた子どもたちが非暴力的な関係性をどのように享受するようになったのかについて述べる。また、タイの教育はいかなるシステムへと変貌を遂げようとしているのか、一九九九年に公布された国家教育法を参照しながら考察し、さらに教育施策をめぐる最近の政府と市民のせめぎあいにも触れ、オルタナティブ教育の支援メカニズムの課題について考えたい。

## 1 経済成長と構造的暴力

タイは、一九八〇年代半ばからの一〇年間で飛躍的な経済成長を遂げた。一九八五年から一九九五年までの一人当たりのＧＮＰ成長率は八・四パーセント（世界平均〇・八パーセント、途上国の平均〇・四パーセント、先進国一・九パーセント）と記録的な高成長率を実現し、タイ政府が一九六〇年代初めより推進してきた産業化の成果の現れであると報じられた。

しかし、経済発展の結果によって物質的な豊かさがもたらされる一方で、さまざまな社会問題も顕在化した。従来の農村社会の崩壊と都市部への人口流入、それに伴うスラム化などである。一九六〇年では三六一ヵ所であったバンコクのスラムも一九七五年には八八〇ヵ所を超え、その一〇年後には一〇二〇ヵ所というように増え続けた。一九八五年のスラム人口は約一〇一万人であり、バンコクの総人口の二割を占め、スラム人口の約四五パーセントは一五歳以下の子どもであった。

周知の通り、スラムで暮らす子どもたちの多くは貧困のため学校に通えない状況にあり、物売りなどの労働で終日を過ごす子どもも少なくない。工場で過剰な労働を強いられたり、家庭内で虐待を受けたりするなど、過剰なマクロ・エコノミックスのしわ寄せを弱い立場の子どもたちが受けていた。以下に取り扱う子ども村学園の誕生の背景には、こうした経済発展の負の側面、つまり構造的な暴力に曝される子どもたちの問題があったのである。

子どもたちへの暴力はいろいろな形となって現れた。その一つが児童虐待である。高度経済成長の最中、子ども村学園の母体である児童財団が運営する「子どもの権利擁護センター」には、父親に殴られ脳内出血になった女の子や母親に包丁で切りつけられて死亡した乳幼児、熱湯を母親からかけられた女の子など、扱いきれないほど多くの深刻なケースが日常茶飯事のようにもち込まれていた（児童財団・子どもの権利擁護センター、一九八八年、一ページ）。

工場や売春宿などで子どもたちが過剰に就労させられている場合は、警察が介入し問題解決へと導く場合もあるが、家庭内での虐待はなかなか明るみに出ることがない。しかし、少ないながらも「子どもの権利擁護センター」にはそうした通報が寄せられてくる。同センターへの通報のうち加害者が親自身であるケースが六三パーセントであり、そのうち三〇パーセントが死に至っている（児童財団・子どもの権利擁護センター、刊行年不明、一ページ）。これは貧困家庭にだけ起きていたのではなく、中流以上の家庭においても見られた現象であるという。子ども村学園は、設立以来、このような崩壊家庭の子ども、捨て子、幼くしてエイズにかかった子どもたちを保護し、はぐくんできたのである。

次に引用するのは、学園が設立当初に受け入れた、バンコクのスラム出身の子どもたちの様子である。

エークは、ひどい育てられ方をされた子どもでした。母親は生活の中の恨みつらみを、六歳になるまでずっとエークにぶつけてきたのです。

「刃物を突きさしたことだってありましたよ。私はカッとなると何がなんだか分からなくなるたちなんです」と母親が言うように、エークはひどい仕打ちを受けてきました。子どもの履歴を聞かせてくれという求めに応じて、母親はこう語りました。

「時には、泣きやむまでホウキで叩いたことだってありました。あいつは、泣きやむと私の顔をじっと見つめるんです。それを見て私は、もっとひどくひっぱたきました。生意気なんですよ、あいつは」

母親がエークをひどく叩き続けたことにより、エークの瞳には粗さと憎しみが見え始め、それは彼の行動にはっきりと現れました。（中略）

それから三ヵ月の間、次々に子どもたちが入ってきました。みんなそれぞれに粗く、極端なことが好きで、不満があると人をののしるような性格の子どもたちでした。バンコク・ノーイの橋の下のスラムから来た子どももいれば、クロントーイをはじめとするバンコク市内のほかのスラムからやって来た子どももいました。

泣きやむまで殴られたという子どもたちばかりではありません。刃物で切りつけられたり、踏みつけられたりした後に塩水を浴びせかけられたり、煙責めにあった子どももいます。もっとひどいのは、クロントーイ・スラムから来た子どもで、保護者に頭を刃物で切りきざまれ、とうとう脳に傷を受け神経障害を起こしてしまいました（Dhongchai and Dhongchai 1989 : 10）。


高度経済成長下のタイ社会では、貧困層の子どもたちが教育をはじめとしたさまざまな権利を剥奪されてきた。タイ政府は児童労働や児童買春などの現実を認識しながらも、有効な政策を打ち出さないままでいたのである。こうした状況の中、一九七〇年代後半から子ども村学園は孤児などの「受け皿」となり、教育を授けてきたのである。エークのケースのように、子ども村学園には子どもの権利擁護センターを経由して迎えられる子どもたちが少なくない。さらに、同センター以外からもさまざまな傷や痛みを負った子どもたちを学園は受け入れてきたが、そうした子どもたちの一部しか受け入れられない自らの限界を常に感じてきたという（二〇〇四年六月現在、一二九人の子どもを受け入れている）。

学園が二〇年以上受け入れてきた子どもの多くは孤児であるが、時代ごとの社会状況によって子どもたちのバックグラウンドは異なっている。一九八〇年代には工場で働かされていた子どもたちやスラムで暮らしていた孤児たちが多かったが、一九九〇年代にはエイズにかかった子どもが目立つようになった。現在では、半数の子どもが家庭崩壊、孤児が三四パーセント、捨て子が一〇パーセント、虐待児童が五パーセントという内訳となっている(1)。このほか、悪徳商人から保護された子どもが二人いる。肉親との絆のみならず、さまざまな関係性を断ち切られた子どもたちを学園は幾百人と引き受け、新たな絆を培ってきたのである。

## 2 子ども村学園の思想と実践

子ども村学園は、一九七九年、ミャンマーとの国境に近いカンチャナブリ県に誕生した。学園は、イギリスのサマーヒル・スクールの実践と、その創設者であるアレキサンダー・サザーランド・ニイル（Alexander Sutherland Neill 1883-1973）の子ども中心主義的な自由教育観と仏教の影響のもとに設立された。その理念と実践の詳細についてはほかの文献を参照していただくことにして(2)、ここでは、学園生活を構成する基本的な要素にかぎって述べることにしたい。

子ども村学園にやって来た子どもたちは、父母代わりの教師らとともに「家庭」単位で暮らし、時間をかけて自立していく。学園に来る前は暴力におののき、飢えにさいなまれていた子どもたちも、学園では子犬や猫と戯れ、友達同士の遊びに明け暮れ、学園の大地の恵みの食事をとり、仲間と寝食をともにして安心して暮らしている。学園は、たとえ何が起ころうとも「三度の食事と、一回のお菓子と、少なくとも二着の衣類と、夜寝るための家、そして病気になったときに面倒をみてくれる人」(*Ibid*：24) をどの子どもにも保障してきたのである。

衣食住だけでなく、学園は子どもたちに愛情を惜しみなく与えてきたといえる。「自然環境の中で生活させ、十分な食べ物を与え、大人が子どもに対して使う権力を少なくし、子どもが温もりを感じるまで愛と慈しみを与えてきた」(*Ibid*：10)

子ども村学園の子ども達

愛情を与えることに価値を置いた学園の教育観の背景には、仏教の影響がある。学園の仏教に対する解釈はこうである。「仏教の教えによれば、人間は互いに助け合い、誠実でなくてはならない。この教えは『カラヤナミッタ』と呼ばれている。人間と自然という二つの環境が、個人をよい方向に鼓舞するような環境であれば、各個人の内的な価値は引き出されて発達していくことができる、とこの仏教原理は教えている。したがって、この学園は、健全な環境と『カラヤナミッタ』をもった大人とに重要性を置いている」(Foundation for Children n.d.：6)

子ども村学園の青空教室

子ども村学園の学園評議会

　また、学園の解釈によると、仏教はよき環境（パラタコサ＝インド古代語のパーリー語）にも大切な価値を見いだしている。人間はその内に善と悪の本性とをもっており、どちらの本性が優ってくるかを決定するのは環境的な諸要素の働き次第なのである。もし、人間を取り囲む環境がよい方向に私たちを導くのなら、だれしも煩悩に悩まされずに正しく生きることになる。実際に子ども村学園は、この教えのもとに子どもの内に善性を育み、悪性を抑えるような環境づくりを目指している。たとえば、前述の「家庭」がそうであり、次に取り上げる学園評議会にもこうした考えが反映されている。

　先にも述べた通り、子ども村学園は、ニイルがサマーヒル・スクールで実践した教育方法を自らの教育実践に積極的に導入した。その一つが「学園評議会」である。子ども自身の自己決定を重んじたニイルは、学園の共同生活（サマーヒル・スクールは全寮制学校）において「自治（self-government）」を重視した。サマーヒル・スクールでは学園評議会が毎週二回開かれており、校長も六歳の子どもも同等の一票が与えられ、学園生活を規定するたいていの規則や罰則が決められる。

サマーヒル・スクールの自治会は、イジメなど学園で起きる問題について、討論や多数決を通して解決の道を探る場でもある。子ども村学園の学園評議会でも、陪審員や書記役の子どもが他人に迷惑をかけた（他人の自由を侵した）者——生徒のみならず職員も対象になる——を指名し、相応の罰が決められている。罰といってもビデオ鑑賞の禁止やお菓子ぬき、外出禁止などであり、体罰が与えられることは決してない。また、校則の改正や廃止、新たな規則の作成などについて決議するのも学園評議会の重要な機能である。(3)

構造的な暴力にさいなまれてきた子どもたちが自然の恵みと大人からの愛情に包まれた環境で暮らし、自治を中心にした学園生活を通して自立した青年となり、再びタイ社会へと巣立っていく。こうした地道な二十余年間の軌跡は、オルタナティブ教育ならではの役割の重要性を示唆しているといえよう。

## 3　近年の教育施策とオルタナティブ教育

### (1)　国家教育法の誕生

一九九七年、タイ国史上初の民主憲法といわれる新憲法が発布された。その第八一条は国家教育法の制定を謳った条項であり、この条項にのっとってタイの新たな教育社会を創生する基盤となる法律が一九九九年八月に公布されるに至った。この国家教育法の定める条項に基づき、四〇以上の省令が策定される運びとなった。オルタナティブ教育についても具体的な省令の内容を策定しており、(4)その内容によって子ども村学園のような現場の教育は大きく左右されることになる。

オルタナティブ教育の専門委員会事務局は、国家教育委員会のオルタナティブ教育担当官であるルンルアン・スカピロム（Rungruan Sukapirom）氏が務め、子ども村学園のラチャニー・ドンチャイ（Rajani Dhongchai）校長のほか、法律家および障碍者団体の代表、ホームスクール専門家など、一〇人ほどの専門官と民間人とから成る委員が定期的な会合をもち、省令案づくりに取り組んでいる。この委員会が扱う領域は次の三つである。

❶ 子ども村学園のようなオルタナティブ・スクール
❷ ホームスクール
❸ スペシャル・ニーズの教育（障碍児教育および英才教育）

こうした省令案づくりを委ねられた国家教育委員会は、現在は教育省内に統合されたものの、それまではタイの官僚機構の中でも独立性の強い進歩的な組織であるといわれ、市民の意見を生かすような政策策定などを実現させてきた。実際に教育法を策定する際には、全国で市民らを対称にしたヒアリングを開催してきたのである。しかし、国家教育委員会から刷新的な省令案が策定されたとしても、それを実施に移す教育省内には従来の学校制度に拘泥する保守的な勢力からの強い反発があるという。スカピロム氏の苦悩も、国家教育法の先進的な側面を推進しようとする市民サイドと、従来の教育制度の維持を求める教育省サイドとの調整にあるようだ。

## (2) 国家教育法と子ども村学園

国家教育法が制定されるまでには、国家教育委員会と市民の間でいくたびもの抜き差しならぬ駆け引きがあった。ラチャニー校長らの市民サイドは完全な学校づくりの権利の保障を求め、「オルタナティブ教育」という用語を盛り込むことを要請していた。しかし、一元的な教育制度にこだわる教育省側の強い意向もあり、結局、「オルタナティブ教育」という用語の使用は避けられ、「学校教育」、「ノンフォーマル教育」、「インフォーマル教育」という三つのタイプの教育形態が示されることになった。これは一例にすぎず、さまざまな点でドンチャイ校長をはじめとするオルタナティブ教育関係者と政府サイドの主張は対立した。結果的に策定された法案は双方にとって「妥協の産物」であったが、将来的に多くの可能性をオルタナティブ教育に開く内容となったといえる。(5)

では、具体的にどのような可能性が開かれているのか。あくまでも省令しだいであるが、現段階では、①教育省監督下の学校のみならず、ほかの団体・組織・個人でも基礎教育を提供できるようになること、②公費でオルタナティブ・スクールやホームスクールが運営できるようになること、などの可能性が想定されている。

国家教育法においてオルタナティブ教育と強い関連性をもつ条項は、**表2-2-1**に示す第一二条、一五条（第二・三項）、一六条、一八条（第二・三項）、六一条である。(6)

オルタナティブ教育にとって国家教育法の画期的なところは、次の四点に集約される。

❶ 学習者中心の教育観が基底にあること。
❷ 教育の多元性が重視されていること。
❸ オルタナティブな教育が正規の制度内に位置づけられ、メインストリームとの互換性が想定されていること。
❹ 多様な学校運営主体への公費の投入が明記されていること。

第一点目は国家教育法全体を通して見られる教育観であるが、第二点目は第一二条と第一五条に、第三点目は第一五条と第一六条に、第四点目は第六一条に示されている。

右のような特性が指摘される一方で、国家教育法は多くの課題をも抱えている。一例としては、評価の問題が挙げ

**表２−２−１　1999年国家教育法（抜粋）**

| | |
|---|---|
| 第12条 | 政府、民間、地方公共団体のみならず、個人、家庭、地域コミュニティ団体、民間団体、専門職団体、宗教機関、企業、およびその他の社会組織は、省令の定めるところに従い、基礎教育を行う権利を有する。 |
| 第15条 | 教育は、フォーマル教育、ノンフォーマル教育、およびインフォーマル教育の三つの様式から成る。 |
| | ノンフォーマル教育とは、目的、様式、教育方法、カリキュラム、教育期間、教育修了の要件となる測定・評価が柔軟に規定された教育をいう。内容およびカリキュラムは、各々の学習集団の個人の必要性と問題状況にふさわしいものでなければならない。（第２項） |
| | インフォーマル教育とは、関心、潜在能力、レディネス、機会に応じて、学習者が個人、経験、社会、周辺環境、メディア、およびその他の知識源を活用し、自ら学習するような教育を指す。（第３項） |
| 第16条 | フォーマル教育は、基礎教育と高等教育の２段階から成る。基礎教育とは、高等教育段階以前の12年間以上の教育を指す。基礎教育の段階および種別は省令の定めるところによるものとする。（中略）ノンフォーマル教育もしくはインフォーマル教育の段階分け、または同等性については省令の定めるところによるものとする。 |
| 第18条 | 学校とは、国公立学校、私立学校、および仏教や他の宗教機関が管轄する学校をいう。（第２項） |
| | 学習センターとは、ノンフォーマル教育を提供する施設、個人、家庭、地域コミュニティ、地域コミュニティ団体、地方公共団体、民間団体、専門職団体、宗教機関、企業、病院、医療機関、福祉施設、およびその他の社会組織による学習施設をいう。（第３項） |
| 第61条 | 政府は、個人、家庭、地域コミュニティ団体、民間団体、専門職団体、宗教機関、企業、その他の社会組織等が提供する教育に対し、必要性に応じて適切に助成金を配分する。 |

出典）Office of the National Education Commission および村田ほか（2000）、平田・森下（2000）を参照のうえ作成。

られる。

第四九条には、「教育水準・質の保証評価事務局（Office for National Education Standard and Quality Assessment）」が設置され、すべての教育機関は少なくとも五年に一度は外部評価を受けることが定められている。

しかし、ラチャニー校長はオルタナティブ教育に対する評価自体は否定しないが、評価のあり方はあくまでもオルタナティブ教育の主義に即したものでなくてはならず、学力を中心とする一般的な学校評価とは基準を異にするものでなくてはならないという。(7)

いずれにせよ、近い将来、評価方法を定めることになっており、オルタナティブ教育の多様性を保持できるような評価のあり方になるかどうかが現在でも争点となっている。

新国家教育法のもと、基礎教育を提供している学校であると認証を受ければ教員の給与面などの助成を受けやすくなり、社会的な信頼度も高まる。ラチャニー校長は、「第一二条の省令がオルタナティブ教育にとって有利な内容となれば、子ども村学園も認可校にしてもよい」と言う[(8)]。このように考える市民はラチャニー校長のみならず、ほかのオルタナティブ教育の実践家やホームスクールを実践する親たちなど決して少なくないといわれており[(9)]、今後の課題は第一二条に示されるような権利を実際に遂行できるような省令づくりにあるといってよい。

## (3) 多元的な教育観と国家教育法

子ども村学園の教育実践の背景には、学園代表であるピボップ・ドンチャイ（Pibhop Dhongchai）氏の多元性志向とも呼べる思想がある。この点について、国際オルタナティブ教育セミナーを共催している「教育における精神運動（ＳＥＭ：Spirit in Education Movement）」の機関誌「*Here and Now : Alternative Education and Society Journal*」（Resource Center for Alternative Education 2001a : 14）へのインタビューで氏は次のように述べている。

「私たちの務めは、多くの教育概念に対して開き、過度に一つの概念にこだわらないということです。人間は多様です。（中略）私たちはすべての概念の善いところを歓迎するように心を開くべきです。最終的には、私たち自身で正しい概念を見いだすことができるでしょう」

これは、ドンチャイ氏のいわば多元的な教育観であり、人間の潜在的な可能性に対する彼の信念の表明ともとれる。そこには、子ども村学園の教育思想や実践を普及していくというよりも、さまざまなアイデアや思想をもつ人々の実践をそれぞれに生かしていくためのシステムの創出が必要であるという多元的思想を垣間見ることができる。こうした多元的教育観をもつドンチャイ氏の国家教育法に対する批判は相当に厳しい[(10)]。

国家教育法の策定過程においてドンチャイ氏の教育観が提示された際、国家教育委員会からは慎重論が出された。

国家教育法の立役者ともいえる国家教育委員会ルン・ケーウダン（Rung Kaewdang）委員長は、ドンチャイ氏らの主張する学校設立の権限の民間への委譲案に対して一貫して慎重な姿勢を通した。ケーウダン委員長が政策策定者として払った関心は、国力にもつながる国民の学力の維持・向上とカルト集団などの社会に危害を及ぼし得る団体による教育への関与であった。

前者については、先に触れた外部評価制度や評価組織を設ける方策を打ち出すことで一応の解決を見た。しかし、後者については第一二条に宗教団体も基礎教育を提供することができると明記されており、省令の内容しだいではカルト集団も認可校を設立する可能性も出てくるという課題が残された。

学力問題、つまり国民のリテラシーの低下という懸念に対してドンチャイ氏は次のように答えている。

「教育システムは現実社会の外で成り立つものではないので、共有されたコンセンサスが必要とされるのは理解できます。つまり、異なったレベルで最小限の学力水準は決められなくてはなりません。ただし、最小限従われるべきカリキュラムの内容は、トップダウンで決められるのではなく、各々の地域社会が、さらには一人ひとりの生徒自身が決めなければならないという点だけは強調されなくてはなりません」[11]

また、ラチャニー校長も「政府サイドと市民サイドの双方からなる第三者機関を設けて、オルタナティブ教育実践校の評価を行うのが理想的です」と主張している。[12]

カルト集団などによる学校設立の問題に対しては、ドンチャイ氏は次のように答えている。

「新しい国家教育法には、基礎教育を提供する団体として宗教団体も含まれています。したがって、カルト集団が学校をつくる可能性もあるのです。この点、タイの宗教法から学ぶところは少なくないでしょう。つまり、宗教法では信仰の自由が保障されていますが、道徳に反しないかぎりにおいてという制約が市民の義務として明記されています。同様に、教育法でも平和裡に基礎教育を提供するかぎりにおいてと明記することが考えられます」[13]

筆者によるインタビューにおいてもドンチャイ氏は、「教育法以外でも社会的暴力を抑制するための法を課すことも可能です」と述べている。(14)こうした改革派と保守派との論争が省令にどのように反映されていくのか、今後の動向が注目される。

## 4　多様なオルタナティブ教育と一元的なシステム

国家教育法が提起するさまざまな問題は、オルタナティブ教育の本質ともいえる独自性および多様性と、一元的な近代国家システムという制度とのせめぎあいを露呈しているように思われる。国家教育委員会のスカピロム・オルタナティブ教育担当官は次のように語っていた。

「私は、オルタナティブ・スクールの意義は理解しているつもりです。しかし、一度それを法律や省令、社会制度にしようとすると、多様性が国家システムに取り込まれてしまうというジレンマをいつも感じています」(15)

ラチャニー校長は、第三回国際オルタナティブ教育セミナーの分科会「オルタナティブをめぐる政府の役割——国際比較」で、「公教育はもちろん従来通り存在してよいのです。ただ、同時にオルタナティブな教育の実践者への可能性は開かれていなくてはなりません」と述べ、メインストリームの教育と併存するオルタナティブ教育のあり方を強調していた。ラチャニー校長らが求めている改革の要点は、一元性の強い現在の教育システムの多元化であるといえよう。

スカピロム氏とラチャニー校長は、オルタナティブ教育にかかわる立場は異なるが、国家の枠組みの中でオルタナティブ教育の独自性や多様性を確保していけるようなシステムをいかに創出するのかという点で関心を共有している。

第３回国際オルタナティブ教育セミナーの分科会

このような意識の萌芽が、政府および市民の双方で見られることの意義は大きく、タイ社会においてオルタナティブ教育に対する理解が徐々に浸透してきているという見方も可能であろう。

近年のタイのオルタナティブ教育は、運動体としても機が熟してきたように思われる。国家教育法の成立に伴い、二〇〇〇年、市民サイドでオルタナティブ教育のネットワークづくりが始まった[16]。現在、ラチャニー校長を中心に約一〇校がゆるやかなネットワークをつくり、情報交換や政府への提言などを行っている。子ども村学園ほどの歴史はないにせよ、ほかの新しいオルタナティブ・スクールからもさまざまな実践が生まれており、モンテッソーリやシュタイナーの理論の実践化も試みられていることは注目されてよい[17]。

今後、これまで以上に問われるのは、こうした一つ一つの実践を支えるような支援メカニズムの質である。ドンチャイ氏の言うところの「多様性」を尊び、個々の実践と理論が内発的に発展していくようなメカニズムとはいかなる特性を備えているのであろうか。タイの教育社会における多様な豊かさをはぐくむメカニズム創生の動向が注目される。

ケース・スタディ ③ **オーストラリア**

# 問われる支援メカニズムのあり方——シュタイナー学校とサドベリー学校の実際から

**オーストラリア**

首都：キャンベラ（最大の都市はシドニー）
国土：774.1万km²
人口：2,012.5万人
１人当たりGDP：20,822ドル
言語：英語（公用語）82%・中国語21%・イタリア語２%・ギリシャ語1.5%・アラビア語1.2%
民族：ヨーロッパ系など98%（イギリス・アイルランド系が中心、うちアジア系８%）・アボリジニ（白人との混血を含めて約35万人）
宗教：キリスト教（英国教会派22%・カソリック27%・ギリシャ正教３%）・無宗教15%
年平均人口増加率：1.3%
医師数（10万人当たり）：247人
教育への公的支出（GDPに占める割合）：4.6%
女性の国会議席の割合：26.5%

連邦国家であるオーストラリアの教育は州ごとに異なる「顔」をもつ。オルタナティブ教育については、各州にユニークな学校が連邦政府および州政府の財政支援のもとに運営されているが、州によって行政の対応が相当に異なるので、ここでは南オーストラリア州およびクイーンズランド州の二つの州を取り上げることにする。

オーストラリアではキリスト教系の独立学校は珍しくないが、非宗教系の独立学校は決して多いとはいえない。しかし、少ないながらも各学校では多くの経験と知見が蓄積されており、特筆するに値する実践が見られる。ここでは、それらの実践の中から、比較的に伝統のあるオルタナティブ・スクールと新しく創設されたオルタナティブ・スクールを取り扱うことにする。前者については南オーストラリア州のシュタイナー学校を、後者についてはアメリカのサドベリーバレー・スクール(1)の影響を受けたクイーンズランド州のフリースクールを紹介する。

また、オーストラリアのオルタナティブ・スクールの多くは認可校（独立学校）として位置づけられ、州政府と連邦政府の資金援助のもとに独自の実践を行っている。これを可能にしている理由の一つに、各校の代表からなるネットワークとして独立学校協会がすべての州にあり、それらをさらにまとめる全豪独立学校評議会（ＮＣＩＳＡ：**National Council of Independent Schools' Associations**）の存在が挙げられる。ここでは、独立学校の支援メカニズムとしてこうした支援ネットワークについても考察する。

個々の学校について述べる前に、オーストラリア全体の公立学校と独立学校の現況について概観しておきたい。オーストラリアの初等・中等教育段階の学校は通例、三つのカテゴリーに大別される。すなわち、「公立校」と「カソリック校」と「独立学校」であり、七〇〇〇校近くある公立校がもっとも多く、次いでカソリック校、独立学校と続く（**図２－３－１**）。

ここでいう独立学校とは非政府系学校（**non-government school**）のことであり、その多くは特定の宗教や価値観にのっとった教育を提供している。また、キリスト教主義の学校の中のメインストリームであるカソリック校以外の

**図２－３－１**
**オーストラリアの学校数**

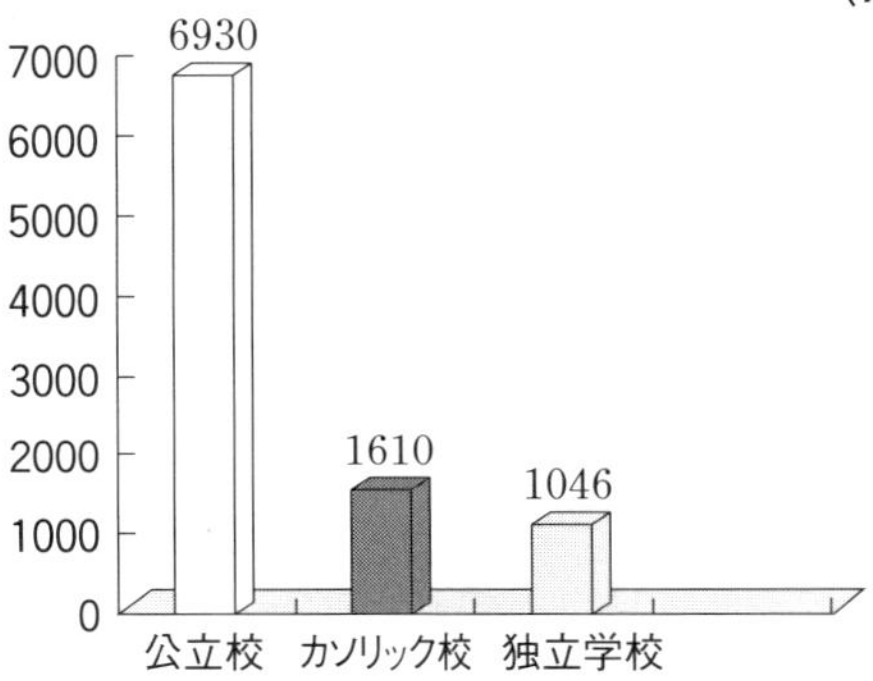


**図２－３－２**
**オーストラリアの学校に通う生徒の割合**
**（*N*＝3,318,620）**

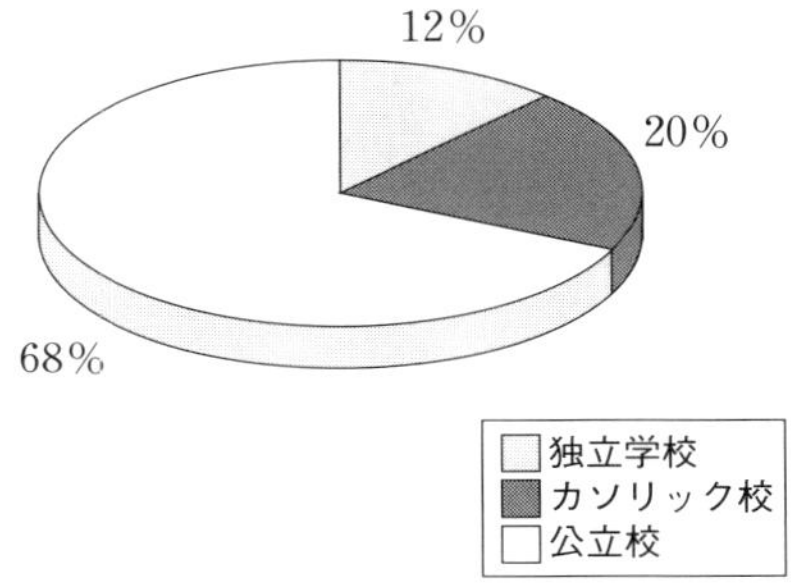


出典）Independent Update. Issue 1, 2003 (Retrieved 24 March 2004, from http://ncisa.edu.au)

キリスト教系学校（アングリカン派やルター派など）、シュタイナー教育やモンテッソーリ教育を行う非宗派立学校の総称でもある。右に大別した三つの学校群がそれぞれ占める生徒数の割合は**図２－３－２**の通りであり、独立学校には約一二パーセントの生徒が通っている。

シュタイナー学校のように、いわゆる伝統的な宗教教育とは一線を画する、特定の教育思想や哲学に則した実践を行っている学校は全国で八〇校ほどある。国によっては、こうした独自性の強い学校は助成金の得られない無認可校となるであろうが、オーストラリアでは、その多くが連邦政府および州政府からの助成金をもって運営されている。

平均すると、授業料などの自前の予算は六割であり、残りの四割が政府からの助成で賄われている。公費助成の多くを占めるのは連邦政府からの助成である。のちに具体的に述べるように、オルタナティブ・スクールにとって公費助成は個々のユニークな実践を支えるための不可欠な財源となっている。

## 1 マウントバーカー・ヴァルドルフ・スクール――公費助成によるシュタイナー教育理念の実現

マウントバーカー・ヴァルドルフ・スクール（ＭＷＳ：Mt Barker Waldorf School）は、オーストラリアで五番目に多い人口を有するアデレイド市内から車で五〇分ほどの丘陵地帯にある。オーストラリア国内には四八のシュタイナー学校があり[2]、うちアデレイドのある南オーストラリア州では二校が設立されており、ＭＷＳはそのうちの一校である。南オーストラリア州はドイツからの移民の多い州で、ＭＷＳにはドイツ移民の家族の子弟も通っている。

この学校の特徴は、オーストラリアでも数少ない幼稚園から高校（後期中等教育）までの一貫教育（Ｒ－12）である[3]。とくに、幼稚園と初等部は人気があり、ウェイティング・リストには幾十人もの入学希望者の名がある。入学時に試験などはいっさい課さず、親を含めた面接で決める。その際の判断基準は、親のシュタイナー教育への理解や家庭環境などである。

シュタイナー教育はそれ自体で完結したユニークなカリキュラム体系をもつが、ＭＷＳは全寮制ではないため、学校外での生活環境が子どもたちに及ぼす影響力は決して少なくないと考えられており、親（保護者）に対する要求は高い。一例であるが、小学校中学年に至るまで、テレビはいっさい家庭で見せないようにすることができるかどうかが面接時に尋ねられている。

現在の生徒数は三三〇人ほどであり、常勤および非常勤を含めて約四〇人のスタッフが働いている。通例、シュタイナー学校には校長は置かれていない。ＭＷＳでも州レベルの会議などに出席する代表や経営に長けている事務局長役の職員はいるが、ほかの学校に見られるような職業階層は存在しない。学園の運営にあたる最高の意思決定組織は

「カレッジ・オブ・ティーチャーズ（College of Teachers）」と呼ばれる一〇人ほどの、主にベテラン教師からなるチームである。

以下に、この学校の特徴について概説し、さらに大学進学など、一般の教育システムとシュタイナー教育のような特殊な教育システムとの接合点がどのように見いだされ、維持されてきたのかについても述べてみたい。

グラウンドでインディアカを楽しむ子どもと先生

## (1) 定評のある授業

MWSの授業は生徒の親のみならず、教育学を担当する地元の大学教授らにも定評がある。それは、一人ひとりの教師の授業風景からもうかがえるし、また最終学年の「卒業制作プロジェクト（Year 12 Project）」の成果にも現れている。

最終学年に達した生徒たちは一つのテーマを設定し、卒業前に親や教師や生徒の前で四五分間のプレゼンテーションを行うが、その質は相当高いものとなっている。テーマ設定は生徒自身と指導・助言する教師にもよるが、芸術系のテーマが多く見られる。二〇〇三年度の卒業制作から一例を挙げると、「チェロ：弾くこと・習うこと・演奏すること」、「信仰とスピリチュアリティの探求：イスラム教と仏教への旅」、「リアルタイム三次元コンピュータ・グラフィックス」などである。各々の生徒は大きな画板に写真と論文を掲載して一つの「作品」に仕上げる。プレゼンテーションにはすべての生徒と親をはじめとした家族、教師が招かれ、スライドを駆使した発表や楽器の演奏等が行われる。筆者は一〇人ほどの卒業生の発表を見る機会に恵まれたが、いずれの作品も完成度と質の高さに圧倒される内容であった。

授業の質の高さにも目を見張るものがある。生徒が教師をファースト・ネームで呼びかけるように生徒と教師の関係はフレンドリーだが、教室には秩序がある。これはシュタイナーの思想に基づいた体系的なカリキュラムに負うところも大きいが、MWSの教師の誠意と熱意が大きく影響していると思われる。また、一教師が第一学年から基礎教育レベルの最終学年に至るまでの七年間、同じ生徒たちの成長を見守るというシュタイナー教育独自の方針もこうした秩序に影響しているといえよう。

筆者が学園を初めて訪問したときに見学したのは、五年生の担任であるデイミアン・ギルロイ（Damian Gilroy）氏のクラスであった。(4) シュタイナー学校の五年生では、生徒たちは一年間をかけてギリシア神話についてじっくりと学ぶことになっている。デミアン氏のクラスでは、朝のクラスが始まると、生徒たちは身体を動かしながら古代ギリシアの詩を読み上げ、当時の情景を想いながら画板サイズのノートに絵と説明文を書いていた。ホメロスの叙事詩である『イリアス』を朗読し、先生がサラミスの海戦についての歴史背景などを説明し、生徒からの質問にも答える。その後、グラウンドに出て古代ギリシアの競技に挑む。古代ギリシアの五つの基本的な競技の中からレスリングと円盤投げが選ばれ、実際に体験してみる。また、弓投げで使用する弓も竹を切って自分でつくることになっている。

一通りのストーリーや競技を習うと、州内のもう一つのシュタイナー学校との対抗運動会が開かれる。そこでは手づくりのチャリオット（二輪戦車）まで登場する。優勝者は月桂冠で祝福され、閉会式のあとには敵も味方もともにギリシャ料理を堪能する。このように、知識のみならず身体運動をも重視した総合的な学びが年間を通して行われているのである。

ＭＷＳの授業のいま一つの特徴は外国語教育である。第九学年まで、どの子どももドイツ語および日本語を学ぶ。第一〇学年からはほかの履修科目数が増えることもあって、どちらかの言語を選択することになっている。日本語の教師は鶴田緑氏である。オーストラリアには二〇年以上在住し、学園には一九年間勤めている。日本語レッスンもほかのレッスンと同様にただ字の読み書きを勉強するのではなく、日本の伝統歌や踊りなどの文化に親しむような内容となっている。第五学年にもなると簡単なスキットの劇も披露できるまでに上達し、上級生には書道も教えている。筆者が見学することができたクラスでは、卒業前の上級生が「一期一会」という意味について習った後に手慣れた筆使いを見せていた。

また、二〇〇四年には、日本人の職人も協力して造られた日本語教室が完成し、オーストラリアの子どもたちが、日本の文化の「実際」に日常レベルで触れることができるようになった。

ここではわずかな例しか紹介できないが、同校の授業の質の高さは自他ともに認めるところである。ＭＷＳには、約五年おきに州の教育省の評価チームが訪れる。昔は「変わった学校」として疑いの目で視察されていたが、現在では授業をはじめとした活動が高く評価され、相当の信頼が置かれるようになった。

### (2) バックドアー・ストラテジー――高等教育機関とのつながり

ＭＷＳが創設された年の生徒は三七人だけであった。時が経つにつれて彼（女）らも大きくなり、一九九〇年に最終学年に当たる第

日本語教室の棟上げ式（地元の施行と日本の職人がお祝いの餅撒きをしているところ）

**図2－3－3　アデレイド大学における MWS 卒業生および一般の学校の卒業生の成績**

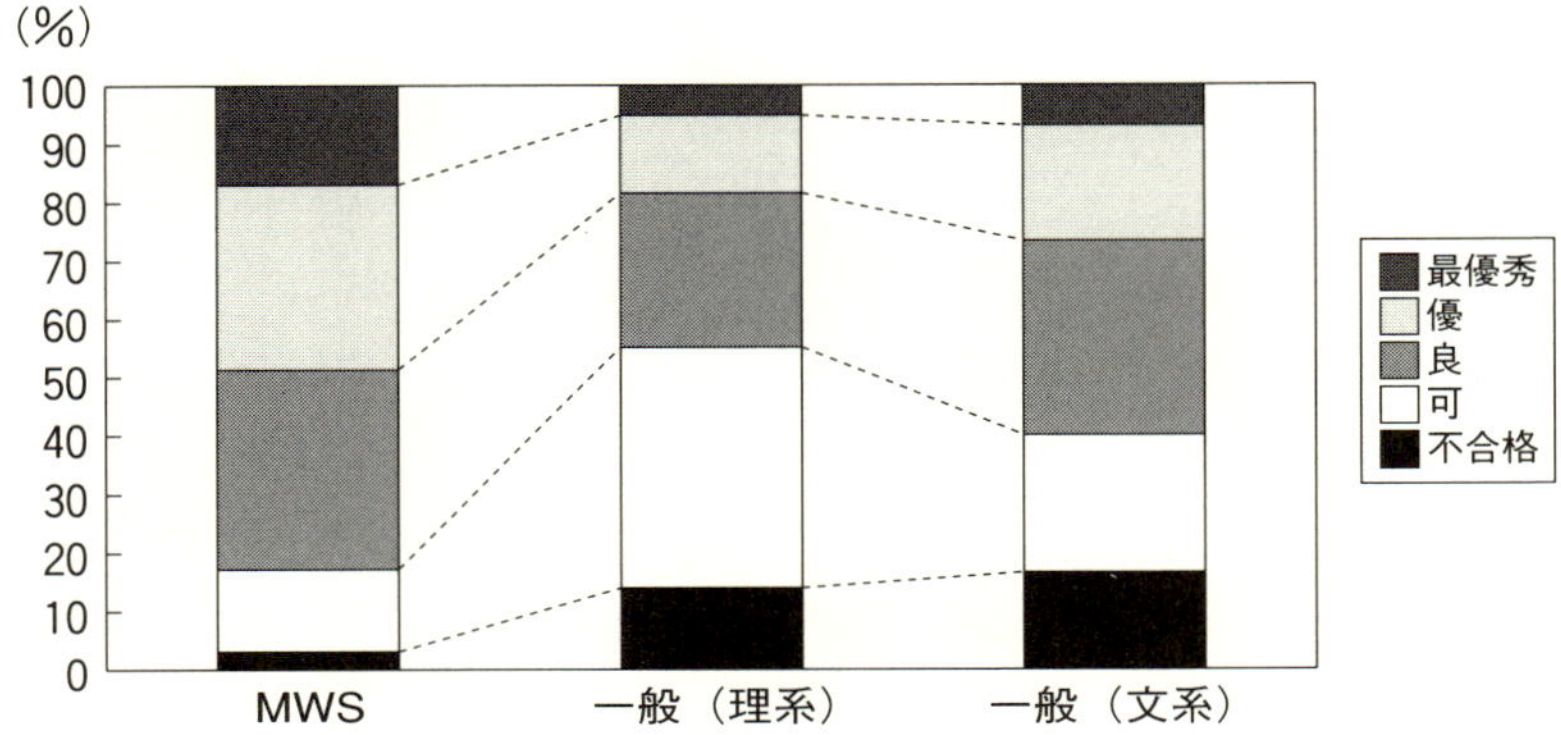


注）アデレイド大学に進学した MWS の卒業生（1991～2001年）全員の取得した1,324単位の成績と無作為に抽出された一般の在学生の取得した単位（1997年と1999年の理系の生徒による12,371単位及び2000年の文系の生徒による6,946単位）の成績を比較している。

出典）Bill Wood. 'Innovation, Difference, Performance: The Mount Barker Waldorf School, South Australia' Education Research Conference 2003（Flinders University）での発表原稿（p. 19）から筆者が作成。

一二学年の子どもをもつことになった。そのうち一人の女子生徒が地元のフリンダース大学へ進学を希望したが、シュタイナー教育独自のカリキュラムのために第一二学年の卒業認定（大学入学許可）試験を受けさせる方針のない学園の生徒は受け入れられない、と大学側に告げられた。しかし、当時のスタッフと本人が最終学年の卒業制作の作品や論文を大学に直接持っていき、彼女の能力を大学側に認めさせて入学を実現させたのである。翌年にも二人の生徒がフリンダース大学へ同様に入学し、大学からの信頼を勝ち得たという。

現在では、**図2－3－3**に示すように地元のアデレイド大学へ進学したMWS卒業生の成績は一般平均よりはるかに優れている。通常は五段階評価（①最優秀[High Distinctions]、②優[Distinctions]、③良[Credits]、④可［Passes]、⑤不合格［Fails]で、①は五パーセント以下、②は一五～二〇パーセントほど、③と④で六〇パーセント、⑤は一五～二〇パーセントほどであるという。ところが、MWSの卒業生は①と②が優れて多く、⑤が相当に少なくなっている。同校の卒業生は、他州も含めて多くの大学で評判がよい[5]。

現在でも、大学へ進学する卒業生は少なくない。ＭＷＳの会計担当者に対して、その理由は親が高学歴で高収入の家庭が多いからではないかと尋ねると、親の社会階層は一般の公立学校とさして変わらず、むしろ経済的には苦しいほうではないかという。

実際に、ＭＷＳの年間授業料は通常の独立学校と比べても高くない。南オーストラリア州では、低収入の家庭の場合、州政府からの支援（スクール・カード）が受けられることになっている。低学年か高学年かによって異なるが、低収入の家庭で二一四〇ドルから二三六〇ドル（約一六～一九万円）、中～高収入の家庭でも三三〇〇ドルから三六〇〇ドル（約二六～二九万円）である。学園では、離婚したために低収入となった母子家庭の子どもも珍しくなく、右の支援を受けられることを証明する「スクール・カード」保持者の親は三四パーセント存在している。

シドニーのあるニューサウスウェールズ州のシュタイナー学校では、州の教育省から規定のカリキュラムに従うようにいわれて妥協を強いられているが、南オーストラリア州政府から相当な信頼を得ているＭＷＳではこうした問題がない。大学進学を希望するオーストラリアの子どもたちは、通常、第一二学年になると卒業認定（大学入学許可）試験に向けた準備をする。しかし、ＭＷＳの子どもたちは南オーストラリア州以外の大学においても同学園の教師による生徒の評定と成績をもって受験することなく入学が許可されている。学園のある教師は、こうした進学手段を「裏口戦法《バックドアー・ストラテジー》」と称している。これは同学園の卒業生が優秀な成績を修め、各々の大学から信頼を勝ち得た結果であり、全国的に見ても例外中の例外といえる。受験準備の必要がないＭＷＳの生徒たちはその分「卒業制作」に集中することができ、このことは「制作」の質の高さと生徒の自信へとつながっている。

次に、ＭＷＳのような独自の実践を可能にしている背景について考えてみたい。

## 2 サポート・メカニズム——市場の暴走を抑制する倫理コード

### (1) 政府からの支援と認証の条件

連邦および州政府は、すべての生徒に対する教育費を補助する責任があるという原則に立ち、独立学校に助成金を出している。南オーストラリア州の独立学校は連邦政府および州政府からの助成と親からの授業料が主な運営資金である。公立学校の予算構成を見ると、生徒一人当たり年間平均で約六〇〇〇ドル（約四二万円）の州政府予算が使われている。一方、連邦政府からの予算はその九分の一にも満たない。独立学校に関しては、生徒一人につき州政府からは約一〇〇〇ドル（七万円）、連邦政府からは約二〇〇〇ドル（一四万円）の公費助成が提供されている。しかし、これだけでは公立学校の平均予算の半分にも相当しないので、残りは親の授業料に頼ることになる。

南オーストラリア州の独立学校の連邦政府と州政府と親の予算の割合は、次に図示する通りである。**図2－3－4**は、あくまでも平均値であり、独立学校によっては親の出資率が七五パーセントに上るところもある。比較的低収入の家族の割合の多い独立学校は、連邦および州政府からの公費助成の割合が多くなる。

南オーストラリア州政府は、親の学校選択を支持している。しかし、独立学校の設立に関しては「完全な自由市場」という方針は支持しない、としている。独立学校が州政府から認証を受けるためには、次の基本的な条件を満たさなくてはならない（Minister for Education and Children's Services, South Australia 1997 : i）。

- 授業内容が十分であり、その性質（nature）も問題がないこと。
- 生徒の安全・健康・福祉が十分に保障されていること。

**図２－３－４　独立学校および公立学校の予算構成**

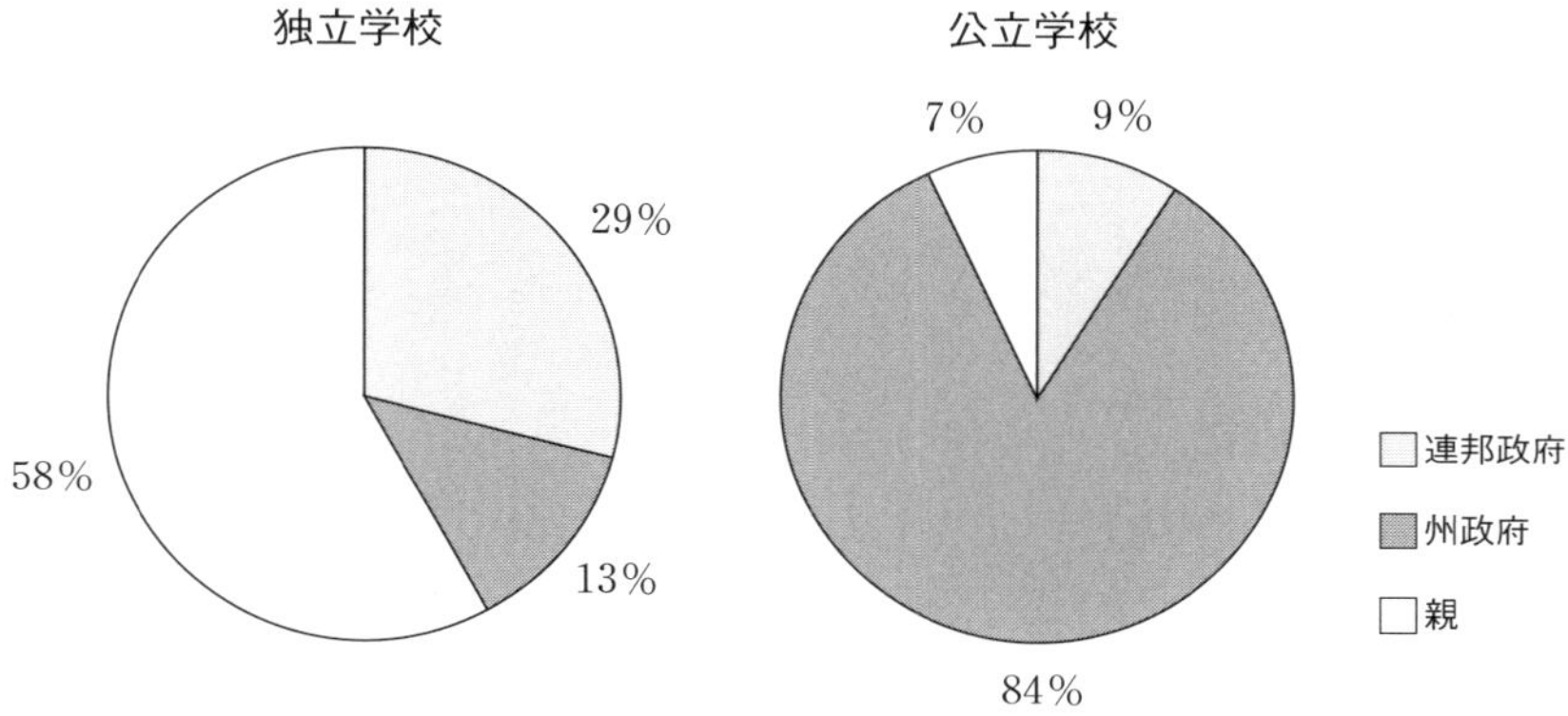


出典）AISSA. "Who really funds school education in South Australia?" The Independent: Bulletin from the Association of Independent Schools. Oct. 2001.

・将来、右の条件を満たせるだけの十分な財政源をもつことができること。

また、連邦政府の公費助成を受けるには次の条件を満たさなくてはならない。

・非営利組織であること。
・適切な公費助成額を決定できるだけの十分な財政その他の情報を連邦政府に提示すること。
・連邦政府に求められる説明責任《アカウンタビリティ》に関するデータを提供すること。
・学校が開校したら出席に関する報告を提示すること。

右の認証基準に従い、学習面・福祉面・財政運用面において問題がないとされれば、独立学校の設立運営は原則的に認められることになる。実際に問題があるか否かは州政府の監査官の判断によるが、ＭＷＳの場合は州の教育省とは相当に良好な関係を築いているという。

ＭＷＳが設立された際、同校が所属する人智学協会からのサポートは学校を始めるためのシード・マネーしかなかった。人智学派のドイツ人移民から学校を設立するための個人的な土地の提供があり、校舎の建設資金も人智学協会のほうから支援された。二年目以降は、自らの運営努力で続けている。

## (2) 相互扶助ネットワーク

先に述べた大学進学の際に生じた問題のように、これまでは既存の教育システムの中で独自性を貫くために相当な苦労を強いられてきたが、現在では状況は変わりつつある。というのも、独立学校同士を結ぶ州内のネットワークが設立されたからである。南オーストラリアでは、一九七四年に州内の独立学校のネットワーク組織として「南オーストラリア州独立学校審議会（ＩＳＢ：The South Australian Independent Schools Board）」が創設され、現在では「南オーストラリア州独立学校連盟（ＡＩＳＳＡ：Association of Independent Schools of South Australia）」と改称され、重要な役割を果たしている。こうしたネットワークはほかの州にもあり、連邦政府の動向に対応するための全国組織として「全豪独立学校評議会（ＮＣＩＳＡ：National Council of Independent Schools' Associations）」も活動している。

ＡＩＳＳＡには州内の八〇ほどの独立学校が参加し、傘下の生徒数は約二万八〇〇〇人である。ＡＩＳＳＡのメンバーとなっている主な学校群は**表２－３－１**に示す通りである。南オーストラリア州はルター派や英国国教会系の住民が比較的に多いが、特定の宗教を信仰しないモンテッソーリ学校やシュタイナー学校もあり、例外なくＡＩＳＳＡに加盟している。ＡＩＳＳＡの役割は、対外的には独立学校を代表して州政府などにロビー活動や情宣活動を行い、学校設立や運営に必要な法令に関して助言し、教員養成セミナーを開催して産業界の情報などを各学校に提供することである。[6]また、加盟した独立学校の運営が上手くいくようにハンドブックの作成・配布も行っている。

**表2－3－1　南オーストラリア州独立学校連盟に所属する学校群**

| | |
|---|---|
| ・英国国教会系学校 | ・ユダヤ系学校 |
| ・キリスト教系コミュニティ・スクール | ・ルター派学校 |
| ・キリスト教系家庭学校 | ・モンテッソーリ学校 |
| ・上記以外のキリスト教系学校 | ・セブンス・デイ・アドベンチスト系学校 |
| ・ギリシア系学校 | ・ユナイティング・チャーチ系学校 |

ＡＩＳＳＡには、小学校長会や中学校長会、産業界担当者会、健康・安全・福祉委員会、メンバーシップ委員会、小学校カリキュラム部会、中学校カリキュラム部会など、目的別に委員会や部会も設置されており、定期的な会合を開いている。運営費は、毎年各独立学校から集める登録料で賄っている。登録料は生徒一人当たり約二〇ドルであり、ＭＷＳの場合は年間約七〇〇〇ドル（約五〇万円）を支払っている。各加盟校から集める登録料で、ＡＩＳＳＡの事務局は八人の専従スタッフを雇って運営している。

興味深いことに、ＡＩＳＳＡには暗黙の倫理規定が機能している。法律や条令のような効力をもたないが、実際に機能しているコードである。ＡＩＳＳＡの加盟校に配布されるハンドブックには次のように記されている。

「（ＡＩＳＳＡの）各審議会は、委員全員が委員としての責任と行動をとれるような（中略）倫理コード（Code of Ethics）および役割について決めることが求められる」[7]（South Australian Independent Schools Board 1997 : 6）

ここでいう倫理コードの効果的な機能は市場コントロールである。つまり、ＡＩＳＳＡは、州内で複数の独立学校が競合し、本来独立学校が目指す教育の質という前提を崩すことにならないための抑止力を暗黙の倫理規定として機能させているのである。

独立学校支援組織も州によっては相当に様相を異にする。比較的に人口移動の多くない南オーストラリア州では、各独立学校の校長は昔から同じ伝統校に通っていた「校友」である場合が少なくない。つまり、気心の知れている「オールド・ボーイズ・クラブ」がＡＩＳＳＡ内にあるようなものであり、他州と比べて相互信頼に基づいた倫理コードが機能しやすい。

かつて、南オーストラリアの有力紙が「独立学校の宣伝を新聞に載せないか」とＡＩＳＳＡに尋ねてきたことがある。日本では私立大学などの宣伝が新聞に大きく掲載されることは珍しくないが、このとき、ＡＩＳＳＡでは独立学校同士の競合や州内の親の競争心を煽るような誘いには乗らないことに決めた。

また、州内で一校だけビジネス志向の学校があった。この学校長はＡＩＳＳＡの中でも協調しない言動が強く、いわば「浮いた」存在であった。もちろん、学校の宣伝などの活動を止めるように命じる根拠はＡＩＳＳＡの諸規定に明記されていないが、この「ビジネス校長」は自然と言動を抑えるようになったという。ＭＷＳの創設者の一人は、こうした州内の暗黙の取り決めは「共存のための知恵」であり、モラルのある連帯（moral integrity）の現れであると語っていた。

## (3) 今後の課題

近年、連邦政府の主導により、第三・五・七学年で国語（読解力）と算数の標準テストを課す制度が各州で広まりつつある。こうした政策動向は、国際機関による学習到達度評価からの影響をデービッド・ケンプ（David Kemp）教育訓練青少年問題担当省大臣らが受けた結果であるといわれている。当然ながら、ＭＷＳを含めた独立学校はこのような施策に対して反対の意向を示し、州の教育省と交渉を行った結果、例外措置を受けることになった。二〇〇四年三月現在では、学校単位ではなく個々の親自身が免除申請のための簡易な理由書に記入することによって受験を免れることができる措置がとられている。ＭＷＳでは、ごくわずかな受験希望の親を除く全員の理由書をまとめて南オーストラリア州政府に提出している。

先にも触れた通り、ＭＷＳは例外的に卒業認定（大学入学許可）試験を免除されるなど、その独自性を維持しながらも生徒たちの卒業後の可能性を保証してきた。しかし、とくに、一九九九年に開催された第一〇回教育雇用訓練青少年問題に関する大臣会議で「二一世紀における就学のための国家目標に関するアデレイド宣言」が出されて以来、国内で学力の維持・向上に向けた標準化への動きが強まっていることは事実である。こうした趨勢の中、いかにして独自性を維持していくのかという課題を前に、連邦政府および州政府への対応や支援組織の役割がこれまで以上に問われてくるといえよう。

## 3 ブールービン・サドベリー・スクール——苦闘する家族規模の独立学校

### (1) サドベリー型フリースクールの誕生

ブールービン・サドベリー・スクール（BSS：Booroobin Sudbury School）は、クイーンズランド州の南東部、サンシャイン海岸から内陸に入ったマレーニ村郊外の、バラックオール山脈が見渡せる丘陵地にある。学園の敷地は一六・四ヘクタールにも及び、その八割が熱帯林に覆われている。(8)

この学園は、五人の子どもをもった父親と母親、そして彼（女）らの教育観に賛同する数名の元教師らの「想い」から生まれた小規模な学校である。代表のデレック・シェパード（Derek Sheppard）氏はクイーンズランド州で二〇年間にわたって銀行に勤務していたが、長男が公立高校に入学してからイジメにあうなどして、ひどく元気をなくしたのを契機に公立学校で息子たちを教育させることを考え直し、妻のジョー・シェパード（Joe Sheppard）とともに自分たちの手で学校を創設することを決意した。

シェパード夫妻がまず取り組んだのは、オルタナティブな学校づくりに相応しい土地探しである。クイーンズラン

ブールービン・サドベリー・スクールの広大な敷地を眼下に
大木から吊るしたロープ（スイング）で遊ぶ子ども

ド州内のいろいろな村々を回ったが、結局、マレーニという人口三七〇〇人ほどの村に落ち着いた。数ある可能性の中でマレーニに決めた理由は、その町が醸し出す独特の雰囲気である。そこにはいくつもの協同組合が活発に活動しており、「ネオ・ヒューマニズム」(9)と呼ばれる共同体の学校や有機農業のグループなどのさまざまな試みが町の人々に受け入れられてきたのである。

シェパード氏は子どもの権利などに関する講演会を幾度か開き、彼に賛同する人々が彼の周りに集まり、具体的な学校づくりが始まった。当初は協同組合として活動していたが、教育活動によりふさわしい非営利法人を設立した。初めは有機農場内にある建物を間借りして小さな学校を開いていたが、一九九六年に一六・四ヘクタールの土地をローンで購入し、もともと敷地内にあった木造の私邸を自ら改築して校舎にした。文字通り、手づくりの学校である。

こうした活動と同時に、シェパード氏らは学校づくりのイメージを得るために世界中のオルタナティブ・スクールについて調べた。子どもたちと一緒に、「このような学校スタイルがいい、いやあのような学校スタイルのほうがいい」と時間をかけて自由に話し合った。シュタイナー教育やモンテッソーリ教育などをはじめ、いくつかのオルタナティブ教育の理論と実践を調べていくうちにアメリカのマサチューセッツ州にある「サドベリーバレー・スクール」[10]が自分たちのイメージと相当に重なることに気づいた。とくに、創設者のＤ・グリーンバーグ（Daniel Greenberg）の著した『*Free at Last*』（『「超」学校』大沼安史訳、一光社、一九九六年）に描かれている内容、子どもを「子ども」扱いせず「人間」として接する民主的な教育実践が彼（女）らの心をとらえたという。

設立当初、子どもたちはシェパード氏の五人の子どもを含め、二五人ほど集まった（二〇〇三年一〇月現在、二二人の子どもに六人のスタッフがいる）。学校の近隣には村と呼べるほどの集落はないが、マレーニなど、車で三〇分かからない村から子どもたちはやって来る。なかには、こうした自由主義の学校で子どもを教育するために片道で一時間半をかけて通う子どももいる。サドベリーバレー・スクール型の参加型民主教育を標榜するオーストリア国内唯一の学園であるＢＳＳは、とくに公立学校の教育に疑問をもつ親にとって小規模ながらも大きな意義のある実践なのであろう。

シェパード氏はさまざまなネットワークを駆使して、自分の想い描いた学校像を発信し始めると、アメリカのサドベリー・スクールのような学校ができることにひかれてきたスタッフがまたたく間に集まった。銀行マンであった代表をはじめ、スポーツのコーチ、陶芸家、一流レストランのウエイター、退職するまで公立校に奉職した教師など、彼（女）らは多種多様な職種の経験者であり、それぞれ特技をもっていた。

一九九六年、二年間にわたる資料づくりとロビーイング活動の末、ＢＳＳはクイーンズランド州の教育省から非公立学校（Non-State School）として正式な認証を受けた。これによって、ＢＳＳは助成対象校（ＳＲＳ：School in Receipt of Subsidy）となり、州政府および連邦政府から助成金を受けることができるようになったのである。

## (2) ナチュラル・ラーニングとナチュラル・ラーナー

ＢＳＳはもともと「マレーニ地区コミュニティ・ラーニング・センター」と呼ばれていたが、認可校として開設する前に「ブールービン・サドベリー・スクール」と改称した。ＢＳＳの名前の中にある「ブールービン」は、オーストラリア大陸の先住民であるアボリジニーの言葉で「ブラック・ポッソム」というオーストラリアにしか生息しない有袋類の動物を意味している。

ＢＳＳの一日は九時から始まる。学園に来た子どもたちは、小ホールの片隅にある「生徒出席表」に自分でサインをし、あとは個々人が自由に過ごす。通常の学校のように授業開始のベルが鳴って、生徒たちが一斉に移動するような光景は見られない。各自が興味関心のあるテーマに取り組む、または過ごしたいように過ごすのである。コンピュータでゲームに興じている子どももいれば、動物と戯れる子どもやスイングと呼ばれるロープで空中ブランコを楽しむ子どももいる。他方、海洋生物について、エンジンの仕組みについて、コンピュータについて自分で調べている子どもたちもいる。求められた場合のみ、大人は学習を支援していくのである。

こうした活動は「ナチュラル・ラーニング（Natural Learning）」と呼ばれている。これは、どの子どももいかなる指示を受けなくとも自ずと周囲の環境に関心を示し、自ら学んでいくものであるというシェパード氏らの子ども観に基づいている。この子ども観によれば「子どもは生来、各々にそれぞれの興味と熱意をもっている」と考えられ、そこでは当然ながら通常の学校とは異なる教師の役割が期待される。つまり、ＢＳＳの教師は子どもと同様に自然環境の一部であり、「ナチュラル・ラーナー」なのである。

クイーンズランドでも一般の公立学校では読み書き計算を中心に伝統的な科目ごとの授業が行われているが、ＢＳＳでは独自の学習観により八つの領域がある。つまり、「考える（think）」、「創造する（create）」、「参加する（participate)」、「責任（responsibility）」、「探求する（investigate）」、「コミュニケーション（communication）」、「振り返る（reflect）」、「自己に関する知識（knowledge of self）」である。これらの要素が大自然の環境と家庭的な雰囲気の中で相互に作用しながら、子どもたちの学びは生成しているのである。

### (3) 全校ミーティングと正義委員会

学園の生活は、子どもと大人たちで決めたルールによって成り立っている。毎週木曜日に開かれる全校ミーティングでは、学園生活のありとあらゆることについて話し合われる。シェパード氏は「BSSは、イギリスのサマーヒルとも違います。なぜなら、サマーヒルでは学校運営など一部の事柄は大人だけの決定に委ねられていますが、ここでは経営や教師の採用・解雇、各種委員会活動なども含めた学園生活すべてのことを子どもと大人が対等な立場で決めているからです」という。全校ミーティングは出席も自由であるが、たいていは上級生と大人たちとの話し合いが中心になり、朝一〇時から午後一時まで、ときには昼休みもとらずに午後二時半くらいまで徹底的に話し合っている。

校則に関しては、「法律集（Law Book）」が作成されており、学園生活の安全や衛生などに関する規則が二五〇項目ほど記されている。安全のため常時学園内にスタッフが二人以上いること、自転車の置き場所、暴力・罵声の禁止、動物の世話、室内への持ち込み禁止物、喫煙場所、枕投げ合戦の場所、スタッフ一人当たりの生徒数の上限、等々に関して事細かに決められている[11]。規則を守らなかった場合は皆で話し合い、たいていは忠告ですむ。しかし、忠告しても校則を破る者はそれなりの処遇を受けることになる。

全体ミーティングとは別に、学園運営組織の、いわば下部組織の一つとして正義委員会が少なくとも週に一度は開かれている。日常生活で起きたさまざまな問題について解決するための委員会である。何か問題がおき、学園コミュニティ全体に訴えたい者は特別に作成された記入用紙に記して正義委員会に働きかける。同委員会には全体ミーティングで毎月選出される五人と二ヵ月おきに選出される二人の委員から成り、彼（女）らがケースごとに解決策を練り、全体ミーティングで了承を得ることになっている。

全体ミーティングでは「クラーク（clerk）」と呼ばれる各種委員も決められる。つまり、入学担当クラーク、建物管理クラーク、農業クラーク、ファーストエイド・クラーク、造園クラーク、ナチュラル・ラーニング・カリキュラム・クラークなどである。

クラークと同様に、学園内で活動が盛んなのは「スクール・コーポレーション（School Corporation）」と呼ばれるクラブである。現在活動しているのは、アート・コーポレーション、ゲーム・コーポレーション、キャンピング&ブッシュ・ウォーキング・コーポレーション、クッキング・コーポレーション、カフェ・コーポレーション、農場コーポレーション、マルチメディア・コーポレーション、BSSプレスなどが、それぞれユニークな活動を展開している[12]。

BSSには、規則という明文化されたコード以外にコミュニティを機能させているものがあるように思われる。この点、かつて公立学校の教師をしていたBSS教師であるロイス・ターリング（Lois Tarling）氏の次の言葉が同学園のエートスを表しているといえる。

「BSSにはいろいろな規則がありますが、基本的には三つの原則に集約できます。つまり、他者をケアすること、安全を守ること、物を大切にすることです」

BSSには、たしかに規則によって網の目のように学園生活が規定されているが、ターリング氏が指摘しているように、網の目を縫うように他者に対するケアや思いやりなどの「良識」が働いており、学園全体の雰囲気づくりに大きく貢献しているように思われる。

**図2－3－6　公立学校および独立学校の生徒数（収入別）**

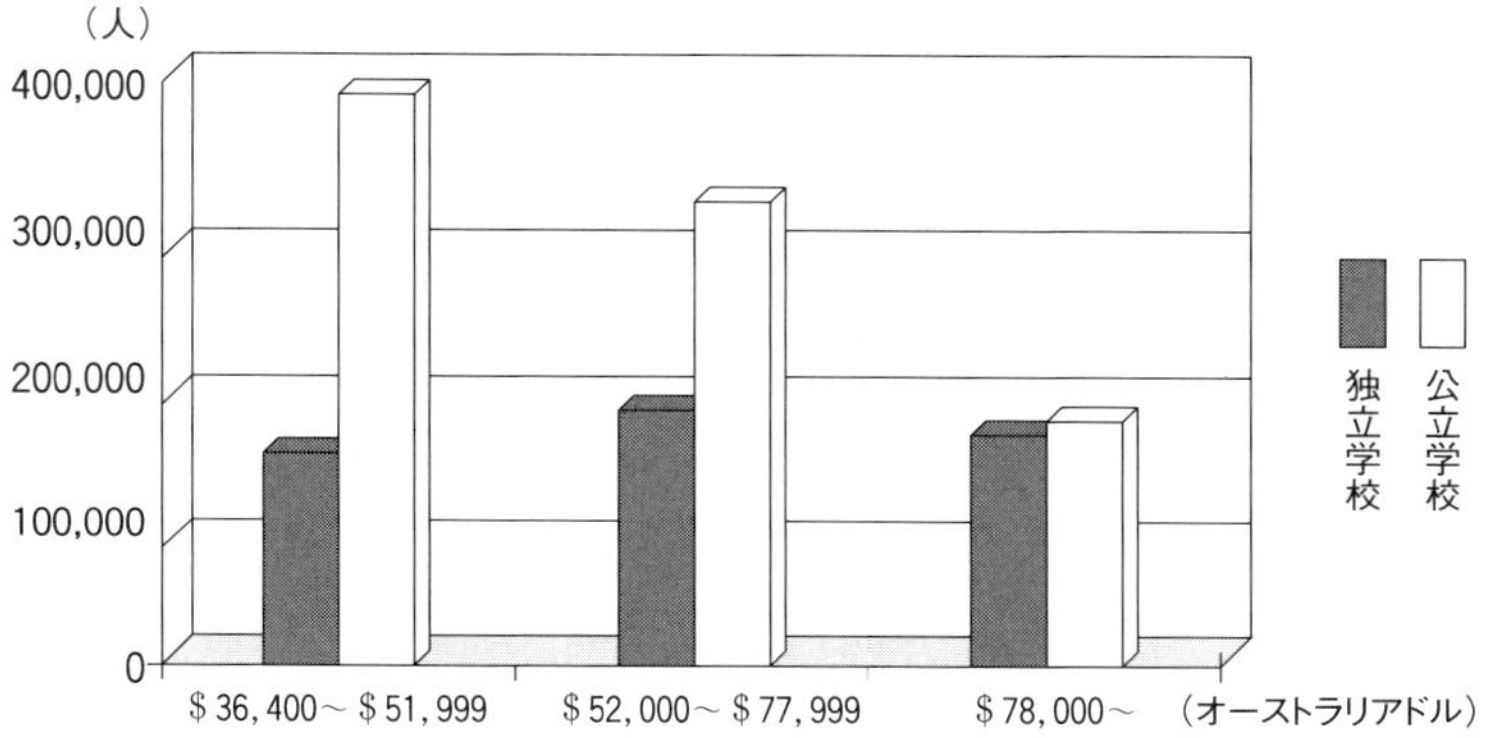


出典）AISQ. *AISQ Research Brief.* Issue 1/00. August 2000.

## (4) 学園の予算

ＢＳＳの予算を見る前に、オーストラリア一般の公立学校と独立学校との予算について概観したい。

オーストラリアには、公立学校に約二〇〇万人、独立学校にはほぼ半数に当たる約一〇〇万人近くが通う。政府の予算は独立学校にも公費助成として提供されるが、公立学校全体には一四〇億ドル支出されているのに対して独立学校は三七億ドルにしかすぎない（AISQ 2000）。また、独立学校へ通わせる家庭は必ずしも裕福ではないというデータもある。

**図2－3－6**には、公立学校と独立学校に通う生徒数を三段階の家庭の年収レベルに分けたグラフが示されている。この図から分かる通り、年収三万六四〇〇～五万一九九九ドル、または五万二〇〇〇～七万七九九九ドルという比較的に低収入および平均的収入の家庭でも独立学校を選択して子どもを通わせている場合が多く、独立学校への財政支援が強く望まれる理由の一端がここにある。

前述の通り、一九九六年、ＢＳＳは認証を受け、公費助成対象校として州政府と連邦政府から支援を受けることができるようになった。といっても、学園の経営は独立学校であるかぎり、公費助成以

**図2－3－7　BSSの収入内訳—1999年度（%）**

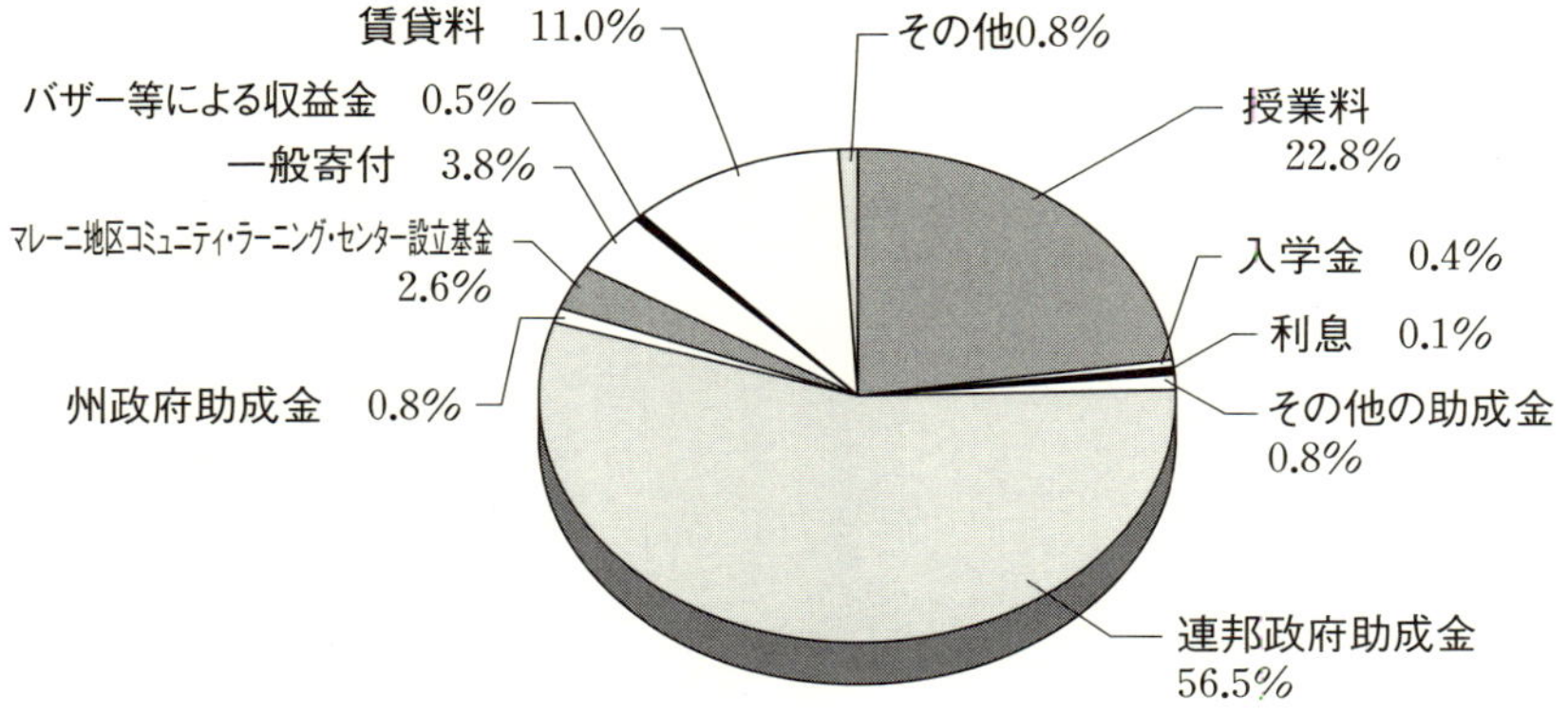


出典）*Maleny District Community Learning Centre Limited A.B.N. 54 077 579 027: Audit Report and Financial Statements for the Period Ended 31 st December 2000.* より著者が作成。

外の資金に頼らざるを得ない。学園の最近の収入の内訳は次の通りである。

**図2－3－7**を見ると、いかに多様な財源から学園の財政が組まれているかが分かる。もっとも多くを占めているのは連邦政府からの助成である。しかし、連邦政府と州政府からの公費助成を除いた四割強は一般からの寄付など、多様な資金源からの収入であり、多方面からの資金源の確保なしには学園生活は成り立たないといってよい。

BSSは地元の信用組合からもボランティア活動資金を提供されており、地域でのボランティア活動に取り組んでいる。最近の例では、マレーニの信用組合から二五〇〇ドル（約一七万五〇〇〇円）の支援金を得、二日間にわたる村人との共同作業で五〇〇〇本の植樹をしたり、山の頂にウェザー・ステーションを設置して地元の天気観測に役立てたりしている。

### (5) 州政府との苦闘

オーストラリアでは独立学校を登録申請する場合、連邦政府ではなく州政府に多くの書類を提出しなくてはならない。BSSが認可校になるまでは、担当官に恵まれたこともあり、また独立学校連盟の手助けもあって二年ほどですべての手続きが完了した。しかし、多難は認証後にやって来た。州政府からの監査に対して苦慮することはある程度覚悟していたとはいえ、実際に費やした時間と労力は予想をはるかに超えた、とシェパード氏は語る。

シェパード氏によれば、BSSはこれまで幾度も嫌がらせに等しい応対を州政府から受けてきたという。学園が認定を受けた後もクイーンズランド州教育省の評価チームが三～四ヵ月おきに調べに来ていた。訪問のたびに生徒たちの学習の記録である「個人学習計画帳（Personal Learning Plans）」を適当に数冊持って帰り、追加の書類を求めてくるということが続いたのだ。

評価チームの応対はまったく誠意を欠くものであったという。事実誤認と省略ばかりの監査報告書が、州政府によって作成・通知されることは度々あった。それは、一般の公立学校と同じ実践をすることを要求するのに等しい内容であった。BSSとしては文章で反論することにし、監査報告書の頁数をはるかに上回る頁数の文書を作成し、評価結果の再考を求めるという作業が続いた。

認証を受けていたにもかかわらず、さまざまな理由をもって助成金の振り込みが大幅に遅れたこともあった。オーストラリアの新学期は二月から始まる。通常なら一月までに登録手続きを済ませて三月には助成金が振り込まれるが、州政府が再登録に否定的な態度を取り続けたために九月まで助成金が振り込まれず、それまで助成金なしで学校を運営しなくてはならなかった年もあった。教師も子どもも節約に節約を重ね、無給で働いていたこともある。

そのために、抵当に入れていた土地を手放さなくてはならない窮状に追い込まれたBSSは州政府を相手取って裁判を起こした。裁判では、州政府はいくつかの条件付で学校の存続を認めることを主張した。その中には、受け入れる生徒の年齢の変更、将来計画されている寄宿制導入の断念などが含まれていた。当然ながら学校側の弁護士は自らの正当性を主張し、結局、学園側の全面勝訴となった。

さらに、二〇〇三年に再び州政府を相手取り、学園は裁判を起こさざるを得ない事態に直面した。今度は、先述の「アデレイド宣言」や州の教育法に適った教育実践をしていないという理由で認証を取り消されたのである[13]。一連の訴訟ごとに相当なエネルギーと私財を費やしたシェパード氏は、「もっとポジティブなことに時間と労力を使いたい」と語っていた。

## (6) 独立学校協会との関係

ＢＳＳを認可校として始めるにあたり、クイーンズランド州独立学校協会（ＡＩＳＱ：Association of Independent Schools of Queensland）は大きな役割を果たした。つまり、自分たちで準備したら想像を絶するような書類づくりや交渉ごとの多くを引き受けてくれたのである。しかし、一度学園が設立されると、当初に期待したほどには支援されなかったという。ＡＩＳＱなどの支援組織についてシェパード氏やほかのスタッフにインタビューすると、ある種のあきらめ感が見られた。

ブールービン・サドベリー・スクールのスタッフ。中央がＤ・シェパード氏。

「州政府からの無理難題のために苦境に立たされたとき、ＡＩＳＱに幾度かアピールしてみたものの、実際には支援されず、やはり自分の身は自ら守らなくてはなりませんでした。州によっては独立学校協会は相当に献身的にサポートしているはずですが、保守的なクイーンズランド州では独立学校協会が本来の機能を果たしていないのです」と、ＢＳＳのスタッフは語った。そして、州と全国レベルの独立学校協会についてシェパード氏は次のように主張する。

「ＡＩＳＱの組織は官僚的です。しかし、さらにひどいのは全国組織のＮＣＩＳＡです。彼らは連邦政府と歩調を合わせているのです。連邦政府と情報を共有しているのに、末端にはかぎられた情報しか流しません。結局、政府との妥協案を私たちに提示するだけなのです」

たしかに、オーストラリアでは独立学校のネットワークはどの州にもあるが、実質的に果たしている役割に差異が見られ、州によってはその機能の再考が求められているようである。

## 4 関係性をはぐくむメカニズムとは

創立して間もないとはいえ、BSSには、オーストラリアの伝統的教育には見られなかった新たな〈公共性〉が芽生えているといえよう。全校ミーティングや正義委員会の実践という生活面のみならず、ナチュラル・ラーニングという学習面においても、BSSの子どもたちは公立学校の子どもたちの場合とは異なる関係性を、自然界と自己のレベル、芸術や科学の世界と自己のレベル、または他者と自己との間で築こうとしているように見える。創設以来三回目の州政府による本格的な監査報告に答える形でつくられた一九九九年の報告書「*Approved Curriculum Framework and Related Planning Implementation Assessment and Observation Process*」には、BSSがもつビジョンと開拓しようとしているスコープが著されており、多くの可能性を秘めた〈公共性〉を見て取ることができる。

BSSの子どもの中には公立学校に合わなかった内向的な子どもや軽度のハンディキャップをもつ子どももいるが、彼（女）らが何のストレスも感じることなく、自由闊達に自らの興味関心を追求している姿を目の当たりにすると驚きを覚える。ハンディキャップをもつ子どもを過度に特別視するのではなく、受け入れ、解放し、ケアのまなざしのもとに完全な自由を与えるという専門性が求められる対応を、自然体でBSSのスタッフは行っている。

このような実践の示唆する意義は、個々の子どもたちのみならず社会全体にとっても重要である。それだけに、シェパード氏をはじめとしたスタッフが経験してきた苦闘は再考されなくてはならない。クイーンズランド州では、独立学校協会が存在するにせよ、一般の市民が非宗教系の学校を設立するのは並大抵のことではないという。土地から建物、教師の資格、教育計画などそろえなくてはならない書類は山ほどある。しかも、シェパード氏らの場合のように、手間暇をかけて作成した書類を書き直す要求が執拗に繰り返されることも十分に予測される。

近年、クイーンズランド州でオルタナティブ・スクールを二つの市民グループが設立しようとして実現しなかった。その原因として予算や土地の問題などが指摘されているようであるが、意思はあっても専門性に欠ける市民たちに手を差し伸べるメカニズムが十分に発達していないことも一因であるといえよう。

BSSのスタッフの指摘していたことであるが、BSSはたまたまシェパード氏のような財務や事務、法律に精通している専門性のあるスタッフがいたから認証を受け、存続してきた一面は否めない。州によって温度差は見られるにせよ、オーストラリアではオルタナティブ・スクールの存立が個々人の力量に負うところが大きいといえよう。とくに、シェパード氏が強調するように、シュタイナー学校やモンテッソーリ学校のネットワークのような組織力の後ろ盾もなく、宗教団体の支援もない、いわば小規模な非宗派立校を設立・運営するのは決して容易なことではない。

この章で取り扱った二つのケースが示唆するのは、一見するところ完全な自由を子どもに与えているかに思われるBSSのようなオルタナティブ・スクールが認証を獲得し、監査をクリアするのは相当に困難であるということである。このことは、体系的な課程と方法論をもつシュタイナー学校が多少の困難を伴いながらも認証を得て存続している事実と照らし合わせると対照的である（クイーンズランド州には、二〇〇四年一月現在、シュタイナー学校が認可校として存続している）。政府や自治体にとって主な関心は、オルタナティブ・スクールの思想やイデオロギーよりも、系統立った方法論をもっているか否かであるように思われる。オーストラリアでも、個々人の才によらず、小さな意思や善意をだれもが育んでいけるようなシステムが求められているのではないだろうか。

ケース・スタディ 4 オランダ

# 標準化政策の中で揺らぐオルタナティブ教育

**オランダ王国**

首都：アムステルダム
国土：4.2万km²
人口：1,620万人
１人当たりGDP：25,886ドル
言語：オランダ語
民族：オランダ人（ゲルマン系）
宗教：カトリック系32%・プロテスタント22%・オランダ改革派18%
年平均人口増加率：0.6%
医師数（10万人当たり）：328人
教育への公的支出（GDPに占める割合）：5.0%
女性の国会議席の割合：35.1%

## 「教育の自由」と「財政平等の原則」

オランダは、ヨーロッパ諸国の中でももっとも早くからシヴィック・ヒューマニズムの精神(1)が生まれ、根付いた国である。封建制が弱く、先駆けて都市国家連合が発達し、早くから自立した商人と農民が国の繁栄に積極的に参画していた(柴田、二〇〇〇年)。

こうした自立と自律の精神は、政治経済のみならず教育においても見て取ることが容易である。オランダの教育システムの礎には「教育の自由」がある。憲法第二三条に「教育の自由(vrijheid van onderwijs)」が謳われており、この法律のもとに「学校創設の自由」、「学校方針の自由」、「学校組織の自由」が保障されている。

国家が無償で提供する公立校での公教育とは別に、市民が自らの学校を創設する権利も原則的に認められている(学校創設の自由)。しかも、特定の宗教やイデオロギーに基づく「私立」校を公費で運営でき、モンテッソーリやダルトン・プラン(三〇ページ参照)などの独自の教育方法も取り入れることができる(学校方針の自由)。また、こうした学校方針を実現するために、教員の採用や独自の教授法に適した教材の創作・選択をも各学校に委ねられている(学校組織の自由)。さらにいえば、学校財政上の自律も相当な程度にまで認められており、各学校が人件費や設備費などの費目に制約されることもない。各校のニーズに基づいて予算を組み、独自の活動を行うことが可能なのである。

これらの自由と並んで、オランダの教育の特徴として、公立校と私立校における「財政平等の原則」を挙げることができる。一九一七年以来、公立校と私立校とがまったく同等の基準で国庫助成を受けており、私学の教員も公立の公務員に準じた法的地位を有している。この平等原則の上に、のちに示すような、世界でも稀に見るほどの私立校の割合が高い教育制度が成り立っているのである。

右の原則を踏まえると、オランダの市民がイメージする私立と公立の概念は、他国のそれとは相当に異なることが察せられる。財政的に完全な平等が実現されているがゆえに、私立と公立との違いは、①特定の宗教やイデオロギー、教育信条に価値を置くプライベートな団体による運営か、②それらとは一線を画した地方自治体による運営か、という運営主体の相違にすぎない。実際、オランダでは公立を「中立」と表現することもある。(2)

以下では、オランダの学校教育史および現在の教育行政のあり方を概観した上で、オルタナティブ教育の量的な把握を試み、また学校の支援組織について概観する。さらに、「教育の自由」を享受する一方で、教育の「公」性を保証するためのメカニズムがオランダ社会に見いだされるということ、また社会・経済情勢や政治的な潮流によってはそのメカニズムはオルタナティブ教育にとって逆境としても作用し得るということについて論じたい。

## 2　歴史的背景

オランダ市民が「教育の自由」を享受できるまでには、国家との間で「闘争」が繰り返されてきた。「教育の自由」が生まれた背景には、次のような歴史的経緯がある。(3)

オランダで学校法が制定されたのは一九世紀初頭である。ナショナリズム研究の第一人者であるのベネディクト・アンダーソン（Benedict Anderson）の『想像の共同体』（白石さや・白石隆訳、リブロポート、一九八七年）を引き合いに出すまでもなく、ナショナリズムが出現したのは一八世紀末だといわれている。まさに、一九世紀初頭は、従来には見られない「文化的人造物」としての共同体であるナショナリティが醸成されていた時代であるといってよい。ナショナリズムの時代の到来と同時に合理的世俗主義の夜が明け、また宗教的思考様式の黄昏《たそがれ》も始まっていた。(4)それは、幾世紀にもわたって人民を統制してきた宗教セクトと国家へゲモニーとの拮抗対立の時代の始まりでもあった。当然ながら、当時の為政者は教育を国家統合の鍵としてとらえ、それまでは教会や私人にゆだねられていた私教育に国家が関与し始めた。つまり、国家による教育独占が急速に進展していたのである。

オランダで、初めて国家レベルで教育への規制が施されたのが一八〇一年の学校法である。続く一八〇三年の改正学校法においては、私立学校は禁止され、公立学校における宗教教育も認められなくなった。こうした国家統制の動きに対して、一八〇六年のさらなる改正学校法において私立学校を認可する制度を設けるという揺り戻しもあったが、国家は学校監査制度づくりに着手するなど、中央集権的な教育行政が確立されていった。

このような状況下において、「学校闘争(Schulkampf)」と呼ばれる反対運動が起きた。当時の大半の人々は、カソリック教徒または正統派プロテスタント教徒であった。カソリック教徒はカソリック立の病院や学校に、正統派プロテスタント教徒はプロテスタント立の病院や学校に通うような、それぞれの文化や伝統の中で完結した「柱状化(columnization または pillarization)社会」であった。当然ながら、宗教各派に則した価値観をもって教える独自の教育実践が各々の柱の中で長年にわたって展開されてきたのであり、私学教育の復権に向けた闘争運動はその延長線上に位置づけられる。こうした運動の中で標榜されたのが「教育の自由」であり、この言葉は私学教育を擁護するための旗印として掲げられた。

「闘争」の結果、一八一五年には宗教的私学の設置が認められ、一八四八年には憲法において「教育の自由」が基本的人権として謳われるまでに至った。しかし、一度獲得されたかに見えた「教育の自由」であるが、一八五七年の新たな学校法で、教師の質、学校規模、施設設備などの教育の質に関する規則への遵守が義務づけられ、綱引きが私学教育サイドと国家教育サイドとの間で幾たびか繰り返された。

「闘争」は、一九一七年の憲法改正に基づく一九二〇年の学校法によって一応の終結を見るに至る。そこでは、①学校の設置と管理運営は第一義的には「市民の事柄」に属すること、②私立の一般教育学校は、公立学校と同様の基準によって公費によって維持・管理されること、とされた。これが、現在もオランダの教育制度の基幹をなす「財政平等の原則」である。冒頭でも触れた通り、この原則の上にオランダでは世界に例を見ないほど、私立学校が自由のみならず平等をも享受しているのである。

このように、一九世紀以降のオランダの教育行政史を振り返ると、それは「学校闘争」の連続であり、「教育の自由」は、一世紀以上の闘いの末に勝ち取った権利、とくに宗派的な私学の権利であるといえる。この法の精神は現在でも息づいており、一九八三年に制定された現行憲法では次のように謳われている。

「何人も、教育形態について法律上規定された所轄庁の監督権および教師の適格性と道徳的誠実さを審査する所轄庁の権限を留保した上で、教育を与えることは自由とする」（第二三条二項）

また、一九八四年のオランダ憲法追加条項には、「教育を与えることは、政府による監督を除き、自由なものとする」とあり、これが「教育の自由」と称される憲法上の基本権である。

## 3　教育行政の権限

オランダの教育行政は、ある意味で中央集権的な性格をもつ。ただ、中央集権といっても、他国に見られないオランダ独自の性格が多分に見いだされるので、ここでは教育行政上の主な特性について書き留めておきたい。

オランダの教育制度における中央政府の役割の特徴は、細かな教育内容については教育監査局の助言・指導のもと

**表２－４－１　オランダ教育文化科学省が基準設定を行う項目**

| | |
|---|---|
| ・学校のタイプ | ・教員の適性能力 |
| ・学校のタイプごとの履修課程の期間 | ・職員一人当たりの最大教授時間数 |
| ・学校のタイプごとの教えられるべき科目 | ・教職員の給与および法的地位 |
| ・科目ごとの最小・最大教授時間数 | ・特殊学校および中等学校への生徒の入学 |
| ・学校単位の年間最小・最大教授時間数 | ・修了試験 |
| ・学校単位の教授時間数 | ・職員・生徒・親の学校参画 |
| ・クラス規模 | ・学校の設立および閉鎖 |

オランダ教育文化科学省

に各学校にゆだね、大綱的基準の設定や調整と財政の制御に徹していることである。教育文化科学省の資料によれば、同省は**表２－４－１**のような項目に対して大綱的な基準を設定している[5]。

また、結城忠（一九九八年、三八～五〇ページ）は「オランダにおける自由の法的構造」で、教育文化科学省の大綱的基準設定の項目として次の五つ、すなわち、①教育制度の組織・編成・運用、②学校監督、③教育財政、④試験制度、⑤育英奨学制、を挙げている。

①については、初等・中等教育の学校の種類、就学期間、必修・選択教科、最低授業時数、授業時間、学級規模、教員資格や給与などについて公立学校のみならず私立学校にも適用基準を教育文化科学省が提示している。

②については、全国各地にある教育監査局がそれぞれの地域の学校を評価しており、その権限は次の通りである。

- 教育法令の遵守の確保
- 学校訪問による学校評価
- 私学設置者などからの相談や問い合わせへの応対
- 右の三点についての教育大臣への報告と提言。

③の教育財政は地方行政ではなく、国の教育文化科学省が責任をもって直接に管轄している。前述の通り、公立と私立の財政支出の差別はまったくなく、各学校は財政運用上、相当の裁量権を与えられている。

④については、初等教育の最終学年に行われる卒業認定試験制度を規定している。大半の学校は校内試験に加えて、任意ではあるが「国立教育測定研究所（ＣＩＴＯ）」が実施する全国共通試験に参加している。中等学校における全国共通試験も毎年実施され、その結果に基づき、生徒には修了資格が与えられる。同時に、高等職業訓練学校や大学への入学資格も与えられる。

市レベルの地方教育行政の重要な役割の一つとして、管轄地域の学校から年間計画を提出させ、学校の設備費や運営経費を支出することが挙げられる。また、新設希望校の申請を受け付けて、移民がオランダ語を習える機会を提供したり、スクール・バスなどの通学手段を整備したり、中途退学者数などの生徒に関する記録をとったりもする。

県レベルの地方教育行政の役割も右の大綱が遵守されているかどうかの監視であるが、教育内容ではなく、適切な学校数などに関する監視である。学校運営やカリキュラムについては、教育監査局がその任務を担っている。

以上のような規制はあるものの、各学校も相当の裁量権が与えられており、学校理事会が学校の運営体制、運営費や人件費などの財政、カリキュラム、人事（雇用と罷免）、生徒の入学などを決めている。

## 4 オルタナティブなストリームの台頭

「教育の自由」のもとで、オランダの市民はどれくらい「学校創設の自由」を享受しているのであろうか。ここでは、一九世紀半ば以降の公立学校と私立学校の割合の変容を示した後に、近年、台頭しているといわれるオルタナティブ・スクールがどの程度増えているのか数値をもって示したい。

**図２－４－１**に示すのは、一八五〇年以降の、「闘争」期前後における公立・私立学校の割合の変遷である。ここで示されているデータは一九八〇年までのものであるが、二〇世紀前半から徐々に私立学校がオランダの教育制度の中で大きな割合を占めてきていることが分かる。ジェームス・エステル（James Estelle 1986 : 117）によれば、私立の割合は公費助成が制度化されて以来、増大している。

私立学校と公立学校の「財政平等の原則」が成立した一九一七年あたりから私立の割合は初等教育レベルで半分近く、中等教育レベルで四分の一ほどを占めるようになり、以後も増え続けている。私立学校の合計を見ると、初等教育では一九五〇年代に、また中等教育では一九七〇年代に七割を超え、数において公立学校をはるかにしのぐようになった。

次に、最近の公立学校と私立学校の割合を学校数と生徒数に分けて示してみた。**図２－４－３**を見ると、公立学校とプロテスタント系とカソリック系の宗教立学校の私学は学校数および生徒数ともにそれぞれ約三割を占めている。つまり、世俗化が相当な程度にまで浸透したといわれる現在のオランダ社会においても、キリスト教系の私立校は約六割を占めているわけだ。これらの二大宗派の学校は、いわば私教育の中のメインストリームである。それ以外は、「その他の私立学校」として七パーセント強を占めている。

**図２－４－１　公立学校と私立学校の就学者の割合（初等学校）　1850～1979年**

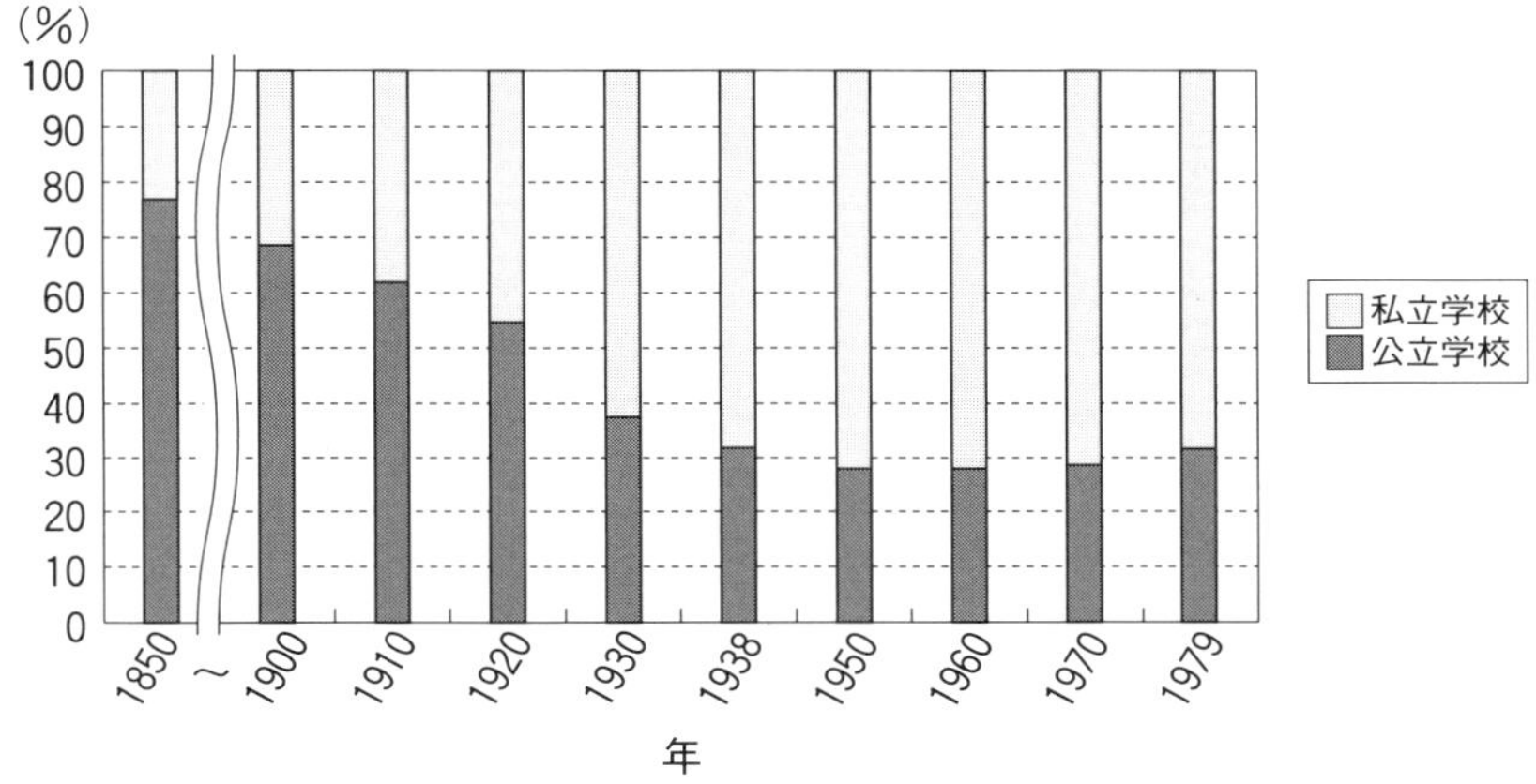


出典）Estelle, James (1986) p.118.より筆者が作成。

**図２－４－２　公立学校と私立学校の就学者の割合（中等学校）　1850～1980年**

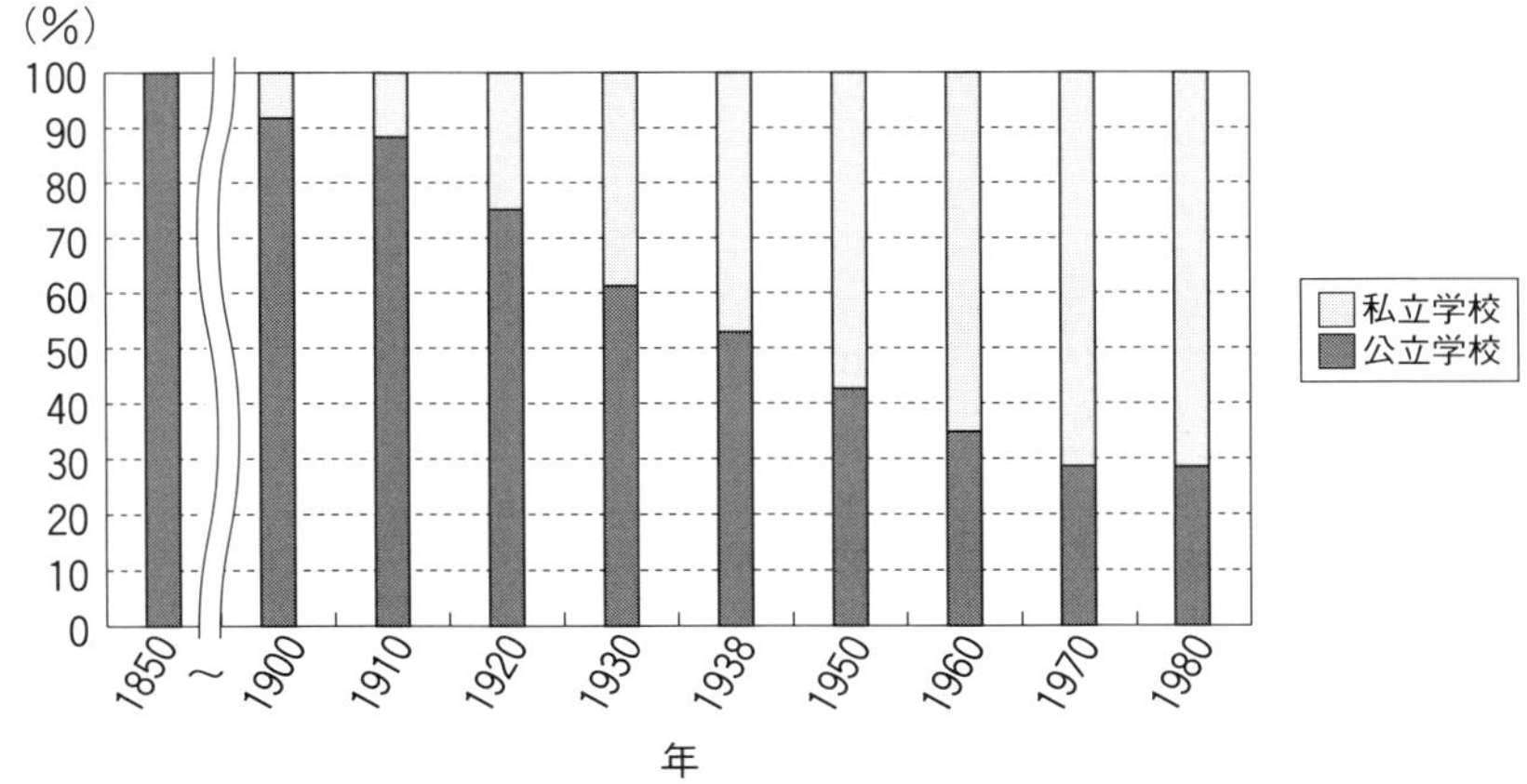


出典）Estelle, James (1986) p.118.より筆者が作成。

**図２−４−３　オランダにおける学校数と生徒数の割合（学校種別）**

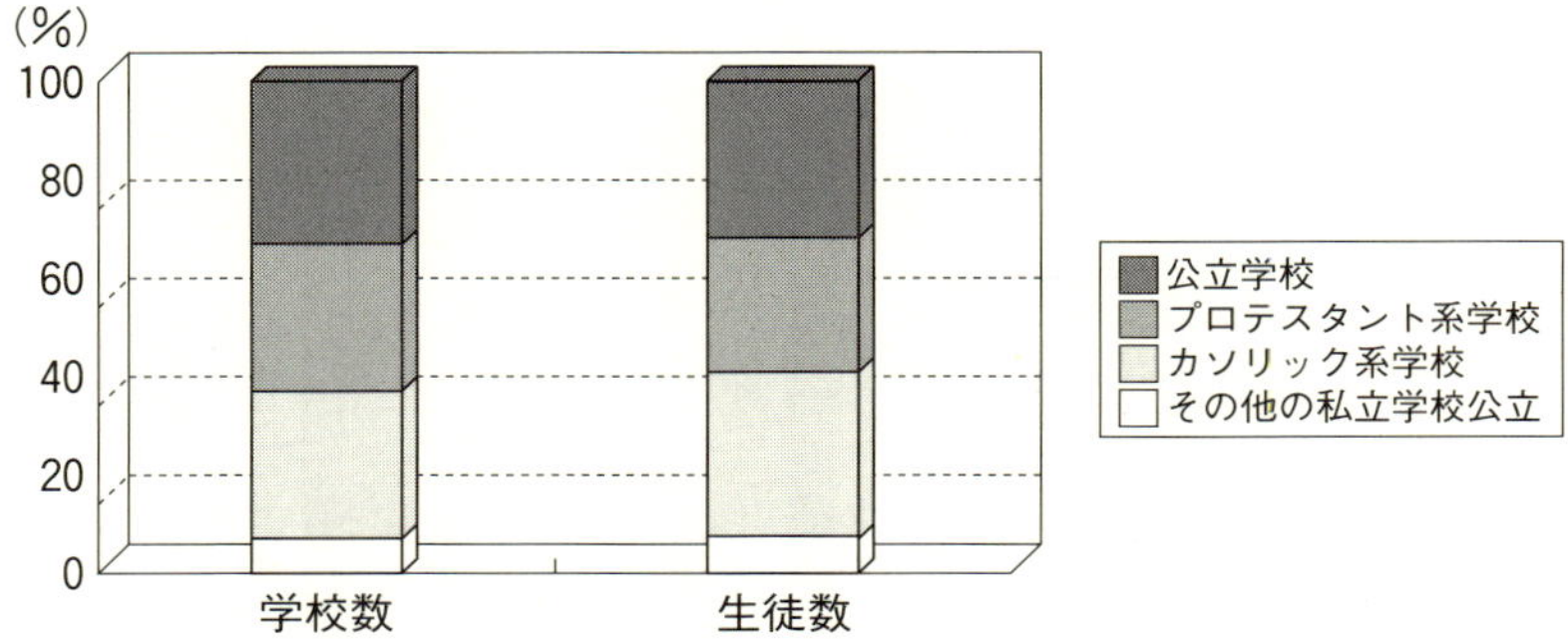


出典）OCenW (Ministerie van Onderwijs Cultuur en Wetenschappen). 2001. *Education, Culture and Science in the Netherlands: Facts and Figures 2001.* p.37.

さてここで、オルタナティブ教育の特性としてしばしば指摘される刷新性を思い起こすならば、オランダの教育システムでは非伝統的な学校群である「その他の私立学校」がオルタナティブ教育に相当する学校ストリームであるというとらえ方に大きな誤りはないといえるだろう。では、「その他の私立学校」の内訳はどのようになっているのであろうか。筆者らが現地調査で入手した資料によれば、その内訳は**図２−４−４**および**図２−４−５**に示す通りである。

オランダには、非宗教系のオルタナティブ・スクールとして、パーカストの提唱によるダルトン・プラン学校、ペーターゼンのイエナ・プラン学校、モンテッソーリ学校、シュタイナー学校、フレネ学校などが存在し、教育文化科学省でのインタビューによれば、その他の小規模無認可校は一一校存在している（二〇〇二年一月時点。後述するように、現在では一三校に増えている）。もっとも校数が多いのはイエナ・プラン学校であり、二二三校ある。しかし、過去一〇年間で著しい増加を示したのはダルトン・プラン学校であり、この一〇年でその数は二倍以上に膨らんでおり、その躍進には目覚しいものがある。

この現象について、教育文化科学省の中等教育担当官に尋ねてみたところ、価値観の多様化に伴う宗教離れの結果、生徒数減に悩むプロテスタント系の学校やカソリック系の学校が生徒を引き寄せるために自由指

**図2－4－4　オルタナティブ・スクール数（学校群別）**

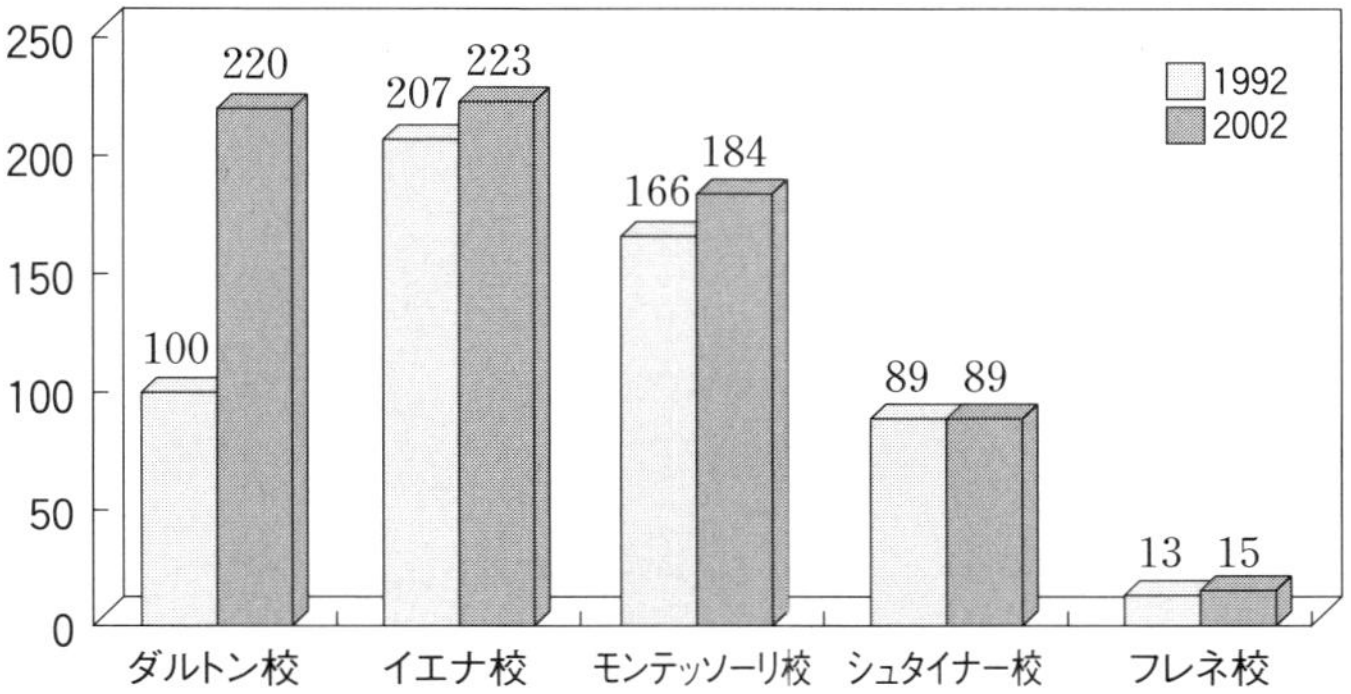


出典）Algemene, Onderwijsbond. 2002. *Het Onderwijsblad 2*. 26 Januari 2002. pp.8-9.

**図2－4－5　オルタナティブ・スクール数（教育段階別）**

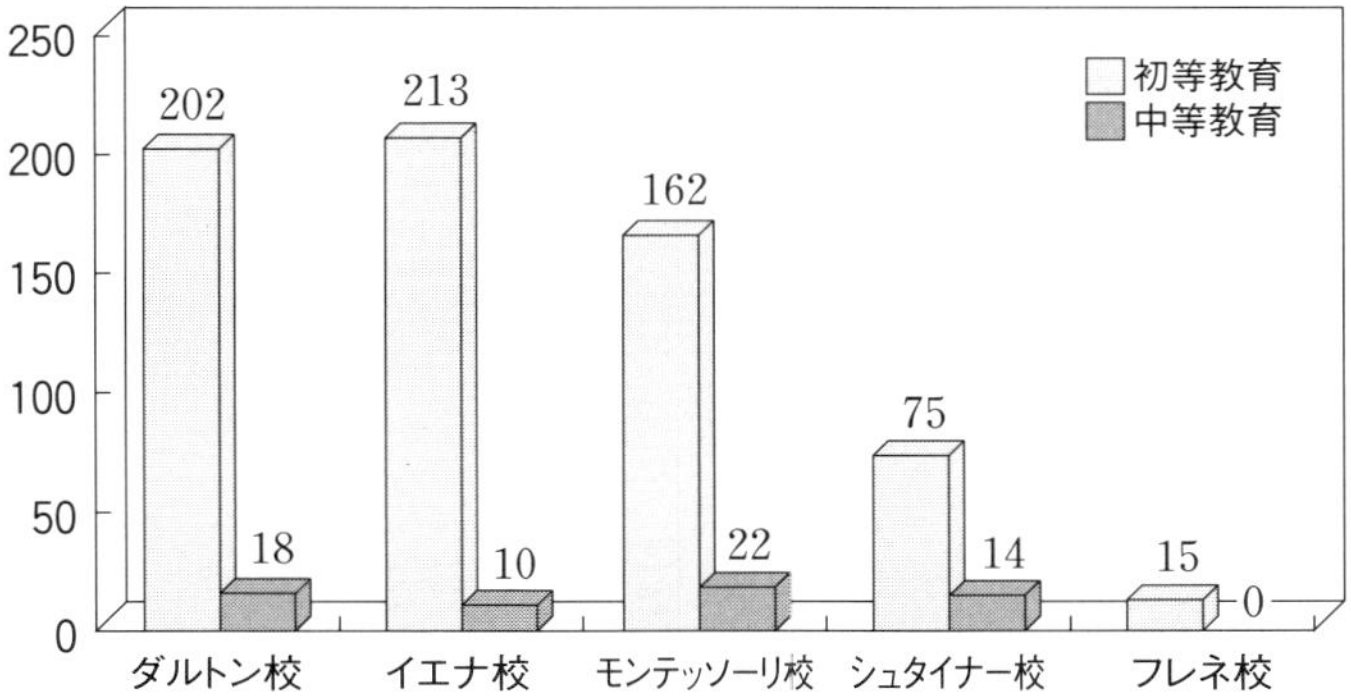


出典）Algemene, Onderwijsbond. 2002. *Het Onderwijsblad 2*. 26 Januari 2002. pp.8-9.

向の教育学を採用し、人気のある「進歩的」教育の実践校であるダルトン・プランに名称を変える学校も多いという。つまり、近年設立されたとされるダルトン・プラン学校の大半は新設校でないのである。

次に、**図2－4－5**を見ると、中等教育段階よりも、初等教育段階においてオルタナティブ・スクールが多いことが分かる。初等教育では、ダルトン・プラン学校とイエナ・プラン学校が圧倒的に多数を占めているが、中等教育ではオルタナティブの中の「伝統」校ともいえるモンテッソーリ学校がもっとも多い。

「教育の自由」とは、もともと

アンネ・フランクが通っていた
アルステルダムのモンテッソーリ学校
（入り口の壁にはアンネの写真が掲げられている）

と国家と教会という二つの権力同士の「闘争」から生まれた理念であり、柱状化社会における学校選択制は、オランダ市民が自らの宗教的信条に則した教育を子どもに授けたいという宗教会派の意識のもとに醸成された制度であった。しかし、当初の宗教的価値を基盤にしたストリームは世俗化していく時代とともに個人的価値を基盤にしたストリームへと変容しつつあり、それがオルタナティブ・スクールの増加となって現れているといえよう。

オランダのオルタナティブ教育はかつての「闘争」史の上に成り立っているのであり、近年のオルタナティブ・スクールの台頭の背景には、「闘争」の上に確立した制度と世俗化というオランダ市民の意識変容が見られるのである。のちに詳しく述べるが、「教育の自由」を産み出した宗派的な意識の衰微は、世俗的な個人主義の台頭と相まって「教育の自由」そのものの存立基盤を脆弱にしているという見方もできるのである。

## 5　多様な支援組織

図2－4－6は、アジア地域でオルタナティブ教育を推進することを目的に設立されたオルタナティブ教育リソー

ス・センター（在バンコク）のオランダ人事務局長であるハンス・ヴァン・ウィレンスウォード（Hans van Willenswaard）氏が、二〇〇一年一一月にタイで開催された第三回国際オルタナティブ教育セミナーに提出した図をもとに筆者が翻訳・作成したものである。このセミナーでウィレンスウォード氏は、オランダの教育制度が、アジア諸国の市民が学校づくりに取り組む際の参考になることを主張していた。

この図を見ると、いかに多様な組織からオランダの教育メカニズムが成り立っているかがうかがえるが、なかでも重要な機能をもつのは、学校現場の声と政策とをとり結ぶ支援組織と審議会である。先に触れたように、オランダの教育システムには、地方政府による公立学校およびローマン・カソリックなどの宗教系の私立学校とダルトン・プランやモンテッソーリの方法を採用している非宗教系の私立学校が併存しているが、それぞれに支援組織をもち、学校の設立運営、経営、省庁・監査局との交渉などについて専門的な助言やロビイング活動を行っている。**図２－４－６**には、これらの支援組織が大臣や国会、地方自治体に対する諮問機関である審議会に働きかけ、政策策定に市民の声が影響を及ぼし得るような仕組みが示されている。また、教育政策の立案などに重要な役割を果たす教育文化科学省から独立した機関としての教育監査局の位置づけも注目されてよい。

支援組織の規模や構成はさまざまであるが、比較的小さな事務局がいくつもの学校ネットワークの中心として活動を展開している。シュタイナー学校は二〇〇二年の時点で八九校あるが、そのすべてがシュタイナー教育支援事務所に属している。同事務所は、渉外担当・教育担当・会計担当・事務局長四人のスタッフで構成され、年間一人の生徒につき三〇二ギルダー（約一万八六〇〇円、二〇〇四年九月現在）を会費として収める代償として、すべてのサービスを無償としている。年に二回の総会が開かれ、組織のあり方や、予算、事務局長を含めた六〜七人の理事が選出される。これはあくまでも一例であるが、こうした支援組織が学校群ごとにあって、積極的な支援を行っているのである。

**図２－４－６　オランダの教育メカニズム**

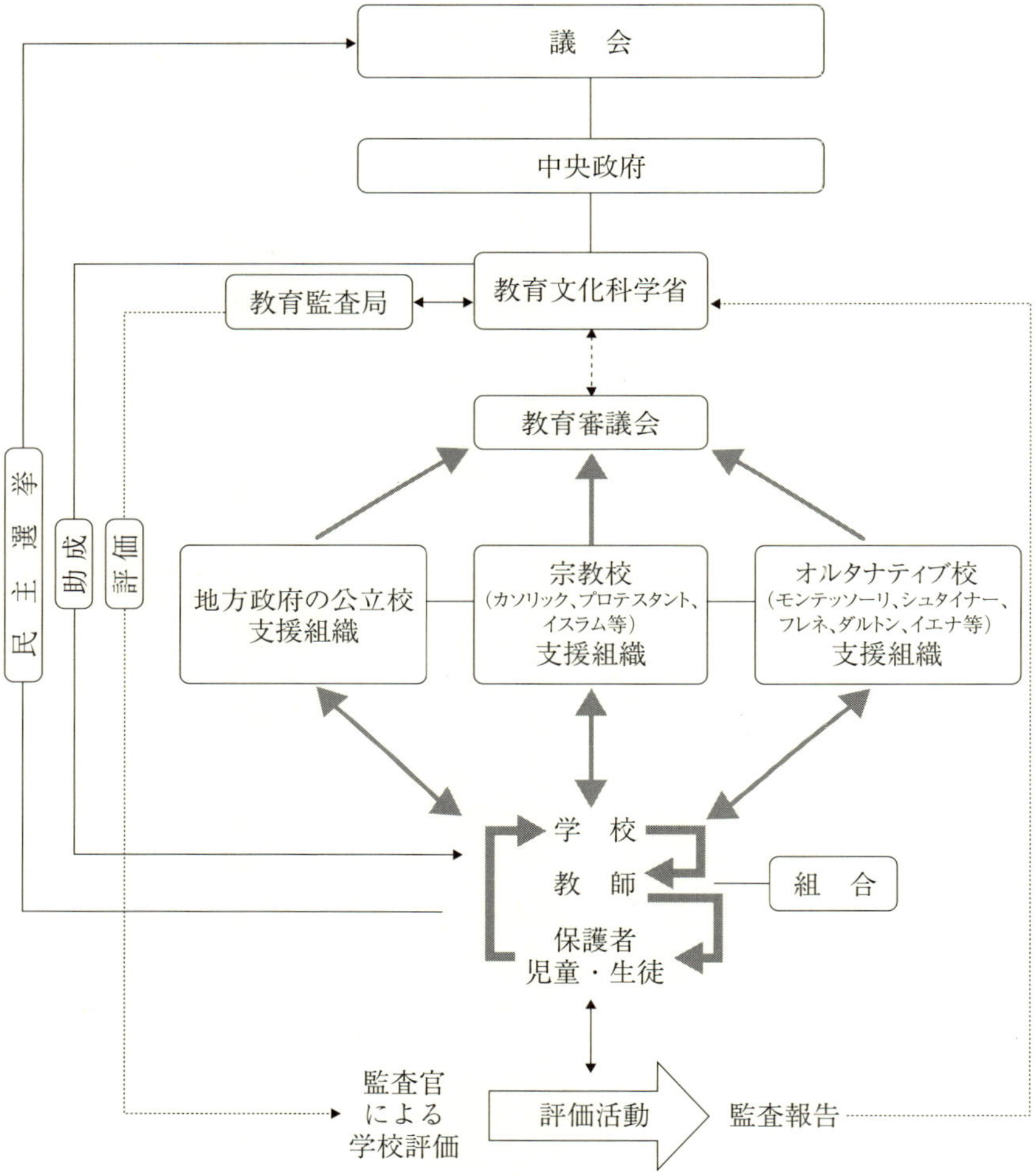


出典）Hans van Willenswaard 氏による第３回国際オルタナティブ教育セミナーでの発表資料をもとに筆者が作成。

## 6 クオリティ・コントロールのメカニズム

すでに述べたように、オランダでは公立・私立を問わず、教授法や教科書、教員の雇用に関する制約がない。しかし、こうした「教育の自由」を享受しているオランダでは、まったく自由な学校づくりが許されているかというと必ずしもそうとはかぎらない。第二節で引いたオランダ憲法追加条項に「政府による監督を除き」（一〇九ページ）と明記されているように、また、現行憲法の第二三条二項でも「所轄庁の監督権」が留保されているように、「教育の自由」を尊重しながらも、教育の質の維持・向上を目的とした中央政府によるコントロール・メカニズムが機能しているのである。

とかく「教育の自由」が強調される傾向にあったオランダの教育であるが、政府によるコントロールが殊のほか強いことは強調されてよい。先に述べた「教育の自由」のもと、「学校創設の自由」、「学校方針の自由」、「学校組織の自由」も手放しで容認されているわけではなく、「教育の自由」がカオスにならないようにチェック機能が働いているのである。

オランダのオルタナティブ教育のクオリティを制御するファクターとして第一に注目されるのが「就学義務」である。デンマークやニュージーランドなどのように学校教育に代わる家庭教育《ホームスクール》が公認されている教育義務の国々とは異なり、学校で教育を受けることが大前提となっている。就学前教育と初等教育とを統合する一九八五年の教育制度改革において八年制の基礎学校が成立し、四歳児以上の児童はすべて就学しなければならない。

第二に指摘できるのは「カリキュラム」である。初等学校の監査の際のカリキュラムの全般的な評価基準は、「社会的関連性があり、現代的であり、教育的に健全であること」とされている（Inspectie van het Onderwijs 1998：

19)。授業の開始・終了時間などは学校理事会の決定にゆだねられているが、初等教育の場合、年間の授業単位数などは一時間授業を一つの単位として国の基準で定められており、一日の就業時間も、休み時間を除いて最長で五・五時間と決められている。その基準の中で、子どもたちは毎週二二～二五時間の授業を受けることになる（Ministerie van Onderwijs Cultuur en Wetenschappen (OCenW). n.d.(a) : 19)。こうした学校教育の時間的構成は、公費助成の重要な要件である。

第三の制御機能は、「修了試験」および「全国共通試験」である。先述の通り、初等教育の最終学年に卒業認定試験制度が行われ、また大半の生徒は「国立教育測定研究所（ＣＩＴＯ）」が実施する全国共通試験を受けている。この試験は、全国の初等教育レベルの学校の約八割に採用されている（Ministerie van Onderwijs Cultuur en Wetenschappen (OCenW). n.d.(b) : 22)。中等学校では、毎年実施される全国共通試験の結果に基づいて修了資格や高等教育機関への入学資格が授与される。

第四に挙げられるのは「監査」である。オランダでは、義務教育段階のすべての学校は約二年に一度の頻度で本格的な監査（full inspection）を受けなくてはならない。そして、何らかの問題が指摘された学校はより頻繁に監査を受けることになる。オランダの監査官が学校を評価する際に用いるのは「クオリティの諸側面（features of quality）」、換言すれば、クオリティを測る観点であり、これには学習の成果、教育的環境、学校運営計画などが含まれている。評価の際は、学校の認証登録時に提示された達成目標や、教材、試験、時間割、生活環境の安全性なども重要な基準となる。これらのクオリティについて、複数の監査官が数日間ほど学校に滞在し評価報告としてまとめる。

第五に指摘されるべきは、「学校情報の開示義務」である。情報開示に関する最近の動向と今後の方針について、在ユトレヒトの教育監査局中央事務所に筆者らが訪れた際に国際協力調整官であったＪ・Ｃ・ヴァン・ブリュッゲン(Johan C. van Bruggen) 氏は次のように語った。

「現在のところ、各学校は自己賞賛的なＰＲを兼ねたパンフレットをつくって学校選択者である親や子どもを魅了しようとしていますが、我々はこのような事態を好ましいとは考えていません。数値化できるものはすべて数値化し、できるだけ客観的なデータを親に示し、判断材料にしてもらうことを目指しています(6)」

こうした方針に基づき、政府は学校に対して積極的な学校開放施策の一環として学校説明書を作成する義務について通知している。同時に、学校選択の主体である親や生徒に対しては、初等学校に入学する子どもの家庭向けに『親と保護者のためのガイド（初等学校）』を、また中等学校の家庭向けには『親・保護者・生徒のためのガイド（中等教育）』を刊行し、学校を選択する際の判断基準等を指示している。

さらに、学校の情報開示に関する近年の動向で注目されるのは「クオリティ・カード」の発行である。このカードが誕生した背景には、ある新聞社が独自に行った調査結果の発表があった。そこでは中等学校を対象に全国共通試験の学校ごとの平均点や留年・退学に関する情報が一覧表にまとめて報道された。教育監査局中央事務所はこのような先行した民間の動きに触発され、より公正な立場から学校のデータの開示に全力を挙げ、学校規模、施設、カリキュラム、全国共通試験の成績などの情報を盛り込んだカードの作成および提示の義務に踏み切ったのである。

第六番目の制御機能として指摘されるべきは、中央政府の「財政コントロール(7)」である。オランダは実質上、バウチャー制を比較的長年にわたって実施してきたと見なされ得る希少な国であるが、学校選択が実施されてもエリート校同士の目立った競争などは見られず、生徒が比較的平等な教育機会を得てきたことで知られている。この背景には、教育財政に対する中央政府の積極的な関与がある。

公立・私立の別を問わず、教員の給与は中央政府が一定の基準を定めて支払う。一校当たりの教師数も生徒数に応じて決められおり、労働時間数にも一律の規定がある。また、公立および私立の校舎関連費用も基準設定されている。

**表２－４－２　初等教育の認可校の存続・設立に必要な最低の生徒数**

| 都市名 | 初等学校の存続に必要な１校あたりの最低在籍児童・生徒数 | 初等学校を新たに設立する際の１校あたりの最低登録児童・生徒数 |
|---|---|---|
| アムステルダム | 193 | 322 |
| ユトレヒト | 187 | 312 |
| ロッテルダム | 184 | 307 |
| エンスカデ | 139 | 232 |
| アペルドーン | 97 | 200 |
| アクセル | 51 | 200 |
| ベームスター | 38 | 200 |
| アメランド | 23 | 200 |

出典）"Primair onderwijs." Uitleg Gele katern. No.25, 29 October 1997より筆者が作成。

これらのコントロールにより、たとえば校舎関連費用を節約し、その分高い給与で優れた教師を雇ったり、一人ひとりの教師の労働時間を長くして成績を向上させたりすることは事実上不可能となる。こうした標準化によって、国全体としての教育の質が比較的均質に維持され、学校間格差が生じないようにコントロールされている。

最後に、「学校創設の自由」に関わる学校設置上の制約についても述べておきたい。オランダでは、学校はいつどこにでも建てられるわけではなく、当該地方自治体の住民数によって制約されている。つまり、当該地域の住民数に応じた最低の生徒数以上の生徒を集めること、また同一自治体内に同じ教育方針の学校がすでに設置されていないことが新たに学校を設置する際の要件である。

一九九四年以来、初等学校の設立や閉鎖は、各地域の一平方キロメートル以内の四歳から一二歳までの学齢児童数が鍵を握るようになった。同一地域内の児童総数と照らし合わせて、学校総数の許容範囲が設定される。現在では、統廃合の指標としての最低在籍生徒数と並んで、新たに学校を設立しようとする場合の最低登録人数が各地の学齢人口に応じて定められている（**表２－４－２**参照）。

**表２－４－２**を見ると、かつては市民の小グループが学校づくりを通して「教育の自由」を実現していった時代は終わり、現在では

いかに学校を新設するのが厳しい状況となったかが分かる。

「初等学校の存続に必要な一校当たりの最低在籍児童・生徒数」という項目によると、アムステルダムのような大都市は一九三人を下回らないかぎり、閉校または他校と統合される事態は避けられることになる。しかし、新たに学校を創設する場合は三三二人の生徒を集めなければならない。「初等学校を新たに設立する際の一校当たりの最低登録児童・生徒数」のほうを見ると、いかに新たに学校を始めるのが困難かが分かるだろう。

アペルドーン以下の小さな市町村では、二三人の生徒が在籍していれば存続できる地域がある一方で、学齢人口の多寡にかかわりなく、いずれの市町村においても最低でも二〇〇人の生徒を集めなければ開校が許可されないことになっている。ちなみに、中等学校については、少なくとも二六〇人の生徒を集めなくては新設が許されないということである。次節で触れるように、こうした標準化の動きは家庭規模のオルタナティブ・スクールの存続に大きな影響を及ぼしている。

## 7 標準化《スタンダダイゼーション》とオルタナティブ——新たな「闘争」へ

一八〇一年に始まったオランダの学校監査は比較的長い歴史をもっている。二〇〇一年、オランダでは学校監査制度創設の二〇〇年記念を迎え、これを機に、二〇〇二年に新たな監査法が施行される運びとなった。

オランダではこの二〇年間、地方分権化が推進され、学校は従来にないほどの自律性が期されると同時に説明責任《アカウンタビリティ》も求められるようになった。監査体制は地方分権化に伴う潮流と相まって全国レベルで強化され、毎年、二〇〇人ほどの監査官が八〇〇〇校の初等・中等学校を一万回以上訪問している（Snel and Bruggen 2001 : 23)。二〇〇二年監査法の成立はこうした体制をさらに強化し、全国的に教育の質を維持・向上させることを目的にしている。

しかしながら、最近の学校監査の強化体制については必ずしもすべての学校に歓迎されているわけではない。とくに、オルタナティブ教育実践者にとっては、この監査法は各校のユニークさを損ないかねないとして反対する向きが強い。なかには、世紀を超えた幾多の「闘争」の末に獲得した「教育の自由」という憲法上の崇高な理念に抵触しかねないと主張する実践者もいる。オルタナティブな教育の本質的な特徴ともいえる刷新性、規範からの逸脱、既成概念の超克などを念頭に置くなら、監査という一律の物差しで計らざるを得ない行為自体がオルタナティブ教育の実践に馴染まないことは想像するに難くない。

二〇〇二年一月に筆者らが訪れたシュタイナー学校の教師らは、近年厳しさを増す傾向にある監査について、シュタイナー教育では独自の思想哲学にもとづくメソッドを用いているので現行の監査は馴染まないことを強調していた。また、ロッテルダムの教育監査局に勤め、オルタナティブ・スクールの評価を長年担当してきた監査官は、「オルタナティブな学校を監査するのは不可能ではないが、シュタイナー学校のような独自の体系をもったオルタナティブ・スクールは評価が非常にしづらい」と、オルタナティブ・スクールの特殊性に対する評価の難しさを指摘していた。(8)

標準化の動きはこの一〇年間に従来にないほど顕著になり、監査以外においても見られるところとなった。たとえば、全国共通試験(CITOテスト)である。筆者らが現地調査を実施した二〇〇二年一月末は全国共通試験の強化体制をめぐり物議が醸し出されていた最中であり、新聞にもCITOテストの徹底化に反対するオルタナティブ校の記事が掲載されていた。さらに、一校当たりの生徒数に関する制約も国家スタンダードの敷居が高められている。先述のように、少なくとも初等学校では二〇〇人、中等学校では二六〇人以上の生徒が集められなければ新設校は設立できず、子どもの数の少ない既存の公立校なら統廃合の対象になる可能性もある。このような全国標準化の趨勢に関して、シュタイナー学校連盟事務局長のヘルムット・ヴァン・レネッセ(Helmut van Renesse)氏は次のように語っていた。

「かつては全国に小さな学校が存在し、どの子どもも平均の通学時間が五分くらいでした。ところが、相当のペースで統廃合が進み、小規模校は姿を消しつつあります」(9)

こうした趨勢の中、オランダのオルタナティブ・スクール、とくに政府の財政支援をまったく受けていない小規模のオルタナティブ・スクールは、「教育の自由」と説明責任《アカウンタビリティ》という新たな時代潮流の狭間でこれまでになく揺れている。二〇〇四年二月現在、オランダ国内に無認可のフリースクールは一三校存在している。しかし、二〇〇一年から監査官はすべての学校へ行くことを義務づけられ、こうした無認可校をも評価対象としたのである。

アヴァントゥリジン・スクール（梶間みどり氏撮影）

そのうちの一校であるアヴェントゥリジン・スクールは、**表2－4－2**にもあるアペルドーンにある小規模校である。毎日、通学してくる一一人の子どもたちと週一回程度通うホームスクーラーのスクーリングを受け入れているこの小規模校は、二〇〇一年にアペルドーン地域担当の監査官からあたかも認可校のような基準で評価され、十分な教育がなされていないという理由で改善を命じられて訴訟にまで発展した。しかし、アヴェントゥリジン・スクールの弁護人が主張した点は、施設、カリキュラム、教師の質など、学校として期される基本的な要請はいずれも満たしており、憲法自体によって学校は「認証」されているということであった。結局、評決は、監査官は認可校とは異なった視点で監査を行うべきこと、私立学校が認証されているか否かを決めるのは市当局ではなく、政府であることを告げて学校側の勝訴となった。

この裁判が象徴的に表しているのは、監査体制の強化の結果、従来はさしたる困難もなく「教育の自由」を享受してきた市民の説明責任《アカウンタビリティ》に対する期待と要求が、近年、相当に高くなりつつあるということであり、また憲法に謳われている「教育の自由」の解釈が俎上に乗せられるほど標準化への国家政策が強く打ち出されているということである(10)。

先に、一九二〇年の教育法で「学校闘争」は一応の終結を見たと述べたが、国家システムの中で独自性を維持していくことに困難を感じているオルタナティブ・スクールの現場の声を聞くかぎり、「闘争」は新たな形で続いているように思われる。

ケース・スタディ５ アメリカ合衆国オレゴン州

# 多元的な〈まなざし〉を可能にする法とキーパースン

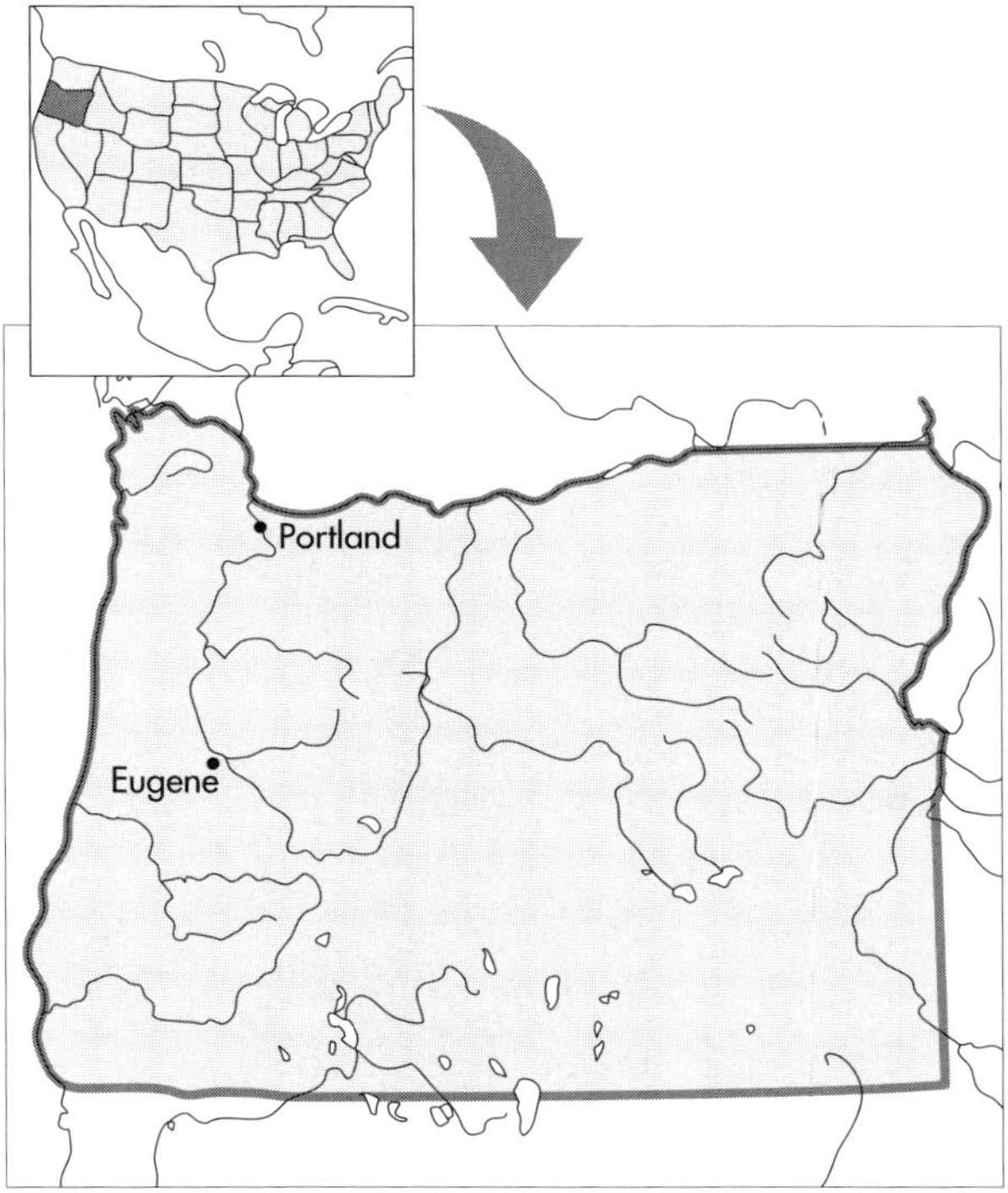


**アメリカ　オレゴン州**

州都：セーラム
州面積：25万$km^2$
人口：356万人
１人当たり州民所得：29,731ドル
言語：英語
人種：白人91％・アジア系3.3％・黒人およびヒスパニック1.8％
宗教：プロテスタント57％・ローマカソリック15％・他のキリスト教４％・他の宗教１％・無宗教18％

全米の中でもオレゴン州は、オルタナティブ教育に関する画期的な法と施行規則をもつ希少な州であるといわれる。では、いかなる点が画期的なのであろうか。おそらくそれは、「問題児」のための教育として考えられる傾向にあったオルタナティブ教育を、子どもの興味という視座から積極的にとらえ直しているからであろう。詳しくはのちに述べるが、関連の法令に「教育上のニーズ」のみならず「生徒の興味」が明記され、また「刷新的でより柔軟な教育方法を提供する」と明文化されていることは、このことの現れである。(1)

実際に、オレゴン州ではこうした法令に基づいて公費助成も制度化されているので、特定の社会階層に偏らない多様なバックグラウンドをもつ子どもにそれぞれの「ニーズおよび興味」に見合った教育機会が与えられているといってよい。同州のオルタナティブ・スクールの中には、イギリスのサマーヒル・スクールやアメリカのマサチューセッツ州にあるサドベリーバレー・スクールと同様の主義に基づいて相当に自由な実践を行っている学校も含まれるが、本家本元のサマーヒルやサドベリーバレーと決定的に異なるところは公費が助成されている点である。(2)

全米で唯一、サドベリーバレー型の民主学校 (democratic school) が公費助成で営まれているのがオレゴン州であるといわれている。現在では、市民が公費をもって独自の学校づくりを行う可能性としてチャータースクールが注目されているが、チャータースクール法が導入される以前から、オレゴン州はいわば「公設民営」型学校を実現させる法をつくり、実際に一部の市民がその法律の恩恵を受けていたといえる。

このケース・スタディでは、オレゴン州の中でももっとも多彩なオルタナティブ教育の実践が見られるレーン郡の事例、とくに私立のオルタナティブ教育ストリームを中心に、近年、台頭しているチャータースクールなど、ほかの教育ストリームとの対比を含めて検討する。本論に入る前になぜオレゴン州にオルタナティブ教育を繁栄させる土壌があるのかについて、現地調査でのインタビューをもとに概説しておきたい。(3)

オレゴン州におけるオルタナティブ教育プログラム、とくに私立のオルタナティブ教育の創始者や教師たちには、一九七〇年代前後のフリースクール運動に関わってきた者が少なくない。当時、既成の社会通念や「常識」に反発する運動を起こした「フラワーチルドレン」と呼ばれる若者たちの中には、運動がピークを過ぎたころに結婚し、子どもをもち、家族や共同体での暮らしを求めて西海岸のカリフォルニア州やオレゴン州に移住してきた者も多い。オレゴン州のユージーンも、カウンターカルチャーの若者たちが多く暮らし始めた街の一つである。

当然ながら、子どもたちが成長して学校教育について考えるようになると、公民権運動の精神を継承する彼（女）らは自ら学校づくりに参画し、公費で民主的な教育実践を行うための活動に取り組んだ。なかにはオレゴン大学で教鞭をとる者も珍しくなく、レーン郡の最大の雇用組織でもあるオレゴン大学関係者の声は地方教育行政にも大きな影響を及ぼした。その結果、一九七〇年代には公教育制度にも刷新的なエレメントが取り入れられていった。現在、「公立オルタナティブ・スクール」と称されるストリームの学校の多くはこの時代に誕生している。また、新たな実践が積み重ねられるにつれ、刷新的な教育に対する抵抗も少なくなり、行政官と市民との協働作業によってオルタナティブ教育の法的基盤も整備されていった。

たしかに、公教育改革は多かれ少なかれほかの州でも見られた。特定の科目を重視するカリキュラムをもつ「マグネットスクール」なども全米各地に生まれはしたが、校長や教師、施設・設備なども基本的に公立校と同じ規制の中にあったので、それらの中には、通常の公立学校とさして変わらないほどまでに当初の革新的性格を失っていった学校も少なくない。しかし、オレゴン州では「私立オルタナティブ・スクール（プログラム）」と呼ばれる学校群が制度化され、一九九〇年代になってもオルタナティブ教育の刷新性は法律のもとに守られ、合法的な手続きにのっとった形で新たな実践が民間のイニシアティブにより芽吹いたのである。

次に、一九九〇年代初頭に生まれたオルタナティブな学びの場の一つであるＣＡＴ《キャット》を紹介したい。

## センター・フォー・アプロープリエイト・トランスポート

一風変わった名前の学びの場（教育プログラム）がユージーンにある。一九九二年に創設された「センター・フォー・アプロープリエイト・トランスポート（CAT：Center for Appropriate Transport）」である。地元では頭文字をとった略記をもって「キャット」と呼ばれている。強いて訳すなら「適正輸送のためのセンター」という訳出も可能であろうが、いかなる名訳をもってしてもこの名前が学校または教育プログラムであることは想像し難い。

「アプロープリエイト・トランスポート」という名称は、カーター大統領[4]時代の連邦政府予算のバックアップを得た環境保護運動であるアプロープリエイト・トランスポート運動に遡る。センター長であるヤン・ヴァンダー・トゥイン（**Jan Vander Tuin**）氏は上記の運動に啓発されて以来、適正技術の可能性を追求し続け、車を所有したことのない根っからの自転車狂である。自転車の修繕・製造・販売業を営む傍ら、地域の青少年の教育、環境保護活動、有機農業、持続的輸送《サスティナブル・トランスポート》事業（自転車による有機野菜等の宅配）などを九人の常勤職員と三六人の青少年たちと行い、地元では刷新的な事業の起業家として、またかつての「問題児」たちから厚い信頼を得ている教育家として知られている。ちなみに、氏の手づくりの自転車は、全米のみならず日本を含めた外国でも販売されている。

CATの自転車カタログには、自転車カタログとしては珍しく「CATの信条は、教育が社会の問題の多くを解決する鍵であるということです」と記されており（CAT n.d.）、さらに続けて次のように教育の重要性が説かれている。「私たちのプログラムの大半は、教育のためにあります。若者たちがさまざまな科目の多様性に接近できるように、現実の世界に即した手法を提供しています。すなわち、編集、写真、商用の裁縫、自転者づくり、そのほかのビジネスの技能――これらすべてがCATで実践している科目なのです。こうした実践を通して得られるのは、世の中と関

CATの全景

わっているという実感であり、それはしばしば伝統的な教育に欠けているものなのです」

自転車カタログにまで教育の重要性を訴えるトゥイン氏は、「子どものころ、どうして自分はこんなことを今勉強しなくてはならないのか」と、常に疑問に抱いていたと語る。(5)

トゥイン氏がそもそも自転社業と教育とのコンビネーションを着想したのは、氏自身が経験したドイツのオルタナティブ・カルチャーであった。一九七〇年代のドイツでは、古びた工場を改修し、レストランや工作スペース、自転車店、劇場などを造り、地元の子どもたちも「学び」を楽しむ光景が見られた。

若いころ、ユージーン市内で細々と自転車の修繕業を営んでいた氏のところへ、突然、学校を追い出され、居場所もなく、街の商店をうろつく「店の鼠《ショップ・ラッツ》」と呼ばれる一四〜一五歳の男の子どもたちがやって来た。そして、からかい半分に「自転車をいじらせてくれ」と言う。とりあえず修理道具を持たせてみると、これがなかなかの腕前であった。彼らが機械工作に取り組む姿はドイツで目にした青少年たちの学びの姿と重なり、氏は手に職をつける職業教育の一環として定期的に教え始めることにした。

この青少年たちとの出会いが現在の教育プログラムづくりのきっかけ

となり、以後、地元の学校委員会と契約を結んで若者が定期的に送られてくるようになった。なかには相当の「問題児」もいるが、トゥイン氏は「問題児など存在しない」と断言し、「CATに来ると、どの子どもも信じられないほどの集中力を見せて才能を発揮する」と誇らしげに語る。

CATの創設当時、ユージーンの教育界には移動・輸送に関する専門的カリキュラムや実践的訓練は皆無に等しかった。CATは、青少年たちに自転車の創作・修繕を超えた多様な可能性にチャレンジさせることによって自己回復や自己信頼へのさまざまな機会を提供してきた。トゥイン氏の言葉を借用すれば、CATは「知育偏重の現代カリキュラムに対して手に職をつける作業訓練が汚名返上をするために設立された若者のエンパワメントのためのセンター」なのである

現在のセンターは、ユージーンの中心街のはずれの町工場のような建物の中にある。月額一二〇〇ドルという破格で間借りしているこの建物は、トゥイン氏の創意と善意に感銘を受けた世界有数の地元スポーツメーカーである「ナイキ社」(本社オレゴン州)の創始者の息子から特別に提供されたものである。

子どもたちは、オレゴン州の教育法の小規模クラス単位の最少人数である五人で作業チームをつくり、それぞれの課題に取り組んでいる。自転車フレームの溶接から塗装、部品の製作と組み立て、CADやCAMというコンピュータ・ソフトを活用したデザイン、年間一〇回(一万五〇〇〇部)を主に西海岸の諸都市で販売している「オレゴン・サイクリング・マガジン」紙の編集などである。さらには、写真の現像や加工を行う「チェーン・リンクス・プログラム」、手袋など自転車関係の衣類の裁縫を行う「インダストリアル・ソーイング・プログラム」、オレゴン大学の学生から寄付された自転車の修繕と販売などを行う「バイク・ラボ・プログラム」、街路や公園の自転車を立て掛けるパイプ器具の製作をする「ユージーン・ラック・ワークス・プログラム」などが用意されている(LEARN n.d.: 8-11)。

これらの常設プログラムのほか、ユージーン市内の自転車メッセンジャー、CAT内の自転車博物館コーナーを訪れる小学生たちの案内、街の公園などでのイベントの際の臨時自転車置場の設置などありとあらゆる実践的課題に取り組んで多くの成果を挙げ、かつての「問題児」たちも現在は街の人々に喜ばれている。とくに、「ロング・ホール(Long Haul)」と名づけられた九〇キログラムまでの荷を運搬することができるグラスファイバー製コンテナを搭載した風変わりな自転車にユージーン市近郊の有機農場から野菜や卵を乗せて市内の家庭に配達するサービスは、スローライフの時代的風潮にも即したビジネスとしてユージーン市民に喜ばれている。この小ビジネスは、一台二一〇〇ドルもする「高級」自転車に乗り、街に出向く若者たちの自慢の種ともなっている。

こうした学習プロセスと成果は、コンピュータを駆使した自転車のフレームやパーツのデザインなどの作品映像などとともに一人ひとりのポートフォリオとしてCD－ROMに収められ、就職活動などにも活用されている。

現在、トゥイン氏は、ユージーンの街全体をチャータースクールにする「ネットワーク・チャータースクール」設立構想を練っている。(6) 当然ながらこの構想は、レーン郡の学校委員会の全面的協力なくしては実現不可能である。ところが、これまで氏が発案した刷新的な試みに対して地元の教育委員会はことあるごとに修正を要求してきた。CATをオルタナティブ教育の一環として始めるときにも、「問題児」ばかりがたむろする「街の教育の『ゴミ捨て場』にならならないように」という行政指導があった。この指導は、次に掲げるオレゴン州法の「当該学区の教育委員会の許可を得た上で」という一文に即したものである。

「生徒の教育上のニーズおよび興味に応えることが必要とされる場合、当該学区の教育委員会の許可を得た上で、(中略) 公立のオルタナティブ・プログラムまたは私立のオルタナティブ・プログラムの一つに学籍を置くことができる。(中略) この項に従って登録した生徒は州政府の学校基金の分配対象となっている学区内の学校に登録されていると見なされるものとする」(オレゴン州法336－635)

「この法律は、チャータースクール法よりも優れている」と、トゥイン氏はいう。ただ、「教育委員会の許可を得た上で」という一文があるがために乗り越えなければならない障壁にいくたびも直面した、と法文の「玉に瑕」について語り、その改善を繰り返し主張していた。

これまで紹介したCATは、ユージーンのオルタナティブな学びの場の一つにしかすぎない。次に、地域全体でこうしたオルタナティブなプログラムがどれくらい存在するのかを示すことにする。

## 2 多様な教育の機会

ここで取り上げるレーン郡の人口は約三二万八〇〇〇人であり、ユージーンはその文化や産業の中心である。一六の学区からなり、CATのようなオルタナティブな学びの場が各地に一六ヵ所ほど散在している。青少年のさまざまな「ニーズおよび興味」に応え、また学校に合わなかった生徒の「居場所」ともなっている。**表2－5－1**に示すのは、オルタナティブな学びの場の名称と各々の特性である。

**表2－5－1**から、レーン郡のオルタナティブ教育には多種多様な学習機会が設けられていることが分かる。これらの学校（教育プログラム）の大半がオルタナティブ教育としての位置づけにある。チャータースクールは決して多くないが、モンテッソーリやシュタイナーの教育方法にのっとったチャータースクールのほか、規律ある軍隊生活を通して問題を起こした子どもを学校復帰させるためのチャータースクールなども開校しており、それらの数は増加の傾向にある。(7) また、後期中等教育修了資格を得られる学校は五校ある。日本の大学入学資格検定（高等学校卒業程度認定試験）に相当する「高校卒業資格（GED：General Equivalency Diploma）プログラム」を提供する学校は一

**表２－５－１　レーン郡の私立オルタナティブ・スクール（プログラム）の諸特性**

| 特性／学校（プログラム）名 | 小学校プログラム | 中学校プログラム | 高校プログラム | 終日コース | 半日コース | 高卒検定による資格授与 | 成人基礎教育 | 後期中等教育修了資格 | 公立校と同等の単位取得 | チャータースクール | オルタナティブ教育 | 単位再履修 |
|---|---|---|---|---|---|---|---|---|---|---|---|---|
| ブルー・マウンテン・スクール | ● | ● | ● | ● | | | | | | | ● | |
| センター・フォー・アプロプリエイト・トランスポート（CAT） | | ● | ● | | ● | | | | ● | | ● | |
| チャイルズ・ウェイ | | ● | | ● | | | | | | | ● | |
| クリエイティブ・マインズ | | ● | ● | | ● | | | | ● | | ● | |
| エメラルド・バリー・スクール | ● | ● | ● | ● | | | | | | | ● | |
| フル・サークル・コミュニティー・ファーム | ● | ● | ● | | ● | | | | ● | | ● | |
| ホーム・ソース | ● | ● | ● | | ● | | | ● | ● | | ● | |
| インパクト！シアター | ● | ● | ● | | ● | | | | ● | | ● | |
| ルッキング・グラス・インテンシブ・デイ | | ● | ● | ● | | | | | ● | | ● | |
| ルッキング・グラス・ジョブ・センター | | ● | ● | | ● | | ● | ● | ● | | ● | ● |
| ルッキング・グラス・ニュー・ローズ | | ● | ● | | ● | ● | | | ● | | ● | ● |
| ノース・ウェスト・ユース・コープス | | ● | ● | ● | | | ● | ● | ● | | ● | |
| パイオニア・ユース・コープス | | ● | ● | ● | | | | ● | ● | ● | ● | |
| リッジライン・モンテッソーリ・スクール | ● | | | ● | | | | | | ● | | |
| ヴィレッジ・スクール | ● | ● | | ● | | | | | | ● | | |
| ウェルスプリングス・フレンズ・スクール | | | ● | ● | | | | ● | ● | | ● | |

出典）LEARN. n.d. *Choices: A Resource Catalog of Publicly Funded, Non-Profit Educational Choices in Central Lane County*. p.72.

校のみである。

こうした資格が授与されない学校（プログラム）の生徒が、進学する道を閉ざされているわけではない。たとえば、二〇〇三年二月現在、ブルーマウンテン・スクールの四人の卒業生のうち三人がユージーン市内のコミュニティ・カレッジに二年間通い、中等教育の修了資格をとって大学へ進もうとしている生徒も実際にいる。ホームスクールを実践していても、大学などへの進学に不利になるようなこともないといってよいと、オレゴン州のホームスクールの中心的ネットワークである「ホーム・ソース」の創設者パウラ・ウィリアムソン（Paula P. Williamson）氏は語る。(8)

先述の後期中等教育修了資格を出せる私立オルタナティブ・スクールの認証については、オレゴン州などにおける教育機関の認証専門組織「ノースウェスト学校・カレッジ協会（Northwest Association of Schools and Colleges）」に学区の教育委員会が委託する形で行っている。

先に触れたホーム・ソースは、ホームスクーリングを実践する子どもたちのためのプログラムである。オレゴン州ではホームスクールも積極的に認められ、ホームスクーラーの数はこの六年で一・七倍になり、一〇年前と比べると四倍に増えたといわれている。[9] 州教育省から筆者が得た最新のデータ（二〇〇三年三月）によれば、州の学齢人口の三・三六パーセントに当たる約一万八五四三人がホームスクーリングを享受している。[10]

ホームスクーラーになるには、公的な手続きとして「教育サービス地区（ESD：Education Service District）」事務所に登録し、毎年、連邦政府の標準試験を受けて全国の最低基準に達しなくてはならないが、こうしたハードルは決して高くない、とウィリアムソン氏は述べる。テストはさほど難しくなく、落第する生徒は珍しい。落第した場合は、二つの可能性がある。一つは、公立学校に通うことであり、もう一つは、資格をもった教師を雇い、個人教授してもらい、再試験を受けることである。通例は、後者が多い。芸術やスポーツなどのパフォーマンスの審査も受け、認定されることも可能である。

ホームスクールのみならず、オレゴン州のオルタナティブ教育の質保証《クオリティ・アシュアランス》のメカニズムの特徴は、原則としてプロセスは問わず結果を見るという点にある。プロセス、つまり教授法や教材、教授時間などが問われるとすれば、結果が一定の基準に達していない場合のみである。

これらのオルタナティブな学びの場は、基本的に市民によるイニシアティブで創設されており、そのプロセスを容易にしたのは後述のオルタナティブ教育関連法である。

**図2－5－1**は、レーン郡における市民による標準的な学校創設プロセスを図示したものである。図を見ると、オレゴン州で市民が学校を創設しようとする場合、大別して次の三つの作業プロセスを踏まなくてはならないことが分

かる。

❶ 地元の教育委員会への提出書類とその審査
❷ 州教育省への連絡および建物の安全性や防災予防措置などに関する監査
❸ 事業者としての登録や免税措置手続き

現地でのインタビューによれば、州教育省は好意的に支援しており、事業者登録もさほどの障壁ではないが、❶の教育委員会関連のフローが教育内容とかかわるだけにほかと比べて時間がかかり、難関であるという。

**図2－5－1　私立オルタナティブ・スクールの創設プロセス**

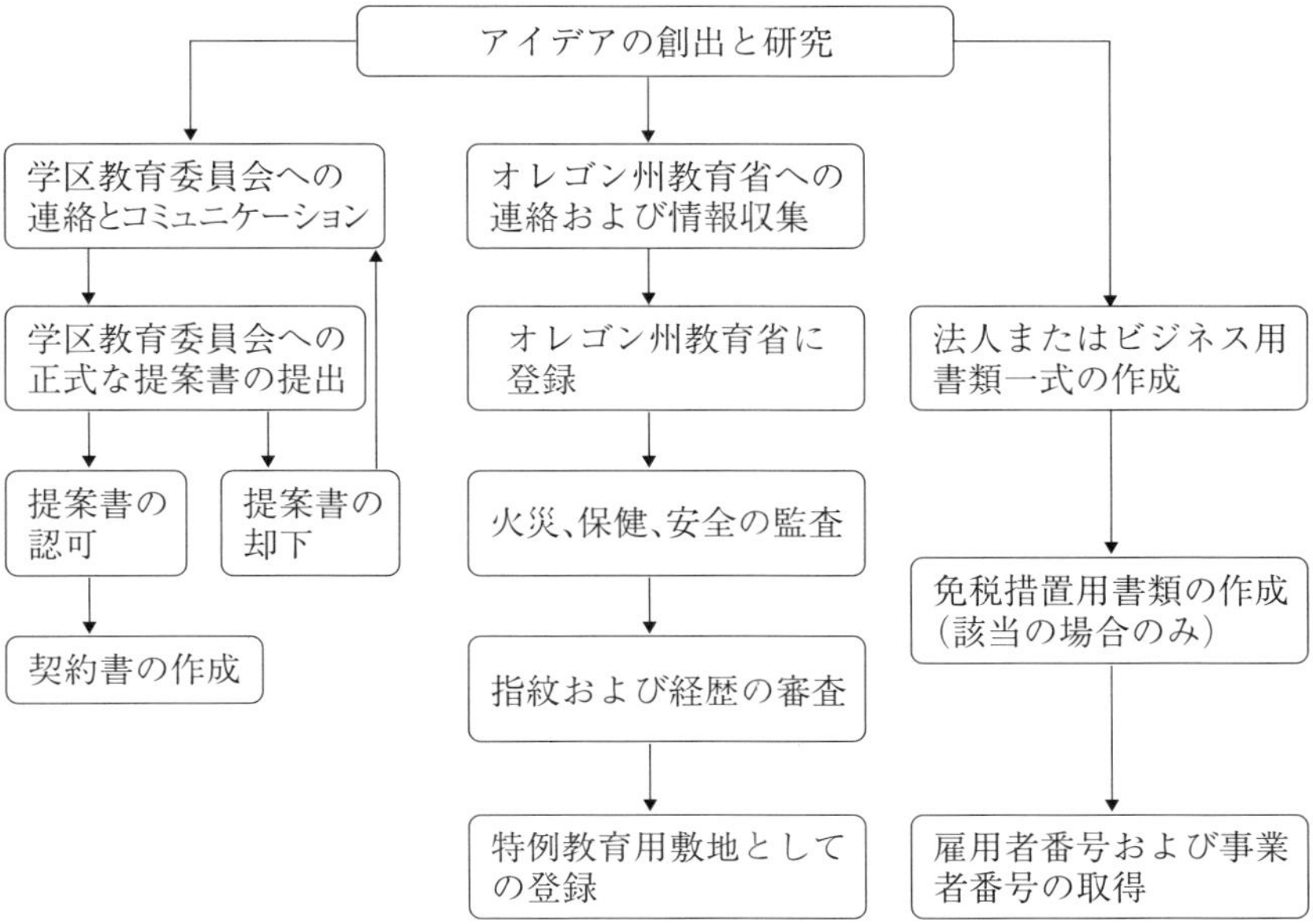


出典）Rubinstein, L., Y. DeYoung and J. V. Tuin.(eds.). n.d. *Alternative Education Manual: A Start-up and Operations Guide for Private, Publicly Funded Alternative Education Programs and Charter Schools in Lane County*, Oregon. Eugene: LEARN, p.12.

## 3 オルタナティブ教育の定義の変遷

オレゴン州法における「オルタナティブ教育」の定義は次の通りである。『オルタナティブ教育プログラム』とは、生徒の教育上のニーズおよび興味にもっともよい形で応え、学区および州の学力標準の達成において生徒の手助けとなるように設計された学校、または学校とは別に設けられた教室を意味する」（オレゴン州法336－615、以下ORS）、また「オルタナティブ教育プログラムを実施するにあたり、学区の教育委員会は環境や時間、構造、教授方法において柔軟な学習の条件を設定する」とされている（同条625－1）。

このように、オレゴン州のオルタナティブ教育は法律によって生徒の「ニーズおよび興味」が最優先され、また柔軟な教育環境づくりが重視されている。

ところが、こうした現行法に至るまでには紆余曲折があった。後述するレーン郡のオルタナティブ教育支援組織であるLEARNのマニュアルには、「オルタナティブ教育を定義する」と題された節に次のように記されている（LEARN n.d.：3）。

二〇年前、オルタナティブ教育プログラムは学校での学習についていけない生徒だけのためにありましたが、現在ではそうではありません。頭脳明晰な子どもから退屈している子どもまで、悩んでいる子どもから問題のある子どもまで、あらゆる生徒を対象にした公設の選択肢が増えているのです。たしかに、多くの子どもが「迷惑をかける」という理由でオルタナティブ教育プログラムを紹介されます。しかし、その一方で、哲学的な理由をもって特定のオルタナティブを選ぶ生徒も家族もいるのです。こうしたオルタナティブには、多様な理論や方法、環境、カリキュラム、スタッフ、そして生徒が含まれています。オルタナティブ・スクールの共通した特徴を的確に表すならば、それは伝統的な公立学校とのコントラストであるといえましょう。

このように積極的な選択というオルタナティブ教育の一面が強調される一方で、標準的な教室をベースにした教育からの逸脱としても見られていることがうかがえる。

現地調査の際、オレゴン州の州都であるセーレムのオルタナティブ教育プログラム運営者からなる「オルタナティブ教育連合」（Alternative Education Coalition）の定例会に参加する機会に恵まれた。同連合のかかげるミッション・ステートメントは「すべての青少年の多彩な可能性の上に築かれる、平等な学習機会を提供するための効果的な変革」であるが、実際に集まっている諸団体の代表は補導された青少年を社会復帰させるための矯正教育施設などの代表が多い。彼らのディスカッションを聞いていたとき、オルタナティブ教育には二つの意味が込められていることに気づかされた。一つは、問題行動を引き起こした子どもを対象とする「矯正教育」のことであり、もう一つは、画一的な教育に疑義を呈し、独自の教育活動を展開しようとする親や教師による「進歩主義教育」または「自由教育」のことである。そして、オレゴン州では双方の解釈が混用されていることが批判的に述べられていた。

オルタナティブ教育の解釈や定義の変遷を考える際に興味深いエピソードがある。オレゴン州行政法（ＯＡＲ 581－022－5a、以下ＯＡＲ）には次のように記されている。

「オルタナティブ教育プログラムに在籍する生徒は次の者とする。つまり、彼（女）らの教育上のニーズおよび興味がプログラムへの参加を通してもっともよく満たされる生徒である。そこには、オレゴン州法（ＯＲＳ 339－250－9）およびオレゴン州行政法（ＯＡＲ 581－022－1110－５）によって規定される生徒が含まれるが、彼（女）らに限定されることはない」

ブルーマウンテン・スクール

オレゴン州法の英語表記は「Oregon Revised Statutes」であり、オレゴン州行政法は「Oregon Administrative Rules」である。前者は大綱的な原則を定め、後者は行政運用上の細かな施行規則を定めている。右の「オレゴン州法（略）およびオレゴン州行政法（略）によって規定される生徒」について両法律を見ると、退学の生徒または学業不振の生徒を指していることが分かる。

この法律は一九九〇年代初頭に成文化されたが、現在の形で改訂されたのは一九九七年である。それまでは、「教育上のニーズが（中略）満たされ」としか記されていなかった。つまり、「興味」という言葉はなかったのである。また、問題を起こしたような生徒にかぎられていたオルタナティブ教育の受益者に関する規定に対して「限定されることはない（not to be limited to those students）」という文言も加筆されたのである。

この作業を行ったのは、ブルーマウンテン・スクールのローラ・ステイン（Laura Stein）氏とオレゴン州教育省オルタナティブ教育担当官（当時）のレオン・フールマン（Leon Fuhrman）氏であった。二人は問題児のための教育としてとらえられる傾向にあったオルタナティブ教育を、より多様な選択のための教育として位置づけ直すことを目的に右の加筆・修正を行った。ステイン氏はこうした追記について、「既存の法律の『抜け穴』を詮索した結果である」という[11]。

こうしてオルタナティブ教育は、より積極的な意味をも含む概念として法律の中に位置づけられ、このような一文が、ブルーマウンテン・スクールの生徒のように問題を起こしていない子どもが、オルタナティブ教育を積極的に選択できる道を拓いたといえる。

スタイン氏は一九七〇年代にカリフォルニア州でフリースクールを創設した経験の持ち主でもあり、オルタナティブ教育の普及に三〇年以上尽力してきた人物である。

「一九七〇年代のカリフォルニアでは、行政上の問題をクリアするのに一八ヵ月、行政から許可が下りてから三ヵ月でフリースクールを開校することができましたが、二〇年後のオレゴン州での同様の試みにははるかに時間がかかりました」と彼女は言う。法律を改訂するなど、自由な教育づくりを市民が担えるようになるまでに五年、さらにスタイン氏も創設運動に参画したブルーマウンテン・スクールが開校するまでに一年を要したのである。(12) こうしたキーパースンによる尽力があって、次に述べる「公費助成による私立オルタナティブ・スクール」という全米でも稀な教育のあり方も実現されたといってよい。

## 4 三つのオルタナティブな教育ストリーム

レーン郡には、一九七〇年代のフリースクール運動の流れをくむ進歩主義的な学校が存続している。先にも触れた通り、これらの学校の関係者にレーン郡で最大の雇用組織の一つであるオレゴン大学の教授陣が少なくなく、社会的地位の高い彼らは行政官に対しても自らがかかわる教育実践を有利に擁護してきた経緯がある。

二〇〇三年二月現在、マグネットスクールなど、公立オルタナティブ・スクールは少なくとも一三校存在している。(13) その多くは一九七〇年代に創られた学校であり、主に「危機に立つ子ども」(at-risk-children) を想定して開校した学校も少なくない。現在では、その大半は通常の公立校とさほど変わらない実践をしているといわれ、**表2－5－2**に示すように、公立オルタナティブ・スクールと私立オルタナティブ・スクールとはその特性において本質的に異なっている。CATのような私立オルタナティブ・スクールの実践者から見ると、前者は真のオルタナティブではないという見解も聞かれる。

次に、オレゴン州におけるオルタナティブ・スクール数および生徒数を把握してみたい。生徒数に関しては、同一年のデータが州教育省の資料としてまとめられており、最新のデータを**図2－5－2**として示す（二一五ページには、より細かなカテゴリーによる、筆者の作成した**図3－6**を示す。この図によれば、**図2－5－2**よりもオルタナティブ教育を受ける生徒数は少なくなる）。学校数に関しては州教育省でも整理された資料はなく、**表2－5－3**の数値は、同省のデータベースから学校タイプごとに分けてはじき出された学校数を筆者が加減して算出したものである。

**図2－5－2**からは、オルタナティブ教育に該当する私立オルタナティブ・スクールとチャータースクールとホームスクールを受けている生徒は九パーセントに満たないことが推測される。しかし、ホームスクーラーやチャータースクールの増加を考慮すれば、近年のオレゴン州のオルタナティブ教育の影響力は増しているといってよいであろう。なお、州教育省でのインタビューによれば、通常の学校への通学とホームスクーリングの双方を実施している生徒は公立学校の生徒として数えられている。こうしたカテゴリーの生徒は、公立学校の生徒数全体の中の四～五パーセント存在するという。

**図2－5－3**では、ホームスクールのプログラムは私立オルタナティブ・スクールに含まれている。公立オルタナティブ・スクールは特定の教科を強調して教えている程度で、教員の待遇や時間割等も基本的に公立学校と変わらないといわれている。したがって、公立オルタナティブ・スクール数はオルタナティブ教育のカテゴリーに含まず、私立オルタナティブ・スクールとチャータースクールのみを数えると、学校数にして七・四パーセントがオルタナティ

## 表２－５－２　オレゴン州におけるオルタナティブ・スクール群の特性

| | 公立オルタナティブ・スクール | 私立オルタナティブ・スクール | チャータースクール |
|---|---|---|---|
| 定　義 | 学区教育委員会により設置・運営される学習環境 | 民間によって設置・運営される学習環境 | 設立主体が学区または州の教育委員会との契約に基づき設置・運営する学習環境 |
| 説明責任《アカウンタビリティ》 | 州の標準規定による評価、学区ごとの年次評価 | 州の標準規定による評価、学区ごとの年次評価 | 州の標準規定による評価、理事会による評価、認可者（スポンサー）へ報告 |
| 施　設 | 学区教育委員会の管理責任 | 自己所有、賃貸、寄付 | 自己所有、賃貸、寄付または学区教育委員会との契約交渉 |
| 経営費 | 通常の公立校の生徒数による予算と同額 | 通常の公立校の生徒数による予算の約８割 | 通常の公立校の生徒数による予算の８割（第１～８学年）、９．５割（第９～12学年） |
| 教員免許 | オレゴン州教員免許の取得義務あり | オレゴン州教員免許の取得義務なし | 常勤教師の半数以上が免許取得の義務あり |
| 生徒の適性・選抜 | 退学、成績の最低ライン、他校への転校あり | 退学、成績の最低ライン、他校への転校あり。契約規定にもよる | 学区内すべての生徒が対象、許容数以上の入学希望の場合は抽選、2割の生徒は他学区からでもよい。最大25人 |
| 申請手続 | 学区教育委員会 | 学区教育委員会 | 学区教育委員会または州教育省 |
| 通学バス | 法規定あり | 法規定なし | 学区教育委員会の責任、ルート新設義務なし |
| 契約期間 | 該当せず | １年ごとの更新 | 最長で５年 |
| チャータースクールへの移行 | 許可される | 許可される | 該当せず |
| 会計監査 | なし | なし | 第３者による監査 |
| 学校（プログラム）のタイプ | あらゆる生徒が対象 | 主として「危機に立つ生徒」が対象 | あらゆる生徒が対象 |
| 閉校時の資産の移譲先 | 学区教育委員会 | プログラム | 州教育省が学区教育委員会または他のチャータースクールに分配可 |
| 教師の退職規定 | 公的雇用退職制度に準じる義務あり | 義務なし | 公的雇用退職制度に準じる義務あり |
| 修了資格 | 認定される | 学校（プログラム）しだい | 認定される |

出典）Rubinstein, L., Y. DeYoung and J. V. Tuin.(eds.). n.d. *Alternative Education Manual: A Start-up and Operations Guide for Private, Publicly Funded Alternative Education Programs and Charter Schools in Lane County, Oregon.* Eugene: LEARN, Appendix E. および同表を作成したローラ・ステイン氏による新規の追記表をもとに、筆者が作成。

**図２－５－２　オレゴン州の学校タイプ別生徒数（2001～2002年）**
**（生徒総数：604,760人）**

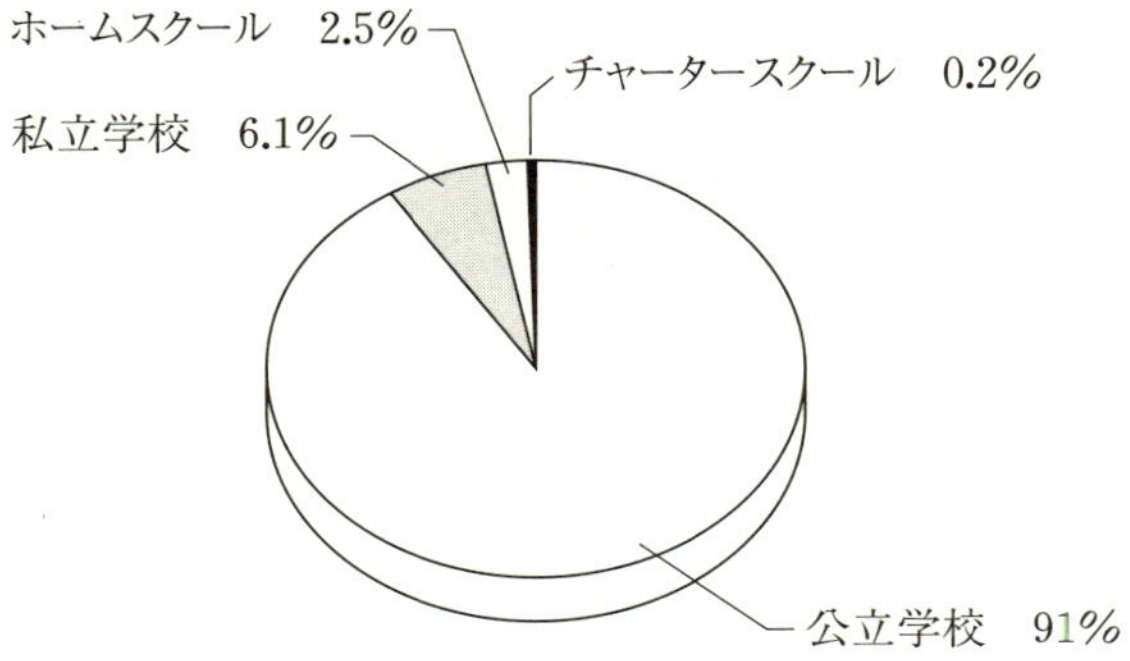


出典）Oregon Department of Education. 2002. "Percent of K-12 Student Enrollment by Type of School 2001-2002." *Oregon Report Card 2001-02.* p.25.

**図２－５－３　オレゴン州の学校数（％）**

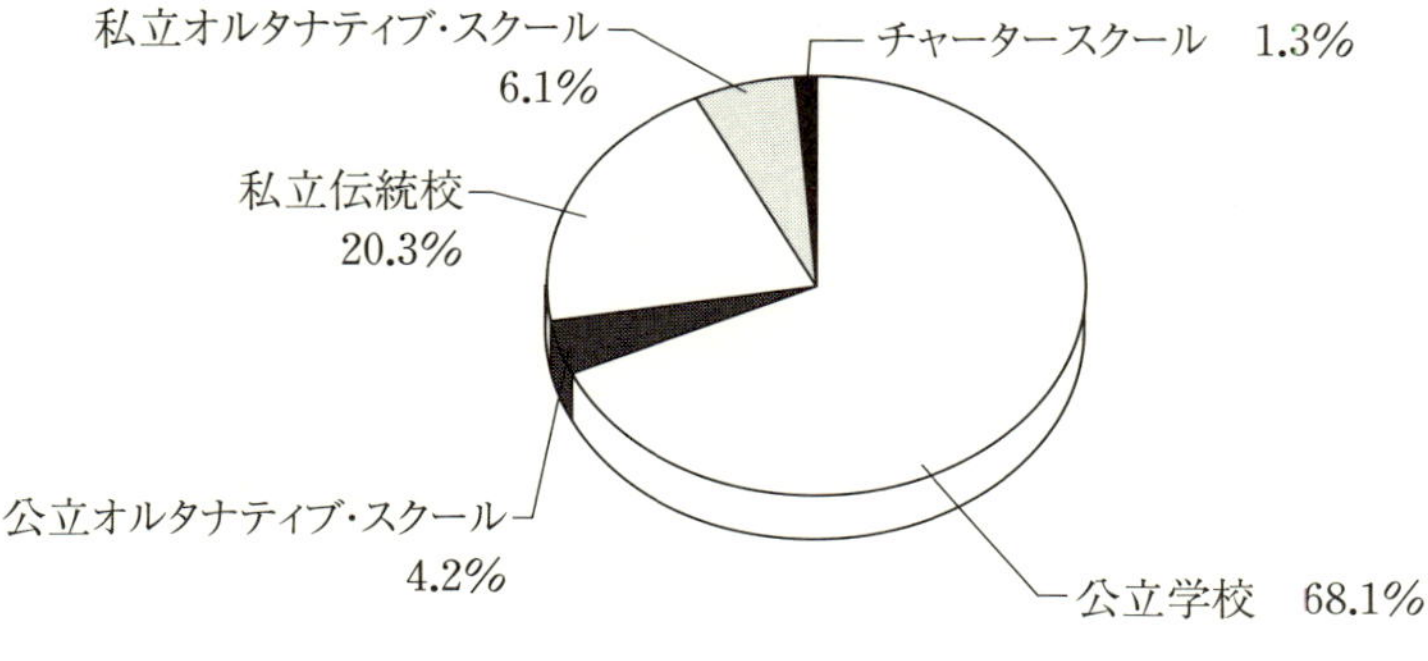


出典）Oregon Department of Education. 2002. *Oregon School Directory・2002-03・*.
Office of Curriculum Instruction and Field Services, Oregon Department of Edcation. Feb. 2003. "Private Alternative School Directory 2002", "Alternative Education Programs", "Charter Schools in Oregon 2002-2003."

ブ教育の実践校（プログラム）であると言ってよいであろう。要するに、生徒数にしても学校数にしても、レーン郡の教育制度全体に占めるオルタナティブ教育の割合は一割以下であることが推測される。ただし、この割合は、今後のチャータースクールの増加に伴ってさらに増えることが予測される。

先にも触れた通り、現在、オルタナティブ・スクール（プログラム）の中でチャータースクールへの移行を考えている団体は少なくない。マサチューセッツ州のサドベリーバレー・スクールの代表夫妻の長男であり、ブルーマウンテン・スクールに長男と長女を通わせ、同校の理事も務めるオレゴン大学教授のハル・サドフスキー（Hal Sadofsky）氏によれば、ブルーマウンテン・スクールのような私立オルタナティブ・スクールがチャータースクールになるメリットは、問題視された子どもにかぎらず多様な子どもを受け入れることが容易になること、一年おきの契約更新が最長で五年ごとになることなどが挙げられ、デメリットとしては、教師の半数が資格をもった教師でなくてはならないこと、一般に監査が厳しくなることなどである。(14)

## 5 オルタナティブ・スクール・ネットワーク自助組織（LEARN）

オレゴン州には、オルタナティブ教育に関連する情報交換・互助組織として、「オレゴン州独立学校連盟（ＯＡＩＳ：Oregon Association of Independent Schools）」および「オレゴン州教育のオルタナティブな選択のための協会（ＯＡＡＥ：Oregon Association for Alternatives in Education）」があるが、前者は全米の各州にある私立学校の連盟であり、伝統的な私立学校を中心とした集まりである。後者は、一九七〇年代当初に創設された支援団体であったが、「問題児のためのオルタナティブ教育」というとらえ方が支配的となった一九八〇年代以降、積極的な選択とし

LEARNの事務局スタッフ
（中央がCAT代表のトゥイン氏）

てのオルタナティブ教育という主張を弱めていった団体である。[15]

レーン郡のオルタナティブ教育の支援メカニズムの一大特徴は、こうした「正規」の支援組織のほかに、私立オルタナティブ・スクール同士が情報を交換し、励まし合い、支えあうボトムアップの自助組織としての「LEARN」が活発に活動している点にある。LEARNは、レーン郡教育オルタナティブ・リソース・ネットワーク（Lane Educational Alternatives Resource Network）の頭文字をとった略称であり、二〇〇〇年に設立された。LEARNができるまでは、事務手続き上の細々とした雑務や教育委員会への対応、評価の仕方など、各校が我流で行って戸惑うことも多く、情報を交換する場もなかった。

こうした事態を改善するために世話人となったのが、CATのトゥイン氏である。氏はブルーマウンテン・スクールなどのスタッフに声をかけ、レーン郡の私立のオルタナティブ・スクール代表者らが集う場所をCATが提供することを提案して賛同を得、定期的に活動を開始した。

最近のLEARNの活動成果の一つは、「オルタナティブ教育マニュアル」の作成である。このマニュアルは入門書として市民にとっても相当に分かりやすく記されているだけでなく、本格的なオルタナティブ教育の実用書ともなっている。[16] LEARNはオレゴン州から助成金を獲得し、市民にオルタナティブ教育を普及させるための学校カタログも作成した。二〇〇〇年の初会合以来、毎月一回、CATの事務所に各校の代表らが集まって重要課題を決めて話しあっている。

現在の課題は、チャータースクールへの移行の可能性の検討である。チャータースクールに関する勉強会は、州教育省からチャータースクールの担当官を招いて交流も兼ねている。ＬＥＡＲＮの活動範囲は広がる一方であるが、恒常的な資金源はなく、現在のところＣＡＴのメンバーを中心とした手弁当でどうにか続けている。年間に一団体につき二〇〇ドルを会費とするなど、今後は会員制を取り入れて、よりフォーマルな組織にしていく予定であるという。

ＬＥＡＲＮは、各々の団体のユニークな性質を尊重しつつ、会全体としては共通の目標とそれを実現するための意志を共有しているという点において、多元的な教育社会を象徴している団体であるといえよう。

## 6 学区によって異なる対応

レーン郡は同じ郡内でも、オルタナティブ・スクール（プログラム）に対する対応が学区によって微妙に異なり、そうした温度差がオルタナティブ教育実践に少なからぬ影響を与えている。

地域間の差異が著しく現れるのが、関連法（ＯＡＲ 581－022－5a、一三九ページ）の除外規定（「規定される生徒（中略）に限定されることはない」）に対する受け止め方である。オルタナティブ教育の対象となる生徒を従来の「危機に立つ」子どもに「限定されることはない」というフレーズを、どこまで意識的に、かつ価値を見いだしてとらえるかによって実際、格差が生じていると思われる。

ユージーン学区にあるＣＡＴなどのオルタナティブ・スクールには、他校で問題を起こした子どもしかオルタナティブ教育を享受していない。他方、ブルーマウンテン・スクールのあるサウスレーン学区教育委員会のオルタナティブ・スクールへの対応は寛容であり、実際に同校には公立学校で問題を起こして教育委員会から送られてきたような子どもは皆無に等しい。たしかに、生活規範上または学業成績で相当に問題にならないとオルタナティブ教育が享受できないことを示唆する法文はあるにせよ、学区の教育委員会担当官の判断しだいで除外規定の文言をいくらでも強調できるのである。

テストに対する応対についても地域差が見られる。オルタナティブ・スクールといえども、テストを課している学校は少なくないが、生徒の自主性を重んじるブルーマウンテン・スクールでは、テストは生徒が受ける必要性を自ら感じ、要求するまで受けさせない方針をとっている。この方針にのっとり、実際に法律上規定されている第三・五・八・一〇学年でテストを受けている生徒は三分の一程度である。残りの三分の二の生徒は州の教育省へ報告している申告書には「親の受験拒否」と記しているが、州または学区からの助言や指導が来たことは一度もない。

レーン郡の中でも、サウスレーン学区がもっとも規制を緩めた行政であることは明らかである。その背景には、法文を部分的に修正するなどして、自らの価値観を教育実践に反映させる基盤づくりに尽力してきたキーパースンの教育委員会への積極的な働きかけがあった。ブルーマウンテン・スクールの創設者の一人であり、サウスレーン学区の教育委員も務めるレスリー・ルービンシュタイン（Leslie Rubinstein）氏は次のように語る。

「ブルーマウンテン・スクールを管轄しているサウスレーン学区は比較的に小さな学区であり、オルタナティブ・スクールと担当官との間に顔の見える関係が築かれています。ユージーンのようないくつものオルタナティブ・スクールを管轄している規模の大きな学区よりも相互理解が進んでいるのです」(17)

また、サドフスキー氏は、「ブルーマウンテン・スクールが開校するまでは、こんな学校を自分たちは創ろうとしている、と地元の住民や教育委員会に時間をかけて説明しました。そのおかげで、学校と地元の教育委員会との関係は現在でもきわめて良好です」と述べ(18)、「法律の解釈によって地域の誰もが利益を受けているということを、学区の教育委員会は心得ています」と指摘する。

## 7 多元的な質保証《クオリティ・アシュランス》のあり方

**表2－5－2**からも明らかな通り、公費が投入されているオルタナティブ教育に対しては何らかの形で規制が課せられている。一般的に規制が一元的な標準による場合は、オルタナティブ教育の本質、すなわち独自性や自発性、内発性を損なうことになりかねない。しかし、オレゴン州の場合、オルタナティブ・スクールのクオリティのコントロール（というよりも質保証《クオリティ・アシュアランス》と呼んだほうが相応しい）にも多元性を見いだすことができる。たとえば、生徒の学力評価についてはさまざまな手法が法的に容認されている。

「子どもに刷新的でより柔軟な教育方法を提供するため、学区教育委員会は新たにオルタナティブ教育の選択肢を公教育制度内に設置してよいこととする」と記されたＯＡＲ581－022－1350－(1)に続けて、同条同項(2)には卒業を認定するための単位を提供することができることが明記され、教室での活動または同等の活動を成功裡に収めることや、教室で行われるテストのみならず教室での学習に相当すると見なされる知識・技能を表す作品の提示なども認められている。つまり、学力の見方に関しては、結果的に公教育と同等以上の学力が習得されることを基準に多様な評価のあり方が許容されているのである。

多元的ともいえる〈まなざし〉を可能にする法律のスピリットは、学校評価関連の法文にも見られる。再掲となるが、ＯＲＳ336－625には「オルタナティブ教育プログラムを実施するにあたり、学区の教育委員会は環境や時間、構造、教授法において柔軟な学習の条件を設定するものとする」と明記されているのである。ＬＥＡＲＮの「オルタナティブ教育マニュアル」によれば、このステートメントに表されている「柔軟」性が当地のオルタナティブ教育プログラムを「教育刷新の最先端」にしているという。

学校（プログラム）を教育委員会が評価する際も、この「柔軟」性が重要な基準の一つとなっている。州政府は各地の教育委員会に専門的な評価者の選択をまかせ、評価者は州教育省のオルタナティブ教育担当官に評価の報告を行う制度をとっているが、右記の法文はこうした評価の際の基準としても機能している。

現地調査で筆者が入手したオレゴン州内のある学区による評価項目には、当該プログラムの学習条件は「環境という観点から柔軟ですか」、「時間という観点から柔軟ですか」、「プログラムの構造という観点から柔軟ですか」、「教授法という観点から柔軟ですか」という質問群が初めに用意されており、これらに対して「はい／いいえ」で答えるようになっている。この質問群のほかには、「差別」、「会計」、「個々の生徒の成長に関する評価の有無」、「公的機関による認証の有無」、「特殊教育」、「学区の教育委員会による評価が少なくとも年に一回実施されているか」、「単位の認定」、「施設の安全性」、「最低限の学習保障」、「職員の犯罪暦」に関して、すべて「はい／いいえ」で答えられるようになっているだけである[19]（三〇三ページの**資料Ⅳ**を参照）。

学区によって温度差はあるにせよ、おしなべて私立のオルタナティブ・スクールの監査はおおらかなようである。一例であるが、CATの場合、ユージーン学区の教育委員会から監査官が年に五回ほど訪問し、一回につき二時間ほど子どもたちやスタッフにインタビューしたり、学校内を見て回ったりした程度であり、生徒の生活態度や学力を事細かにチェックするようなことはないという。

多様な教育形態に対するさまざまな質保証《クオリティ・アシュアランス》のあり方は、財政基準にも現れている。公立学校と比べると、オレゴン州における私立オルタナティブ・スクールには生徒一人当たり八割の教育費が州から支給され、残りの二割は教育委員会の経費となる。チャータースクールに関しては、小中学校段階（第一～八学年）で八割、高校段階（第九～一二学年）で九・五割である。しかし、こうした一律の基準のみならず、さまざまな教育形態に適応できるように、オレゴン州教育省によって比較的に柔軟な財政支援の算出定式がつくられている。公費助成による私立のオルタナティブ教育が現在のように台頭してきたのは一九九〇年代以降の一〇年強であり、その間、算出定式も試行錯誤を重ねて創られてきたという[20]。

「ＡＤＭ（Average Daily Membership）」と呼ばれる生徒一人当たりに対する教育費が、教育形態の別（ホームスクール、オルタナティブ教育プログラム、個別授業など）、フルタイムやパートタイムの別、生徒数の別、障碍の有無など、多様なオルタナティブ教育のあり方に対応して算定できるように設定されているのである（Bunn 2001）。多元的な教育社会には、このようなきめ細かで柔軟かつ公正な認定のあり方が求められることを示唆する一例であるといえよう。

## 8　結びにかえて——問われるシステムづくりのヴィジョン

「オルタナティブ教育の発展にとってよい法律をもつ国（州）はどこか？」

この質問を国際的なオルタナティブ教育のメーリング・リストに投じた結果、両手で数えられるほどではあるが丁寧な答えが返ってきた。アメリカからの返答の大半が言及していたのがオレゴン州であり、返信者の中には、本文で引いたステイン氏らオレゴン州のオルタナティブ教育のキーパースンが含まれていた。こうした人々と電子メールでのやり取りを頻繁に繰り返したが、遠隔コミュニケーションではどうしてもとらえきれない「何か」があることが実感できたので、オレゴンでの現地調査に赴くことにした。

実際、現地でキーパースンらにインタビューしてみると、オルタナティブな学びの場を生き生きとさせ、子どもたちにエンパワメントをもたらしているのは、フォーマルな法規よりもインフォーマルなカラクリ、そしてスタティックなシステムよりもダイナミックなメカニズムであると思われた。法を「生かすも生かさぬも人しだいである」ということを改めて認識した。

たしかに、レーン郡に見られるようなカラクリやメカニズムを機能させている基盤には本文で紹介した法令があり、施行規則があることを忘れてはならないであろう。しかし、時間をかけて築いてきた多元的な教育社会への芽が摘み取られることなくはぐくまれるように、市民が地方行政や州政府にさまざまな働きかけを不断に行っているという印象をほかの調査地よりも強く受けたのがオレゴン州であった。(21) そこには、安定したシステムがあるわけではなく、むしろ市民と行政とが対峙するような緊張の場面も多い。逆境の中にあっても、創造的な緊張関係をつくる営みから刷新的な教育実践や地域ネットワークが生まれてきたといえる。

本文で示唆したように、オレゴン州のオルタナティブ教育には多くの成果と同時に、少なからぬ課題が見いだせる。課題の一つとして挙げられるのが、オルタナティブ教育を受けるには、原則として問題を起こした生徒でなくてはならないと考えている行政関係者が少なくないことである。(22) オルタナティブ教育を享受する生徒をいわゆる「問題児」または学習遅滞の生徒として規定した州法や行政法がこの背景にあることはすでに触れた。

実際、原則的には「前科」なしに私立のオルタナティブ教育を受けることは難しいとされる学区は少なくない。しかし、ブルーマウンテン・スクールのあるサウスレーン学区のように、「問題」の生徒らに「限定されることはない」という文言を重視し、「前科」なしでも生徒を私立オルタナティブ・スクールに通わせている地域もある。このように、同一の州内においても地域による差が生じるのは、スティン氏やルービンシュタイン氏のようなキーパーソンが存在する地域とそうでない地域との差異の結果であると見ることもできる。

たしかに、彼女たちは法定手続きにのっとってオルタナティブ教育を実践している。しかし、同時に、例外的な規定を駆使しながら行政の理解を求めることに相当の労力と時間を使ってもいる。こうした現行法を詮索し、改善していくことのできる個人の資質と「情状酌量」の余地のある法文に多くを負った現状（メカニズム）にそれなりの意義を見いだすのか、または、ある程度の規制を伴ってでも緻密に制度化し、より多くの市民が多様な教育を受けられるような基盤をつくっていくのか、教育社会を形づくるビジョンが今、問われている。

**追記：**ブルーマウンテン・スクールは二〇〇四年六月七日、サウスレーン地区教育委員会から認証を受け、私立オルタナティブ・スクールからチャータースクールとなった。一年間の準備期間を経て申請がなされたのが二〇〇三年一一月であり、翌年の一月には却下されたものの、同年五月に修正を加えた申請内容をもって再申請をし、翌月の審査会で賛成六人と反対一人という票数をもって認証された。最終的な申請内容で若干の修正はなされたものの、生徒が自己決定を行う権利などは譲歩せずに認められ、初回の審査で反対票を投じた委員を説得した形となった。

チャータースクールになることにより、総計三五万ドルにも上る助成を連邦政府から提供されることになる。(A) その一方で、私立オルタナティブ・スクールよりも厳格な学校運営の条件が課され、監査も厳しくなる。理事であり、創設者の一人のローラ・スタイン氏は、「学校経営が従来よりも安定した」と語っている。(B)

(A) チャータースクールを創設・運営するために設けられた連邦政府による試み。チャータースクール助成プログラム（Charter School Grant Program）と呼ばれている。ブルーマウンテン・スクールの場合、学校の計画段階で五万ドル、実施段階で三〇万ドルが支給されている。

(B) 二〇〇四年六月八日の国際民主教育カンファレンス（ＩＤＥＣ：International Democratic Education Conference）のメーリング・リストへの投稿。

ケース・スタディ 6 デンマーク

# 一五〇年の民衆史の中で培われた支援メカニズム

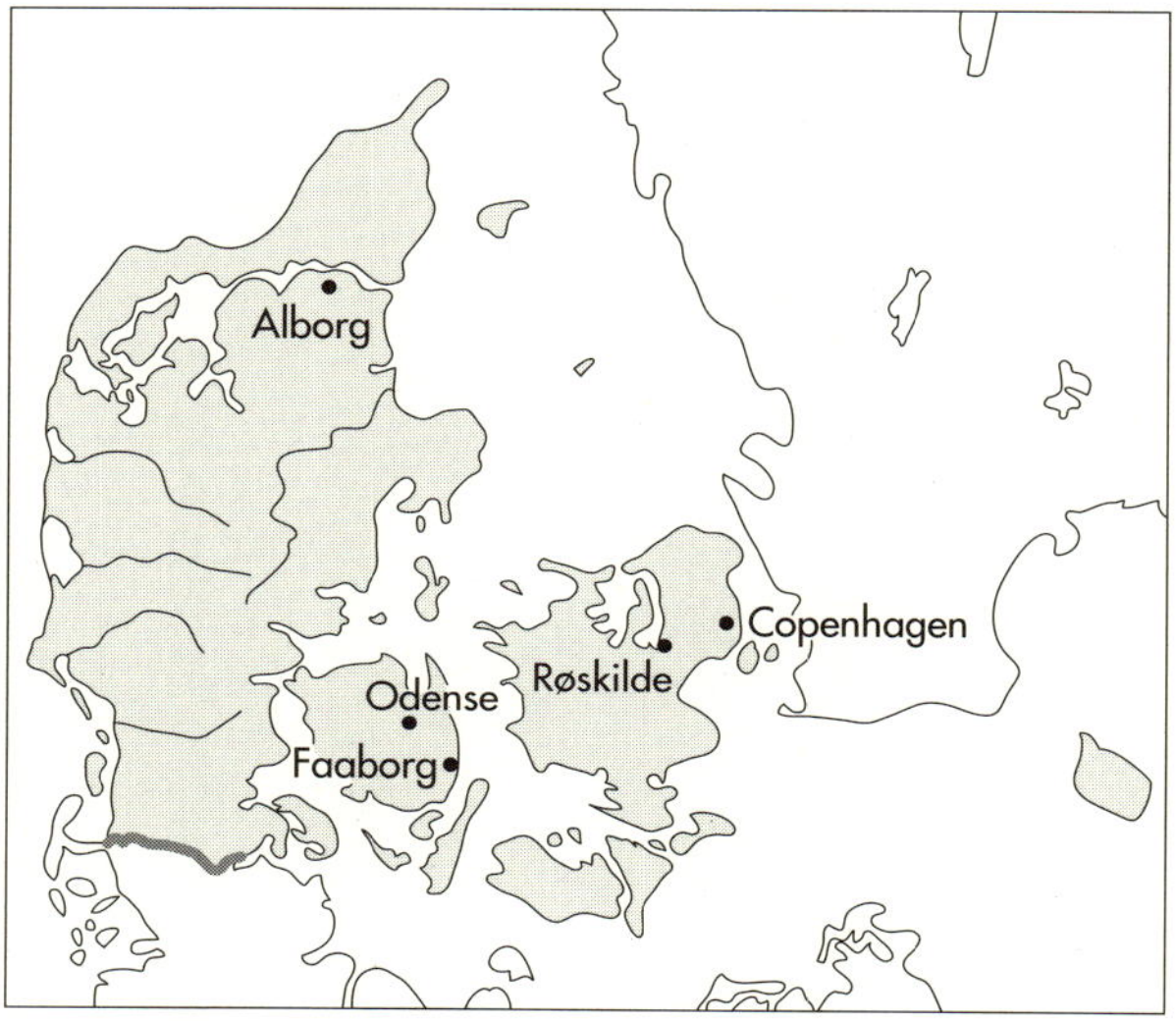


**デンマーク王国**

首都：コペンハーゲン
国土：4.3万km$^2$
人口：540.3万人
１人当たりGDP：32,179ドル
言語：デンマーク語
人種：北ゲルマン系のデンマーク人
宗教：プロテスタント（福音ルーテル派）
年平均人口増加率：0.2%
医師数（10万人当たり）：366人
教育への公的支出（GDPに占める割合）：8.3%
女性の国会議席の割合：38%

デンマークは、教育予算の割合（対GNP比）が欧州連合（EU）諸国の中でももっとも高い国の一つであり、「教育熱心」な国である。ところが、その「熱心」さは、学力競争や受験地獄のような加熱した形では現れない。それはむしろ、個々の子どもや青少年の心の安寧を大切にしていく方向に作用しているように思われる。

ある意味で「ゆとり」の教育が行われているのであるが、国民のリテラシーは決して低くなく、むしろヨーロッパ諸国の中でもっとも高い国の一つであろう。(1) であるからといって、この背景に徹底した効率性重視の教育・訓練のシステムが確立されているわけではなく、対話を重んじた自由で非競争的な教育社会が醸成されてきたといえる。

このケース・スタディでは、こうした社会におけるオルタナティブ教育のあり方について支援メカニズムに照準を合わせながら考えてみたい。

# 1 デンマークの教育システムとその背景

## (1) 民衆史から生まれた教育社会

デンマークには、日本のような就学義務はない。親は、子どもを学校に通わせなくてもよいのである。一九世紀初頭（一八一四年）に教育における親権が法令上（地方学校令および都市学校令）で認められて以来、教育は親の責任のもとに行うという意識がデンマーク国民に培われてきた。(2) いわばホームスクーリングが、そして自分たちで自分たちの学校を創る権利が二世紀近くにわたって公認されてきたのである。

デンマークにはボトムアップの教育運動を市民だけでなく政府も高く評価する伝統が根づいており、単純な官民の

コペンハーゲン市内にあるN.F.S.グルントゥヴィの銅像

二項対立・拮抗の構図では描ききれない関係性が両者の間に見られる。(3)こうした関係性を理解するには、一八世紀以後の民衆教育史を把握することが重要である。

デンマークの民衆教育史を語るに際して言及を避けられない人物が二人いる。ニコライ・フレデリク・セヴェリン・グルントヴィ（三〇ページの図を参照）とクリステン・コル（Christen Kold, 1816-1870）である。グルントヴィは「民衆教育の産みの父」ともいわれる人物で、教育者であり、牧師であり、詩人であり、政治家であった。彼は、貧困に苦しむ農民の生活を生き生きとしたものにしていくために『生のための学校』を著し、自立と対話を重視した教育運動を展開した。(4)

そして、その思想は実践家としてのコルに受け継がれ、暗記や訓練をしない自由な基礎学校であるフリースコーレが誕生して全国的に普及し、各地での実践が公教育にも影響を与えるまでになった。さらに、グルントヴィやコルの思想・実践に触発されてフリースコーレの中等教育版であるエフタースコーレも全国各地に創設され、メインストリームとしての公立学校とは異なるオルタナティブなストリームを形成している。

## (2) 憲法で保障された親の権利

前述の通り、デンマークは日本のように就学義務ではなく、いわば教育義務の国である。一九世紀半ばに発布された憲法において、親自身が子どもを教育する権利が謳われており、教育を授ける主体は公立学校にかぎられないことが明記されている。この民主憲法が、オルタナティブ教育に及ぼしてきた影響は計りしれない。憲法精神にのっとり制定された学校教育法（国民学校法）の第三三条には、「（前略）家庭学習を受けている子どもは、国民学校での教育に参加しなくてもよい」と記され、ホームスクールが公然と認められている。[6] また、オルタナティブ・スクールの存在を法的に規定している独立学校法（正式名称は「フリースコーレおよび私立の基礎学校に関する法律」）にも「親の諸権利」が明記されており、第九条では次のように記されている。[5]

「公立の小中学校で一般に要求される内容に見合った教育を行うことなど、フリースコーレの全般的な活動を監査することは、学校へ通う生徒の親たちが行う。親の会は、いかなる方法で監査を行うべきかについて自ら決定を下す」[7]

教育省のオルタナティブ・スクール担当官であり、独立学校法の内容の作成・改定に携わってきたハンネ・トラベーオ（Hanne Traberg）氏は、この第九条がデンマークの教育をよい意味で特異なものにしていることを強調し、デンマークは、学校づくりの主体は国家ではなく、親であり市民であり、地域社会であるという意識がもっとも強く根づいている社会であるという。[8]

「親の諸権利」として、デンマークの親には教育選択の権利が保障されてきた。一般に、自分の子どもたちに教育を授ける場合、三つの選択肢があるといわれている。一つは公立学校へ通わせることである。もちろん公立であるから、学費はほとんどかからない。第二の選択は、既存のオルタナティブ・スクールへ通わせることである。[9] この場合、学費は公立校よりもかかるが、後述の通り、公費が公立校の七割半ほど得られるため、さしたる負担感は親にない。第三の選択は、ホームスクールである。伝統的に親権意識が根づいているデンマークでは、家庭で親が自分の子どもを教育することが公認されている。教育省の説明によればホームスクールを実践している家庭は一パーセント以下であり、ホームスクーラーの数は決して多くないが、その権利は長年にわたって守られてきた。

以上の選択に加え、筆者は第四の選択を指摘したい。それは、自らオルタナティブ・スクールを創るという選択である。この場合も、のちに述べるように、基本的な条件が整えば学校運営資金として教師の給与などにあてがう公費助成が得られる。その際においても政府は、教員免許の取得や細かなカリキュラムに関する規定など、教育内容に関してはほとんど干渉をしない。後述する全国私学協会（レアルスコーレ協会）のエーベ・フォルスベルグ（Ebbe Forsberg）事務局長は、デンマーク社会では、「既存のものが自分に合わないのであればオルタナティブを選べばよい。オルタナティブが合わなければ、自分たちでオルタナティブを創ればよい。いつでも、こうしたチャンスが社会制度としてあることが重要なのです」と語っていた(10)。

### (3)　一割のオルタナティブ

では、実際に右記の第二の選択または第四の選択をする市民がどれだけの学校を運営しているのであろうか。教育省の資料によれば、オルタナティブ・スクールで学ぶ生徒は就学年齢の子どもの一二パーセントを超え、近年この割合は、少しずつであるが増加する傾向にある（**図2－6－1参照**）。一方、一九九〇年代の一〇年間、公立学校数は減少する傾向にある一方でオルタナティブ・スクールの数は増えている（**図2－6－2参照**）。こうした傾向には、生徒減などで閉校しそうな公立校がオルタナティブ・スクールへと「転身」するケースも影響している。

近年の傾向として注目されるのは、一九八〇年代以降増え続けてきた中東などの国々からの移民が、フリースコーレ協会の傘下でオルタナティブ・スクールを設立・運営していることである。二〇〇四年三月現在、コペンハーゲン市を中心にこうした学校は一八校存在する。

### (4)　「生のための学校」——国家システムおよび市場システムからの相対的な自律

デンマークは、試験結果に基づく評価に対する信頼感が希薄な社会であるといわれる。実際、子どもたちがテスト

**図２－６－１　生徒の変遷（1970〜1990年代）**

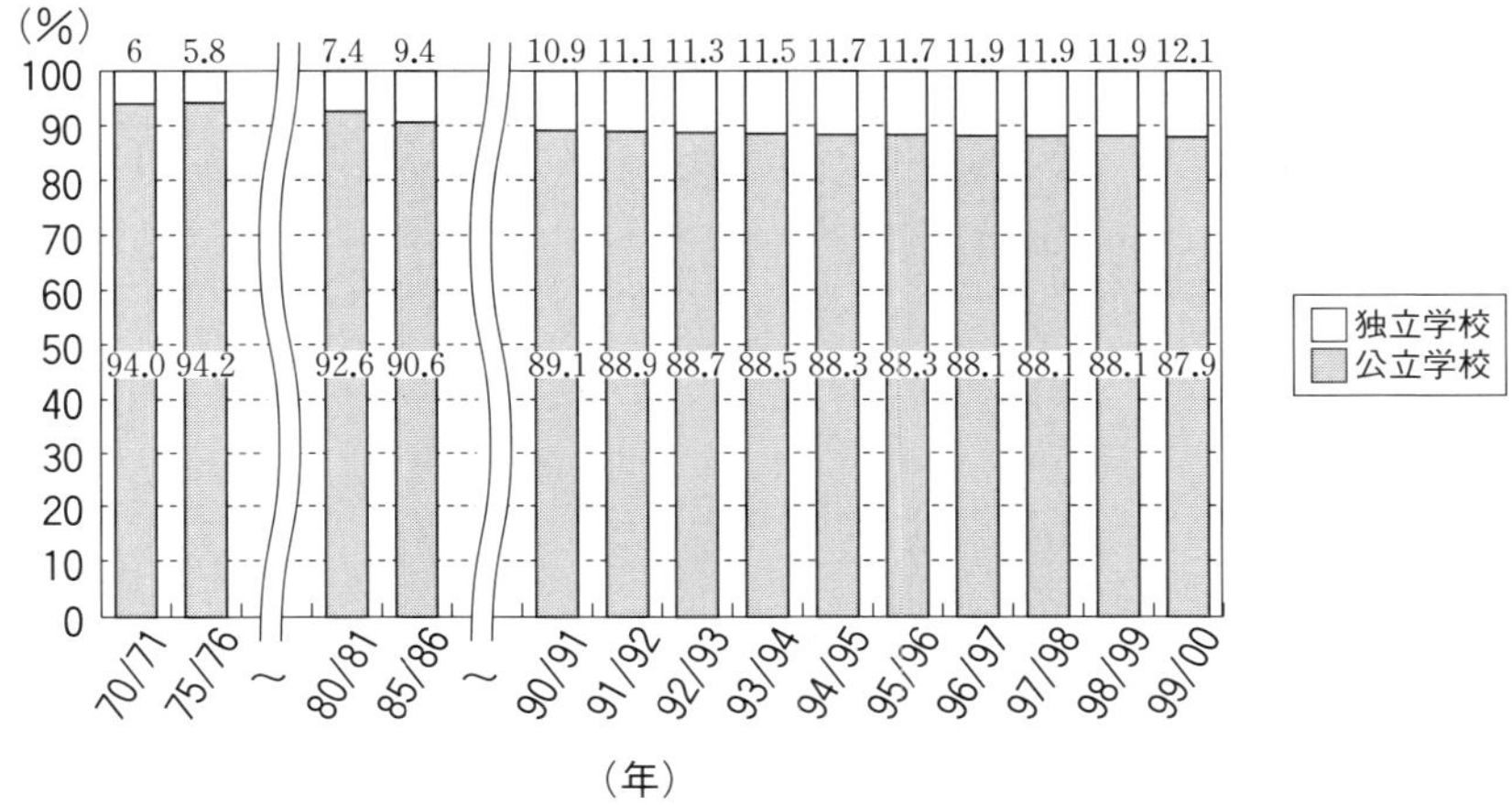


出典）Undervisningsministeriet. *De Frie Grundskoler i tal 1999/00.* 2000, p.7, p.11.より筆者が作成。

**図２－６－２　学校数の変遷（1990年代）**

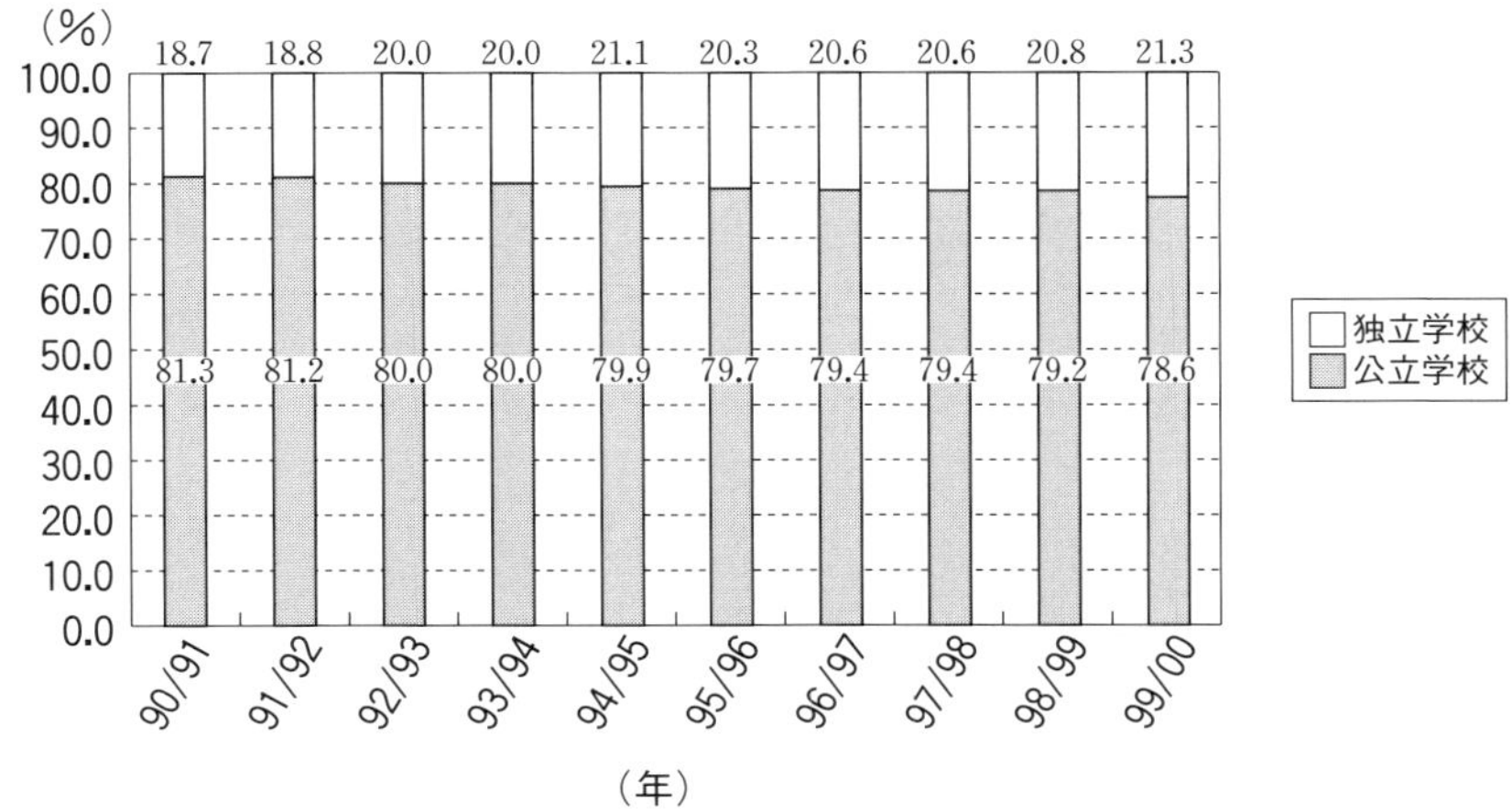


出典）Undervisningsministeriet. *De Frie Grundskoler i tal 1999/00.* 2000, p.7, p.11.より筆者が作成。

に追われることは稀である。全国私学協会事務局長のフォルスベルグ氏は次のように言う。

「デンマーク人にとって、平等は非常に大切な鍵言葉なのです。人間同士を差異化するような競争的なテストに興味をもつ者は少ないですし、テストじたいが軽蔑される傾向にあります。イギリスのような学校階層はここにはありませんし、デンマーク人はランキングなんか信じません」

数値を用いて人と人とを差異化する試験にさしたる価値を置かないオルタナティブ・スクール関係者は少なくない。ランキングは教育界ではなく産業界と結びついたもので、人間性と平等を尊ぶデンマーク人にはどちらかというと卑下される言葉のようである。

たしかに、第九もしくは第一〇学年の終わりにデンマーク語と英語とドイツ語、数学、物理のスタンダード・テストを受けられるようになっており、また多くの生徒が実際に受験するが、誰もが躍起になって勉学に励んでいるわけではない。全国的な一斉試験を実施するために多くの税金が投入されているにもかかわらず、テストでの結果が子どもたちの人生で使用されることは稀であることからその存在意義じたいを懐疑的に見る親や教師は少なくないという(11)。日本であれば、テストを受けさせないと親のほうが不安になるかもしれない。しかし、デンマークでは、試験制度の実施に疑義をもつような親はたいてい独立学校を選択している。テストを実施しない初等教育レベルのオルタナティブ・スクールは少なくないし、中等教育レベルの独立学校であるエフタースコーレにおいてもいっさいテストを課さない学校もある。したがって、オルタナティブ・スクール出身者には、幼稚園から後期中等教育を修了するまで一度も試験を受けなかった者も珍しくない。

このように競争的なテストを回避する傾向が強い背景には、「生のための学校」に基づくヒューマニスティックな教育を標榜するグルントヴィとコルの影響がある。教育が「生のため」にあることはグルントヴィの主張であったし、コルもその思想を継承し、自らの実践で具現化した。

「子どもが食べ物をきちんと噛めるかどうかを確かめるために、無理やり子どもの口に食べ物を入れて吐かせることはしない」というコルの言葉は、オルタナティブ・スクール関係者の間でよく知られている。デンマーク社会で内発的に培われてきた独自のヒューマニズムが[12]、競争原理をたやすく取り込む国家システムや市場システムに対して、オルタナティブ・スクールが相対的な自律を保つことを可能にしている要因の一つであるといえよう。

## 2 オルタナティブ教育の多様性と多元的ネットワーク

### (1) オルタナティブ教育の中の多様性

デンマークの小中学校は一六九三校が公立学校であり、ユニークな教育実践を行う学校群としてオルタナティブ・スクールが四六〇校ある（Undervisningsministeriet 2003 : 51）。そして、約一二パーセントの就学年齢の子どもがオルタナティブ教育を享受している（**図2-6-1**を参照）。

一言でオルタナティブ教育といっても、その内容は実に多様である。グルントヴィとコルの思想や実践の流れをくみ、一世紀半前からの「伝統的なオルタナティブ教育」ともいえるフリースコーレや、その中等教育版で全寮制のエフタースコーレ、一九六〇年代以降の左翼思想の影響のもとに運営される小規模校のリレスコーレ、教科教育を重視する中規模校のレアルスコーレなどのほか、国境近くに暮らすドイツ人学校、シュタイナー学校、モンテッソーリ学校、イスラム系の移民による学校もある。

主な学校群の内訳は、後掲（一六五ページ）の**図2－6－3**に示す通りである。一校当たりの平均生徒数も学校群によって特色がある。レアルスコーレは三〇〇人程度である一方、リレスコーレは一〇〇人前後の小規模校が大半を占めている。昔はありきたりの公立教育に満足しない親が、革新的ならリレスコーレへ、保守的ならレアルスコーレへ子どもを通わせるというような傾向がはっきりしていたが、近年ではこれらのオルタナティブ・スクールを分ける線があいまいになってきている。(13)

## (2) 独立学校を結ぶ支援協会《アソシエーション》

各オルタナティブ・スクール群は各々の支援協会《アソシエーション》をもっており、そのネットワークに参加しない学校は皆無に等しい。イギリスのサマーヒル・スクールやタイの子ども村学園のように、単独で政府に対峙するようなスタンスをとる独立学校はきわめて稀である。こうしたネットワークの歴史も長く、フリースコーレ協会は一八八六年に、(14) エフタースコーレ協会は一九〇八年に設立されている。

それぞれの協会に属する独立学校は各々の共通した特徴が見いだされる。たとえば、独立学校協会に所属する学校はいずれも小規模校である。ただし、最大のネットワークを形成するフリースコーレ協会には、ほかの協会ほどに同質的ではなく、グルントヴィ、コルの強い影響のもとにある学校群や、宗教的・民族的少数派の学校、シュタイナー学校なども含まれている。

こうした多様性が見られる一方で、フリースコーレと兄弟組織である青少年のためのエフタースコーレ、そして成人のためのフォルケホイスコーレの設立基盤として謳われている次の「五つの自由」がそれぞれの共通した原則である（The Danish Friskole Association 1995 : 13-16）。

❶ 理念的自由（いかなる理念に基づいても学校を設立する自由が国民にある）

❷ 教育的自由（いかなる教育内容・手法の学校でも設立する自由が国民にある）

❸ 経済的自由（学校には政府からの補助金をもとに運営する自由がある）

❹ 雇用の自由（学校は理事会をもち、雇用する職員の資格や技能を決める自由は理事会にある）

❺ 生徒の自由（生徒はどの学校にも入学を申請でき、また学校側には学校方針に合わない生徒の入学を拒否できる自由がある）

各協会の事務職員は決して多くない。もっとも大きな組織であるフリースコーレ協会でも、三名ずつのコンサルタントと事務職員という組織構成である。こうした少人数の職員で、上記の各種サービスや任務をこなしている。なかでも団体交渉は、一人ひとりの教員の生活にかかわる重要な仕事の一つである。交渉の結果により、オルタナティブ・スクールといえども一定の就労条件が課される。たとえば、すべてのオルタナティブ・スクールの教師の就労最低時間は年間一六七二時間（毎週二四時間）となっている。

各支援協会が「同居する建物」
（コペンハーゲン市内）

独立学校協会などのネットワーク・グループを連携させ、予算などの交渉を政府と行う親組織として独立学校審議会があって活動を支えている（**図2−6−3**）。全国私学協会事務局長のフォルスベルグ氏は、「デンマークが築いてきた文化の

### 小規模なオルタナティブ・スクールのための支援協会

支援協会の一例として独立学校協会を簡単に紹介したい。同協会は、つい最近まで「リレスコーレ（小さな学校）協会」と称されていた。リレスコーレは、戦後の平和主義や1960年以降の教育改革運動によって生まれた学校群であり、教育思想としてはイギリスのニイルやアメリカのデューイの影響下にある。政治思想的には急進的な左翼系の流れをくみ、「スモール・イズ・ビューティフル」を標榜したオルタナティブ運動から自らを「リレ（デンマーク語で「小さい」)」と称してきた。

1949年に初めてのリレスコーレが誕生して、ベビーブームの到来を経て多くのリレスコーレが設立された。同協会は、1980年代、デンマークが経済危機に見舞われていたとき、各小規模校の財政難を解決するために政府から予算を確保することなどを目的として設立された。単独では社会的立場が脆弱な小規模校を代表して、「できるかぎり少ない拘束とできるかぎり多くの予算*」の獲得が目指されたのである。協会には47校が属している。しかし、現在では、これらの学校群の中で「リレ」と冠している学校は半分ほどしかなく、当初の「スモール」という標語よりも自由や独立をより強調するようになってきたので、最近、協会のほうも「独立学校協会」へと改名した。

上の目的のほかにも広報活動や政治的な働きかけ、理事や校長、教員らの研修の準備・開催、職員と校長や理事会と校長、職員同士の対立などの問題が起きたときの調停、各種セミナーの開催、インターネットや電話での広報などを行っている。

すべての理事を対象にした総会が毎年１回、校長を対象にした総会が１回、その他、特定のテーマを設定した週末や半日のカンファレンスが５回ある。さらに協会では、新たにリレスコーレを創設したい親のグループの相談にも乗っている。理事会は年に６回あり、理事長と事務局長が一同に会する。事務局運営費は、各学校が生徒１人当たり年間265クローネ（約4,000円、2005年３月現在）を集めて賄っている。

独立学校（リレスコーレ）協会
事務局長のピーター・ホイゴール氏

＊独立学校協会事務局長ピーター・ホイゴール氏へのインタビュー（2001年９月10日）

**図２－６－３ オルタナティブ教育の支援メカニズム**

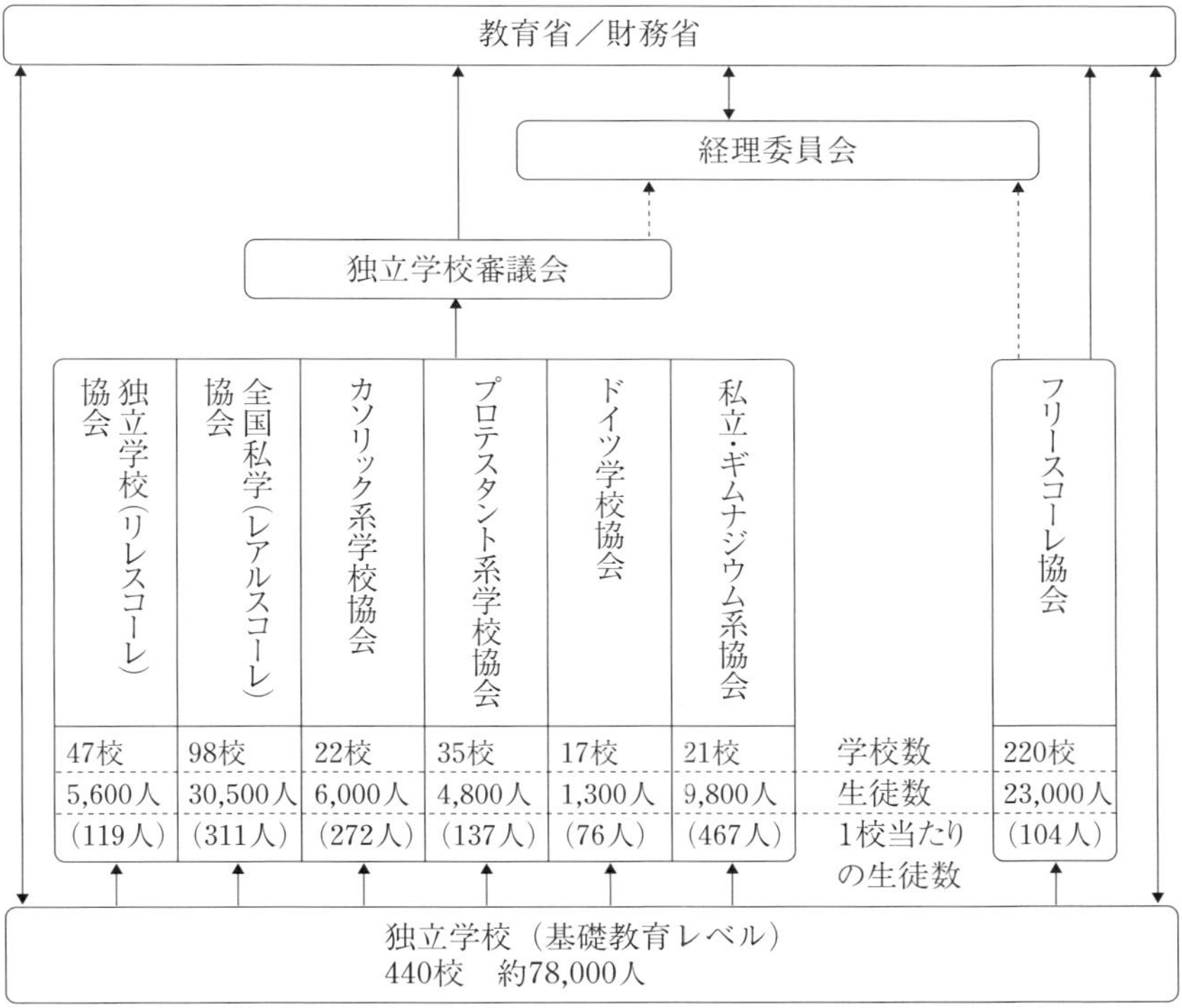


出典）リレスコーレ協会事務局作成資料，2001．

一つは『協会（アソシエーション）の文化』です」と繰り返し強調し、「どの街にもサッカーなどのスポーツ協会があり、興味関心を同じくする人々が集い、横の連帯感を人々は日常的に享受しています。こうした連帯意識は学校づくりに対しても根強くあり、孤軍奮闘しているオルタナティブ・スクールは皆無であるといってよいのです」と述べている。(15)

## (3) 親の参画と自由な学校づくり

おそらくデンマークは、自前の学校を親自身が考え、創っていこうという意識が世界的に見てももっとも強い国の一つであろう。実際、親たちが集い、独自の学校づくりを実現した例は少なくない。このような学校づくりが草の根レベルで全国的に見られる理由の一つに、政府による支援メカニズムを指摘することができる。

教育省のオルタナティブ教育担当官によれば、デンマークでは市民の手で学校が創設される際、地域の子どもたちが通う学校が創設されるということを市当局に対して報告しなければならないが、取り立てて「認証」する必要はない。ただし、公費助成が必要であれば、授業を開始したい年の二月一日までに登録の申請をしなくてはならない。(16) また、オルタナティブ・スクールを創設する際の諸条件は次節で述べるが、申請費として三万クローネ（約四五万円）を用意し、申請時に政府に預けなくてはならない。開校した暁には、この資金は戻ってくることになっている。

さまざまなグループからの申請が毎年あるが、前述の通り、近年ではイスラム教徒の移民が増えており、二〇校ほどの移民によるオルタナティブ・スクールが他校と同様の条件でデンマーク政府の公費助成を受けながら運営されている。ちなみに、フリースコーレ協会には二〇〇〇年度は一一件の新設校設立の相談があり、すべてが開校したという。

独立学校法第一条で述べられている通り、公立学校と同程度の教育を授けるのであれば、オルタナティブ・スクールでいかなるカリキュラムを組もうと原則的に自由である。したがって、子どもを家庭で教育しようがオルタナティブ・スクールで教育しようが、公立学校のように初等教育段階からデンマーク語と英語の読み書きと算数（数学）は教えなくてはならないが、そのほかは当事者にゆだねられている。また、教員免許は必須の認可条件にはなっていない。教員免許をもっていない教師に対しても公費助成から給与が出せるようになっている。傾向としては、都市部の大規模校には免許所持者の教師が多く、地方の小規模校には少ないことが挙げられる。

父親の姿も目立つリレスコーレの親の会

エフタースコーレの事務局長によれば、エフタースコーレでは約八五パーセントの教師が教員免許を取得しており、残りの一五パーセントは芸術家や技術者、職人などが多い[17]。なかには、教員免許取得のための特別な訓練よりもオルタナティブなトレーニングで教師になったことを誇りとしている教師も多いという。

教科書も何を使用してもよいことになっている。理事会や教師たちが教材を選び、それぞれに工夫を凝らした独自の授業を行っている。試験も、課しても課さなくても自由である。筆者が訪れたフリースコーレもエフタースコーレも、試験そのものの価値を認めず、いっさい行っていなかった。

しかし、こうした自由を享受する一方で、自由の代償としてのリスクを伴い、それを回避するための献身的な努力が求められるという点を見すごしてはならないであろう。オルタナティブ・スクールを開校するのは、建物と土地と規定の子ども数という条件さえ整えばさほど難儀ではない。しかし、常に生徒数を維持し、経営的に切り盛りしていくのは決して容易ではない（各学校の補助金総額は、①生徒数、②生徒の年齢、③学校の地理的特性、の三条件によって変わる）。

運営費は公立校の約七割半が提供されるが、原則的に土地や建物は設置者自らが用意しなくてはならない。こうした財産に対して、政府の支援や特別の貸し付けが用意されているわけではない。たしかに、フリースコーレなどの設立団体の中には公立学校からの転換組も少なくなく、その場合は公立の建物も土地ももともと存在するのであるが、すべての独立学校がこうしたケースであるとはかぎらない。親たちが、余暇を利用して手づくりの教室を造るオルタナティブ・スクールも決して珍しくはないのである。

このような自前の学校づくりが自然であり、地域の教育を人任せにする親は少ないといわれる。事実、オルタナティブ・スクールを訪問すると、親の姿を実によく見かける。彼（女）らは送り迎えに来ているだけでなく、さまざまな企画や行事に関わってボランティア活動に参加している。なかには校舎を設計し、自ら建設に従事して汗を流す親たちもいる。週末には、草抜きや校舎のペンキ塗りなども親自身が行うし、グリル・ランチなどの週末企画では父親も活躍している。

こうした企画のみならず、日常の教育についてもその方針づくりなどに積極的に加わり、親には自分たちの学校を自分たちで創っているという参画意識が強い。権利主張にとどまらず、実際に学校づくりにさまざまな形でコミットしているのである。

## 3 自由を生かすシステム

先に指摘したように、デンマーク社会は比較的に自由度の高い教育システムをもち、それはオルタナティブ教育の発展にとって順境であるといえる。しかし、その背景には、次に述べるような公費助成システムや学校監査・評価システム、学校理事会システムなどの自由を積極的に生かすための制度が機能しているように思われる。以下に、デンマークのオルタナティブな教育実践を生き生きとさせているシステムやメカニズムについて概説する。

### (1) 公費助成システム

先述の通り、オルタナティブ・スクールは一般の公立校予算の約七割半を政府からの助成金として得ている。残りは、主に親からの授業料などによって賄っている。助成金を受け取るための条件は次の通りである（Køber 2000 : 5）。

- 非営利組織であること
- 学校以外の人物や組織に支配されるような組織ではなく、独立した組織として利益が学校自体にあてがわれること
- 建物と土地とがひとまとまりであること（分校をもたないこと）
- 最低五人からなる理事会をもち、うち二人以上が生徒の親（保護者）であること
- 理事は無償で働くこと
- 教育活動に責任をもつ教師のヘッドがいること
- 国と独立学校の労働団体との間には就労条件に関して一定の同意がなされており、すべての教師がこの就労条件に関する規定に従うこと
- 最低二八人の生徒がいること（一年目に一二人、二年目に二〇人、三年目に二八人になればよい）

親が負う授業料については、たとえば筆者が訪問したファーボルグ市郊外にあるエンガーベ・フリースコーレ（Eng-haveskolen）では、月額として五八五クローネ（約七八〇〇円）をどの親も支払っている。このフリースコーレの学校予算の内訳は、政府からが七一パーセント、親からが一七パーセント、その他（寄付やバザーなどからの収入）からが一二パーセントであった（**図２－６－４**参照）。支出のほうは、教師の給与が五六パーセント、託児所の運営費が一一パーセント、教材費が一〇パーセント、建物の管理・維持費が一〇パーセント、事務費が二パーセント、その他が一一パーセントであった（**図２－６－５**参照）。

学校によって授業料は異なるが、概して地方は安く、都会は高くなっている。通例、地方では月額にして四〇〇～九〇〇クローネ（五三〇〇～一二〇〇〇円）、都会では八〇〇～一三〇〇クローネ（一万六〇〇〇～一万七三〇〇〇円）ほ

**図2－6－4　エンガーベ・フリースコーレ学校予算（収入）**

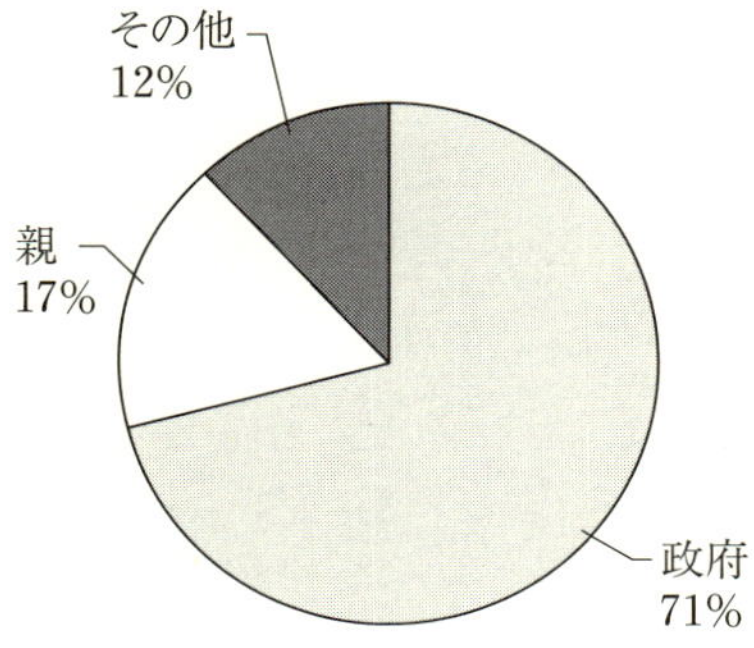


**図2－6－5　エンガーベ・フリースコーレ学校予算（支出）**

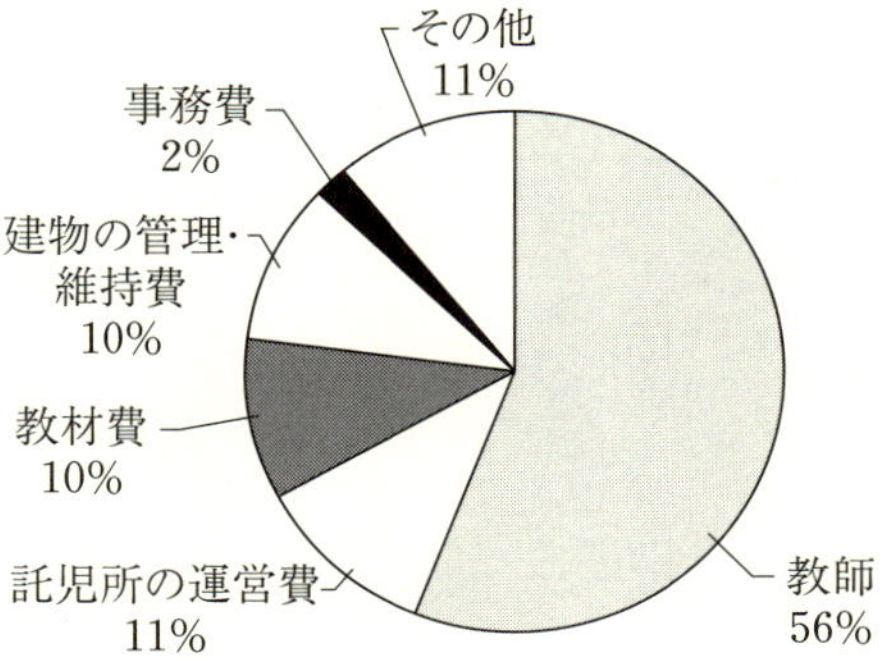


どである。また、託児所をもつような独立学校では、託児所に対しては市からの助成金が出されないので、別途八〇〇クローネ（一万六〇〇〇円）ほど支払っている学校もある。なお、補助金の算定方法は、タキシメーター・システムという独自の方法が導入されている[18]。これは、公立校とのバランスを踏まえた独自の算定法である。

## (2) 学校監査・評価システム

市民の市民による市民のための学校づくりが日常感覚で行われているデンマークでは、学校の監査（評価）はどうなっているのであろうか。先に述べたように、創設時には生徒数など以外に認証を受けるための厳しいハードルはないが、公的資金が投入されると監査が義務づけられる。ただし、監査といっても、オランダの監査制度に見られるような微細に入る体系的な監査ではない。つまり、すべての独立学校には親の会があり、彼（女）らが監査役を外部から選び、数ページの報告を年に一度行ってもらうだけの監査が基本となっている[19]。

親の会のメンバー、学校職員・理事、またはその配偶者・近親者でないかぎりこの監査役には原則的に誰でもなれるが、実際には**図2－6－6**のような職業の人物が選ばれている。監査役の任期は通例四年である。

適当な人物が地域に見つからない場合は市（地方自治体）に監査を代行

**図２－６－６　監査役の職業**

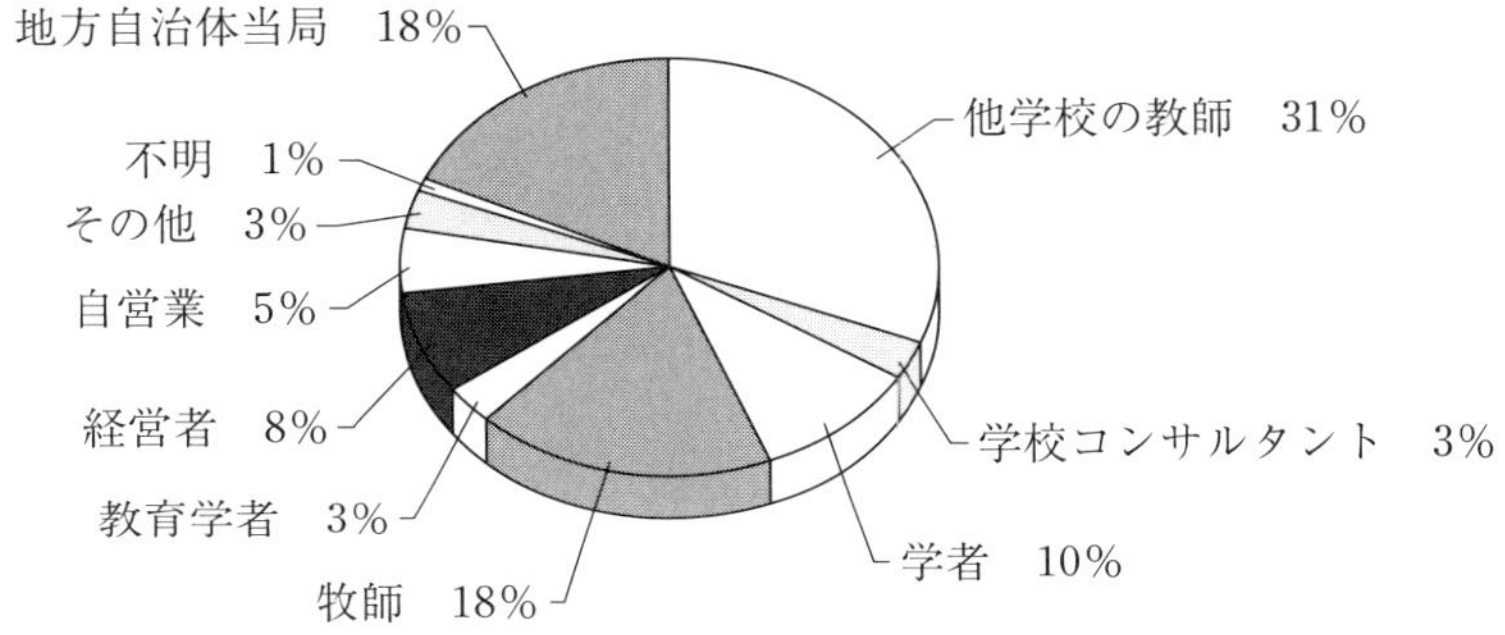


出典）Dansk Friskoleforening. 2001. *Dansk Friskoleforening Arsberetning 2000.* p.30.

するように依頼することができ、実際に市に依頼する学校は二割近くある。選ばれた者は年間数日から一〇日ほど学校を訪れ、最低限の科目が教えられているか否か、経営的に安定しているか否か、規定の通学日（年間二〇〇日）が守られているか否かなどについて評価する。

こうした訪問の後に報告書をつくり、教育省や市当局ではなく、毎年開かれる親の会の総会（食事や合唱も兼ねたイベントであり、討議は通例四～五時間に及ぶ）および理事会に報告する。その報告書はせいぜい数ページの簡略化されたものである。

デンマークでは、長年にわたってこうした親密的ともいえる評価が行われてきたが、近年、より客観的にするべきであるという政府からの働きかけが見られる。また、選ばれた監査役にも、どのような報告書を作成してよいのか皆目検討がつかないという戸惑いもあり、教育水準を低下させないためにより専門的な監査を行うべきだと主張する政治家もいる。こうした声を反映して、二〇〇一年、監査のためのガイドラインが初めて作成された[20]。

監査の結果、十分な教育が行われていないという指摘がされた場合、改善の要請を監査役は学校に対して行い、場合によっては市当局に通告することになっている。さらに改善が必要であると判断された場合は、教育省が特別監査を実施することができることになっている。市当局がアクションを起こすケースは決して多くないが、最近は移民の学校に対してなされる場合が増えている。しかし、教育省による監査のレベルにまで至ったケースは独立学校法が制定された一九九二年以来の一〇年間で一〇件しかない[21]。

要するに、監査の結果、閉校になるようなオルタナティブ・スクールは例外中の例外であるといえる。さらに留意すべきは、経営上の問題でつぶれる学校は毎年数校ほど存在するが、移民によって設立された一部のオルタナティブ・スクールを除けば、教育内容が問題で閉校になる学校は皆無に等しいという事実である。また、エフタースコーレの場合も過去一〇年間で三校が閉鎖されたが、いずれも経営難の末に閉校した類である（うち二校はフェロー諸島などの僻地のために生徒減で閉鎖に追い込まれたケースであり、もう一校は経営困難校のため近隣のエフタースコーレに生徒が流れ閉校したケースである）[22]。

しかし、先に触れた、監査を強化しようとする近年の政界の動きに対して現場が危機感を募らせていることもまた事実である。

「教育づくりに関する自由度はまだ高いが、近年、政府からの要請がより厳しい内容になっている」と、オーステッド・フリースコーレ（Osted Friskole）のハンス・アンカー・コーフォード（Hans Ancher Kofoed）校長は語る[23]。とくに、トヴィンド・スクールが経理上の問題で裁判になって以来[24]、監査も厳しくなり、経営的に見直しを求められる学校は増える傾向にあるという。

独立学校法第二一条第二項には、「この法律、もしくは教育大臣が定めた諸規則に従わない学校に対して教育大臣は助成金を保留もしくは失効せしめることができ、助成金算定の基本条件に誤りがあった場合には助成金の返還を要求することができる」とある。この条項に基づき、二〇〇〇年度までの過去五年間で助成金を打ち切られた独立学校は七校あった。

政界には、オルタナティブ・スクールには相応の税金が投入されているのであるから、経営面での評価のみならず独立学校法で謳われている教育の質についても正当に評価しなくてはならないという主張や、国際競争で生き残れるような教育を独立学校を含めて実現していく必要があるという主張もあるという。

一九九九年には、デンマーク国内のすべての学校の教育の質を維持・向上させるという目的のもとに「全国評価研究所(EVA)が設立され、オルタナティブ・スクールの評価もこの研究所を通じて行われることが提案された。しかし、オルタナティブ・スクールの諸協会が強く反対した末に義務化は回避され、リクエスト・ベース、つまり学校側から同研究所に評価の依頼をした場合のみの実施となった。二〇〇四年四月現在で、同研究所に学校評価を委託したオルタナティブ・スクールは一校もない。

### (3) 学校理事会

デンマークのオルタナティブ・スクールの、いま一つの特徴は学校理事会である。理事会は、通例、親(保護者)を中心に五人以上で構成されている。少なくとも二名は生徒の親でなくてはならず、ほとんどの理事が親の場合も珍しくない。会議には、親のほかに校長や副校長、教師の代表も参加するが、通例、校長や教師には投票権はない。これは、校長および教師の雇用や罷免も理事会が行うというデリケートな事情を反映している。理事会はほぼ毎月開催され、教育内容や財政などについて数時間ほど話し合っている。

このような最高の意思決定組織としての理事会と被雇用者としての校長という双方の位置づけを考えると、校長がリーダーシップを発揮できない構造であるというとらえ方もあろうが、実情は決してそうではない。筆者が訪れたフリースコーレもエフタースコーレもリレスコーレも、例外なく教育の専門家としての校長が優れたリーダーシップを発揮していた共同体であった。ただし、それは学校理事会での話し合いを通した合意のもとにとられているリーダーシップである。

筆者がインタビュー調査を行ったコペンハーゲン郊外の比較的に裕福な地域社会にあるホルショルム・リレスコーレ（Hørsholm Lille Skole）校長のビョルン・ゴット＝ハンセン（Bjørn Godt-Hansen）氏は、荒廃した学校の改革者として起用され、個人主義と連帯を重んじる思想に基づいた学校改革を親の信頼と協力のもとに推し進めていた。これは一例であるが、オルタナティブ・スクールでは、あくまでも親の会との対話を通した上での学校運営が校長主導で行われているといってよいであろう。

### (4) 教育省とオルタナティブ・スクールとの関係

ホルショルム・リレスコーレのハンセン校長の「国家は私たちを公正に扱っています」という言葉は、多くのオルタナティブ・スクール関係者の感覚を代表しているであろう。(25) 教育省のオルタナティブ教育に対する態度についてオルタナティブ・スクールの職員や校長に尋ねてみたが、例外なく快い印象を受けているとの反応であった。また、インタビューを行った四ヵ所のオルタナティブ・スクールの支援協会の事務局長も、全員が教育省に対して同様の好感をもっていた。独立学校協会のホイゴール事務局長は、「教育省はいつも開かれていて協力的であり、フレンドリーであり、私たちを支援しようとしています。敵対関係にあるとか距離があると感じたことはありません」という。(26) そして、その教育省のホームページの独立学校（オルタナティブ・スクールを含む）に関する解説文には次のように記されている。

「独立学校の登録に関しては公費助成に関する詳細な規則が用意されていますが、教育内容に関しては一般的な決まり事が課されているにすぎません。必要なときには学校はいつでも教育省にアドバイスを求めてきてかまいませんし、教育省は必要性に応じて特例の措置をとることができます」(27)

オルタナティブ・スクール関係者とのインタビューにおいて、教育省とは協力関係にあるが、予算を獲得する際にやりとりがある財務省とは敵対関係を感じるという見解を聞くことができた。その際、教育省は自分たちのバックアップをしてくれるという。多くの国で、オルタナティブ教育実践者と政府の担当官とが対立関係にある現況とは大きな違いである。

オルタナティブ教育にとって自由が重要であることは、官民双方の共通認識であるようだ。教育省のハンネ・トラベーオ氏は次のように言う。

「イギリスのオルタナティブ・スクールは自由を得るか助成金を得るかの二者択一を迫られています。サマーヒルは助成金を捨てて自由を選びました。しかし、デンマークでは自由と助成金の双方を享受できるのです」(28)

最近になって、イスラム系移民によるオルタナティブ・スクールの教育の質の問題が浮上するまでは、教育的な内容で問題になった学校は皆無に等しかった。このことからも、オルタナティブ・スクールの質の高さとそれに対する政府の信頼度の高さとが傍証される。(29)細かなことでオルタナティブ・スクールと市当局がもめることはあっても、中央政府のオルタナティブ・スクールに対する態度はきわめて協力的であるといってよい。

デンマーク教育省（左側中央の二つの建物）

## (5)「変わらないために変わる」という運動精神

グルントヴィとコルの影響下に始まったデンマークの民衆教育運動であるが、それらは現在でも運動体として広がりを見せ、オルタナティブ教育全体としては決して衰えることなく、むしろ生徒数および学校数を増やしている（図2－6－1および図2－6－2を参照）。

その理由の一つとして、親権や自由という基本的な「芯」は保ち続けながらも、変えられるところは積極的に変えていくという運動精神が挙げられる。たとえば、エフタースコーレは、過去一世紀半の歴史の中で「オルタナティブの中のオルタナティブ」を創り続けてきた。かつてはグルントヴィとコルの教育思想にのっとったエフタースコーレがほとんどであったが、一九五〇年代には宗教的な敬虔主義を重んじたYMCAやYWCAの運動の影響を受けた学校が設立された。また、労働運動や政治的な左翼運動が隆盛であった一九六〇年代後半から一九八〇年代にかけては進歩的なスローガンを目標として掲げる学校が増えた。さらに、一九八〇年代と一九九〇年代は学習障碍のある子どものための学校も各地に創設され、現在では個人の興味関心を重視する現代的嗜好を反映して、スポーツや音楽、ドラマ、自然環境などをテーマに据えた多様な学校が増えている。

二〇〇一年九月現在では、グルントヴィとコル式の学校は三六パーセント、宗教的な学校は二二パーセント、音楽やドラマなどの芸術や体育系の学校は一五パーセント、学習障碍や学習困難な子どものための学校は一四パーセントというように多彩なオルタナティブが共存し、総数も増え続けている[30]。しかし、こうした時代ごとのニーズを先取りしながら常に自らを変えていくという特性にもまして、前掲の「五つの自由」のような基本的精神は普遍的な原理としていつでも息づいていることは強調されてよい。このように「変わらないために変わる」という運動精神は、エフタースコーレのみならず、デンマークのオルタナティブな教育運動全般に共通して見いだせるスピリットであるといってよい。

# 4 直面する課題

## (1) どこまで自由が許されるか

エフタースコーレの解説書には「エフタースコーレの自由」と題した次のような一文がある。

「カリキュラムおよびイデオロギーの自由――（中略）学校が自らのカリキュラムを政治的または宗教的、教育学的な主義に沿って決めたとしても、国家は干渉しないであろう。原則的には、政府は次のいかなるカリキュラムや学校をも認めるであろう。すなわち、生徒を国家転覆に仕向けるような目標が明記されたカリキュラム、字義通りに聖書を講読するようなカリキュラム、教室でのティーチングがショップやフィールドでの作業に取って代わるような学校、カリキュラムに一つの科目しか設定せず、生徒と教師がその時その場で学習テーマを決めるような学校などである」(Efterskolerne 1992 : 8)

これは、先に述べた「理念的自由」および「教育的自由」を具体的に説明している件《くだり》であり、要するに、デンマーク市民がどんな教育内容の学校を創ったとしても、政府には干渉する権利はないということらしい。しかし、極端な例を想定してみよう。すなわち、暴力団やカルト集団が学校設立を目論むような場合でも、本当に政府は容認するのであろうか。

先述の通り、オルタナティブ・スクールの支援協会は、市民グループから新しい学校を創るので協会に所属したいというリクエストが来た場合、メンバーとして認めるかどうかの決定を下さなくてはならない。各協会の事務局長らにインタビューをしていて、ときどき次のようなことが話題になった。

もし、「ネオナチ」のグループが学校を創りたいと新設校の申請をしてきたらどうするのか。

この問いに対する返答の主旨が、各支援協会のみならず教育省でも一致していることには驚かされた。まず、紹介したいのは、徹底した少数派擁護の立場に立つフリースコーレ協会スタッフのオーレ・ミケルセン氏の返答である。

「たとえネオナチであろうが、『五つの自由』を踏まえているかぎり協会として私たちは受け入れなくてはなりません。ナチも少数派であるかぎり、設立の許可を断る理由は政府にも見つけにくいのです。しかし、設立の後に現実に問題が起きると、学校の運営は難しくなることは十分に考えられます」[31]

序にも引用したミケルセン氏であるが、たとえ社会全体にとって危険となり得ることが分かっていても、それでも受け入れるという寛容さはどこから来るのであろうか。もう少しほかの専門家の意見も聴いてみよう。エフタースコーレ協会事務局長のエルス・ホールンド氏は次のように述べる。

「原則として教育省は、たとえナチであるとしても、彼（女）らなりの価値観を尊重し、少数派としての権利を認めざるを得ないでしょう。しかし、エフタースコーレやフォルケホイスコーレの場合、基本的な価値観として『生のための学校』に即した教育を行わなくてはならないことはっきりしています。エフタースコーレの場合は、『一般教育と連帯、生のための啓発《エンライトメント》』という教育目標が定められています。こうした価値観や目標とナチの思想が合致しない場合は、協会への申請が却下されることもあり得ます」[32]

では、民間の支援協会ではなく、政府の職員による見解はどうであろう。教育省のエフタースコーレ担当官であるヨルン・ホイヤー＝ペデルセン（Jørn Højer-Pedersen）氏は「設立後、社会に対して暴力的な危害を及ぼすようになったとき、政府は何らかの処置をしなければなりません」と述べながらも、「ネオナチのグループが学校設立を申請してきても、彼（女）らが少数派であるかぎり政府としてその設立を断る根拠はどこにもないのです」と明言する。(33) ペデルセン氏によれば、「たとえ、ナチズム的な思想をもつ集団が学校を創る動きがあったとしても、政府は初めから閉鎖しようとはせず、少数派擁護の基本にのっとって学校づくりを容認する」とのことである。そして、「しばらくの観察期間を経て、危険かどうかを判断し、危険な場合は助成金を停止するなどの相応の措置をとるでしょう」という。

筆者が同様の質問をさまざまな専門家に繰り返し尋ねた中で、もっとも印象深い答えをくれた人物の回答を最後に紹介したい。元自由教育大学の学長であり、デンマーク教育大学教授であるオヴェ・コースゴール（Ove Korsgaard）氏は次のように語る。

「難しい質問です。しかし、難題の克服へと導く言葉はあります。一九三〇年代に社会民主主義を唱え、教育大臣を務めたフレデリク・ボービア（Frederik Borgbjerg）の『人が信じることと人が行うことを分けなくてはいけない』という言葉です」(34)

以上の見解に共通するのは、彼（女）らが問題視しているのは思想でなく手法であるということだ。たとえ、社会に危害を及ぼすような結果になるとしても、価値判断を控え、戸口をオープンにする。そして、社会が危険にさらされたときのみ、しかるべき手段を講じるというスタンスを彼（女）らは共有していた。

カルト集団の教育への関与で相当に敏感な反応を示す日本社会では、右に紹介した解釈は危険きわまりない表現としてとらえられるかもしれない。しかし、ネオナチをも認証するということ自体がナチズムからもっとも遠い、またはナチズムを再び生まないためにはそれを少数派として認めるということがもっとも効果的であるといったらあまりにもアイロニカルであろうか。官民双方の専門家に対するインタビューでは、幾度となくデンマークの教育関係者の〈感性〉、換言すれば積年の民衆運動で培われた〈小国の知恵〉とでも称すべき精神文化に触れた思いがした。

## (2) 近年の社会変化

市民の学校づくりに対する政府の役割は、どちらかというと、コントロールよりもサポートであるという認識が市民サイドにも政府サイドにも定着している。もちろん、健全な経営や基礎学力の維持に対してはクオリティのチェックの一端を政府が担うが、それが市民の創意工夫を阻害するようには機能してこなかったといえる。

しかし、近年、政府の市民に対する信頼が少しずつであるが揺らいでいる。エフタースコーレ協会事務局長のホールンド氏は、「最近、政府は教育づくりを市民に任せなくなった」という。(35) こうした発言の背景には、デンマーク社会の移民問題がある。デンマークの移民の大半はトルコやパレスチナ、レバノンなどのイスラム国や旧ユーゴスラビアからの人々である。二〇〇一年の統計で、移民人口は全国民の約七パーセントを占め、今後も増えることが予測されている。また、公立学校の九・三パーセント、独立学校の九・九パーセントが移民の子どもたちで占められるようになった（Undervisningsministeriet 2003 : 64-65）。

彼（女）らは定住地において自分たちの学校を創り、フリースコーレ協会傘下で政府の公費助成を受けて学校を運営している。ところが、一部の学校の教育内容はデンマーク語や英語を重視するものではなく、デンマークの歴史も十分に教えていないことが指摘されるようになった。こうした事態を踏まえて、政治家からデンマーク市民として最低限の教育水準を習得するためのスタンダードが不可欠であるという声が上がっている。教育省では二〇〇〇年に初めてイスラム系の少数民族の教育を担当する職員を任命し、デンマーク語を母国語としない人々による学校教育の質について検討し始め、必要なら改善を求めるようになった。

そして、二〇〇一年九月、教育省はフリースコーレなどのオルタナティブ・スクールを対象に教育内容に関するガイドラインを教育大臣の名のもとに配布した(36)。さらに翌年には、オルタナティブ・スクールの性格を規定する「独立学校法」の第一章に、オルタナティブ・スクールは自由と民主主義の社会形成に資する教育を授けなければならないことが明記された(37)。これは、学校教育界におけるイスラム社会の台頭を念頭に置いた法文であり、教育内容の規定にまで踏み込んでいるという意味で一世紀半の民衆教育史では異例の出来事といえる。

## 5 少数派であることの意義

デンマークの教育システムを一つの理想的なモデルとする見解は少なくない。とくに、オルタナティブ教育関係者は、国家に牽引されることなく発展してきた同国の教育システムを称揚する傾向にあるようだ。筆者との会見で、アメリカのオルタナティブ教育リソース協会の事務局長はデンマークの教育システムを「信じられないが機能している」と表現し、韓国のホームスクール研究者はデンマークを教育のユートピアという意味合いで「エデュ・トピア」と称していた(38)。

たしかに、デンマークの教育から学ぶところは少なくない。「生のための学校」や、生活の中での対話の重視、連帯の文化など、重要な精神性をデンマークの教育から読み取ることは比較的にたやすい。また、親の学校参加、地域住民を巻き込んでの学校づくり、独自の学校評価法、政府によるオルタナティブ教育の財政支援のあり方などについても多くを学ぶことができる。さらに強調されてよい点は、教育法規にしても、教育システムにしても、相当に大枠のフレームとして機能しており、その内実を決定しているのは個々の親や生徒、そのほかの学校運営者たちの良識であるということである。

カリキュラムについても、日本の学習指導要領のような規定はいっさい存在しない。デンマーク語、英語、算数（数学）などの基礎科目の習得は求められているが、それ以外は当事者まかせとなっている。デンマークでは、こうした細部にわたるまでの規定をしないメカニズムが市民の創意工夫や判断力をはぐくんできたという見方もできる。

しかし、教育システムから何かを学ぼうとする場合、オルタナティブ教育だけでなく全体像を見なければならないことはいうまでもない。デンマークでは、国家システムのもとでは非常に困難なことがいとも簡単に実現されているように思われる。一見、誰でもまったく自由に学校を創れるような制度に思えるのであり、あながちそれは間違ってはいないのであるが、オルタナティブ教育を制度として確立させているのは、公立学校との微妙な拮抗関係であったり、官と民とのチェック・アンド・バランスであったりする。タキシメーターという独自の理論にのっとった助成金評定法をとっても、独立学校システムと公立学校システムとの非常に微妙な関係の上に成り立っていることが指摘されてよい。こうした細かな襞《ひだ》をも見ていかないと、デンマークのオルタナティブ教育は依然として不可思議なものに留まることになる。

ここで、デンマークのオルタナティブ教育と公教育との関係について述べておきたい。デンマークの公立学校とオルタナティブ・スクールは、双方ともに相手を通して自らの存在を確認するような相互補完的な関係にあるといえる。オルタナティブ・スクールが生み出す刷新的実践が「目覚まし効果」を与え、公教育をも改革されてきたという経緯がある。ホルショルム・リレスコーレのハンセン校長は、「ここでは、実験的な試みを教師がしたいと相談しに来たら、私はすぐに『やってみなさい』と言えます。しかし、自分がかつて校長をしていた公立学校ではそういう自由が許されず、教師たちの先進的な試みや自主性を生かすことはできませんでした。ですから、オルタナティブ・スクールで先進的なプロジェクトが生まれ、公立学校にも広まっていくことはよくあることです」と述べ、オルタナティブ・スクールの教育システム全体での役割の重要性を強調している。[39]エンガーベ・フリースコーレのニルス・クリスチャン・ハンセン（Niels Kristian Hansen）校長も、公立学校とオルタナティブ・スクールの関係について次のように語る。「デンマークでは、公立校とオルタナティブ・スクールは相互に刺激を与え合うよい関係を築いてきました。たいていの場合、オルタナティブ・スクールで実験的な実践が生まれ、それが公立校にも波及していったのです」[40]

オーレ・ミケルセン氏（フリースコーレ協会にて）

実際、現在では公立学校でも普及したティーム・ティーチングやプロジェクト・ワーク、または幼稚園の教師と小学校教師との協働（教科でなく生活を重視する幼稚園教師が小学校の室内環境等を改善する効果）などはすべてオルタナティブ・スクールから生まれたアイデアであるという。

最後に、序でも触れたが、オルタナティブ教育が少数派であることの意義について再考し、この章のむすびとしたい。筆者はフリースコーレ協会事務局を訪れ、事務局職員のオーレ・ミケルセン氏と話した際、オルタナティブ教育の意味と意義について熟考する契機を与えられたような気がした。ミケルセン氏は、少数派としての社会的機能について次のように述べた。

「オルタナティブ教育が少数派であることには大切な意味があるように

思われます。私たちのような自由に価値を置くグループは、主流になるよりも少数派として社会全体に影響を与え続けることが重要なのです。デンマークのオルタナティブ・スクールは全学校数の一割ほどですが、その一割であることの意義は殊のほか大きいといえます。三割でも五割でもなく、一割ということが肝心なのです。重要なのは、社会全体のバランスです[41]」

こうしたミケルセン氏の〈感性〉は、次のようなヒントを私たちに与えてくれるのではないだろうか。オルタナティブ教育について語るとき、子どもの自主性や主体性、権利など、私たちはとかく教育のクオリティに注意を喚起し、それらを普遍的な価値として普及しようとする傾向にあるが、教育システム全体における量的なバランスという視座は殊のほか重要なのかもしれない。ある程度のアソビや冒険、場合によっては風変わりさや好い加減さまでも許されるようなシステムの構築、換言すれば、社会システムの中で一割ほどのスキマを開けておくことを大切にするような文化を醸成していくという認識こそ、教育改革にとって重要なポイントであるように思われる。

ミケルセン氏の言葉は、佐伯胖《ゆたか》氏の次の言葉を思い起こさせてくれた。つまり、「未知性を、無理に意図的に導入しておく」こと、「制度の中に、その制度自体を否定し反証する要因を大切に保護し、育て、ある時点では徹底改革を行う」という視座の重要性である[42]。

デンマークのオルタナティブ教育関係者が「自由」や「子ども中心」などの新教育運動の標語よりも「少数派」または「少数派の権利」を標榜することが多いのは、システム改革というテーマにとって非常に興味深い事実である。「一割の妙」の創生をシステム内に保障することの意義について、またその一割をはぐくむ社会の〈まなざし〉の重要性について、さらには教育社会全体のあり方について、私たちは根幹からとらえ直す機会をデンマークから与えられているのではないだろうか[43]。

# 第3章

# オルタナティブ・スクールはどのくらい存在するのか

第1章ではオルタナティブ教育に関する諸々の定義や解説を紹介し、近年のオルタナティブ教育の動向を踏まえた「とらえ直し」を試みた。また第2章では、第1章で示したオルタナティブ教育の諸特性が見いだされる各国の実践例およびその存立基盤である法制度や支援メカニズムなどを描き、その実際と課題について考えた。では、実際に、これらの章で示したようなオルタナティブ教育の実践校やそこに通う生徒はどのくらい存在するのであろうか。

国家制度外に位置づけられる場合の多いオルタナティブ教育の量的な把握は概して困難である。また、オルタナティブ教育の実践校をどのように特定し、いかなる基準をもって把握するかによっても、その学校（生徒）数と割合は相当に異なってくる。後述するように、これまでオルタナティブ教育の量的な把握はせいぜい「私学」の割合を指標とする程度にとどまっており、それは相当に精緻さに欠ける手法であるといわざるを得ないのである。

たしかに、いかなる手法や基準を用いてもオルタナティブ教育の正確な把握には制約がつきまとうが、ここでは次のような作業を試みたい。それは第一に、法制度の保障のないままに自発的な組織として活動しているオルタナティブ・スクールの多い国については概略を記し、第二に、オルタナティブ・スクールに関する独自の法律や規則があり、教育制度の一環として位置づけている国（州）に関してはできるだけ正確な数値の把握に努めるという作業である。

第二の作業においては、第1章で示したオルタナティブ教育の特性をもつと思われる学校群を特定し、その学校数および生徒数が全体の学校システムの中で占める割合を示したい。こうした国（州）の数はかぎられるが、独自の基準に基づいた学校の種別データを有している国（州）は存在し、それぞれの状況に応じたデータを組み合わせることによって従来の仕方とは異なる手法による把握は可能であろう。とくに、現地調査で入手した第一次資料のデータを活用すれば、ある程度の信憑《しんぴょう》性のある「オルタナティブ教育の割合」が浮かび上がってくると考えられる。

以上の作業に入る前に、まず国際的に定評のある事典によるオルタナティブ・スクールの量的指標を批判的に検討することから始めたい。

## 「私学」による分類とその問題点

オルタナティブ・スクールが「国家によるコントロールを受けた標準的な公立学校における伝統教育に対して、子どもや親が要求する諸経験を実現するための特別な教育方法やプログラム、活動、環境を提供できるように設計された学校」(Husén and Postlethwaite, et al. 1994 : 260) であるとすると、オルタナティブ教育を測る一つの指標として、当該国の学校総数（初等中等教育段階）における私立学校の割合を挙げることができる。

B・S・クーパー (B. S. Cooper) は、厳格な意味合いにおいてすべての私学は必ずしも「オルタナティブ」ではないとしながらも、公立教育では提供されないオルタナティブが求められている現象として教育の私事化《プライバタイゼーション》をとらえている。「教育に対する多様な要求」がオルタナティブ教育を生み出し、それはある程度「私学の割合」に反映されているというのだ (*Ibid* : 261)。**表３－１**は、クーパーによる私学の比率の各国比較である。ちなみに、本書の国際比較で扱っている国々における私学就学者の割合をユネスコの統計等をもとに示すと**表３－２**のようになる。

たしかに、私学の割合はオルタナティブ教育を測る一つの指標になり得るかもしれないが、いくつかの点に注意しなくてはならない。その一つが認可基準である。たとえば、**表３－１**では日本の私学は初等教育レベルでは一パーセントにすぎない。したがって、「教育に対する多様な要求」はさして見られず、特別のニーズをもった小学校段階の子どもたちが受けるオルタナティブ教育の機会は決して多くないという見方をされかねない。ところが、実際は無認可のフリースクールやフリースペースが全国各地に存在し、不登校などの特別のニーズをもつ子どもたちの「受け皿」としても機能している。[1] フリースクールやフリースペースはその数からすれば全体の学校数に対してさほどの割合を占めるわけではないが、こうした学びの場が「教育に対する多様な要求」に応えることの社会的意義はないがし

**表3－1　私立学校の学校総数に占める割合（%）**

| | 初等教育における私立学校の割合(A) | 中等教育における私立学校の割合(B) | B/A |
|---|---|---|---|
| **先進諸国** | | | |
| オーストラリア | 10 | 26 | 2.6** |
| ベルギー(フレミッシュ語圏)<br>ベルギー(フランス語圏) | 63<br>32 | 72<br>48 | 1.1<br>1.5 |
| イングランドとウェールズ | 5 | 8 | 1.6 |
| フランス | 15 | 21 | 1.4 |
| ドイツ | 2 | 9 | 4.5 |
| アイルランド | 98 | 91 | 0.9 |
| イタリア | 8 | 7 | 0.9 |
| 日本 | 1 | 15* | 15.0 |
| オランダ | 69 | 72 | 1.0 |
| ニュージーランド | 10 | 12 | 1.2 |
| スウェーデン | 1 | 2 | 2.0 |
| アメリカ | 18 | 10 | 0.6 |
| **アフリカとアジア諸国** | | | |
| 香港 | 92 | 72 | 0.8 |
| インド | 25 | 49 | 2.0 |
| インドネシア | 15 | 34 | 2.3 |
| ケニヤ | 1 | 60 | 60.0 |
| ナイジェリア | 31 | 45 | 1.5 |
| シンガポール | 35 | 28 | 0.8 |
| **南米諸国** | | | |
| アルゼンチン | 17 | 30 | 1.8 |
| ブラジル | 12 | 43 | 3.6 |
| コロンビア | 15 | 47 | 3.1 |
| チリ | 17 | 20 | 1.2 |
| エクアドル | 17 | 30 | 1.8 |
| パラグアイ | 15 | 33 | 2.2 |
| ペルー | 13 | 13 | 1.0 |
| ウルグアイ | 16 | 16 | 1.0 |
| ヴェネズエラ | 11 | 21 | 1.9 |
| **中米諸国** | | | |
| コスタリカ | 3 | 6 | 2.0 |
| エルサルバドル | 4 | 29 | 7.3 |
| メキシコ | 5 | 26 | 5.2 |
| ニカラグア | 12 | 43 | 3.6 |
| パナマ | 5 | 19 | 3.8 |

出典）Husén, Torsten and Postlethwaite, T. Neville. (Editors-in-chief) 1994. *The International Encyclopedia of Education (Second Edition)* Vol.1. p.261.
原注）扱っているデータは1973～1980年のもの。
原注）*中学と高校を合わせた数値。
引用者注）**原文には「1.3」と誤記されているが、ここでは「2.6」に改めて記載。

**表3－2　私立就学者の就学者総数に占める割合（％）**

| 国・地域 | 就学前教育 | | 初等教育 | | 中等教育 | |
|---|---|---|---|---|---|---|
| | 1990年 | 1996年 | 1990年 | 1996年 | 1990年 | 1996年 |
| アメリカ | 38 | 35 | 10 | 12 | 10 | 10 |
| イギリス | 6 | ... | 5 | 5 | 9 | 8 |
| オーストラリア | 26 | ... | 25 | 26 | 32 | 34 |
| オランダ | 69 | 68 | 69 | 69 | 73 | 79 |
| カナダ | 4 | 5 | 4 | 4 | 6 | 6 |
| 韓国 | 69 | 79 | 1 | 2 | 41 | 38 |
| タイ | 24 | 26 | 10 | 13 | 10 | 6 |
| 台湾* | 80 | 76 | 1 | 1 | 9 | 12 |
| デンマーク | 9 | 3 | 10 | 11 | 16 | 15 |
| ドイツ | ... | 54 | ... | 2 | 6 | 7 |
| ニュージーランド | 0 | 20 | 3 | 2 | 5 | 5 |
| ボリビア | 10 | ... | 10 | ... | ... | ... |
| ロシア** | — | ... | — | 0.2 | — | 0.2 |

出典）UNESCO. 2000. *World Education Report 2000: The Right to the Education: Towards Education for All Throughout Life.* Paris: UNESCOより筆者が作成。
注）－はゼロ、…はデータ入手不可を示す。
* 教育部統計處（2000）『中華民國教育統計』教育部からのデータ。
**ロシアの数値には、初等教育および前期中等教育が統合されている（出典：ロシア連邦国家統計委員会（2001）『数字でみるロシア』[ロシア語].）

ろにできない。無認可のオルタナティブ・スクールをどのように把握するかは、オルタナティブ教育研究の重要課題の一つであるといえよう。

　また、ニュージーランドを見ると、学校総数（**表3－1**参照）に私学が占める割合は初等教育で一〇パーセント、中等教育で一二パーセント、就学者数（**表3－2**）の指標では各々二パーセントと五パーセントである。しかし、本章で後述するように、ニュージーランドのオルタナティブ・スクールは一九八九年を境に統合学校として公立学校の一環に位置づけられるようになり(2)、公設民営型の公立校として営まれている。

　逆に、伝統的または保守的な傾向が強すぎてオルタナティブと称するに相応しくない私学が多く含まれる国もある。オランダを例にとると、**表3－1**および**表3－2**では約七～八割の学校（生徒）が私学（生）として数えられているが、第2章のケース・スタディ④でも指摘したように、その中には伝統的な宗教型の学校が多数含まれており、第1章に示したオルタナティブ教育の諸特性が必ずしも適合するとはいえない。

私学の内実は国によって相当に異なる。経営的に見ても、まったく公費助成の得られない国から、ボリビアのようにキリスト教の特定団体のみ教員給与が支援される国、またはオランダのように公立と同じ条件で全額支給される国まで、公との関係性や「距離」は相当に多様である。さらに、アメリカのチャータースクールのような近年台頭する公設民営型の学校群の扱いを考慮すると、私学の割合だけを教育に対する要求の多様性と見なすクーパーの指標に比較の前提となる等価性を見いだすことは困難であるといわざるを得ない。

## 2 教育システム外に位置づけられるオルタナティブ教育

オルタナティブ教育の特性を帯びた実践校数をできるだけ正確に表すには、私学をカテゴリー基準として用いるのではなく、国ごとに異なる柔軟かつ微細な分類が不可欠であるといえよう。

ここでは、第1章に示したオルタナティブ教育の諸特性を有するようなオルタナティブ教育の実践校群が各国でどのくらい存在するのか、その把握を試みる。先述の通り、本書で扱う国々はオルタナティブ・スクールを制度外に位置づけている国と制度内に位置づけている国とに大別される。前者については、国際比較研究の現地調査などで明らかになった範囲でゆるやかな把握を行う。後者については、オルタナティブ・スクールが公的な制度内に位置づけられている三ヵ国および一州を選定し、各々にオルタナティブ・スクールがどのくらい存在しているのかについて現地で入手した第一次資料などをもとにできるだけ正確な数値を示す。なお、韓国やタイなどのアジア諸国のように、制度づくりを模索している現況にある国々については、流動的な状況を考慮し、教育制度外の位置づけとして概説することにした。

たいていの国では、オルタナティブ・スクールは公教育システム外に位置づけられており、どの類のオルタナティブ・スクールがどのくらい存在するのかは把握しづらい状況にある。日本の文部科学省が国内のフリースクールやフリースペースの実態を把握していないように、各国の統計としてオルタナティブ・スクールのデータを提供できる政府機関は稀であるといえる。したがって、ここでは、筆者らによる国際比較調査研究(3)を通して見えてきた範囲で個々の状況を概説することに留める。連邦制をとる国々では州によってオルタナティブ教育を制度の一環として扱っているところもあるが、国全体として統一性が見られない場合はこの節で全体状況を概説することにする。たとえば、州によって独自の教育システムをもつアメリカには、オルタナティブ・スクール（プログラム）を独立した教育ストリームとして制度的に位置づけている州が少ないながら存在するので、第二節でオレゴン州を一例として取り上げ、ここでは国全体の状況の把握に努めることにする。

### ①アメリカ

周知の通り、アメリカの教育システムは各州で相当に異なり、オルタナティブ・スクールに対する規則や政策も州ごとに違いが見られる。たしかに、次節で取り扱うオレゴン州のように、オルタナティブ教育が制度内に位置づけられている州もある。しかし、チャータースクールの動向を除けば、全般的には第1章でも述べたように、オルタナティブ教育を不登校や学習遅滞の子どもを対象にしたプログラムととらえており、独立した学校ストリームとして扱っている州は決して多いほうではない。

全米のオルタナティブ・スクールの数を把握するのは至難の作業であるが、オルタナティブ・スクールのガイドブックに掲載されている数を例示することは可能である。アメリカのオルタナティブ・スクールおよびホームスクールのガイドブックの中でももっとも包括的であると思われる『教育選択年鑑：私立・公立のオルタナティブとホームスクーリング（*The Almanac of Education Choices : Private and Public Alternatives and Homeschooling*）』によれば、全米のオルタナティブ・スクールの数は**表3－3**に示す通りである。この表から明らかな通り、アメリカには多種多様な教育のオルタナティブが存在する。

　モンテッソーリ学校は、すべての州に設立されている。シュタイナー学校も二〇以上の州で少なくとも一〇〇校近くが設立されている。また、公立学校内のオルタナティブ教育プログラムや、全校を挙げてオルタナティブ教育を試みている公立学校も見られるのがアメリカの特徴である。生徒自治や個人ベースの学習方法で知られるサドベリーバレー主義（九五ページ参照）を標榜する学校は、表には示されていないが、「本家」のマサチューセッツ州のサドベリーバレー・スクールを含めて全米で二〇校が存在する。[(4)]

　なお、**表3－3**には全州で五四六五の学校が数えられているが、なかには宗教的な伝統校も含まれているので、第1章で指摘した刷新性などを考慮すると、これらすべてがオルタナティブであるとは一概にいうことはできない。

　アメリカは、とくに一九八〇年代以降、公設民営型のオルタナティブ・スクールが盛んに設立されてきた国としても注目されてよい。当初は、人種統合や公立学校のクオリティの向上を目指して特色あるカリキュラムを導入するマグネットスクールが全米各地に設立されたが、それは既存の制度内での改革であった。しかし、従来の制度枠を取り払う形で一九九一年にミネソタ州でチャータースクール法が成立した。それ以来、チャータースクールの数は各州で増え続けている。**表3－3**のデータは若干古いものだが、二〇〇四年一月現在までに、四〇近い州でチャータースクール制度が導入されてきた。すでに二九九六校が設立され、今後も増え続けることが予測されている。[(5)]しかし、こうした隆盛の一方で、六・七パーセントのチャータースクールが閉校するなど、チャータースクール全般の説明責任《アカウンタビリティ》が問われている。[(6)]

### ②イギリス

イギリスの教育技能省（旧教育雇用省）は独立学校（Independent School）として多様な学校を登録しており、その中にはオルタナティブなストリームも含まれる。一九九六年教育法第四六三条で記されている「五人以上の義務教育段階の子どもに全日制の教育を提供する施設で、地方自治体立のもの以外、または補助を受けていない特殊学級以外の施設」として登録された独立学校には**表３-４**に示すようなオルタナティブな学校群が含まれ、その総数は三一七校になる（二〇〇一年二月現在）。

独立学校は基本的に公費助成が得られず、授業料などが大半の運営資金である。(7) 一方で、教育設備・施設などの規制はあっても、教育内容や方法に関しては原則的に自由である。

小規模なオルタナティブ・スクールの支援団体である「ヒューマン・スケール・エデュケーション（ＨＳＥ：Human Scale Education）」によると、二〇〇二年一一月現在、オルタナティブな小規模校はモンテッソーリ学校とシュタイナー学校以外でも全英で三一校は存在する（Human Scale Education 2002）。なかでも、サフォーク州のサマーヒル・スクールは一九九九年に十分な教育を提供していないという理由でイギリス政府から閉鎖勧告を受け、裁判にまで発展して国内外で注目された。(8) この係争が象徴しているように、独立学校と国家はその権利と自由をめぐって対立することがあり、現在でも公費助成の導入に関する認証のあり方が問われている。(9)

### ③オーストラリア

オーストラリアでは、公立学校とカソリック系のクリスチャン・スクール以外の認可校はすべて独立学校と総称されている。大半の独立学校は各州および準州にある独立学校協会に所属しており、これらの独立学校協会を代表する形で連邦レベルでの「全豪独立学校評議会（ＮＣＩＳＡ：National Council of Independent Schools'

（空欄は不明）

| 公立オルタナティブ校 | 公立特別支援プログラム | 選択対象プログラム | モンテッソーリ校 | シュタイナー校 | マグネットスクール | クエーカー教校 | その他 | 計 |
|---|---|---|---|---|---|---|---|---|
| | | 1 | 25 | | 6 | | | 49 |
| | 1 | 2 | 5 | | | | 5 | 15 |
| | 3 | 3 | 32 | | 4 | | 5 | 66 |
| | 1 | 2 | 17 | | 3 | | 4 | 31 |
| | 97 | 71 | 321 | 24 | 91 | 3 | 18 | 771 |
| | 17 | 18 | 57 | 3 | 7 | 1 | 10 | 175 |
| 3 | 1 | 52 | 38 | | 3 | 1 | | 104 |
| | | 1 | 11 | | | 2 | | 31 |
| 1 | 10 | 10 | 144 | 1 | 45 | 0 | 5 | 243 |
| | 1 | 13 | 59 | 1 | 10 | 1 | 3 | 104 |
| | 4 | | 29 | 5 | | | | 47 |
| 1 | 7 | 4 | 5 | 1 | | | 4 | 29 |
| 0 | 7 | 5 | 164 | 1 | 16 | 0 | 6 | 206 |
| 2 | 12 | 7 | 46 | | 6 | 2 | 2 | 89 |
| | 11 | 28 | 12 | | | | 5 | 67 |
| | 1 | 3 | 14 | | 3 | 1 | 4 | 32 |
| | | | 41 | | 15 | | | 60 |
| | | 1 | 54 | | 7 | | 11 | 77 |
| | 16 | 6 | 8 | 3 | | | 2 | 52 |
| | 1 | 14 | 63 | 2 | 14 | 3 | | 106 |
| 0 | 10 | 9 | 65 | 5 | 13 | 2 | 1 | 145 |
| 0 | 22 | 20 | 105 | 3 | 5 | 1 | 2 | 185 |
| 1 | 5 | 21 | 84 | 4 | 24 | 1 | 7 | 173 |
| | 16 | 4 | 25 | | 5 | | | 52 |
| 1 | 5 | 3 | 57 | 0 | 21 | 0 | 0 | 98 |
| | | | 16 | | | | 2 | 29 |
| | | 3 | 17 | | 2 | | | 46 |
| 1 | | 1 | 4 | | | | | 10 |
| 1 | 1 | | 18 | 4 | | | | 34 |
| 1 | 0 | 4 | 69 | 1 | 12 | 5 | 6 | 112 |
| | 3 | 2 | 23 | 1 | | 1 | 2 | 44 |
| 0 | 42 | 107 | 127 | 10 | 91 | 6 | 6 | 451 |

## 表３－３　アメリカ各州のオルタナティブ・スクール数

| 州　名 | チャータースクール | 一貫教育実施校 | 契約学校 | 高等教育機関 | ホームスクール | ホームスクール支援団体 | 独立学校 | インターナショナルスクール |
|---|---|---|---|---|---|---|---|---|
| アラバマ | | | | | 5 | 11 | 1 | |
| アラスカ | | | | | | 2 | | |
| アリゾナ | | | | | 4 | 7 | 8 | |
| アーカンソー | | | | | 1 | 1 | 2 | |
| カリフォルニア | 69 | | 1 | 3 | 13 | 18 | 42 | 0 |
| コロラド | 19 | 1 | 0 | 2 | 7 | 27 | 6 | 0 |
| コネチカット | | | | | | | 6 | |
| デラウェア | | | | | | 2 | 15 | |
| フロリダ | | | | | 12 | 14 | 13 | 0 |
| ジョージア | | | | 1 | 3 | 8 | 4 | |
| ハワイ | | | | | 1 | 6 | 2 | |
| アイダホ | | | | 1 | | 5 | 1 | |
| イリノイ | | | | | 1 | 1 | 5 | 0 |
| インディアナ | | | | 1 | 2 | 6 | 3 | |
| アイオワ | | | | | 7 | 2 | 2 | |
| カンザス | | | | | 3 | 3 | | |
| ケンタッキー | | | | | | 3 | 1 | |
| ルイジアナ | | | | | | 3 | 1 | |
| メイン | | | | 1 | 2 | 6 | 8 | |
| メリーランド | | | | | | 7 | 2 | |
| マサチューセッツ | 15 | 0 | 0 | 1 | 4 | 11 | 9 | 0 |
| ミシガン | 11 | 0 | 0 | 0 | 3 | 9 | 4 | 0 |
| ミネソタ | 13 | 0 | 0 | 0 | 5 | 4 | 4 | 0 |
| ミシシッピ | | | | | | 2 | | |
| ミズーリ | | | | | | 6 | 5 | 0 |
| モンタナ | | | | | | 6 | 5 | |
| ネブラスカ | | | | | 20 | 1 | 3 | |
| ネバダ | | | | | | 4 | | |
| ニューハンプシャー | | | | | | 4 | 6 | |
| ニュージャージー | | | | | 8 | 3 | 3 | 0 |
| ニューメキシコ | | | | | 4 | 1 | 7 | |
| ニューヨーク | | | | 3 | 11 | 19 | 28 | 1 |

| 公立オルタナティブ校 | 公立特別支援プログラム | 選択対象プログラム | モンテッソーリ校 | シュタイナー校 | マグネットスクール | クエーカー教校 | その他 | 計 |
|---|---|---|---|---|---|---|---|---|
| | 1 | 3 | 43 | 1 | 26 | 3 | 2 | 117 |
| | 1 | | 5 | | | | 2 | 9 |
| 0 | 1 | 53 | 109 | 2 | 20 | 1 | 0 | 201 |
| | 4 | 2 | 17 | | 2 | | 1 | 32 |
| 0 | 18 | 30 | 32 | 3 | 8 | 0 | 7 | 129 |
| 0 | 8 | 3 | 102 | 3 | 4 | 24 | 2 | 183 |
| | | | 3 | | | | | 5 |
| | | 2 | 6 | 1 | 4 | 1 | | 19 |
| | 1 | | 27 | | 2 | | | 33 |
| | 2 | | 2 | | | | | 6 |
| | 10 | 5 | 49 | | 7 | | 2 | 81 |
| 1 | 11 | 2 | 223 | 1 | 34 | 0 | 2 | 296 |
| | | | 3 | | | | | 3 |
| | 2 | 1 | 5 | | | | 8 | 22 |
| | 7 | 4 | 6 | 4 | | | 4 | 65 |
| 0 | 10 | 6 | 68 | 1 | 6 | 1 | 6 | 119 |
| 0 | 6 | 43 | 99 | 4 | 10 | 0 | 1 | 228 |
| | | 28 | 18 | | 1 | | | 49 |
| | | | 14 | | | | 1 | 20 |
| 0 | 11 | 3 | 30 | 3 | 34 | 0 | 1 | 103 |
| | 2 | 2 | 4 | | | | 3 | 12 |
| 13 | 389 | 602 | 2620 | 92 | 561 | 60 | 152 | 5465 |

| 州　名 | チャーター スクール | 一貫教育 実施校 | 契約学校 | 高等教育 機関 | ホーム スクール | ホームスク ール支援 団体 | 独立学校 | インター ナショナル スクール |
|---|---|---|---|---|---|---|---|---|
| ノースカロライナ | | | | | 14 | 20 | 4 | |
| ノースダコタ | | | | | | 1 | | |
| オハイオ | | | | 1 | 4 | 8 | 2 | 0 |
| オクラホマ | | | | | 2 | 3 | 1 | |
| オレゴン | | | | 1 | 3 | 6 | 21 | 0 |
| ペンシルバニア | 0 | 0 | 0 | 2 | 4 | 14 | 17 | 0 |
| プエルトリコ | | | | | | 2 | | |
| ロードアイランド | | | | | 2 | | 3 | |
| サウスカリフォルニア | | | | | 1 | 2 | | |
| サウスダコタ | | | | | | 2 | | |
| テネシー | | | | | 3 | 4 | 1 | |
| テキサス | 0 | 0 | 0 | 0 | 3 | 3 | 16 | 0 |
| ヴァージニア諸島 | | | | | | | | |
| ユタ | | | | | 2 | 4 | | |
| バーモント | | | | 2 | | 15 | 23 | |
| ヴァージニア | 0 | 0 | 0 | 1 | 4 | 9 | 7 | 0 |
| ワシントン | 0 | 0 | 0 | 0 | 7 | 52 | 6 | 0 |
| ワシントンDC | | | | | | | 2 | |
| ウェストヴァージニア | | | | | 1 | 2 | 2 | |
| ウィスコンシン | 10 | 0 | 0 | 0 | 3 | 2 | 6 | 0 |
| ワイオミング | | | | | | 1 | | |
| 計 | 137 | 1 | 1 | 20 | 169 | 352 | 307 | 1 |

出典）Mintz, Jerry (ed. in chief). 1995. *The Almanac of Education Choices.* New York: Macmillan Publishing USA.

注）**チャータースクール**：一部の州において、特定の目的を持った学校の設立や運営を州政府が、通常の規制にとらわれずに、財政支援を行っている学校
**一貫教育実施校**：初等教育段階および中等教育段階を一貫させた学校
**契約学校**：児童・生徒と教師がお互いに契約を結ぶ学校
**高等教育機関**：高等学校（中等教育段階）終了後に通う高等教育機関
**ホームスクール**：独自のプログラムで両親が家庭を中心に行う学習形態
**ホームスクール支援団体**：ホームスクーリングに関する法律等の相談やアドバイスを行っている支援グループ
**独立学校**：州や行政のシステムに組み込まれていない学校。学校によっては州と契約を結びサービスを提供している
**インターナショナルスクール**：多民族、多文化の学校
**公立オルタナティブ・スクール**：公立のオルタナティブ教育試行校
**公立特別支援プログラム**：公立学校に合わず、特別なニーズが必要な児童・生徒のためのカリキュラムが組まれている学校（プログラム）
**選択対象プログラム**：指定された地域の児童・生徒が誰もが入学できるプログラム。場合によっては抽選などにより選抜される場合もある
**モンテッソーリ・スクール**：モンテッソーリの教育原理および方法にのっとった学校
**シュタイナー学校**：ルドルフ・シュタイナーの教育原理および方法に則った学校
**マグネットスクール**：通学区を越えての就学を認めた特色ある公立学校
**クエーカー教校**：クエーカー教徒（フレンド会）の絶対平和主義を重んじた学校
**その他**：―

※上記の注）は、原典の定義（p. 5）に筆者が加筆したものである。

**表3－4　イギリス教育雇用省の把握するオルタナティブな学校数**

| | 学　校　群 | 校　数 |
|---|---|---|
| 宗教系 | ACE（アクセレレィテッド・クリスチャン教育*） | 23 |
| | キリスト教系一般 | 6 |
| | ユダヤ教系 | 46 |
| | イスラム教系 | 70 |
| 非宗教系 | モンテッソーリ・スクール | 29 |
| | シュタイナー・スクール | 18 |
| | 舞台芸術系学校 | 18 |
| | インターナショナル・スクール | 27 |
| | 音楽系学校 | 28 |
| | テュートリアル | 45 |
| | その他 | 7 |
| 計 | | 317 |

出典）'Schools Linked to a Type Ordered by LEA　No/School No.'ほか、教育雇用省（2001年2月）資料。

*個人学習を重視するキリスト教主義の小規模校。

Associations)」が設立されている。同評議会の傘下の学校には、いわゆるエリート校から伝統的宗教校まで多様な独立学校が存在し、その中からオルタナティブ・スクールを識別するのは困難である。

ＮＣＩＳＡとは別に、草の根レベルのオルタナティブ・スクール連盟ともいえる「進歩主義・オルタナティブ教育オセアニア協会（ＡＡＰＡＥ：Australasian Association for Progressive and Alternative Education）」が二〇〇一年に設立された。同協会のメンバー校リストを見ると、二九のオルタナティブ・スクールが登録されている。イギリスのサマーヒルをモデルにしたマルベリー・スクール（南オーストラリア州）やアメリカのサドベリーバレー・スクールをモデルにしたブールービン・サドベリー・スクール（クイーンズランド州、詳しくは第2章を参照）などの海外にも紹介されている生徒自治を重視した民主学校（democratic school）などが加盟しており、年次大会の開催などの活動を行っている。また、シュタイナー教育も普及しつつあり、全国で四八校が運営されている。[10]

第2章のケース・スタディ③でも示したように、連邦政府であるオーストラリアでは州によって学校の設立・運営に対する規制に温度差が見られるが、近年は、アデレイド宣言（九三ページを参照）に象徴されるように、連邦政府を中心に全国的に教育の質を向上させようとする動向が顕著に見られるようになった。統一テストの導入など、標準化を重視する教育改革が施される中で、オルタナティブ・スクールの独自性がどこまで擁護されていくのか、それともいかないのか、今後の動向が注目されている。

## ④オランダ

**表3－1**に示されているように、オランダは世界でも私立学校の割合がもっとも高い国の一つである。これらの私立学校のうちどのくらいがオルタナティブ・スクールであるかについては、第1章の終わりに示したとらえ方に従えば、次節に示す通り一割にも満たない。

しかし、公立学校自体が相当に学校運営の自由と自治を享受していることは強調されてよい。また、オルタナティブ・スクールと見なすことができる学校群の教育方針や主義についても非常に多様であるといえる。他国には見られないほど、ダルトン・プラン学校やイエナ・プラン学校が全国的に設立されており、近年その数は急増している。シュタイナー学校やモンテッソーリ学校も各地に見られ、こうしたオルタナティブ・スクールは各々の学校群で支援組織を形成してロビイング活動などを行っている。

オランダのオルタナティブ教育の現状および課題については、第2章のケース・スタディ④で描いたが、オルタナティブ教育の実践校数および生徒数に関する量的把握については次節で試みる。

## ⑤カナダ

カナダには一七〇〇校以上の独立学校が設立され、就学年齢の子どもの約六パーセントが通っている。[11] また、これらの支援組織も各州にあり、活発な活動を行っている。

独立学校の集まりである全国組織は「カナダ独立学校連盟（FISC：Federation of Independent Schools in Canada）」である。各州には独自の教育法と制度が確立されており、教育政策には相当の差異が見られる。

独立学校の多くは、どちらかというと伝統的なキリスト教系の学校である。どのくらいの学校がオルタナティブ・スクールに相当するかを判別するのは困難であるが、先にも引用した『*The Almanac of Education Choices*』には、カナダのシュタイナー学校やモンテッソーリ学校など多様なオルタナティブ・スクールも紹介されている。**表3－5**は、同ガイドブ

カナダの公立オルタナティブ・スクール（トロント市）

**表3－5　カナダのオルタナティブ教育校（プログラム）数**

| 学校群名 | 校　数 |
|---|---|
| 公立オルタナティブ | 28 |
| 独立学校(私立オルタナティブ) | 14 |
| モンテッソーリ | 33 |
| シュタイナー | 12 |
| ホーム・スクール・プログラム | 22 |
| その他 | 2 |
| 計 | 111 |

出典）Mintz, Jerry (ed. in chief). 1995. *The Almanac of Education Choices.* New York: Macmillan Publishing USA, pp.292-295.より筆者が作成。

ックに掲載されている学校数を学校種別にまとめたものである。

カナダの特徴の一つは、アメリカと同様に、州によって公立のオルタナティブ・スクールが設立されていることである。オンタリオ州はその代表的な例であるが、「学校」ではなく「プログラム」として位置づけられているスクールも多い。州政府によっては、独立学校を対象にしたガイドラインを設定している。州政府の標準カリキュラムに対して、独自のカリキュラムをもつオルタナティブ・スクールが標準カリキュラムとの整合性を示す対照表を作成するなど、標準化の動向に対するオルタナティブ・スクールの応対にはさまざまな工夫が見られる。(12)

### ⑥韓　国

韓国では、少数ながらも伝統的にキリスト教主義に基づくオルタナティブな教育が実践されてきた。日本でも紹介されているキリスト教系オルタナティブ・スクールとして、「プルム学園」が挙げられる。(13)

近年の特徴は、宗教的な学校に加えて、世俗的なオルタナティブ・スクールが台頭していることである。これらの学校は一九九〇年代前半の民間運動から始まり、九〇年代後半には行政上の政策も施されるようになった。

一九九八年の初等・中等学校教育法施行令第一〇五条（学校運営の特例）によって日本でいうところの一条校以外の学校が認められるようになり、二〇〇四年三月現在、地球村高校やプルム学園、ヨンサン・ソンジ高校、ガンディー学園などの一八校の高等学校と六校の中学校がオルタナティブ・スクール（特性化学校）として認証され、政府の助成金を得ながら活動している。(14)オルタナティブ・スクールは初等教育段階を含めて今後も増え続けるといわれている。

不登校の子どもの「受け皿」として機能しているフリースペースなどの職員をソウル市が支援するプログラムも実施されている。ソウル市内のハジャ・センター（ソウル特別市青少年職業体験センター）もソウル市から委託費を得て活動しており、地域は限定されているが支援メカニズムの萌芽が見られる。(15)

近年、このようなオルタナティブ教育をめぐる動向が活性化する一方で、行政上の問題も起きている。次章でも触れるが、「友愛」と「自発性」を標榜するフリースクールであるガンディー学園は「特性化学校」として認証されていたが、高等部用の助成金を無認可の中等部に使用したなどの理由で地方政府に訴えられ閉鎖を命じられた（Kwag 2002 : 148-149）。この事件をきっかけに、オルタナティブ・スクールと行政の関係性が問われている。

### ⑦タイ

タイでは一九九七年に発布した民主憲法にのっとり、一九九九年に国家教育法が成立した。

政府、民間、地方公共団体のみならず、個人や家庭、民間団体、企業などが基礎教育を行う権利を有すると謳われた同教育法第一二条により、オルタナティブ・スクールを含めた多様な学校設置主体が認められるようになった[16]。

二〇〇二年三月の時点で少なくとも一二のオルタナティブ・スクール（コミュニティ）が存在し、その中にはモンテッソーリやシュタイナーの教育方法を取り入れている学校もある（Dhongchai 2002 : 174-176）。国際的にも知られる「子ども村学園」のような生徒数一〇〇人以上の比較的に大規模なオルタナティブ・スクールは多くなく、その大半は家庭規模の大きさである。また、「子ども村学園」に「在籍」することによってホームスクーリングも事実上認められており、約六〇家族の九八人の子どもたちがこのシステムを利用している[17]（*Ibid* : 172）。

ヨンサン・ソンジ高校（霊光）

オルタナティブ教育または右の教育法でいうところのノンフォーマル教育に関する政策に対して子ども村学園関係者が及ぼしてきた影響は決して小さくなく、オルタナティブ教育の存立基盤ともいえる第一二条なども、同学園の校長および代表を中心とする「教育運動のための人民集会」の影響力が強かったといわれている（西本・永田、二〇〇二年、一四ページ）。

タイ国内外のオルタナティブ教育のネットワーキングの中枢として機能しているのが、「教育運動における精神」（ＳＥＭ：Spirit in Education Movement）のオルタナティブ教育リソース・センター（ＡＥＲＣ：Alternative Education Resource Centre）である。ＡＥＲＣを中心に隔年でオルタナティブ教育に関する国際セミナーが子ども村学園で開催され、アジア諸国をはじめとした諸外国にも情報を発信しつつある。(18)

## ⑧台　湾

台湾では、日本とは比較にならないくらい不登校の子どもは少ないが、その数は増加しており(19)、一部の親やジャーナリスト、学識者らは管理的な性格の強い学校教育への不満を相当に募らせている。このような市民の意識の高揚がピークに達した一九九四年四月、小規模クラスの実現や教育の現代化、教育基本法の制定などの教育改革を市民が要求した運動である「四一〇教育運動」が興った（一見、二〇〇一年、八六ページ）。以来、「多元化教育改革」がグラスルーツのレベルで推進されてきている。その結果、森林学校や種子親子実験学苑、全人中学、華徳福（ヴァルドルフ）教育滋心小学校などの「理念学校」と呼ばれるオルタナティブ・スクールが誕生しており、二〇〇二年現在、九校がオルタナティブ教育推進ネットワークに参加している（Lee 2002 : 164）。

台湾のオルタナティブ教育運動史において、同国初のフリースクールである森林学校を誕生させた「人本基金会」は重要な役割を担っている。一九九〇年代以降、オルタナティブ教育運動を主導しており、「教育の多元的発展」や

台湾のオルタナティブ・スクールのネットワーク会議

「理念学校の独立性の獲得（オルタナティブ・スクールからの学力証明と卒業証明の発行権の獲得）」、「理念学校専門の審議委員会の設置」などを盛り込んだ独自の「理念学校法」を策定し、具体的な提言を行っている。また、オルタナティブ教育誌の定期刊行やホームスクーリングの教材開発なども進めている。

このようなオルタナティブ教育推進派による運動が隆盛する一方で、中等教育レベルの公立校として唯一のオルタナティブ・スクール（プログラム）と見なされていた「北政国民中学校自主学習計画実験クラス」が台北市の市長交代に伴う教育政策の方針変更により閉校に追い込まれつつあるなど、オルタナティブ・スクールの社会的地位の保障をめぐる問題も顕在化している。

## ⑨デンマーク

第2章のケーススタディ⑥で示した通り、デンマークはしばしばオルタナティブ教育の発展にとってはユートピアと称されるほど長い歴史と伝統があり、存立基盤も確立されている。一世紀半に及ぶその発展史は、多様なオルタナティブ・スクールと多元的な教育社会が醸成されてきたことを物語っている。二〇〇一年九月の時点で、四四〇校のオルタナティブ・スクールに約七万八〇〇〇人の生徒が学んでいる。次節に述べるように、現在、オルタナティブ教育を享受する生徒数の割合は世界でもっとも高いことが推測される。また、オルタナティブ教育の支援メカニズムも発達している。オルタナティブ・スクールの最大の支援組織であるフリースコーレ協会をはじめ、七つのオルタナティブ・スクール群が独立した支援組織をつくって全国レベルの独立学校審議会を形成している。

しかし、ケース・スタディ⑥で触れたように、ヨーロッパ諸国で広まる学校監査システムの厳格化など、オルタナティブ・スクールにとって近年の社会情勢は決して順風満帆というわけではない。また、一九九〇年代以降、増加するイスラム系移民がフリースコーレ協会の傘下で学校を創設して国が財政支援を行っているが、教科書や教授法の自由を尊重する一方で、デンマーク語などの学力をどのように保障するのかなどが新たな課題となっている。

### ⑩ドイツ

ドイツでは私立学校は「自由学校（freie schulen）」と呼ばれ、ドイツの憲法に相当するボン基本法第七条四項で私立学校設立の権利が保障されている。私立学校は独自の世界観や価値観に基づき教育目標を設定できるが、公立学校との等価性（Gleichwertigkeit）が期されている。一九九二年、ベルリンのフレネ教育実践校であるクロイツベルク自由学校が、基礎知識の十分な伝達が行われていないとされて行政裁判所に訴えられた。この係争で連邦憲法裁判所が学校側に有利な判決を出して以来、オルタナティブ・スクールの数は増え始めた（坂野、二〇〇三年、八四および八九ページ）。

私立学校というカテゴリーで、プロテスタント系学校、カソリック系学校、田園宿舎、ドイツ私立学校連盟の学校、自由学校協会の学校、特殊教育学校、デンマークとの国境付近のデンマーク人学校協会の学校などがそれぞれネットワークを形成し、独自の教育を展開している。

一九八八年に設立された自由オルタナティブ学校連盟（Bundesverband der Freien Alternativschulen）に属する教育改革志向の学校が二〇〇三年一月現在で五八校存在し、二〇〇二年から二〇〇三年にかけて七校が設立された。[20]

同連盟に所属する学校の中には、モンテッソーリ学校、ケルシェンシュタイナーの影響を受けた技能・労働を重んじる作業学校、生活共同体学校、フレネ学校、イエナ・プラン学校などがあり、州によって差異はあるものの、公費助成によって運営されている学校も少なくない。また、ドイツの代表的なオルタナティブ・スクールとして、ルドルフ・シュタイナーの思想に基づいた自由ヴァルドルフ（シュタイナー）学校が挙げられるが、国内だけで約一七〇校が開校している。

### ⑪ニュージーランド

ニュージーランドには一九七〇年代からイギリスのサマーヒル・スクールのような自由主義のオルタナティブ・スクールが存在していたが、一九八九年教育法によって、「統合学校（Integrated School）」として公費助成が受けられる可能性が拓かれた。また同時に、同教育法によってホームスクールも合法的に認められるようになった。

次節で述べるように、統合学校の中にはローマン・カソリックなどの宗教系の学校が多いが、そのほかにもシュタイナー学校やモンテッソーリ学校、マオリ民族学校（Kura Kaupapa Maori）などがある。こうした統合学校のほかにも、財政運用面などで制約は多いが、独自の教育実践が可能な指定特色学校（Designated Character School）も公費で設置・運営されており、特定の教育思想や教育方法によるユニークな教育実践が見られる。

のちに示すように、オルタナティブ・スクールの割合は一割以下である。総数は少ないながらも、一九九八年に設立されたクライストチャーチのディスカバリー・ワン・スクールなどの刷新的な実践校が注目されている。[21]

### ⑫ボリビア

ボリビアでは、フェ・イ・アグリーアなどのカソリック組織を母体とする私立学校が全国的に設立されている。教師の給料に関しては公費助成で賄い、施設・設備費や運営費などについては政府に認可されたキリスト教組織が請け負っている。これらは「契約学校」と呼ばれ、その多くは貧困層の子どもたちを対象にした慈善学校かエリート校である。

このような状況下においても、中南米のオルタナティブ・スクールの代表的存在ともいえるエクアドルのペスタロッチ学園から影響を受けたラ・フローレスタ（アハユ）学園のように、刷新的なカリキュラムづくりを行い、教員セミナーの開催などを通してメインストリームの教育にも影響を与えているオルタナティブ・スクールも存在する（第2章ケース・スタディ①）。しかし、他国で見られるような国内の支援ネットワークは存在せず、国際的な支援に頼らざるを得ないのが現状である。

## ⑬ロシア

ロシアはオルタナティブ教育運動で西欧諸国ほどに言及される国ではないが、オルタナティブな独自の教育思想に基づく実践がもっとも早くから見られた国である。古くからの刷新的な教育実践で知られるのは、文豪トルストイ（Lev Nikolaevich Tolstoi）がヤーズナヤ・ポリャーナ（Yasnaya Polyana）に開校した自由主義の学校である。(22)

現在のロシアのオルタナティブ教育の潮流は、一九九〇年代以降の民主化と密に連動する形で発展してきた。(23) オルタナティブ教育運動の裾野は広く、一般にオルタナティブ・スクールと呼ばれる学校群は、相当に多種多様な学校群を含んでいる。英才教育学校であるギムナジアや職業

ニュージーランドの代表的なフリースクールである
タマリキ・スクール（クライスト・チャーチ市郊外）

技術専門学校（または特定教科の初等中等普通教育学校）のリツェイ、ペレストロイカ以後に制度化された非国立（私立）学校、少数民族学校、共産党の少年組織「ピオネール」の後身である学校外教育施設などである。これらの学校数は、二〇〇〇年にはロシアの全学校の一五パーセントを占めるようになり、全生徒の約一三パーセントが在籍している（澤野、二〇〇三年b、一五二ページ）。個々の教育実践や理論には相当にユニークな事例が見られる。[24]

## 3 教育システム内に位置づけられるオルタナティブ教育

次に、教育制度の中にオルタナティブ・スクールが位置づけられている国（州）に対象を絞り、オルタナティブ・スクールの学校および生徒の量的な把握を試みたい。前節で取り上げた一三ヵ国の中から、オランダ、ニュージーランド、デンマーク、アメリカ（オレゴン州のみ）の四ヵ国（州）をオルタナティブ・スクールが制度内に位置づけられる国としてとらえ、各々について学校数と生徒数の学校教育システム全体に占める割合を出してみる。

### ①オランダ

第一番目に取り上げるのは、柱状化社会の中でオルタナティブ・スクールを含む私立学校が各々のストリームを形

トルストイの学校で使用されていた建物
（ヤースナヤ・ポリャーナ）

成してきたオランダである。「公立学校」と「カソリック系学校」の私学と「プロテスタント系学校」の私学にそれぞれ約三割ずつの学校が存在する。また、残りの約一割が非宗教系の学校であり、**図3-1**で示されているように、「非宗教系学校」には多彩な学校群が含まれる。

オランダで一般に私学という場合、カソリック系とプロテスタント系とそのほかの私学を合わせた約六七パーセントを指す。第2章のケース・スタディ④で記した通り、「教育の自由」が認められている同国では私学は相当の自由を享受しており、その意味でオルタナティブ教育の実践校であるという見方もできる。しかし、こうしたカソリックとプロテスタントという宗教系の学校をオルタナティブと称することに躊躇《ためら》いを覚える人も少なくないであろう。というのも、第1章に示したオルタナティブ教育の諸特性に照らし合わせた場合、一九世紀から勢力をもってきたカソリックやプロテスタントの教育ストリームは「伝統」であり、現代社会の文脈からしても「刷新」と呼ぶには相応しくないという見方が妥当であるからである。

このように考えるとオランダの場合、「非宗教系学校」がオルタナティブに相当するというのが伝統校群と刷新校群とを分ける妥当な線の引き方であると思われる。実際、この学校群には、ダルトン・プラン学校、イエナ・プラン学校、モンテッソーリ学校、シュタイナー学校、フレネ学校などの多様な教育理念を標榜する学校が含まれる。

先に示したクーパーの分類（一八七ページ）によれば、オルタナティブ・スクールの割合は「カソリック系学校」と「プロテスタント系学校」と「非宗教系学校」を合わせた約七割ほどになるが、第1章に示した諸特性を考慮すると、オランダのオルタナティブ・スクールを「非宗教系学校」に限定してとらえ、その割合は約一割（七七三五校中七四二校）であるとするのが妥当であろう。一方、生徒数については、**図3-2**に示すように全体に占める割合が学校数の割合よりも少し下がって七・六パーセントとなる。

第2章のケース・スタディ④でも示したように、近年のオランダは憲法で「教育の自由」が保障されているにもか

**図3－1　オランダにおける各学校群の割合（初等・中等教育段階）**

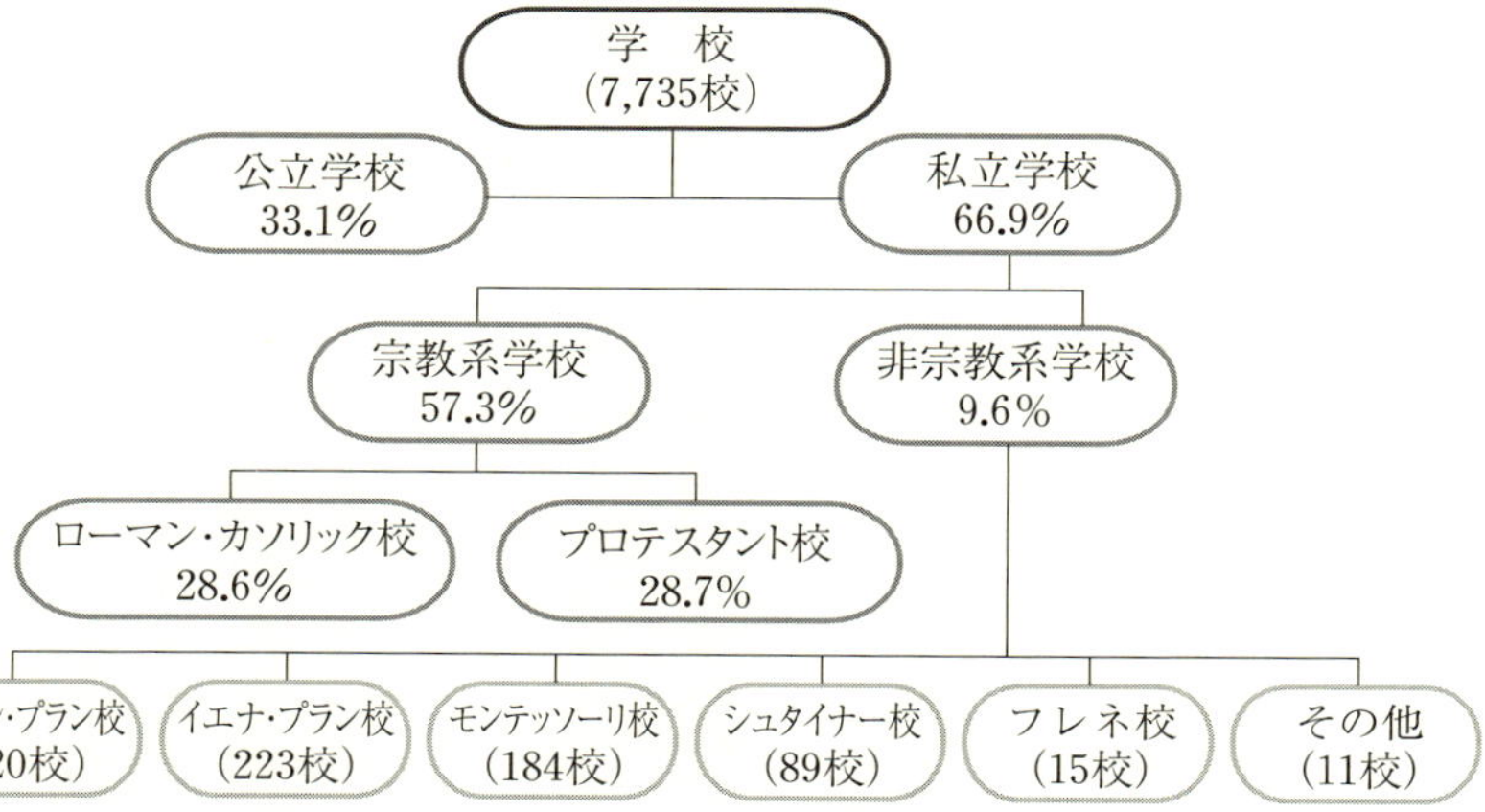


出典）Ministerie van Onderwijs Cultuur en Wetenschappen (OCenW). 2001. *Education, Culture and Science in the Netherlands: Facts and Figures 2001.* Zoetermeer: OCenW, p.15 ; 37. Algemene Onderwijsbond. 2002. *Het Onderwijsblad 2.* 26 Januari 2002. pp.8-9.およびオランダ教育文化科学省におけるインタビューをもとに筆者が作成。

かわらず、学校監査制度が全国的に強化され、一校当たりの最少生徒数の確保が義務化されるなど、とくに小規模なオルタナティブ・スクールが創設されにくい状況にある。こうした現況も**図3－1**および**図3－2**の数値とともに考慮すると、オランダにおけるオルタナティブ・スクールの学校数および生徒数は双方ともに一割に満たないといってよい。

### ②ニュージーランド

次にニュージーランドを例にとると、宗教系の学校は、ローマン・カソリック系をはじめ、アングリカンやセブンス・アドベンチストなど一六種類のカテゴリーに分けることができ、そのほかにもカテゴリー化が困難なほどに少数のキリスト教系学校が存在する。[25] しかし、全体から見ると、これらの中でローマン・カソリックが宗教系の統合学校の大半を占め、「オルタナティブの中のメインストリーム」を形成している。全体に占めるそれぞれの割合を示すと**図3－3**のようになる。

オルタナティブ教育を測る場合、宗教系の学校群をど

**図3－2　オランダにおける学校タイプ別の生徒数の割合**

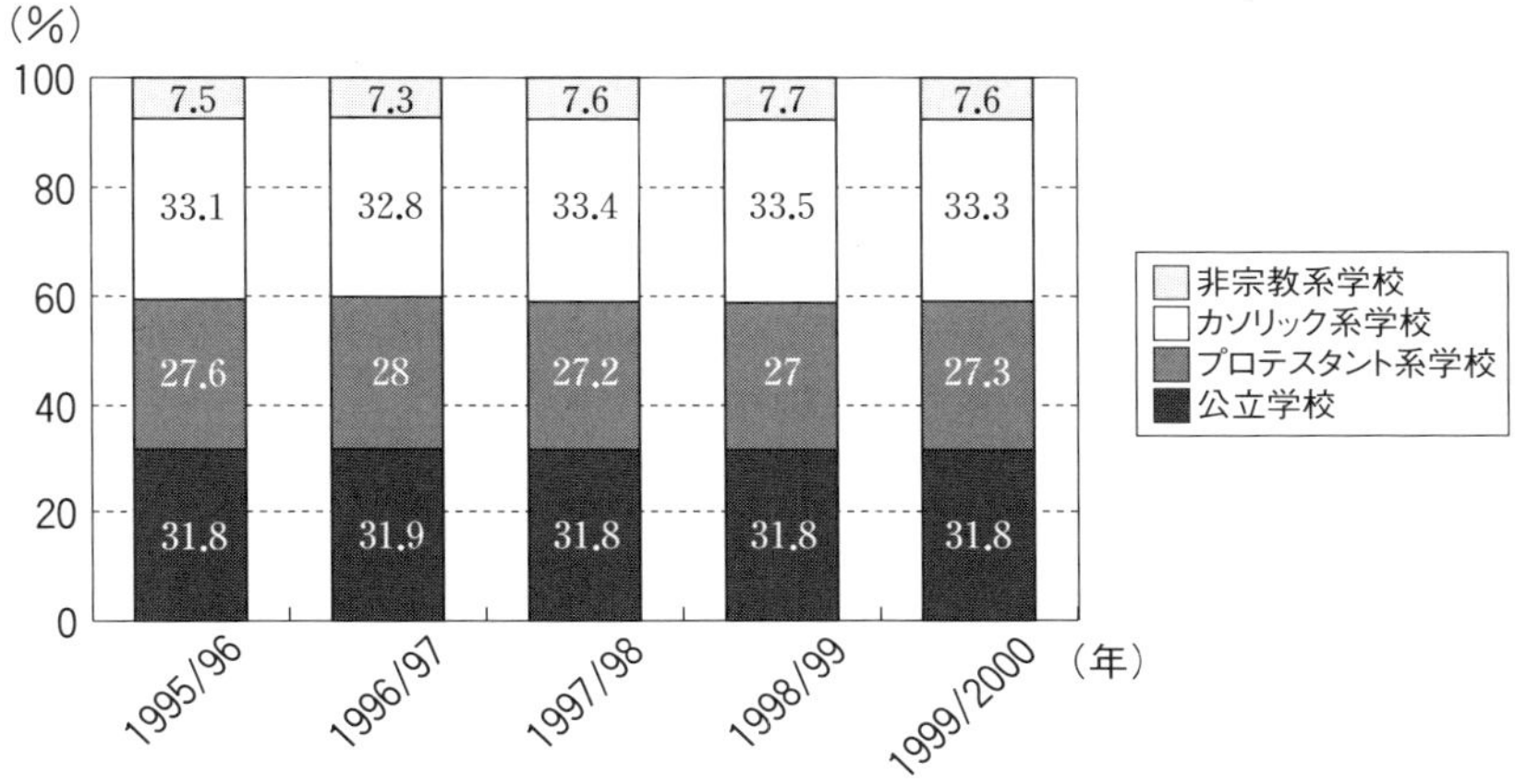


出典）Ministerie van Onderwijs Cultuur en Wetenschappen. 2001. p. 37.

う扱うかによってその総数や割合は相当に異なることに留意する必要がある。ニュージーランドの場合、公立であるからといってオルタナティブ・スクールではないと考えるのは誤りである。というのも、先にも触れた通り、イギリスのサマーヒル・スクールと同様の自由主義の運営で知られるタマリキ・スクールのように、かつて財政的に独立していたフリースクールも現在では公費助成を得ながら相当の自由を享受しているからである。

第1章に示したオルタナティブ教育の特性を考慮するなら、次のようなバリエーションを想定してオルタナティブ・スクールの割合を導き出すのが望ましいであろう。

❶ **図3－3**の公立学校の伝統校および統合学校の宗教系と私立学校の宗教系を除いたすべての学校群をオルタナティブ・スクールとしてくくり、それらが学校総数に占める割合を算出した四・六パーセントをオルタナティブ・スクールの割合とする考え方。

❷ 統合学校の一部になることにより全国的なガイドラインに自らを合わせなければならなくなる事態を回避しているオルタナティブとして宗教系私立学校をとらえ、❶の値に宗教系私立学校を加えた六・九パーセントをオルタナティブ・スクールの割合

**図３－３　ニュージーランドにおける各学校群の割合（初等・中等教育段階）**

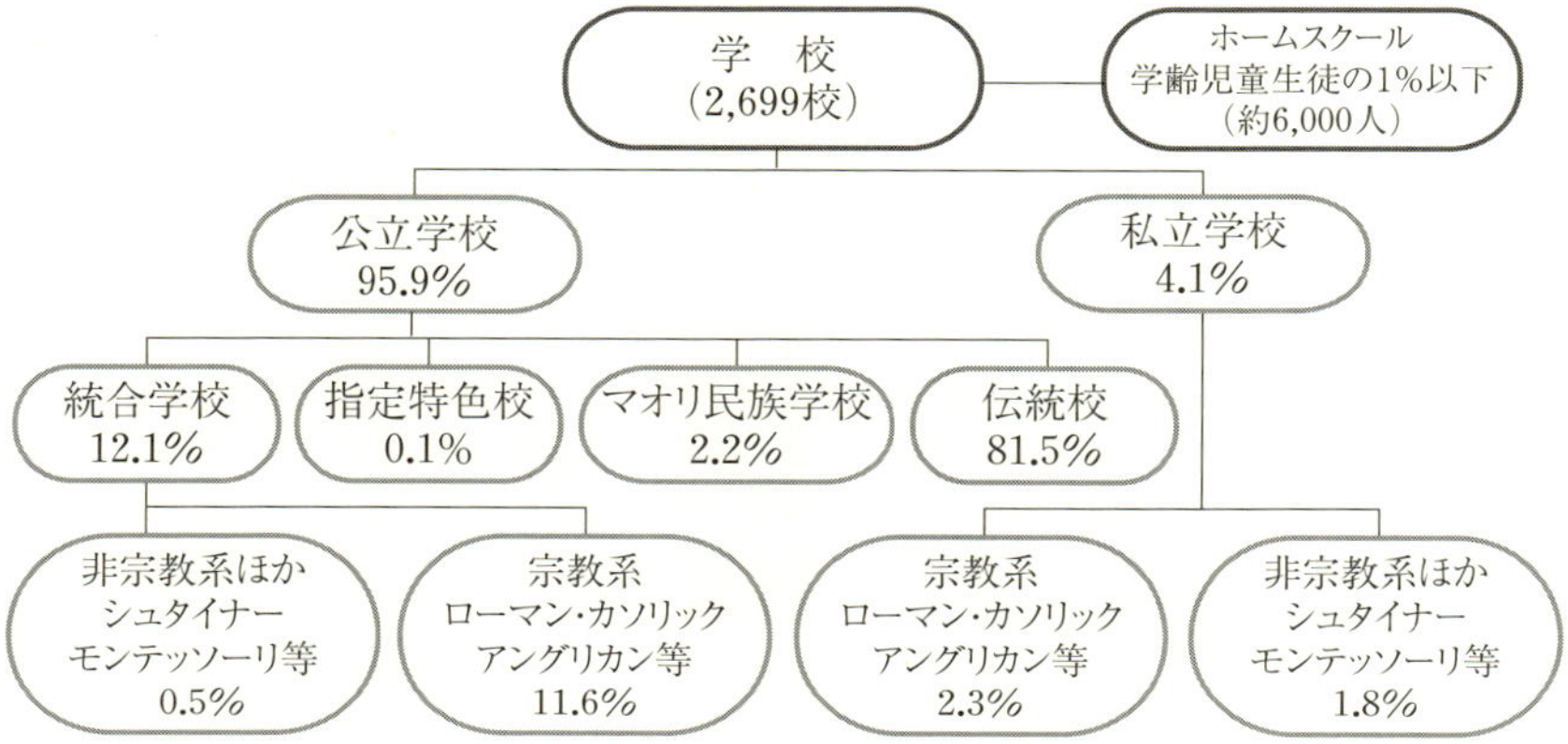


出典）ニュージーランド教育省データ運用分析部提供資料（2002年11月）および同省とニュージーランド教育研究所（NZCER）でのインタビューをもとに筆者が作成。

とする考え方。

❸非宗教系統合学校および非宗教系私立学校の総計に公立のオルタナティブ・スクールといわれる指定特色校のみを加えた二・四パーセント、つまり❶の把握の仕方からマオリ校を除いた学校群の割合をオルタナティブ・スクールとする考え方。

いずれのとらえ方にせよ、ニュージーランドのオルタナティブ・スクールの割合は一割以下に留まる。

次に、学校タイプ別の生徒数を見てみたい。教育省のホームページ（www. minedu. govt.nz）から得られる生徒数のカテゴリーに従うと公立学校の生徒は八六・五パーセント、私立学校の生徒は三・三パーセント、統合学校の生徒は一〇・二パーセントである。それぞれの学校群におけるオルタナティブ・スクールの生徒の割合はさらに低い数値となり、学校タイプの割合の算出において示したいかなる組み合わせをもってしても一割に満たないことが推測される。

**図3－3**により則した形で学校タイプ別の生徒数を示すと、**図3－4**のようになる。公立の伝統校および宗教系統合学校と宗教系私立学校を除いたすべての学校群を合計した割合は一・七パー

**図３－４　ニュージーランドのおける学校タイプ別の生徒数（2002年度）**

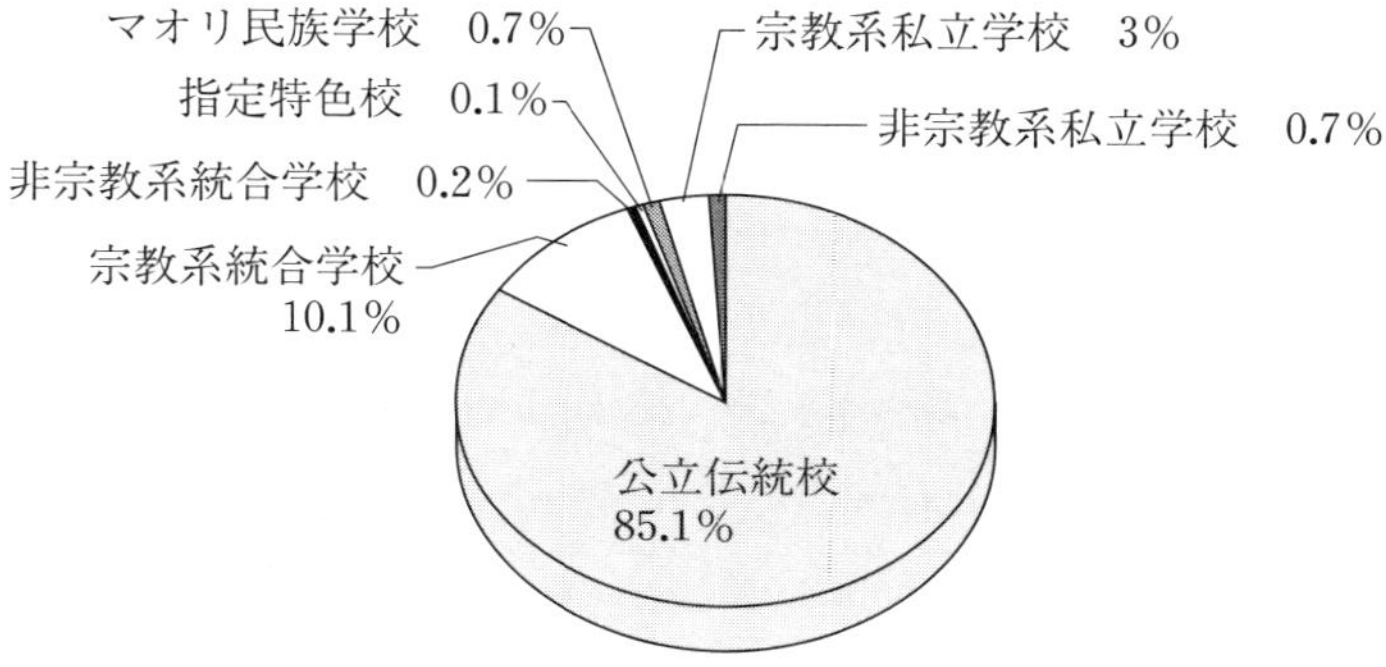


出典）ニュージーランド教育省データ運用分析部およびニュージーランド教育研究所（NZCER）提供資料（2003年３月）。

セントである。また、学校群の割合に関する❷の算出理由と同様に、右記の数値に宗教系私立学校の三・〇パーセントを加えた四・七パーセントを広義にとらえたオルタナティブ・スクールの生徒数の割合としてとらえることも可能である。さらに、非宗教系統合学校および非宗教系私立学校の合計に指定特色校のみを加えた場合の、すなわち狭義にオルタナティブ・スクールをとらえた場合の割合は一・〇パーセントとなる。いずれのとらえ方にせよ、ニュージーランドのオルタナティブ・スクールに通う生徒数の割合は一割以下に留まり、上で示したオルタナティブ・スクールの占める割合よりもさらに低くなる。

**③オレゴン州**

次に、アメリカ全州の中でもオルタナティブ教育に関する独自の法律とそれに基づくシステムをもつオレゴン州について見てみたい。オレゴン州はオルタナティブ教育が州の教育制度の一環として確立し、しかも公立と私立の学校（プログラム）群に分けられる。これらと並存する形で、現在、チャータースクールが増えている。

二〇〇三年三月に筆者が実施した現地調査において州の教育省およびオルタナティブ・スクールの代表らにインタビューし、本書で

**図３－５　オレゴン州における各学校群の割合（初等・中等教育段階）**

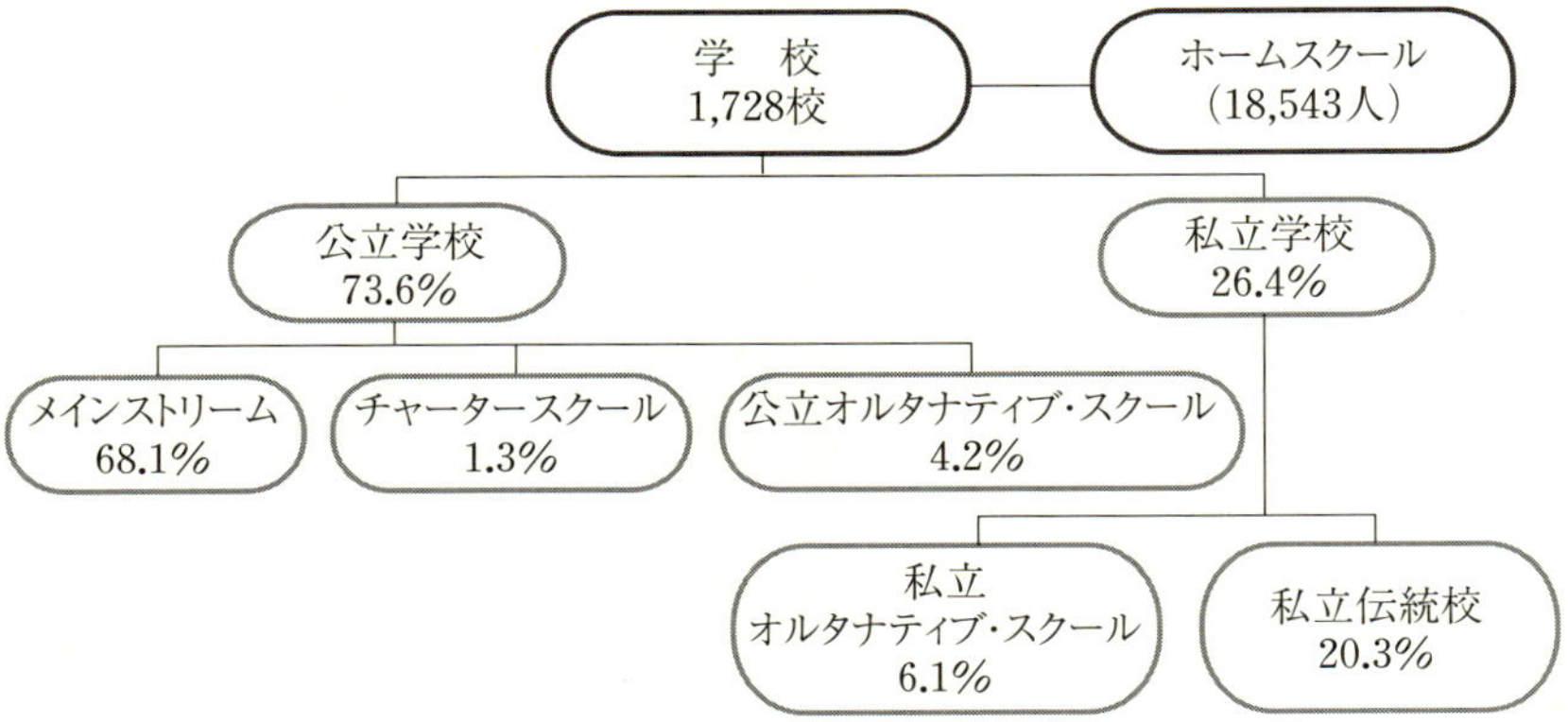


出典）Oregon Department of Education. 2002. *Oregon School Directory 2002-03*.
Office of Curriculum Instruction and Field Services, Oregon Department of Edcation. Feb. 2003. “Private Alternative School Directory 2002,” ”Alternative Education Programs.”, “Charter Schools in Oregon 2002-2003.” およびオレゴン州教育省で入手したデータベース（2003年３月）にもとづき筆者が作成。

扱うオルタナティブ・スクールがどのカテゴリーに該当するのか尋ねたところ、それは「私立オルタナティブ・スクール」および「チャータースクール」、さらには現在急増する「ホームスクール」であると指摘された[26]。前者二つの学校タイプを加算すると学校総数に占める割合は七・四パーセントとなる。ちなみに、「公立オルタナティブ・スクール」を含めると一一・六パーセントである。

しかし、第2章のケース・スタディ⑤で示した通り、オレゴン州では一九九〇年代以降、ホームスクーラーが急増しており、オルタナティブ教育を享受する生徒数の割合を算出するにはホームスクーリングに属する生徒たちも考慮しなくてはならないであろう。

そこで、生徒数の割合を見ると**図３－６**のようになる。この図に基づき、学校数と同様にオルタナティブ教育を享受する生徒数、すなわち「私立オルタナティブ・スクール」および「チャータースクール」、さらには「ホームスクール」の生徒数の割合を算出すると、合計で四・一パーセントとなる。また、「公立オルタナティブ・スクール」の割合を加えた場合は六・五パーセントとなる。

**図3－6　オレゴン州における学校種別の生徒数の割合**

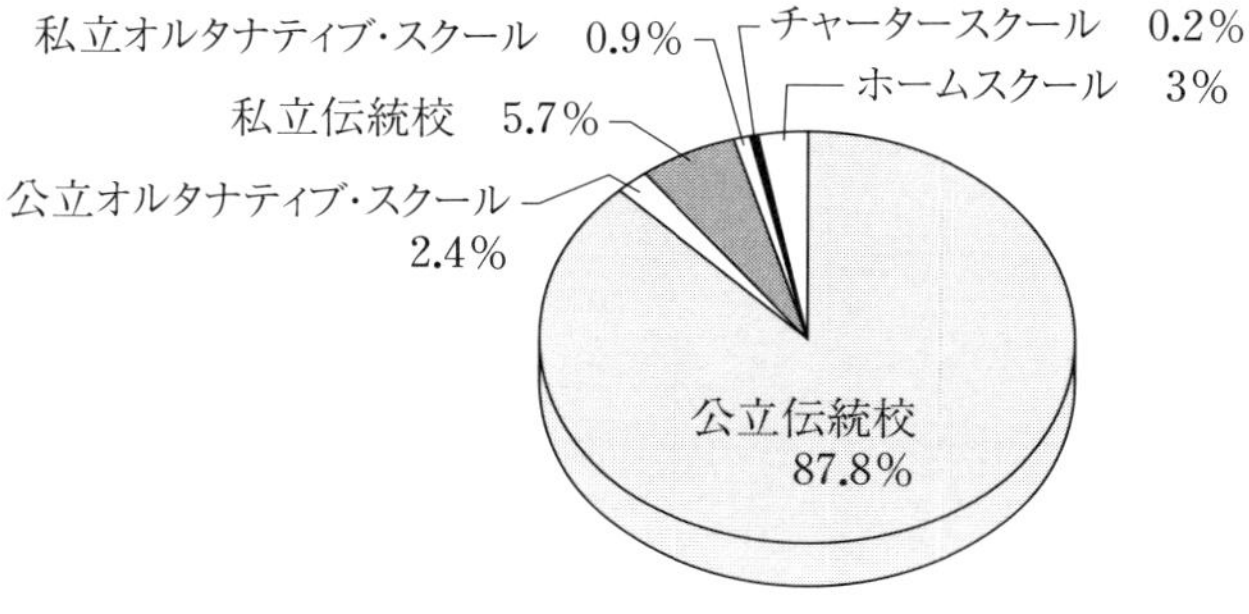


出典）オレゴン州教育省データベースおよび同州教育省でのインタビューをもとに筆者が作成。
注）「私立伝統校」については、その大半は州教育省へ登録されていると言われているが、登録は自己申告制のため、すべての私学が登録されているというわけではない。

## ④デンマーク

最後に、デンマークの場合を見てみたい。デンマークには独立したオルタナティブな学校群ストリームが醸成されてきた一世紀半ほどの教育史があり、ここ十数年ほど改革の最中にあるニュージーランドとは異なり、オルタナティブ・スクールのストリームは社会の中で定着した感がある。

**図3－7**に示すように、学校タイプ別に見ると、約二割の学校がオルタナティブ・スクール（独立学校）に属し、その割合は近年増加の傾向にある。ここでも伝統的なカソリック校などの宗教系の学校タイプなどを除き、刷新的な校風をもつといわれるリレスコーレおよびフリースコーレのみをオルタナティブ・スクールであるとすると、その割合は一二・二パーセントとなる。また、教科教育に重点を置いた中規模校であるレアルスコーレまでをも含めると一六・七パーセントとなる。

次に、オルタナティブ教育の割合を生徒数でとらえてみたい。**図3－8**に示す通り、二〇〇〇年のデータで一二・一パーセントが独立学校に通う生徒の割合である。学校の割合と同様に、独立学校協会事務局が作成した資料をもとに学校タイプごとの生徒数を考慮すると、リレスコーレとフリースコーレのみの割合は四・三パーセントとなり、

**図３－７　デンマークにおける各学校群の割合（初等・中等教育段階）**

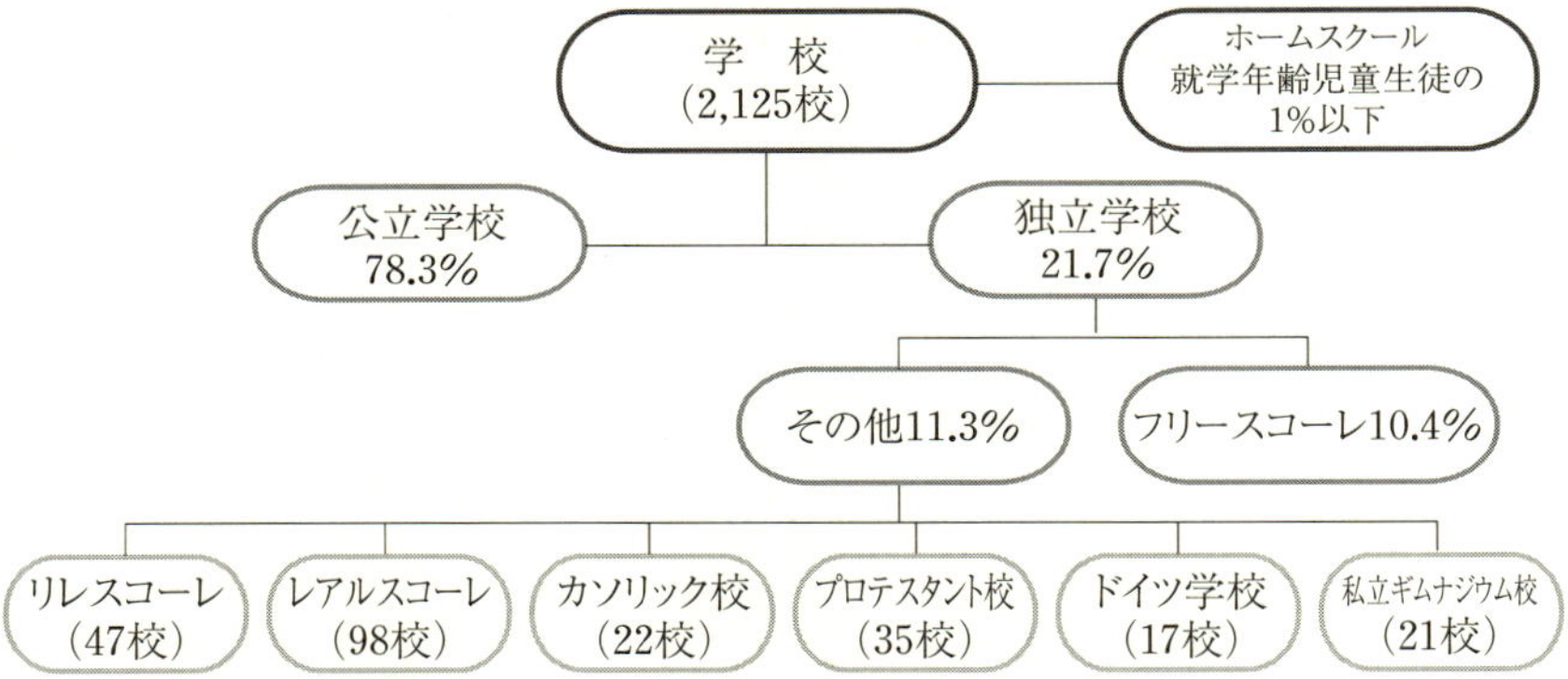


出典）Undervisnings Ministeriet. 2000. *De Frie Grundskoler i tal 1999/00*. Kobenhavn K: Undervisnings ministeriet, p.7;11.　リレスコーレ協会事務局提供資料および教育省私立・独立学校課でのインタビューをもとに筆者が作成.

これにレアルスコーレの生徒数も加えると八・八パーセントとなる。これらの数値は上に示した学校数の割合と比べて低く、オルタナティブ・スクールでは一校当たりの生徒数は決して多くないことが推察される。

以上、三ヵ国および一州の指標を提示したが、まとめとして次のことが言える。

繰り返し述べるが、オルタナティブ教育を量的に把握するには、できるだけ明確な定義づけが求められる。国によっては、刷新的なオルタナティブ・スクールか伝統校かの境界線上に位置づけられるような学校も少なくないと思われるので、ここではオルタナティブ教育を狭義にとらえた場合と広義にとらえた場合とに分けて考えたい。オランダの場合は非宗教系の私立学校群だけをもって狭義と広義のとらえ方をするのは困難であるが、ニュージーランドでは、前者の場合は、非宗教系統合学校および指定特色校、非宗教系私立学校が該当し、後者の場合は、これらにマオリ民族学校と宗教系私立学校が加わる。オレゴン州の場合は、チャータースクールと私立オルタナティブ・スクールとホームスクールが前者に相当し、後者にはこれらに公立

**図3－8　デンマークにおける学校タイプ別の生徒数の割合**

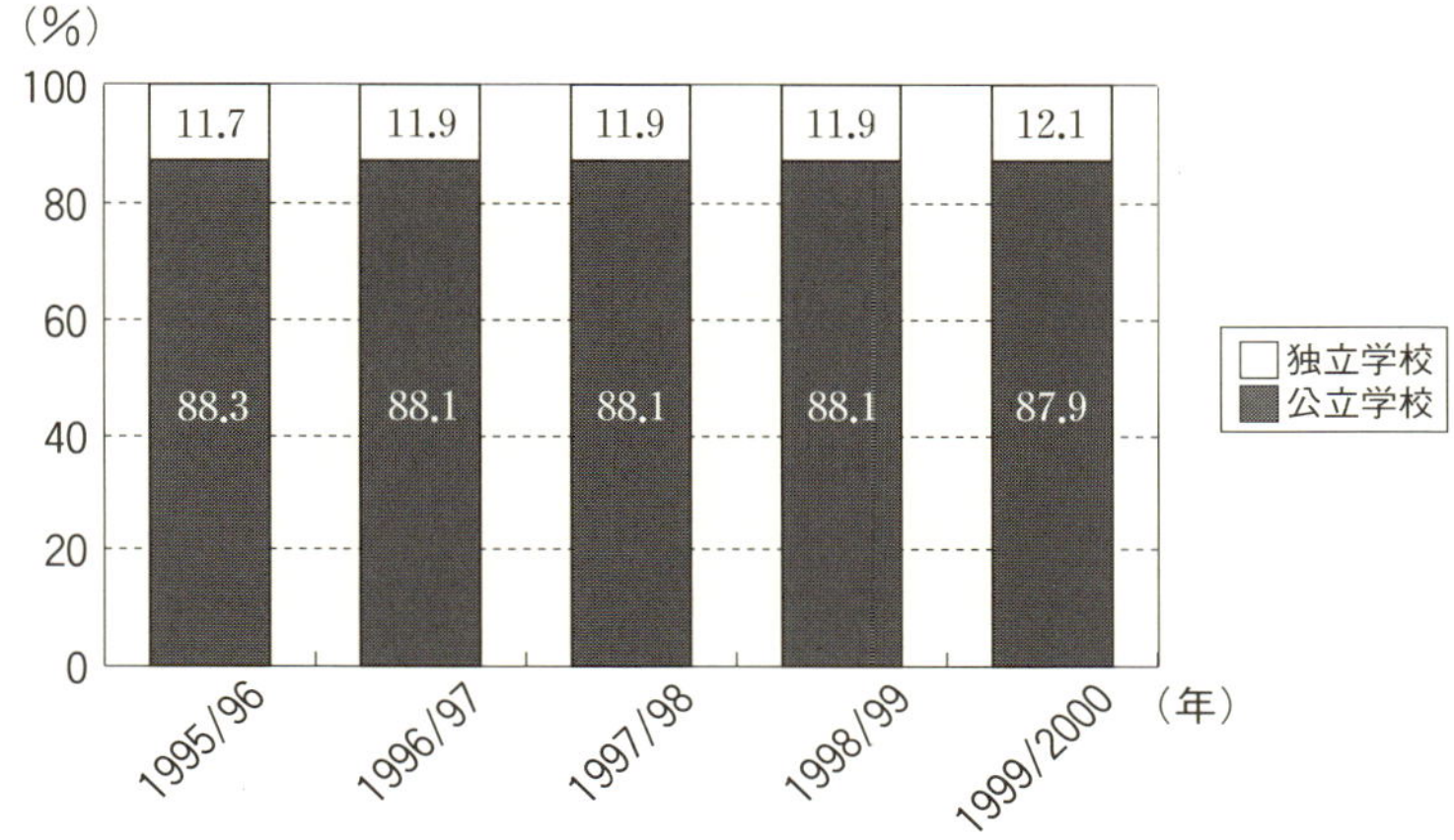


出典）Undervisnings Ministeriet. 2000. *De Frie Grundskoler i tal 1999/00.* København K: Undervisnings Ministeriet, p.11.

オルタナティブ・スクールが含められる。デンマークではフリースコーレとリレスコーレが前者に相当し、後者には独立学校すべてが当てはまる。

**表3－6**には、オルタナティブ教育の学校数および生徒数が示されており、オランダ以外は上の狭義と広義の分類に従った数値が記されている。こうしたカテゴリーによれば、学校数ではもっとも広義にとらえてもオルタナティブ・スクールは最大で二割程度であり、狭義にとらえれば一割程度、生徒数では、広義にとらえても最大で一割程度であり、狭義にとらえた場合はさらに少ない傾向にあることが分かる。

オランダのオルタナティブ・スクールの学校数の占める割合と生徒数の占める割合とが他国ほど差が見られないのは、同国のオルタナティブ・スクールは伝統校と生徒の規模においてさほど変わらないことを示唆しているといえよう。これには、第2章ケース・スタディ⑤で触れた近年の学校規模に関する新政策、すなわちオルタナティブ・スクールを含めた私立学校を新設する際、最少でも初等教育段階で二〇〇名、中等教育段階で二六〇名の生徒の登録が求められるという新政策が影響していることも考えられる。他方、他国に関してはオランダ以上に学

**表3－6　オルタナティブ教育を制度化している国(州）におけるオルタナティブ・スクール数および生徒数の割合(下段は狭義のとらえ方に基づく）**

| | 伝統校 | | オルタナティブ・スクール | |
|---|---|---|---|---|
| | 学校数 | 生徒数 | 学校数 | 生徒数 |
| オランダ | 90.4% | 92.4% | 9.6% | 7.6% |
| ニュージーランド | 93.1%<br>(97.6%) | 95.3%<br>(99.0%) | 6.9%<br>(2.4%) | 4.7%<br>(1.0%) |
| デンマーク | 78.3%<br>(87.8%) | 87.9%<br>(95.7%) | 21.7%<br>(12.2%) | 12.1%<br>(4.3%) |
| オレゴン州 | 86.4%<br>(92.6%) | 93.5%<br>(95.9%) | 13.6%<br>(7.4%) | 6.5%<br>(4.1%) |

**図3－9　オルタナティブ教育を制度化している国（州）におけるオルタナティブ・スクール数および生徒数の割合（広義のとらえ方に基づく場合）**

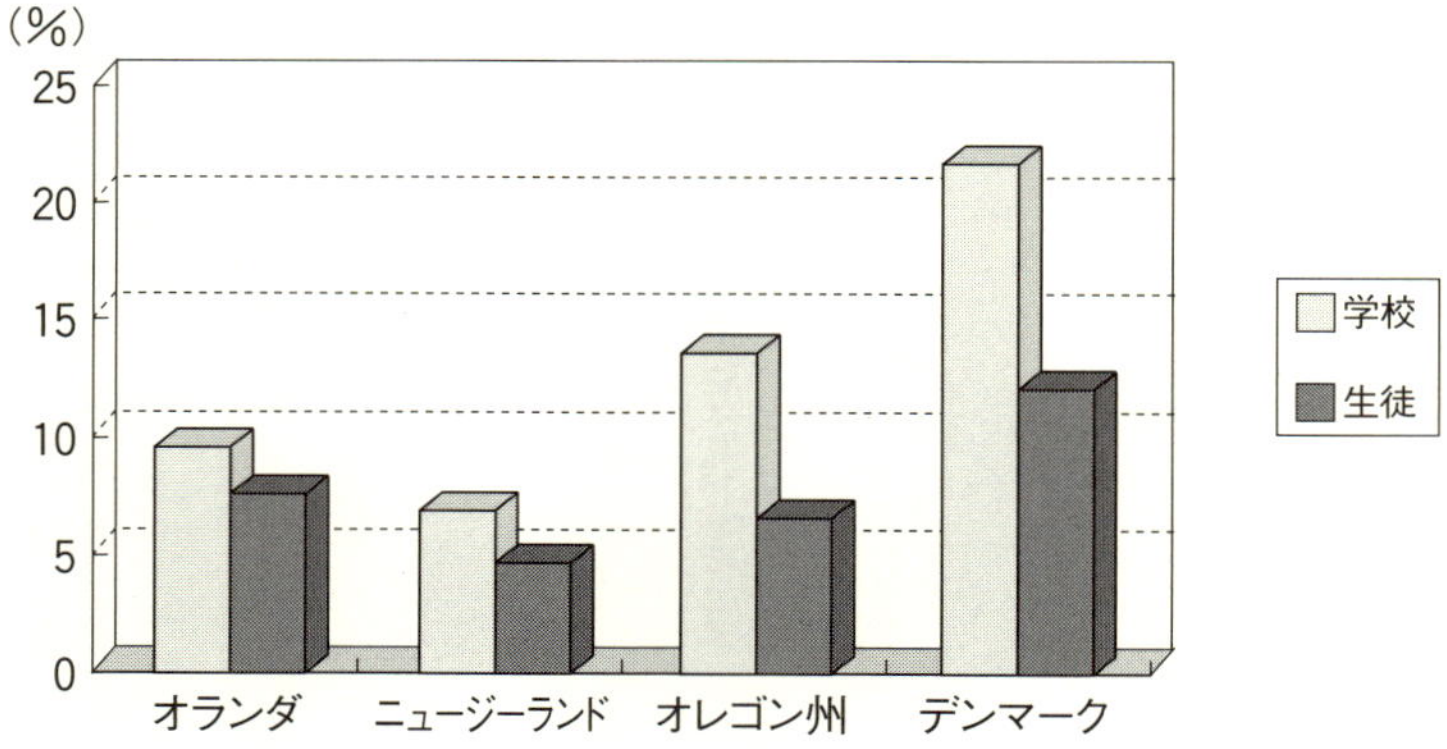


校数の割合と生徒数の割合との開きが顕著である。このことから、オルタナティブ・スクールのほうが伝統校よりも一校当たりの生徒数が少ない少人数教育が行われていることが推察される。

以上の分析から、**図3－9**に示すように、次のように想定することは見当はずれではないといえよう。すなわち、オルタナティブ教育のストリームを教育システムの一環として確立している国（州）では約一～二割前後の学校がオルタナティブ教育を実践し、また一割前後の生徒がそうした教育を受けているのである。

# 第4章

# オルタナティブ教育と係争問題
## ――クオリティ・アシュアランスの功罪

市民が創設したオルタナティブ・スクールを国家の教育システムの一環として位置づける可能性を探るようになったのは最近のことであり、一九九〇年代以降に各国で浮上してきた課題の一つといえる。現在では、公的な認証や監査（評価）を通してオルタナティブ・スクールの質を保証するというメカニズムを見いだせる国が少ないながらも存在する。ここでは、こうしたメカニズム、すなわちオルタナティブ教育の質保証をクオリティ・アシュアランスとしてとらえることにする。

クオリティ・アシュアランスには、どの教科を教えなければならないかというカリキュラムに関する規定から、検定教科書の使用、資格をもった教師の採用、学校施設や設備の安全性の確保に至るまで、学校教育を形づくる諸々の条件が含まれる。クオリティ・アシュアランスはオルタナティブ・スクールの内実を形成するエレメントの総体であり、公費助成ともかかわる政策上の重要課題でもある。

ところが、こうした課題に対して各国でどのような応対がなされているのか、その実際についてはあまり知られていない。たしかに、市民による学校づくりに関していえば、東アジア諸国は管理の色彩が濃い一方で北欧諸国は自由である、という程度の「印象」が語られることはある。しかし、次の各問いのようにもう少し掘り下げて尋ねられると、答えに窮してしまうのではないだろうか。

❶各国では、いかなる法律や規則によってオルタナティブ・スクールは社会的地位を得ているのであろうか。
❷認証または評価されることによりオルタナティブ・スクールはどのような保証を得、いかなる「代償」を払うことが期されているのであろうか。
❸その「代償」は各学校にとって、または社会全体にとってどのような意味をもつのであろうか。
❹「代償」を払うことを拒否したり、認証自体を不必要と判断したりするオルタナティブ・スクールに対して行政や政府はどのような関わり方をしているのであろうか。

❺ 右の関わり方がオルタナティブ・スクールにとって不当である場合、どのような問題が起き、その問題が提起するものは何であろうか。

この章と次章では、オルタナティブ・スクールが制度の中に位置づけられている国（州）を中心に、右の問いに対して具体的な例をもって答えてみたい。

まず、オルタナティブ・スクールの認証と監査のあり方についての本質的な問題性にアプローチする契機として、オルタナティブ・スクールの存続をめぐって展開された諸外国の係争事例の紹介から始めることにする。

## 1　オルタナティブ・スクールの係争事例

第2章で例示した通り、オルタナティブ教育の実践は多様性に富む。その一方で、公的機関による認証や監査の手続きは一定の基準をもって行わざるを得ない側面をもっている。つまり、多様な実践が一元的な尺度によって計られるのである。オルタナティブ・スクールが認証または監査を受ける過程において多かれ少なかれ何らかの形で独自の実践を標準化しようとする作用が働くわけであるから、当然ながらこのときにさまざまな問題が生じる。公的に認められることにより社会的な信用度と公費助成が得られると同時に、独自性を失うかもしれないという意味で認証および監査は両義的であり、その結果はオルタナティブ・スクールにとって順境にも逆境にもなり得るのである。

したがって、オルタナティブ・スクールや支援団体の中には、認証そのものを拒否したり、行政や政府に対して認証の要件を緩和するように働きかけたりする組織は少なくない。また、一元的な教育システムを重視する国（州）では、オルタナティブ・スクールがまったく認証されないか、条件付きで容認されるか、場合によっては教育内容などの改善勧告や閉校命令が出されることもある。

実際、オルタナティブ・スクールと政府の相克は各地で見られ、その数は近年増しているように思われる。**表4―1**に示すのは、国際比較調査の結果明らかになった、過去一〇年ほどの間に各国で起きたオルタナティブ・スクールをめぐる係争の事例である(1)。

**表4―1**に示した係争は、デンマークのトゥヴィンド・スクール以外はいずれも初等・中等教育レベルの、公費助成を得ているオルタナティブ・スクールである。これらの事例のように、訴訟にまで至らなくとも、国家や地方政府との闘いを繰り返してきたオルタナティブ・スクールは少なくない(2)。このような論争や一九九〇年代以前のケースを含めて考えると、オルタナティブ・スクールには本質的に国家システムとの相克を生み出す特性が内包されているようにすら思われる。それぞれのケースの詳細を述べる紙幅はないが(詳細は表の注記を参照)、ここではこうした係争を通して見えてくる三つの問題点を指摘しておきたい。

## (1)「喉仏につかえた骨」としてのオルタナティブ・スクール

教育システム全体から見ると、オルタナティブ・スクールはその総数からして取るに足らない存在である。しかし、各国の事例が裁判にまで発展していることからも推察できるように、なかには政府にとって放置しておけない、教育システムの存立基盤を揺るがしかねない学校もある。

全校生徒数が一〇〇人にも満たない小規模校が政府を相手どって争ったサマーヒル・スクールの係争に典型的に現れているように、政府は小さな存在ながらも重大問題としてオルタナティブ・スクールをとらえる傾向が見られる。つまり、オルタナティブ・スクールは教育システムの「不適合者」(3)と見なされ得るのである。しかし、相当に神経を

**表4－1　1990年代以降のオルタナティブ・スクールの係争（論争）事例**

| 係争の起きた年 | 国 | 学　校 | 係争の理由 | 訴訟(論争)結果 |
|---|---|---|---|---|
| 1996 | デンマーク | トゥヴィンド・スクール | 国内外における学校の「チェーン店」化および教育目的以外への公費助成の使途(発展途上国での収益事業の展開)等に対する疑惑 | 学園側の勝訴。しかし、独立学校運営規定内容の厳格化をもたらした。 |
| 1999 | オーストラリア | ブールービン・サドベリー・スクール | 学園の学習環境や成果に対する地方政府当局の疑義に起因する認証プロセスおよび助成金振込みの遅延 | 助成金の振込みが遅れたため、学園は担保に入れていた一部の土地を手放す。学園側は裁判を起こし、勝訴。ただし、その後も断続的に係争は続いている(下記を参照)。 |
| 1999 | イギリス | サマーヒル・スクール | 教育水準の低さおよび授業参加の自由という学校運営方針に起因する出席状況の悪さ、教育課程の狭さ、トイレなどの寮の施設の不備 | 裁判では和解となったが、実質上、学園側の勝利。学習に関する評価については授業のみならず学園生活全体から判断することや、生徒の声を尊重するなど、今後の監査のあり方が学園側に有利になる。 |
| 2001 | 韓国 | ガンディー学園 | 高等学校のみ「認証」された中高一貫校における中等部への助成金の「流用」の疑い | 中等学校を生涯教育センターに改組することにより和解。教育の成果が評価され、地方当局により訴えられた学園長等は無罪となる。 |
| 2001 | 台湾 | 北政国民中学校自主学習計画実験クラス | 政権交替に起因する実験クラスへの政策の転換 | 国内外からのアピールは届かず、公立学校敷地内からの移転を余儀なくされ、最終学年の生徒の卒業をもって学園は閉校となる予定。 |
| 2001 | ニュージーランド | オークランド・メトロポリタン・カレッジ | 教育の市場化政策に伴う教育の質(特に生徒の学習や生活態度)の低下 | 教育省が認可校として再び開校する可能性を示したが、学園側が自らの教育信条を譲らず、閉校となる。 |
| 2001 | オランダ | アヴェントゥリジン・スクール | 学習計画の不足、テストの実施拒否、学習環境の不備 | 学園側の勝訴。学校の認証に関する市当局の不当な干渉が指摘され、無認可校に対する監査基準の問題が明らかにされた。 |
| 2003 | オーストラリア | ブールービン・サドベリー・スクール | 生徒の年齢・能力・適性・ニーズにかなった学習とその継続性、学習水準の低さ、障碍児教育の不完全な環境に対するクレーム | 学園側のアピールは受諾されず、2003年12月に認証が取り消され、助成金も止められる。学園側は起訴し、2005年4月現在も係争中。 |

注）上記の係争事例は、イギリスを除いて、筆者による現地調査の際に明らかになったケースである。個々の解説については、国際オルタナティブ教育研究会（2003a）、289-293頁を参照。さらなる詳細は、梶間（2001）および Potter（2002）（イギリス）、Beckers（2003）（オランダ）、Kwag (2002) および http://user.chollian.net/~gandhis/eng/（韓国）、一見 (2001)（台湾）、清水 (1996)，271頁（デンマーク）、Vaughan (2002a；2002b)（ニュージーランド）、http://www.booroobinschool.com.au（オーストラリア）を参照されたい。

尖らせている政府の応対からすると、それはただの不適合者ではなく、「喉仏につかえた骨」[4]、換言すれば、「万能」であるはずの教育制度のアキレス腱を衝くような存在として映っているといえよう。

したがって、オルタナティブ・スクールに対峙する際の国家の姿勢は概して強権的である。このことは、イギリスやオーストラリア（クイーンズランド州）の政府が出した閉鎖勧告にも現れている。たしかに、ニュージーランドのように政府が学校支援プログラムを組んで学校改革を促すという対応もあるが、その場合でも、オルタナティブ・スクールにとっての本質的な方針の転換を要請するような提案がなされるなど、政府の対応は権威的であったといってよい[5]。社会的な弱者としてのオルタナティブ・スクールが裁判という手段に訴える背景には、こうした権力構造の問題が見いだせるのである。

## (2) 独自性を評価することの困難

各々の係争事例は、伝統的な認証・評価基準にしたがってオルタナティブ・スクールの独自性を測ることの本質的な難しさを示唆している。**表4－1**に挙げられているオルタナティブ・スクールは、施設の安全性、学力・福祉面での適切性に問題があると政府によって見なされた実践である。しかし、サマーヒル・スクールの判例で監査のあり方の問題性が指摘されたように[6]、こうした評価は多分に一方的もしくは恣意的な判断に依っていることがいくつかのケースからもうかがえる。

ここでは取り上げなかったが、ドイツのフレネ教育の実践校であるクロイツベルク自由学校が科学的に裏付けられた教授方法が欠けているという理由で行政に訴えられ、裁判に発展した例がある。その際に下されたドイツ連邦憲法裁判所の一九九二年の判決も、行政側の恣意的な判断を指摘した判例であった（坂野、二〇〇三年、八九ページ）。

オルタナティブ教育関連の係争において、その判決が学校側の勝訴または学校側に有利な和解となっているケース

**図４－１　法令等と公立校およびオルタナティブ校との関係**

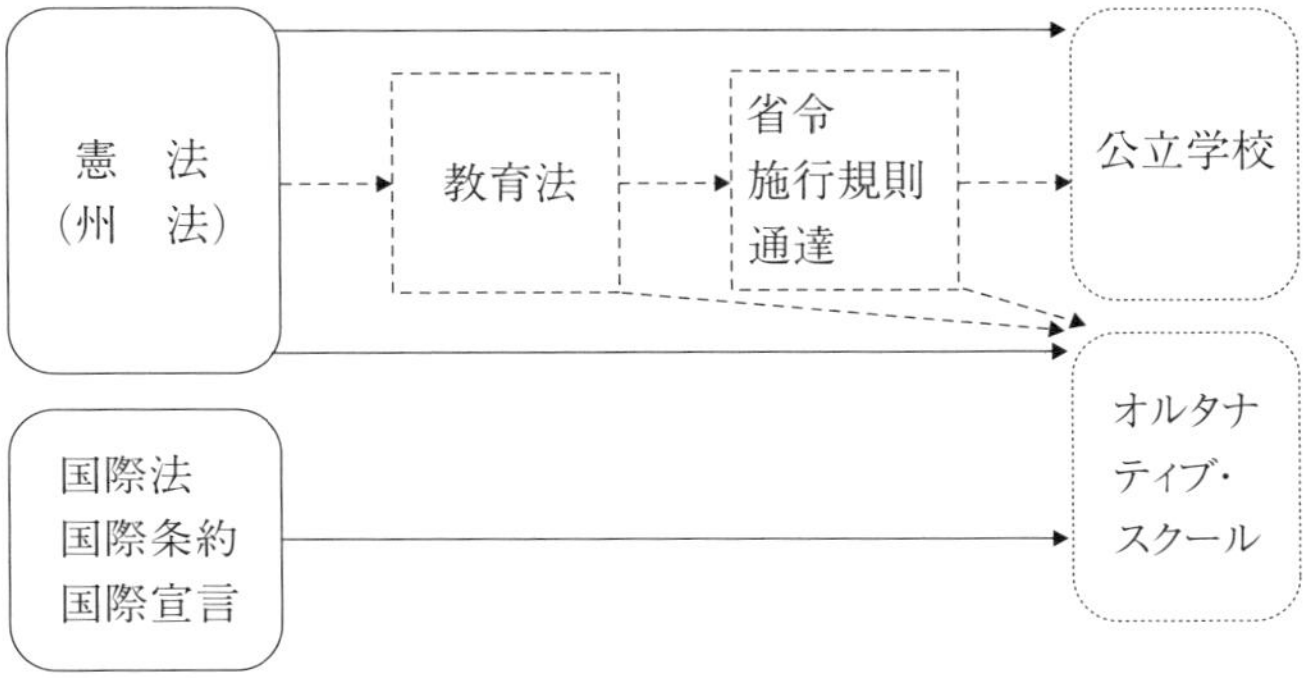


が少なくないという事実から示唆されるのは、近年のオルタナティブ教育実践の正当性が評価されているということのみならず、政府または行政当局による過度な、もしくは不当な関与が存在するということであろう。

一九九〇年代以降、近年のヨーロッパ諸国などで監査体制が強化される趨勢の中で、独自性を本質的に内包するオルタナティブ・スクールが「標準」と合わなくなる事態が起きている。しかし、親の教育権などを謳う憲法などに照らし合わせると、政府の積極的な関与は過干渉となり、裁判の過程で不利になることもあるのである。

多くのオルタナティブ・スクールやその支援団体は、世界人権宣言や多くの国の憲法に謳われている自由や平等、社会的公正を標榜している。(7) これらの理念に忠実で、なおかつ子どもの健全な発達や安全にも適当な配慮がなされている場合、管見のかぎりではあるが、オルタナティブ・スクール側が勝訴するケースは少なくないように思われる。施行規則や行政上の通知などに基づく指導や助言が、人権などを擁護する憲法や国際法と齟齬をきたすような場合も十分に起こり得るであろう。**図４－１**に示すように、公立学校の場合と同じ原理に即してオルタナティブ・スクールを指導または評価しようとすると、往々にして、その指導や評価が元来のっとっているはずの上位の法律に抵触するという自家撞着的な現象が見られるのである。

今、各国でオルタナティブ教育を評価する際の〈まなざし〉が問われている。オランダのアヴェントゥリジン・スクールの事例に見られるように、行政がオルタナティブ・スクールを評価する際、公立学校の評価と同様の仕方で判定が下されることがある。しかし、**図4-1**（破線の矢印）に示されているように、公立学校を監査する際に問題になることはほとんどない〈まなざし〉でオルタナティブ・スクールを監査すると裁判へと発展する場合があるのである。

オルタナティブ教育実践者の意識は、教育法や施行規則というよりも右図の実線で示した憲法や国際法の精神と符合しており、破線の〈まなざし〉とは一線を画している。オルタナティブ・スクールを制度の一環として位置づけている（位置づけつつある）国々の共通課題として、一律の基準に拠らない監査手法という技術レベルの問題に留まらず、オルタナティブな教育現場を見るときの〈まなざし〉のあり方が指摘されてよい。

### (3) 新自由主義的《ネオリベラリスティック》な教育改革とオルタナティブ・スクール

近年、新自由主義的な価値観に即した学校評価が各地で浸透している。新自由主義とは、個人や個々の組織の自由と責任に基づく競争と市場原理を重視する現代の思想潮流であり、そこでは効率性や効果などが評価の重要な基準となっている。

その一方で、第2章のケース・スタディに示したように、市民社会の成熟と価値観の多様化に伴い、独自のオルタナティブ・スクールが次々と創設されている。そこでは、自らの創意や発案により型にはめられない実践が息づいている。

この二つの趨勢、すなわち外発的に自己形成を促す新自由主義的なベクトルと内発的に自己生成しようとする市民社会のベクトルとの狭間において係争問題は起きているのであり、その頻度は近年増しているように思われる。

オークランド・メトロポリタン・カレッジの一連の事件を追い、いくつかの研究論文にまとめたカレン・ヴォーン

(Karen Vaughan) は、学校が市場競争に巻き込まれ、社会福祉が脆弱化した結果、ニュージーランドではドロップアウトなど「危機に立つ生徒」の受け皿となる学校の設置と運営がかつてないほどに困難になったと指摘している (Vaughan 2002b)。

特別なケアを必要とする生徒が集うオルタナティブ・スクールは少なくない。中等教育レベルでニュージーランド唯一のオルタナティブ・スクールといわれるオークランド・メトロポリタン・カレッジもそうした学校であった。しかし、市場原理に則した教育改革の結果、同校は「問題児」のための「底辺校」と化し、十分なケアを行うゆとりがないまま閉鎖に追い込まれていった。弱肉強食の原理に則った新自由主義的な教育改革が各国で進む今日、ニュージーランドのケースはトップダウンの改革がオルタナティブな教育にどのような影響を与えるかを一考する際の貴重な事例であるといえる。

ヴォーンによれば、同カレッジのスタッフの多くは、行政との係争プロセスで徐々に疲弊し、反抗の力と声を消失していったという。(8) 係争の渦中に巻き込まれた当事者にとって、学校経営を切り盛りしながら闘いに臨むだけの余力はさして残されていないのではないだろうか。

州政府との間で繰り返される係争に閉口していたブルービン・サドベリー・スクール代表のシェパード (Derek Sheppard) は、筆者に次のように語っていた。(9)

「財政支援のない学校ではありますが、イギリスで長い伝統をもつサマーヒルでさえ政府の監査報告に対して法廷で自己擁護するために巨額の支金を集めなくてはなりませんでした。私たちは、いったいいくつの学校がこうした犠牲を払う余裕があるのかと問いたいのです」

この言葉は、多くのオルタナティブ教育実践者の心理を代弁しているといえよう。

サマーヒル・スクールがイギリス政府に実質上の勝利を収めることができたのも、それは世界的に知られる有名校であるからであり、国際ネットワークが支援金を通した緊急サポートを行ったという例外的なケースであることは強調されてよい。このように、ある程度の知名度がないかぎりオルタナティブ・スクールは孤立した闘いを強いられることが少なくない。

裁判において勝訴することは多いとしても、台北市の政権交代によって危機に追い込まれていった台湾のケースが象徴的に物語っているように、そのときどきの政情における為政者の思惑や監査官の恣意的な評価によって存続が危ぶまれるほどにオルタナティブ・スクールの社会的基盤は脆弱である。このような現況とそれらの実践の社会的な意義とを照らし合わせると、支援メカニズムの構築、ひいては多元的な教育システムの構築が重要な課題として浮かび上がってくるのである。

## 2 オルタナティブ・スクールの質保証《クオリティ・アシュアランス》

ここまで扱った各国の係争事例に共通して見いだすことのできる問題が、オルタナティブ・スクールの認証や監査(評価)のあり方である。

オルタナティブ・スクールの認証や監査の実施主体である教育行政の〈まなざし〉については、国によって相当に差異が見られる。多様なオルタナティブ・スクールを制度として受容し、公費助成を伴う形で認証している国もあれば、メインストリームだけに適合するような一元的な指標をもってオルタナティブ・スクールを認証している国もある。

日本の場合、フリースクールなどのオルタナティブ・スクールは、進学塾と同様に、国によって「認知」されていても「認証」はされていない。一九九二年に文部省から「登校拒否はどの子にも起こりうる」ものであり、「公的な指導機会が得られない（中略）ときは、民間の相談・指導施設も考慮されてよい」という趣旨の通知（平成四年三月、学校不適応対策調査研究協力者会議報告『登校拒否（不登校）問題について――児童生徒の「心の居場所」づくりを目指して』文部省初等中等教育局）が出されて以来、不登校の子どもたちの「受け皿」となっているフリースクールなどの民間施設は公的に認知されてきたといえる。しかし、ＳＳＰ（スクーリング・サポート・プログラム）やＳＳＮ（スクーリング・サポート・ネットワーク、ともに第1章注9を参照）などの民間施設も対象にした財政支援策は打ち出されたものの、こうしたプログラムは「学校復帰」を前提としているために、ごく一部の民間施設が助成を受けるに留まり、オルタナティブ・スクールの大半は公的な認証を得られず、公費助成も懸案事項の一つとして残されたままである。

一方、欧米諸国や近年のアジア諸国では、伝統的な学校教育以外の教育形態を積極的に認めようとする動きが部分的にではあるが見られる。第2章および第3章に示したように、オランダやデンマーク、ニュージーランドなどは、教育制度の一環としてオルタナティブ・スクールを認証して公費助成を行っている。また、韓国やタイをはじめとしたアジア諸国でも、オルタナティブ・スクールはその存立基盤を法的に確保しており、社会的地位が保障されつつある。問題は、認証または監査のプロセスにおいて先の係争事例として扱ったような不和が現実に生じているということである。

では、実際に各国の公的機関はどのような基準をもって認証や監査を行おうとしているのであろうか。筆者らが実施した国際比較調査では、オルタナティブ・スクール（プログラム）が公的に認められている場合(10)（とくに、公費助成を受けている場合）、設立の事前・事後におけるクオリティ・アシュアランス（コントロール）のための規制が何らかの形で課せられていることが明らかになった。以下に、クオリティ・アシュアランス（以下、QAと略記）に関して各国でどのように対応しているのかについて見てみたい。

まず、オルタナティブ・スクールのQAの根幹ともいえる各国の法令の特性をまとめて示すことにする。

## (1) 法的クオリティ・アシュアランス

第2章のケース・スタディで例示したように、自由や権利が標榜されるオルタナティブ教育関連の法規が生まれた背景にはそれぞれの歴史を織り成してきた現実社会での相克があり、社会秩序を指向する保守勢力と独自性や刷新性を希求する革新勢力との緊張関係があったといえよう。ここでは、それらの法規の代表的なものをいくつかのタイプに分けて示したい。

オルタナティブな教育制度が確立している国（州）では、憲法から省令や施行規則に至るまでさまざまなレベルで関連の法規が見られるが、それらは次のように大別される。

❶教育を授ける主体は、国家のみならず宗派や市民でもよいことを規定するタイプ（オランダやドイツ）
❷公立以外の教育機会、すなわち私立（独立）学校や、ホームスクールでもよいとするタイプ（デンマークやイギリス）
❸多様な教育機会を保障するタイプ（ロシアやタイ）
❹「実験」などの刷新的な要素の導入を規定するタイプ（台湾）
❺「特例」として、例外的に位置づけるタイプ（韓国）

❶のタイプとして、オランダの憲法第二三条の「教育の自由」が知られている。そこでは、「何人も（中略）教育

## ドイツのシュタイナー学校の法的地位

憲法や教育法ではないが、ドイツで注目に値するのは、シュタイナー学校などの宗派立ではない独自の学校群である「世界観学校」に関連する州レベルの諸規程だ。たとえば、バーデン・ヴュルテンベルク州の私立学校法によれば、「特別な教育的特徴の学校としての自由ヴァルドルフ学校はオルタナティブ・スクールである」とされ、自由ヴァルドルフ学校、すなわちシュタイナー学校を対象とした法律として「自由ヴァルドルフ学校に関する州政府政令」が制定されている。

その第3～5条では、「親の財産状況により生徒が差別されない場合」という条件で学校設置が許可されている。そのための主な要件は次の通りである。

① 学校の教授目標および設備、ならびに教員の質が公立学校と遜色がないこと。
② 学校がヴァルドルフ教育課程による教育目標を満たし、授業が原則的に専門的および教育学的な教員養成を修了した教員により行われること。

上と同じ条項に定められていることであるが、シュタイナー学校の教師になるには、公立学校の教師のための養成課程を収める必要はなく、シュタイナー教育独自のトレーニングでも認められている。

また、「学校の内的・外的構成、教授・教育方法、および教材の相違は、学校が対応する公立学校と等価値（gleichwertig）と見なされるかぎり、認証と抵触しない」というように、公教育との等価性が重視されている。非宗派立の特定の学校群がこうした独自の法体系に基づく学校システムとして位置づけられているのは、世界的に見ても極めて稀であるといえよう。

参考文献：坂野慎二「ドイツのオルタナティブな学校」国際オルタナティブ教育研究会（2003a，90ページ）

を与えることは自由とする」と謳われている。そして、この理念のもとに「学校創設の自由」、「学校方針の自由」、「学校組織の自由」という三つの自由が保障されている（第2章ケース・スタディ④参照）。ただし、後述の通り、学校の創設と運営にまったく規制がないというわけではなく、「所轄庁の監督権」や「教師の適格性と道徳的誠実さを審査する所轄庁の権限」が留保されていることは強調されてよい。

ドイツの場合も憲法第七条四項で「私立学校の権利は保障される」と謳われ、オルタナティブ・スクールを含めた公立学校以外の学校の設置・運営が保障されている。ただし、これにもいくつかの条件が課されており、同条五項には、教育行政官庁が「特別の教育的利益（besonderes pädagogisches interesse）」を認めること、または学校がキリスト教などの宗派立かシュタイナー教育のような特別な世界観をもつ学校などとして設立されること、なおかつ同一の市町村内に同種の公立基礎学校が存在しないことが明記されている。

❷のタイプの代表的な国はデンマークである。同国では、憲法第七六条に「教育義務年齢にあるすべての児童は、国民学校（筆者註：公立の初等教育学校）において無償で教育を受ける権利を有する。ただし、国民学校で一般的に要求されるのと同じレベルの教育を子どもが受けるように配慮する親または保護者は、子どもを国民学校に通わせ、そこでの教育を受けさせる義務は負わない」と明記されている。この条文に基づいて「フリースコーレおよび私立の基礎学校に関する法律」が定められ、親は公立学校以外のオルタナティブな教育機関もしくは家庭で子どもを教育する権利が保障されている（第2章ケース・スタディ⑥参照）。

すでに一八一四年に発布された学校令において、親自身が子どもを教育する権利が謳われてきたデンマークでは、憲法に「親の諸権利」も明記されている。デンマークは、学校づくりの主体が国家ではなく、親であり、市民であり、地域社会であるという意識がもっとも強く根づいている社会の一つであろう。[11]

イギリスでは、「すべての義務教育年齢の子どもをもつ親は、子どもを学校に規則的に登校させるか、あるいはその他の方法（otherwise）によって、教育上に特別な配慮を必要とする場合はそれを含めて、子どもそれぞれの年齢、能力、素質に相応しい十分な教育を受けさせる義務がある」（傍点引用者）、と現行法の基礎となっている一九四四年教育法第三六条に明記されている。つまり、「その他の方法」によって、オルタナティブ・スクールまたはホームスクールは容認されているのである。その要件は、子どもの「年齢、能力、素質に相応しい十分な教育」である。そして同条は、増え続けるホームスクーラーの「拠り所」ともなっている。[12]

❸のタイプの国としてロシアを挙げることができる。憲法第三四条で、「ロシア連邦は、連邦国家教育スタンダー

ドを作成し、多様な形態の教育と自己教育を支援する」と、教育の多様性への支援が謳われている。また、連邦教育法レベルでは、「個人のニーズと可能性を考慮」して、教育課程が教育機関だけでなく、「家庭教育、独学、検定受験の形で」履修されることが認められており、「教育を受けるさまざまの形態と組み合わせることもできる」とされている（第一〇条）。

以上は、西欧諸国の例であるが、アジア諸国の教育法も近年、注目に値する内容が見られる。アジアにおける❸のタイプの代表はタイである。第2章ケース・スタディ②に示したように、タイでは一九九九年に発布された国家教育法第一二条に、学校にかぎらず多様な主体による教育の提供への可能性が日本でいうところの教育基本法レベルで保障され、これに基づいて省令が策定されている。最近の省令案を見るかぎり、多元的な教育社会構築に向けた基盤は構築されつつあるといってよいであろう。(13)

タイの国家教育法と同年に策定された台湾の教育基本法は❹のタイプとして注目に値する。第一三条の「政府および民間は必要に応じて教育実験を進めなければならず、教育の研究・評価を強化して教育の質の向上を図り教育の発展を促進すべきである」、ならびに一九九九年に改訂された「国民教育法」第四条の「学生の学習権を保障するために、国民教育の段階で非学校型態の実験教育を行わなければならず、その方法は直轄市または県（市）政府がこれを定める」は、台湾のオルタナティブ教育存立の法的根拠となっている。

アジア諸国の動向としてさらに注目されるのが、❺のタイプの韓国である。韓国では初等・中等学校教育法第六一条（学校運営および教育課程運営の特例）により、オルタナティブ・スクールは「特例」として扱われている。学校教育制度を含む教育制度の改善と発展のためにとくに必要だと認められる場合、大統領令が定めるところにより、校長・教頭の資格、学年度の開始と終了時期、学年制による進級と卒業、検定教科書の使用、学校運営委員会の設置などの規程を適用しない学校あるいはカリキュラムを運営・運用することができる。

初等・中等学校教育法施行令では、デンマークの独立学校のように、オルタナティブ・スクール（特性化中学校）の長は生徒を選抜することが認められており、その際、筆記試験による選考を実施してはならないとされている。また、同施行令第一〇五条（学校運営の特例）では、自律学校（訳注：代案学校＝オルタナティブ・スクールを指す）は「国・公・私立の初等学校・中学校・高等学校を対象に、教育人的資源部長官（訳注：日本の文部科学大臣）が指定する」こと、「自律学校を運営しようとする学校長は教育監（訳注：日本でいう教育長）の推薦を受け、教育人的資源部長官の指定を受けなければならない」ことが記されている。さらに、「教育人的資源部長官あるいは教育監は、自律学校の運営に必要な支援をしなければならない」ことも明記されている。

ここまで、多元的な教育システムが確立されている、またはされようとしている国の法規を取り上げた。オルタナティブ教育はこうした法規のもとで擁護され、現実のものとなっている。しかし、まったくの手放しで学校づくりが行われているわけではないということに留意する必要がある。実際、国家や州政府がオルタナティブ・スクールの設立・運営を認める際にはさまざまな要件が課せられているのである。次に、こうした要件の実際例について見てみたい。

## ●公教育との等価性

オルタナティブ・スクールを認証する際、公教育との等価性、すなわち公立学校一般と同じレベルの教育実践が求められる国（州）がある。

市民による自由な学校づくりで知られるデンマークであるが、同国の憲法第七六条は、市民がオルタナティブ教育を授ける際、「国民学校で一般に要求されるのと同じレベルの教育を子どもが受ける」ことを求めている。同様に、「フリースコーレおよび私立の基礎学校に関する法律」の第一条一項にも、「自由学校および私立の初等教育学校（自由初等教育学校）は、公立の小中学校で一般に要求されている基準に従って、第一学年から第九学年までの範囲の教育を行う」と規定されており、ここでもオルタナティブ・スクールに公立校と同レベルの基準が期されている。さらに、監査について述べた同法律第三条に、デンマーク語と算数（数学）と英語の三教科が公立学校と同レベルで教えられるように監査されなくてはならない、とも記されている。

ドイツもまた、公教育との等価性が法文化されている国の一つである。ドイツの基本法第七条には次のように記されている。

「私立学校を設置する権利は保障される。私立学校は公立学校の代用として国の認証を要し、かつ州法に従う。認証は、私立学校がその教育目的、施設、教師の学術的教育において公立学校に劣らず、かつ親の財産によって生徒の選別が行われない場合に下される」

つまり、私立学校での教育課程は公立学校と同じである必要はないが、等価性が保障されなければならないことが明記されており、家庭の貧富格差を基準にした入学選別も認められていない。なお、先のコラムで紹介した（二三一ページ）バーデン・ヴュルテンベルク州のシュタイナー学校に関する法律のように、州レベルでも公教育との等価性は強調されている。

第2章ケース・スタディ⑤で見たように、オレゴン州でも、オルタナティブ教育は「生徒の教育上のニーズおよび興味にもっともよい形で応え、学区および州の学力標準の達成において生徒の手助けとなるように設計された学校または学校とは別に設けられた教室を意味する」と、州法第336−615で規定されており、学区や州が設定する「学力標準」との等価性が前提となっている。

オレゴン州の場合、こうした法精神が見られる一方で、同法同条625−1（一四九〜一五〇ページ）において「柔軟な学習の条件」の設定を明記することにより、伝統的な公立学校とは異なった特性をオルタナティブ教育に対して求めているのである。オルタナティブ教育の等価性を強調する諸規則は珍しくないが、オレゴン州のようにオルタナティブ教育の独自性をも規定した法律は貴重な事例として注目に値する。

先にも述べた通り、ロシアでは教育の多様性が憲法下で重視されているが、その一方で教育のクオリティの維持・向上のために「全国教育スタンダード」が設けられている。学校施行規則レベルにおいても、「個人のニーズと可能性」を考慮の上、初等・中等教育プログラムは履修することができるとされているが、これに対しても「教育を受けるすべての形態に対し、（中略）統一的国家教育スタンダードが効力をもつ」と明記されており、教育のクオリティへの配慮がなされている（初等中等普通教育学校標準規程第一一、一二条）。

**●ナショナル・ガイドラインまたはゴール**

ここまで列記した公教育との等価性は、考えてみれば相当に曖昧な基準である。実際には、それぞれの法文に記されているような等価性は、明らかな問題が起きないかぎりあえて問われることはないようである。

こうした緩やかな法的フレームワークよりもさらに細かなガイドラインやゴールを設定することにより対応している国（州）もある。ニュージーランドでは、教育法第六一～六二条によって各校の運営方針を記したスクール・チャーターは国の定める基本原則を踏まえなくてはならないことが明記され、そのためのそのためのナショナル・ガイドラインが設けられている。

ナショナル・ガイドラインの主な内容は、アチーブメント基準、教育の平等などの教育目標を概略化した「ナショナル・エデュケーション・ゴールズ」、七つの主要学習領域などにおける知識・技能の教授・学習指針を定めた「ナショナル・カリキュラム・ステートメント」、学校理事会や校長による管理・経営指針を示した「ナショナル・アドミニストレーション・ガイドラインズ」である。

オーストラリアでは、一九九九年に南オーストラリア州の州都であるアデレイドに各州の教育大臣が集い、二一世紀の教育目標を謳った「アデレイド宣言（The Adelaide Declaration [1999] on National Goals for Schooling in the Twenty-First Century）」が出された(14)。そこには、生徒が学校に通うことにより期待される能力や資質について明記されており、そのための八つの重要学習領域（芸術・英語・保健体育・英語以外の言語・数学・理科・社会と環境・テクノロジー）も示されている。

これは法的拘束力をもつものではないが、オルタナティブ・スクールの監査基準としても機能している（第２章ケース・スタディ④参照）。実際に、クイーンズランド州のオルタナティブ・スクールが州政府に認証取り消しを宣告された際、その理由書には、「アデレイド宣言の目標を十分に達成していない」と指摘されていた(15)。

**●特殊性**

オルタナティブ・スクールを設立する際、公立学校とは異なる学習環境を設ける必要性の明示が求められる国もある。ニュージーランドの「統合学校（Integrated School）」の別称は「Special Character School」であり、「特別な性格を有する学校」という意味である。「指定特色校（Designated Character School）」においても、何が特性《スペシャル・キャラクター》なのか、その独自性を設立申請の際に明記しなくてはならない。公立のオルタナティブ・スクールともいえる指定特色校に関しては、教育法第一五六条により、通常の公立学校では受けられない教育を提供することや目的や狙いを明文化することが求められている。

ドイツもまた、特別のニーズをオルタナティブ・スクールの設立・運営の前提とする国の一つである。先述の通り、オルタナティブ・スクールの設立条件の一つとして「特別の教育的利益」が憲法に記されており、認証のための重要な基準となっている。

公立学校では提供されがたいユニークな側面を、法令においてもっとも積極的に評価しているのはオレゴン州であろう。第2章のケース・スタディ⑤にも示した通り、「子どもに刷新的でより柔軟な教育方法を提供するため、学区教育委員会は新たにオルタナティブ教育の選択肢を公教育制度内に設置してよいこととする」と州行政法で定められており（ＯＡＲ581−022−1350）、とかく硬直しがちな教育システムに対してイノベーションの息吹を提供することがオルタナティブ・スクールの役割として認識されている。また、施行規則のレベルでも刷新性や柔軟性は重視され、学校現場の評価もこうした観点から実際になされている（三〇三ページの**資料Ⅳ**を参照）。

**●福祉・人権に関する規定**

オルタナティブ・スクールを含めた学校の設置・運営に関連して、子どもの福祉や人権に関する規程を定めている国もある。

イギリスでは「一九八九年子ども法（第八七条）」において、学校の所有者は、子どもの適切な健康、幸福、適切な身体、体力、感情、社会性、行動の発達を保障しなくてはならないと規定されている。また、寮がある学校では、職員に関する事項（生徒の対職員比率、子どものプライバシーなど）、施設設備（トイレ、洗濯施設など）、方針（イジメ、体罰、危機管理など）について重視することが求められている。

また、南オーストラリア州でも、後述のコラム（二五八ページ）で説明する通り、学習内容や財政と並んで「生徒の安全と健康と福祉」に問題のないことが要件として課せられている。

人権などの規約に関して特記に値するのは、次に紹介するカナダのブリティッシュ・コロンビア州の規程である。カナダでは、学校評価の一環として人種差別反対や宗教上の不寛容を抑制するための誓約書に署名しなくてはならない。外部評価の前になると、監査を受ける学校は「評価カタログ」に記入・署名した上で原本を教育省へ提出し、そ

**図４－２　ブリティッシュ・コロンビア州の誓約書**

**総　合　的　な　誓　約**

a)　当独立学校では理論と実践において次の主義主張を促し、または助長するようなプログラムは一切存在しないし、計画もされていません。

(i)　人種的または民族的優越もしくは迫害

(ii)　宗教的不寛容もしくは迫害

(iii)　暴力的行為を通した社会変革

(iv)　治安妨害

b)　当独立学校の施設は、施設が在るブリティッシュ・コロンビア州および所在地の市や地区の法令に準じています。

c)　当学校責任者は独立学校法およびその諸規程に従っています。

教育基準令に明示されているように、当学校は教育大臣によって定められた教授目的や時間、計画上の要件に従い、現行年度の教育プログラムを策定しました。

□　はい、当学校は上記のすべての項目に準じております。

□　いいえ、当学校は上記のすべての項目には準じておりません。

出典）Ministry of Education, Office of the Inspector of Independent Schools. *Instructions for the Evaluation Catalogue for Independent Schools*. 2000. p.4.（翻訳は筆者による）

の写しを外部評価委員会委員長と各委員に一部ずつ送付することになっている。「評価カタログ」は外部評価委員会に学校情報を提供するものであり、当該学校の最新の経営哲学や教育内容、施設などについての情報を記す。記載事項の中でも興味深いのは、同カタログの中にある「総合的な誓約(overall declaration)」である。そこには、**図４－２**のように記されている。

このようにブリティッシュ・コロンビア州では、誓約書に署名を求めることによって、人種差別や宗教的不寛容などのいわば抑圧文化に対する規制を働かせているのである。

### (2)　認証と監査に関わるクオリティ・アシュアランス

オルタナティブ・スクールの中には、学校の設立・運営に対する公的な許可である認証と定期的な評価、すなわち監査を政府機関や専門機関から受けている学校も少なくない。各国の情況を見ると、通例、少なくとも六年に一度は何らかの形で認証や監査が行われている。評価の項目は、学校運営に関する項目から教育内容に関する項目まで多岐にわたる。

諸外国のオルタナティブ・スクールの認証および評価を実施する機関については、いくつかのパターンが見られる。第一に、オーストラリアの大半の州のように認証も監査も同一の機関が行うというパターンである。第二に、イギリスのように認証は教育省（文部科学省）が、監査は教育省から独立した専門機関が行うというパターン、第三に、オランダのように、認証は地方の行政当局が行い、監査は専門機関が行うというパターン、第四に、オレゴン州のように認証を教育機関認証専門組織（Northwest Association of Schools and Colleges は全米の6地域に設置されている一認証機関である）にゆだね、監査を地元の教育委員会などの公的機関が行うパターン、第五に、これは例外であるが、デンマークのように認証は公的機関が行っても、監査の専門機関は置かず、監査は原則的に自己評価で行うというパターンである。[16]

次に、オルタナティブ・スクールに対して監査が実施されている国（州）をいくつか取り上げ、それぞれの特徴について概説する。

イギリスの場合は、「教育水準監査院（ＯＦＳＴＥＤ：Office for Standards in Education）」か私立学校の監査官による学校監査および消防署の監査を最低六年に一回は受けなくてはならない（寮制の学校は最低四年に一回）。監査の項目は、①教育の質、②生徒の学習水準、③学校経営の効率性、④精神的、道徳的、社会的、文化的な観点から見た子どもの発達、⑤寮の生活環境、⑥施設設備、教育内容、所有者、職員、福祉に関する一九九六年教育法の規程への充足度、の六つである。①～⑤は公立・公営学校と同じであるが、⑥は独立学校のみに適用されている。報告書は、学校と教育技能省に提出され、親か地域には公表しなくてはならないが、オルタナティブ・スクールを含めた独立学校の場合、公立学校のように一般に公表する義務はない。

オランダでは二〇〇二年から新たな監査法が施行され、すべての初等・中等学校が定期的な監査を約二年ごとに受けることになった。この監査で問題があると指摘を受けた学校は、半年または一年後に再びより厳しい監査を受けることになる。また、標準テスト（ＣＩＴＯテスト）の結果、問題があると見なされた学校に対しては、簡易監査を定期的に実施する制度も導入された。これは、モニタリング的な性格をもっている。

これらの監査は、政府に対して準独立機関である教育監査局が実施する。オランダの監査官が学校を評価する際に用いるのは「クオリティの諸側面（features of quality）」、換言すれば「クオリティを測る観点」であり、これには学習の成果、教育的環境、学校運営などが含まれている。評価の際、学校が認証を受けるときに提示された達成目標や試験プログラム、時間割、教育目標なども重要な評価基準となる。

オレゴン州のチャータースクールおよび私立オルタナティブ・スクールは学区教育委員会の監査を毎年受けなくてはならないが、私立オルタナティブ・スクールのほうが監査は厳しくないといわれている。先述の通り、学習環境や時間、教授法における柔軟性が監査の視座として重視される点がユニークである。

デンマークでは、親の会が選ぶ監査者による評価が毎年行われる（第2章ケース・スタディ⑥）。この評価で問題があるとされた場合のみ、学校に対して改善通告を行い、それでも改善されない場合は市当局に通報して外部監査が行われることになる。さらに改善が必要とされた場合は、教育省による特別監査があるが、このレベルの監査まで至るケースは非常に稀である。二〇〇三年からオルタナティブ・スクールを含むすべての学校にホームページ上での学校情報の公開が義務づけられるようになり、こうした変化が自己監査のあり方にも影響を与える可能性もある。

ニュージーランドでは、オルタナティブ・スクールといえども、統合学校のように公費助成を受けるかぎり、三〜四年ごとに「教育評価局（ＥＲＯ：Education Review Office）」の外部監査を受けなければならない。監査の前に学校側は自己評価（Self Review）の文書を教育評価局に提出し、それをもとに三〜四人の監査官が一週間ほどの学校訪問監査を実施する。評価基準は、①学校経営、②運営計画、③財政、④安全管理、⑤教職員の労働環境と実績、⑥校長のリーダーシップと教師のパフォーマンス、⑦カリキュラム運営、⑧生徒の学習評価、⑨先住民マオリの生徒の教育、などである。監査官が作成したレポートを未確定報告（Unconfirmed Report）として学校に提示し、それに対する意見を聞いた上で最終報告書を作成する。

近年、新たな教育評価局長が就任し、こうした当事者の意見を反映させるプロセスはより重視されるようになった。また、評価者の一人として「フレンド・オブ・ザ・スクール（Friennd of the School）」と呼ばれる人物を学校側が指定できる制度がある。たとえば、すべての評価者がシュタイナー教育などの独自性の強い教育理論・実践を理解しているわけではないので、そうした思想と実践をよく心得た学校関係者をよき理解者として学校側の代弁をしてもらえるように指定できるのである。

以上から分かる通り、各国において、通例、六年以内に公費助成の対象のオルタナティブ・スクールは監査を受けている。

なお、試験的な運用期間を設けて漸次的な認証制度を採用している国もある。韓国のオルタナティブ・スクールである特性化学校も、三年以内の試験的運営を経て、教育大臣（教育人的資源部長官）の認証を得た上で継続することができる（初等・中等学校教育法施行令第一〇五条）。

ブリティッシュ・コロンビア州（カナダ）も同様に助成額の段階的支給制度をとっており、認証を求める学校は、助成金を受けることができないにもかかわらず「適切な施設および市当局の規約」に従わなければならない地位を最低一年は続けなければならないとしている。

ベルリン（ドイツ）のオルタナティブ・スクールでも、仮認証から正式認証までの最低三年の期間をクリアしてから助成対象となる。この間、教育面や施設・設備面のクオリティが監査され、問題がないと認められた場合、公費による教員給与の支払いが可能となる。そして、認証後の財政監査は毎年行われる。

ロシアも学校として運営する許可が下りた後、試験運用期間としての三年以上を経た教育機関が再評価を経て正規の教育機関として認証を受けている。

ここまで、オルタナティブ・スクールのクオリティを規定する認証や監査について取り上げた。次に、こうした評価を受ける際の主な項目について見てみたい。

ここで扱うＱＡの項目は、いわばオルタナティブ・スクールの創られ方を規定する諸要素である。しばしば、学校教育の質に影響を与える重要な要素としてカリキュラムと教師と教科書が挙げられるが、実際はこれらに留まらず、学校運営や施設・設備、学習評価などに関連する多様な項目が含まれる。それらすべてを扱うだけの紙幅の余裕はないが、ここでは諸外国のオルタナティブ・スクールの設立と運営にかかわる主なＱＡについて概説したい。[17]

## ●カリキュラム

教育内容について最小限の基準を設けている国は少なくない。オーストラリア、オランダ、韓国、デンマーク、ドイツ、ニュージーランドなどでは、基礎的な読み書き算数（３Rs）を中心とした履修されるべき基礎科目が定められている。

先に触れた通り、デンマークの場合は、デンマーク語、算数・数学および英語の履修が法的に義務づけられている。ただし、オルタナティブ・スクールの支援協会や学校現場に尋ねてみると、右の科目は一般的な目安として定められている程度であり、実際、各校のカリキュラムの構成と構造の自由度は相当に高いという。

イギリスの独立学校の場合、カリキュラムについては一九九六年教育法第七条において、生徒の「人格的な発達」

を保障し、さらに「年齢、能力、才能に適した、英語、算数・数学、人文学、美術、実学的な活動、体育、宗教教育や道徳教育の授業」を提供することが要求されている。ナショナル・カリキュラムを実施する義務はないが、実施を奨励しているといえる。

オルタナティブ・スクールにかぎって特別の許可が与えられている国もある。韓国のオルタナティブ・スクールは、管轄教育庁が認めれば独自のカリキュラムを組むことが可能となる。

なお、オランダの初等教育ではすべての学校を一元的にくくるナショナル・カリキュラムは存在せず、原則的にカリキュラムの編成は各学校の判断による。しかし、必ずしもすべての学校が独自のカリキュラムを組んでいるわけではなく、卒業資格試験や監査などを考慮する学校が大半であり、オルタナティブ・スクールでも基礎科目は通常教えられている。

### ●全国（州）統一テスト

全国的に統一された試験が用意されている国は多いが、それが義務か否かで分かれる。義務の国（州）は、アメリカ諸州、オーストラリア諸州、カナダ諸州などである。しかし、公費助成を受けないオルタナティブ・スクールの生徒は受験を免除されている国（州）もある。また、親が学校や行政に嘆願書を書くことによって、受験を免れる国（州）もある（九二ページを参照）。

アメリカの多くの州におけるチャータースクールの場合、生徒たちは原則的に公立学校に課されているのと同じ標準テストを受けなければならない。近年、ブッシュ政権下の教育改革の一環として、これまで以上に標準テスト（Standardized Testing）重視の教育政策が布かれるようになり、多くのオルタナティブ教育支援団体が反対している。[18]

オーストラリアでも、一九九〇年代終わりから全国的に標準テストが漸次に施かれるようになった。州によっては、基礎読み書き（国語）や算数が第三・五・七学年などの決められた学年で実施されている。全豪シュタイナー学校連盟（ＲＳＳＡ：Rudolf Steiner Schools of Australia）などのオルタナティブ・スクールの支援協会では連邦政府に対して反対の意思を表明しているが、大きな影響を及ぼすまでには至っていない。

イギリスも義務ではないが、義務教育修了および大学進学をする場合には全国共通試験を受験しなくてはならない。サマーヒルのようなオルタナティブ・スクールの子どもたちの中でも、こうした共通試験を受ける子どもは少なくない。

カナダ（カルガリー州）では、州政府より公費助成を受けている独立学校の生徒は第三・六・九学年の終了時に州の標準テストを受けなければならない。ただし、公費助成を受けていない独立学校の生徒はこのかぎりではない（メインストリームの学校に移行するために必要な認定資格は、公費助成を受けている独立学校の生徒にしか与えられない）。

オランダでは、初等教育の最終学年で卒業認定試験が実施されている。この受験は各学校の任意とされているが、最近では八割以上の初等学校が「国立教育測定研究所（ＣＩＴＯ）」が実施する全国共通試験（中等教育修了資格や高等教育への入学資格となる）に参加している。

デンマークも義務ではない統一テストが実施され、大半の学校の生徒が受験している。しかし、あらゆる競争を非人間的な営為として見なす傾向の強いオルタナティブ・スクールの中には、中等教育（エフタースコーレ）レベルにおいてもこうしたテストに参加しない子どもも珍しくない。

ニュージーランドでは、基本的にどの学年においても標準テストは行われない。資格テストが第一一・一二・一三学年で受験可能であるが、これも義務ではない。初等教育段階でテストを実施するのも可能であるが、大半のオルタナティブ・スクールでは実施していない。

## ●認定（指定）教科書

アメリカ諸州をはじめ、イギリス、オーストラリア諸州、オランダ、カナダ諸州、デンマーク、ドイツ、ニュージーランドなど、国や自治体の定めた教科書の使用義務が課せられていない国（州）は決して少なくない。イギリスやデンマークでは公立（公営）学校にも検定教科書の使用は義務づけられていない。

ただし、オルタナティブ・スクールに対しては緩やかな規定がある国もある。カリフォルニア州などのチャータースクールの場合、ほかの公立学校と同様、州の定める各教科の「スタンダード」に適合するものでなければならない。オレゴン州も、チャータースクールに対して公立学校と同様の教科書を使用するように奨励している。ロシアでも教員は、教育方法や評価方法とならんで教科書・教材の選択的使用の自由を保障されているが、国の定める教育内容のミニマム・エッセンシャルに従うことが求められている（連邦法「教育について」第五五条）。また、韓国は一般教育教科と代案教育教科を区分しており、一般教育教科は国定・検定・認定教科書制度がとられているが、オルタナティブ・スクールの場合、学校が独自の教科書をつくることができる。ただし、管轄教育庁に申請して教育部長官の承認が必要となっている。

## ●教員免許

教員免許については、まったく制約のない国（州）と全員または一部の教師に資格が求められるなど、何らかの形で制約が課せられている国とに分かれている。前者には、デンマークやオランダ、オレゴン州（私立オルタナティブ・スクール）が相当し、後者には、オーストラリア諸州、アメリカ諸州のチャータースクール、韓国、ドイツ諸州、ニュージーランドなどが含まれている。

免許の有無を問わない国としてイギリスが挙げられるが、少なくとも数名の教師は教員資格を有していることが望ましいとされている。そのほか、犯罪歴の有無のチェックを全教職員が受けることも義務づけられている。

ニュージーランドの場合、私立学校を含めたすべての学校において教師は例外なく教員登録委員会（Teacher Registration Board）に登録していなければならないとなっている。そして、隣国のオーストラリアは州によって事情が異なる。ニューサウスウェールズ州の独立学校では教師は必ずしも資格を求められていないが、南オーストラリア州ではオルタナティブ・スクールであっても資格無しには教師になれない。近年、大半の州で資格の取得を義務づける傾向が強まり、シュタイナー学校の教師らは反対をしている。

国によっては、教員資格をもっているか否かという二分法ではなく、弾力的な運用もみられる。カリフォルニア州では、チャータースクールの教員は教員資格委員会が認める資格を取得しなければならないが、主要教科コースや大学進学コースでない場合は弾力的運用が可能である。韓国も免許の取得が義務づけられているが、教師定員の三分の一を専門的技能を習得した民間人などで代用することが可能である。現在、オルタナティブ・スクールではこのような「産学兼任教師」の割合を二分の一にまで増やすための、また契約制教員を任用したり、通常の学校の教師を派遣できるようにするための法改正を目指す動きがある(19)。

ドイツ諸州の私立学校でも教員免許の取得が義務づけられているが、シュタイナー学校の場合、国の教員養成を受けなくても独自の教員養成ゼミナールを修了していればよいとされている。

### ●財産（土地・建物・施設など）に関する規制

日本では最近、学校現場での殺害事件を契機に、校舎などの安全性が見直されているが、諸外国でも学校の施設の設備は教育内容に劣らず重要な評価対象となっている。オルタナティブ・スクールの教育内容についてはさほどコントロールが厳しくない国でも、土地や施設・設備などの財産管理や安全確保については規制が厳しくなる傾向が見られる。実際に、大半の国（州）において設立前の準備段階でオルタナティブ・スクールの施設や設備に関する規制が多い。

原則的に公費助成のないイギリスの独立学校では、教育内容のQAに対する要請はほとんどないといってよいが、防災や衛生面ではさまざまな規制が課せられている。サマーヒル・スクールにおける施設への疑義（トイレの不足など）が裁判にまで発展したことからも推測されるように（梶間、二〇〇一年、一八四ページ）、公費助成の有無にかかわらず施設に対する要求は決して低くない。

施設などの監査主体については、教育関係省庁の地方事務所や監査局による場合と地方自治体の担当部局による場合がある。また、すべての独立学校に、防災法に基づいて最低五年ごとに危険度評価（risk assessment）を記録し、教育技能省と消防署に報告する義務も課せられている。

サマーヒル・スクールのように寮のある学校については、地元の社会サービス局の監査を受けなくてはならない。さらに、食事を提供する学校においては、食料貯蔵室の設置などについて細かく明示された食物衛生規程による認定を受けなくてはならない。

韓国では、学校設立計画書を日本の都道府県の教育長に相当に相当する「教育監」に提出する。申請時点で校舎の主要構造部の工事が完了し、認証後に補完的な施設に対する報告書を開校の六ヵ月以前まで提出しなければならない。一般の私立学校が遵守する学校設立・運営規程の中には校地、校舎、運動場、教材、教具などに関する適用基準が定められているが、特性化学校の一部の施設基準に対する規制は緩和されている。

デンマークの場合、教育内容の自由度とは対照的に施設などに対する規制は厳しいといえる。[20] 校舎などは自己所有の財産でなくてはならず、しかも単一箇所に存在しなくてはならない。これは、トゥヴィンド・スクールの裁判（**表4-1**、二二三ページ）以来、学校の「チェーン店」化ができないような政策が打ち出された結果である。

**表４－２　オルタナティブ・スクールの設立に必要な最小限の生徒数（初等・中等教育レベル）**

| 国（州）名 | 最小限の生徒数 |
|---|---|
| アメリカ（オレゴン州）* | 25 |
| イギリス、カナダ（オンタリオ州） | 5 |
| オランダ | 200** |
| カナダ（ブリティッシュ・コロンビア州） | 10 |
| デンマーク | 28*** |
| ニュージーランド | 21 |

注）＊オレゴン州のチャータースクールの場合。
＊＊中等教育段階の場合は260人。
＊＊＊１年目は12人、２年目は20人を最低人数としてよい。

ロシアでも認証を受けるときに、教育活動を実施するのに必要な土地・建物・体育館・寮などの施設があることを証明する必要がある。また、ロシア連邦の定める衛生・防火基準の遵守も求められる。

## ●必要最低の生徒数の確保

学校経営の基盤をできるだけ確実にすることを目的に、開校時に確保すべき子どもの数、または開校以後数年にわたって確保できる入学予定生徒数の提示が規定されている国（州）がある。その定数は国（州）によって相当異なっており、いくつかの例をまとめると**表４－２**のようになる。

オレゴン州のチャータースクールの場合は、少なくとも一校につき二五名は生徒が在籍していなくてはならない。他校への影響も考えられるので、学区教育委員会がそれぞれの地域の実情を見て、特定の学校に多くの生徒が集まりすぎないように在籍生徒の最大数も定めている。

イギリスの場合、一九九六年教育法第四六三条において「五人以上の義務教育段階の子どもに全日制の教育を提供する施設」と「五人以上」という定数が規定されている。カナダ（オンタリオ州）でも同じ定数が採用されている。また、カナダ（ブリティッシュ・コロンビア州）の独立学校では、「学齢児童・生徒は一〇人以上」である。

一九九〇年代後半のオランダは、かつてないほどに生徒数の最低基準が厳格化している。地域の人口規模により異なるが、第2章ケース・スタディ④に示した通り、初等学校で最低でも二〇〇人、中等学校で二六〇人であり、かつてのように学校創設が容易ではなくなっている。

デンマークは、創設一年目で最低でも一二人、二年目で二〇人、三年目以降で二八人となっている。同国教育省職員によれば、二八人という定数は一クラスの平均的な人数を目安にしているという。また、ニュージーランドの指定特色校の場合は、最低二一人の子どもの保護者が設立を望んでいることが条件として教育法第一五六条に明記されている。しかし、教育省は、通学可能圏内に入学希望者が、望ましくは七五人程度継続して存在することの証明を求めている。

そのほか、韓国の特性化学校については、最初は一学年に最低でも二〇名という規制があったが、現在ではこの規制は取り払われている。そして、南オーストラリア州では、新設校に求められる生徒数は当該地域の住民人口（就学年齢の子どものみならず全人口）によって異なっている。人口五〇〇〇人以上の地域では初等教育では初年度で二五人だが、創設三年後からは四〇人となっている。同様に、中等教育では初年度で一〇人であり、三年後からは二〇人である。一方、五〇〇〇人以下の地域では、初等教育では初年度で一五人だが、創設三年後からは二五人となる。同様に、中等教育では初年度で五人であり、三年後からは一〇人となる。[21]

## 3 クオリティ・アシュアランスの功罪

ここまでオルタナティブ・スクールのクオリティを規定するさまざまな要素を見てきたが、カリキュラムなどの教育内容のみならず、学校運営に関わるクオリティも国や州によって多様に形づくられていることが分かった。大方の

### 同一地域における学校数または生徒数のコントロール

オルタナティブ・スクールの設立や存続に影響を及ぼす重要な要素として、同一地域内の学校（生徒）数が挙げられる。

地域全体で学校数を制限している国はオランダとニュージーランドなどである。オランダでは初等教育法第153条「特別学校への助成金交付の停止および公立学校の廃止」に、「在籍生徒の数が、（中略）、50名またはそれを超える場合、ならびに当該の学校が半径５キロメートル以内でその種の学校として唯一の学校である場合は、（中略）当該の特別学校への経費助成が本条に基づき中止されることはなく、あるいは当該の公立学校が本条に基づき廃止されることはない」と定められている。

このようにオランダでは、同一自治体内に同じ教育理念の学校がないことも新設校にとっての基本条件の一つとなっている。たとえば、モンテッソーリ学校が半径５キロメートル以内にすでに存在する地域では、新たにモンテッソーリ学校を設置することは原則的に許可されないのである。

ニュージーランドでも、統合学校および指定特色校ともに、地域の人口状況や既存の学校ネットワークや在籍者数への影響が考慮される。同一地域の子どもに比して、統合学校が必要以上に設置される場合には新設校数が制約される場合もある。こうした学齢人口を睨んだ上での学校設置許可については、指定特色校の設置申請書にも留意事項として明記されており、申請書の中でオルタナティブな学校を設立する意思を表明した申請者は、新しい学校の設立が既存の地域校の存続に影響を与えるか否かについても記さなくてはならない。

ドイツでも、憲法第７条５項で「私立の基礎学校は、（中略）市町村内にこの種の公立基礎学校が存在しない場合にのみ許されなければならない」と規定されており、同一地区内に同種の学校が存在しない場合にのみ設置を許されることが明記されている。

アメリカのチャータースクールについても、学校数の全体調整が行われている州がある。カリフォルニア州は、総数で550校まで、各年度の認可校数は100校までと上限を定めている（2002年改正上院法1448）。オレゴン州の場合、すでに開校したチャータースクールに対するコントロールの仕方は漸次的であった。当初は、各学区の生徒数の１割までチャータースクールに登録できると決めた。その後、２年間の試験期間を経て、３年目からは２割の生徒までと基準を緩和した。同教育省のチャータースクール担当官は、将来的には、こうした規制も４年目以降は取り払われるであろうという見解をもっている＊。

＊オレゴン州教育省におけるチャータースクール担当官へのインタビュー（2003年２月21日）。

傾向としてカリキュラムでは、基礎科目を教える義務が課せられている国（州）が少なくないこと、教師資格では柔軟な対応が見られること、教科書への要件はほとんどの国（州）で見られないことなどが指摘されてよい。これらをさらに分布する作業は次章にゆだねることにし、ここではもう少しＱＡじたいについての認識を深めておきたい。

## (1) オルタナティブ・スクールはどのように認められているのか

国（州）によってオルタナティブ・スクールの認められ方は異なり、多様であるが、あえて類型化すれば次の三つのタイプを挙げることができる。

❶ 法的・制度的認定型
❷ 特別措置的容認型
❸ 無認定型

❶のタイプは、オルタナティブ教育に積極的な価値を見いだし、独自の法体系のもとに制度化している国であり、オルタナティブ・スクールは教育法などにより独立した社会的地位が与えられ、社会保障の伴った制度の中に位置づけられている。四三ヵ国の価値観比較調査研究で知られるＲ・イングレハート（Inglehart 1997）の分類に従えば、法的・制度的認定型の国々の多くはポストモダン的な価値観を許容する傾向の強い社会のグループに属し、オルタナティブ教育に内包される非伝統的な諸価値も社会全体として受容されているといえよう。[22] 第3章で「オルタナティブ・スクールが制度内に位置づけられる国（州）」として取り上げたデンマーク、オランダ、ニュージーランド、アメリカのオレゴン州などが該当する。ただし、これらの国々の認証のあり方については重要な差異が見られるので、この点については次章で扱う。

❷のタイプは、オルタナティブ教育の必要性に理解を示しながらも正規の教育以外のものとして消極的にしか認めず、その存在を容認している国である。オルタナティブ・スクールは法律上、非正規の、もしくは補足的な施設（またはプログラム）としての位置づけにある。社会的には認知されていても、十分な社会保障を伴った制度的地位は与えられず、その地位を享受できるようになるための要件はオルタナティブ・スクールにとって比較的厳しい。特別措置的容認型の国は、伝統的価値観を温存しながらも、新興の経済発展や国際化がもたらす価値観の多様化によってオルタナティブな文化の台頭を認めてはいるが、積極的に法にのっとった制度的支援を行おうとはしない。社会の特別なニーズに対する「受け皿」（セーフティ・ネット）として活用しようとしているのである。イギリスおよび台湾などの一部のアジア諸国が該当する。[23]

❸のタイプは、法的には認めず、公費助成は皆無か、もしくはその可能性がかぎられている国である。オルタナティブ・スクールは一般社会で知られていても、法律上の存立基盤がなく、制度上の例外的措置としても認められていない。したがって、オルタナティブ・スクールはボランティア組織や宗教組織等の慈善団体などによって運営されている場合が多い。無認定型の国では、一般に特別なニーズに対して公教育以外で対応しようとする社会のゆとりがない。発展途上国と称される国々の大半が該当するが、それらの国々における特別なニーズは私立のエリート校か、もしくは慈善団体が担うのが通例であり、第2章ケース・スタディ①で取り上げたボリビアのラ・フローレスタ（アハユ）学園などは例外である。また、発展途上国のみならず、日本などもこのタイプに属するという見方も可能である。[24]

ここで指摘できるのは、右の❶および❷に該当する国では、何からの形で認証基準が示されている場合が多いということである。次に、認証基準について、基準を導入することじたいの功罪を含めて考察を加えておきたい。

## (2) 認証基準としてのナショナル・ガイドラインの功罪

オルタナティブ教育と公共性の問題に取り組む際のキーワードの一つは認証基準である。オルタナティブ・スクールを認めて公的資金を投入するとすれば、どのような認証基準を設けるべきかは教育政策上の重要な課題である。

オルタナティブ教育の擁護者は、しばしば政府から市民サイドへの教育内容や手法の決定権の委譲を主張する。その際、政府サイドから出される次のような慎重論がある。学校づくりを完全に市民の手にゆだねた場合、はたして教育の公共性はどのように保障されるのか。第一に想定される問題はリテラシー（広義の学力）である。つまり、総体的な国民の一般教養や基礎学力が低下したら、その国の社会・経済・文化はどうなるのかという問題である。

第二に想定されるのは、学校設置に関わる道徳・倫理の問題である。つまり、学校を創る自由を与えるかぎり、カルト集団などの社会全体に危険を及ぼし得る集団も学校を創りかねない。その場合、子どもに対する暴力や人権侵害をどのようにして防ぐことができるのだろうか。

こうした問題に対して、外国のオルタナティブ・スクールでのインタビューで得た多くの答えは、「市民の良識や良心を信じるべきである」という、いわば性善説にのっとった論法であった。残念ながら、このような返答は一部の宗教団体が実際に社会的混乱を引き起こしている現代社会において、さして説得力のある回答にはならないといわざるを得ない。

この課題に関連して、教育における市場原理の導入を提唱するハーバート・ギンタス（Gintis 1995：507）は次のように述べる。

「市場は、消費者の異種多様な選好を許容することにより多様性を支持する」のであり、したがって「学校選択は諸々のオルタナティブな学校文化を増大させることになるであろう」。

しかし、こうした学校選択における市場の役割を積極的に評価する見解を示す一方で、社会的財（social good）としての教育という視座から競争をベースにした市場と個人の選択は万能ではなく、必ずしも公共性につながるわけではないとギンタスは指摘する。[25]

では、市場の暴走や非制御性に対してどのような対応が可能なのであろうか。この点についてギンタスは、市場に対するある種の規制、つまり「文化に対する民主主義的統制」の手段として「ナショナル・ガイドライン」の必要性を説く。たとえば、「人種的不寛容の教え込みや創造説に即した生物学の教授、特定の、なおかつ（または）排他的な宗教的信仰の擁護」というような教育実践を認可校では禁ずるべきであり、また認可校には、「コア・カリキュラムの教授や生徒を扱う際の倫理コードの遵守、多元的な民主主義の価値観を育むこと」などの実践を要求することを想定している（*Ibid* : 507）。

実際、一九九〇年代以降、ナショナル・ガイドラインのもとに、教育制度の中にオルタナティブ教育を統合していく政策を実施した国もある。その代表的な例は、一般の私立学校と同時にオルタナティブ・スクールをも「統合学校」として公費で運営できる可能性を拓いたニュージーランドである。

ニュージーランドの代表的なオルタナティブ・スクールであり、イギリスのサマーヒル・スクールをモデルにしたタマリキ・スクールは統合学校になる道を選んだオルタナティブ・スクールの一例である。この学園が、無認可のフリースクールから公立学校になった際の話は興味深い。

当時の監査の担当官は、タマリキ・スクールのような学校こそ公立教育に刺激を与える存在であり続けなくてはならないと考えて公的に支援されるべきであると主張し、学園側に対して、サマーヒルのような子ども本位の学校信条の維持を認証後も約束してくれたという。[26] このことは、子どもの個性や自主性、教育における自由の重要性を全面的に標榜した学園の運営方針からも傍証される（Edwards 2002）。

タマリキ・スクールのパトリシア・エドワーズ（Patricia Edwards）校長は、「統合」によって「失ったものは決して多くない」と述べ、「最近の国の定めた教育目標の主なものはフリースクールにとって完全に受け入れられるものであり、問題は政府と対立するということよりも、提出書類づくりの労苦になりつつある」と言っている（*Ibid.*：125）。ニュージーランドでは過去三〇年にわたって資金不足や行政支援の欠如のために六〜七校のフリースクールが閉鎖したことを考慮するなら（Nagata and Manivannan 2002：35）、政府の助成金の得られる「統合」が意味するところは大きい。

こうしたオルタナティブ・スクールがメインストリームへ「統合」される動きは、近年のアジアでも見られる。第3章でも述べた通り、韓国では一九九〇年代後半から「正規学校への不適応、家庭の事情、非行、家出などの原因で中途脱落した学生を収容し、人性教育（心の教育）、労作教育等自然親和的教育活動を実施する」学校として特性化高校がいわば公設民営校として生まれた。現在、中学校を含めた二四校のオルタナティブ・スクールが特性化学校として公費助成を受けて運営されている（二〇一ページ参照）。こうした政策の恩恵を受ける子どもたち、とくに特別のニーズをもつ子どもたちの数は決してないがしろにはできないといえよう。

しかし、すでにいくつかの国で見られるようなナショナル・ガイドラインの可能性を見据えつつも、その功罪については慎重に検討する必要がある。一九八九年以降のニュージーランドの一連の教育改革を研究し、アメリカの教育改革への示唆を提示しているエドワード・フィスケ（Edward B. Fiske）とヘレン・ラッド（Helen F. Ladd）は次のように主張する。国を挙げての教育改革を実施したニュージーランドの改革においては、結局、ナショナル・ガイドラインに規定され、個性ある学校づくりが実施されるはずであった大半の学校は没個性化していった。政府は国家レベルの目標を遂行するために、予算と説明責任《アカウンタビリティ》という権力装置を活用して規制を浸透させたのである（Fiske and Ladd 2000：296-300）。

また、オランダの無認可フリースクールであるアヴェントゥリジン・スクールの代表であるハネッケ・ベッカーズ（Hanneke Beckers）は次のように述べる。オランダ国内にはシュタイナー学校やモンテッソーリ学校、ダルトン・プラン学校など多様な学校が存在するので一見「教育の自由」があるように見える。しかし、監査が強化された結果、アクセントの違いはあるがいずれも似通った学校と化してしまった。本来の教育思想・哲学を体現しているシュタイナー学校は現在のオランダ国内には存在せず、「人智学に起源をもつ普通の学校」なのである。[27]シュタイナー教育のように独自の教育理念に基づいた独特のカリキュラムをもつ学校に対する評価は、先に示した監査・評価の専門機関にとって大きな課題となっている。[28]逆に、オルタナティブ・スクールにとっては一律のスタンダードにどのように対応していくかが重要課題である。[29]

これらの見解が示すように、実践者と研究者または実践者同士でもナショナル・ガイドライン導入の是非に関する評価は相当に異なる。実際、イギリスなどの国ではある程度の譲歩をしても政府の公費助成をもとに学校を運営したいとするグループと、政府によるガイドラインとは一線を画すために独立していたいとするグループとに二分されている。[30]ここで吟味するべきは、ナショナル・ガイドラインをはじめとしたさまざまなＱＡのあり方であるといえよう。

## (3)　認証と評価の基準

この章でのＱＡに関する考察の最後に、オルタナティブ・スクールの認証または評価の基準についてもまとめてみたい。先の各国のガイドラインに関する節で示したように、オルタナティブ・スクールを制度として位置づけている各国（州）に共通した特徴として、「十分な」、「見合った、相応しい」、「(公教育と) 等価の」などの形容が用いられていることが挙げられる。一般に、各国の基準を大別すると次の三つのタイプに分けられる。

### ❶ 福祉・倫理面での適切性を指摘した基準

### 市場を抑制する南オーストラリア州の政策

南オーストラリア州政府の教育大臣が1997年に策定した政策文書である「新たに設立または抜本的に変革しようとする非公立学校の計画に関する政策」は、オルタナティブ・スクールのQAを考える上で示唆に富んでいる。この政策表明文には、南オーストラリア州内にあるシュタイナー学校などの独立学校の認証基準の大綱などが提案されているが、「はじめに」に次のように記されている。

> 南オーストラリア州政府は、公立学校と非公立学校間において、また公立学校と非公立学校それぞれのセクター内において親の学校選択を強く支持する。しかしながら、新たに設立または抜本的に変革しようとする非公立学校の創設について完全な自由市場となることを当政府は支持していない。いかなる新たな要請に対しても、理にかなった計画と登録のための要件が適用されるのである

新たな学校設立を希望する者は州の教育法に基づき、非公立学校登録委員会へ申請書を提出するように南オーストラリア州政府は求めている。その際の大綱、すなわち上記の「理にかなった計画と登録のための要件」とは次に示す三点のみであり、いたって簡潔にまとめられている*。

❶ 学校で教えられる教授内容とその性質(nature)が満足のいくものであること。
❷ 生徒の安全と健康と福祉に対して十分な配慮がなされていること。
❸ 将来、上の条件を満たすことができるように十分な財源をもつこと。

この三つの大綱からは、いわば学力（リテラシー）および安全・福祉という観点から子どもの成長を財政基盤も伴う形で保障しようとする意図が読み取れる。これは、オルタナティブ・スクールが認証を受ける際、どのような公共的な性格を期されているか、そのミニマム・エッセンシャルについて示された一例である。

＊Minister for Education and Children's Services, South Australia (1997), p. i.

❷ 学習・学力面での適切性を指摘した基準
❸ 公教育との等価性を指摘した基準

これらの基準は「十分な」、「適切な」、「等価な」などの表現をもって示されている。しかし、通例、何が十分で、適切で、等価かを判断するための基準は法令では示されておらず、あるオルタナティブ・スクールの教育が十分か適切かなどを判断するのは評価する者の専門性や見識または〈まなざし〉に依拠しているといってよい。

たとえば、イギリスの一九九六年教育法第七条（一九四四年教育法第三六条）で言われている「相応しい（suitable）教育」についてどのような「相応しさ」が求められているのか、法令上では特別な定義づけは見られない。これらの表現が定義されることは、裁判などで論点が焦点化されないかぎりないといってよいのである。実際、一九八一年にウスター刑事裁判所にもち込まれた事件（ハリソン・アンド・ハリソン対スティブンソン裁判）では「相応しい教育」は次のように定義された。

❶ 現代文明社会に生きるための準備をさせること。
❷ 子どもが自分の潜在能力を十全に生かせるようにすること。(31)

このように、オルタナティブ・スクールの公共性については法規上では緩やかな目安としての基準を示すに留め、何が「適切」で「等価」であるのかは、行政や監査組織がさらなる基準を設けるか、それぞれのケースにおいて個別の判断を下すかによっているといえる。

たしかに、学校監査制度を強化しつつある近年のオランダのように判断の基準を監査の項目として明確化している国もある。たとえば、カリキュラムについては、「社会的に関連性をもち、現代的であり、教育的に健全である」という基本指針のもとにより細かな一連の基準が設定されているのである。[32] しかし、こうした厳格な監査の結果、アヴェントゥリジン・スクールのように監査のあり方それ自体に適合しないケースが生じ得ることは強調されてよい（一二五ページを参照）。

他方、このような監査の専門性を高めようとする近年の傾向とは別様に、厳格さや精緻さとは逆ともいえる柔軟性などの緩やかな基準に価値をおいた監査のあり方もオレゴン州などに見いだせる。同州におけるオルタナティブ教育の評価の性質は相当に柔軟かつ緩やかなものであり、こうした監査のあり方は法的にも規定されている。また、デンマークでも、公立学校との等価性については、基礎科目の必修を定め、それを実施しているかどうかという程度の良識の範囲内での評価が行われており、判断基準は相当に緩やかである。[33]

オルタナティブ教育を必要とする特別のニーズをもった子どもたちが、厳しい情況に置かれないような工夫も見いだせる。たとえば、韓国の特性化学校の校長は生徒を選抜することが認められてはいるが、生徒を選抜する場合、筆記試験による選考を実施してはならないとされている。こうしたオルタナティブ教育の本質とは相容れない競争の要素を回避する工夫は評価されるべきであろう。

第2章ケース・スタディ⑤で扱ったオレゴン州の事例が示すように、法規定には相当に解釈の余地が残されており、適切性を判断する際、相応の酌量が働く余地がシステムに内在しているケースは決して少なくない。[34] 多くのオルタナティブ・スクールはこうした「システム内の余地」の上に存立していることも事実であり、見方を変えれば、オルタナティブ・スクールの成果が問われるときは行政や監査の〈まなざし〉が決定的に重要になる場合もあるということである。この点、緩やかなフレームワークの中で市民の自発性がはぐくまれるような行政側の視座の重要性は強調されてよい。

仔細な規定を定めず、緩やかな要件をガイドラインとして明示するに留め、その実際は認証や監査の専門家の判断にゆだねるといったメカニズムは、オルタナティブ・スクールの存在する多くの国々で見られる。たしかに、細かな規定を明示せずに解釈の余地を残した曖昧な表現を「基準」とすることは、オルタナティブ教育の発展にとって両義的に作用するかもしれない。そのときどきの監査の委員によって、また支配的な政党の方針などによって判断の基準が異なってくることもあるであろう。

この課題に関しては、オレゴン州のオルタナティブ教育関連州法に見られる「非規定性の規定」、すなわち「柔軟性」や「刷新性」などを意識せざるを得ない状況をつくり出す工夫（仕掛け）が一考に値する（一四九～一五〇ページを参照）。通常、規定や規則は創造性や内発性を萎縮させる。しかし反対に、創造性や内発性をはぐくむような「非規定性の規定」を定めることにより管理の〈まなざし〉ではなく、支援の〈まなざし〉を創出する契機を制度の中に埋め込むのである。

たしかに、社会を維持していく以上、監査や評価の必要性は是認されるべきであろう。しかし、そのあり方は常に問われなくてはならない。私たちが描くのが多元的な社会であるとすれば、多様なものを多様なものとしてとらえるオルタナティブな〈まなざし〉は今後ますます重要になるといえよう。

# 第5章

# クオリティ・アシュアランスと教育行財政のあり方

# 1 各国のクオリティ・アシュアランスと公費助成

前章では、各国のオルタナティブ・スクールのクオリティがどのような条件のもとに形成されているのかを概観した。教育内容のクオリティに関わるカリキュラムや教員資格などのほか、設備や施設に関わる要件の実際についてもいくつかの国を例に示した。ここでは、こうした個別のケースよりも国際比較を通して全体的な傾向を把握し、各国（州）の相対的な特性を明らかにしてみたい。

通例、オルタナティブ・スクールのＱＡの要素は設立前と設立後で異なる。設立前の段階、つまり学校認証の段階では、最小限の生徒数や教職員の数と質（教員資格取得の有無）、学校経営の骨子について記した運営計画、運営組織（の母体）である委員会、財産・土地、施設・設備、さらに人権や福祉を考慮した誓約などに関する諸要件によりクオリティが規定される。

一方、設立後の段階、つまり学校監査（評価）においては、教育内容に関する項目と学校経営に関する項目とに分けられる。教育内容については、使用する教材・教科書、教師の資格、読み書き算（３Rs）などの基礎科目の教授、標準テストの実施などのほか、年間授業日数や一日の就学時間、主要教科ごとの授業時間などの時間的な規定も挙げられる。学校経営に関する項目については、教職員および生徒の数、学校運営計画の策定、自己評価の報告、経理関連のドキュメンテーション、施設・設備の安全管理などが挙げられる。

これらのほかにも、幾多のＱＡの要素を挙げることも可能であるが、ここでは主に、学校一般というよりもオルタナティブ・スクールに関わるようなエレメントを扱うことにした。

教育社会の〈公共性〉を考慮するならば、オルタナティブ・スクールのＱＡは公費助成との関係において見る必要

**図5－1　オルタナティブ・スクールへの公費助成（対公立校比）**

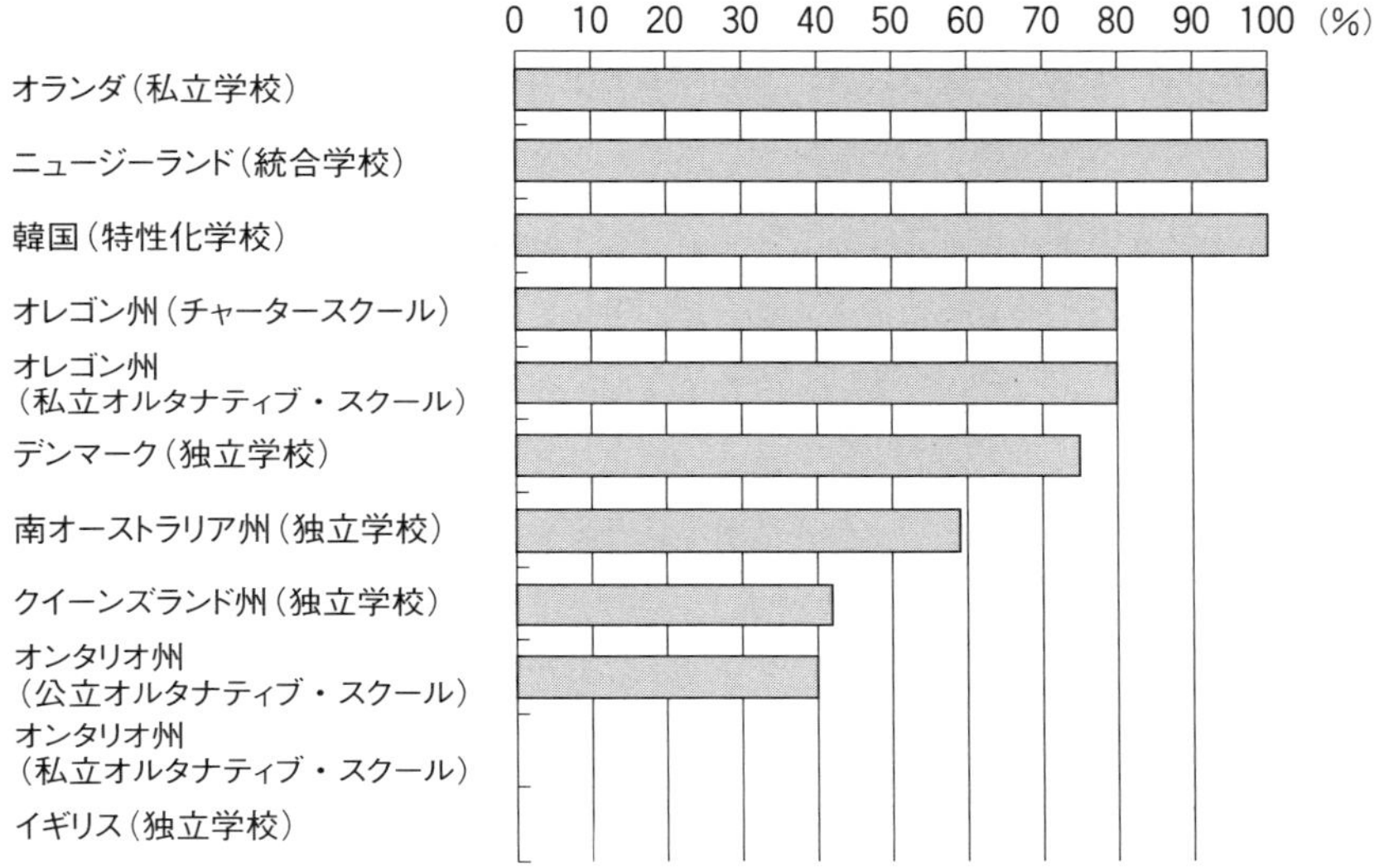


がある。通例は、公費助成が多ければ規制も多く、逆に助成が少なければ規制も少ないという原理が働くが、オルタナティブ・スクールに関しては、興味深いことに、必ずしもこの原理が当てはまるとはかぎらない。

ここで、公立学校との対比において各国のオルタナティブ・スクールに対する公費支出の割合を見てみたい。**図5－1**は、各国のオルタナティブ・スクール（それぞれのカテゴリーはカッコ内を参照）が公立学校と比べておおよそどの位の公費を得ているかを示した図である。これを見ると、オランダとニュージーランド、韓国がその独自性にもかかわらず、公立学校と同額の予算措置がとられていることが分かる。また、六～八割を得ているグループはオレゴン州およびデンマークである。これに次ぐ四～五割台の群には、オーストラリア（南オーストラリア州とクイーンズランド州）やカナダ（オンタリオ州公立オルタナティブ・スクール）が含まれる。[1] まったく公費助成を得ていないのはイギリスおよびカナダ（オンタリオ州私立オルタナティブ・スクール）である。

### 公費助成の多様なアプローチ

公費助成に関連して検討される必要があるのは助成額やその割合の算定についてである。ここでは、公費助成の算定方式について参考になると思われるいくつかの例を紹介したい。

公費である以上、オルタナティブ教育予算の算定にも公正さや公平さが考慮されなければならないことはいうまでもなく、この点、各国で培われてきた「知恵」が参考になる。代表的な例がデンマークのタキシメーター・システムである。これは、初等教育から大学まで、成人教育施設を含めたあらゆる教育機関を対象にした学校類型ごとの予算配分システムである(A)。同一の学校群の中で各校を競合させることにより、教育の質を高め、効率化を促進させることが目指されている。

オーストラリア（クイーンズランド州）のSES（Socio-Economic Status）モデルも挙げられる。クイーンズランド州では、ここ数年いくつかの助成金拠出算定モデルを試みており、現在ではSESを採用している。これは同州の定期的なセンサスと学齢期児童・生徒の家庭状況等を加味し、裕福な家庭の子どもがより多く通う学校には低いスコアが、貧困家庭の子どもがより多く通う学校には高いスコアが当てがわれるというように社会的公正に配慮した算定方式である(B)。

同様に、「School Docile Ratings」と呼ばれる各学校地域の社会経済ファクターおよび在籍生徒の民族的な構成を考慮した算定法を用いているニュージーランドもSESモデルを用いている国の一つである。また、オルタナティブ教育プログラムやホームスクールの特性に合わせた助成金の算出方式を確立したオレゴン州のオルタナティブ教育プログラム助成も参考になるであろう(C)。そこでは、社会的公正と公平さとが慎重に考慮されており、とくに市場原理が教育社会に大きな影響を及ぼす傾向にある国にとって貴重な事例といえる。

(A) この算定方法についての詳細は、国際オルタナティブ教育研究会2003 b、独立学校協会事務局長の報告（Nagata and Manivannan, 2002. pp. 66-70.）、Ministry of Education, of Labour, and of Finance, 1999、Patrinos. 2001を参照して頂きたい。デンマーク教育省によるタキシメーターに関する簡易な説明は、http://www.eng.uvm.dk/publications/factsheets/taximeter.htm を参照。国際オルタナティブ教育研究会2003 b には独立学校への助成金の算出方法等を訳出してある。

(B) 詳細については、http://www.ahisa.com.au/sesbill.html
および http://www.dest.gov.au/schools/gazettes/2001/index.htm を参照。

(C) 詳しくは、Bunn, 2001.

## 2 クオリティ・アシュアランスと公費助成の国際比較

次に、これまで取り上げてきた主な国（州）を対象に、QAと公費支出の割合（対公立校比）との相関について図示してみたい。オルタナティブ・スクールに対する行財政のあり方を見るために、**図5－2～図5－6**のX軸には公費助成（PS：Public Subsidies）の対公立校比に関する標準得点を、Y軸にはQAの標準得点を設定し、各々の国（州）について相対的な位置を出した。X軸には、公立学校と比べた場合の公費助成の多寡を、Y軸には、オルタナティブ・スクールの設置・運営が認められるためのハードルの高低を示している。

たとえば、学校で雇われる教師全員に免許が求められている場合、一部の教師に求められている場合、まったく規制のない場合、というように、規制の度合いによってQAの各要素を配点した。ここで想定したQAのエレメントは、**表5－1**に示す通りである。

学校教育にかかわるQA

**表5－1　QAのエレメント**

| 設立前（認証段階） |
|---|
| ・学校運営に十分な生徒数が登録されているか |
| ・教師数は十分か |
| ・学校理事会（評議会）は設置されているか |
| ・敷地の条件は満たされているか |
| ・建物・設備の条件は満たされているか |
| ・学校運営計画は作成されているか |
| ・教師の資格は満たされているか |
| ・倫理（人権）に関する誓約は作成されているか |
| **設立後（監査段階：教育内容）** |
| ・検定（認定）教科書を使用しているか |
| ・教師の資格は満たされているか |
| ・基礎科目は教えられているか |
| ・授業時間数は十分か |
| ・開校日数は十分か |
| ・各教科の教授時間数は十分か |
| ・標準テストを実施しているか |
| **設立後（監査段階：学校経営）** |
| ・生徒数は十分か |
| ・教師数は十分か |
| ・年間学校運営計画は作成されているか |
| ・自己評価は実施されているか |
| ・敷地の条件は満たされているか |
| ・建物・設備の条件は満たされているか |
| ・財政状況は健全か |

**図5－2　各国のオルタナティブ・スクールに対するQAとPS【総合】**

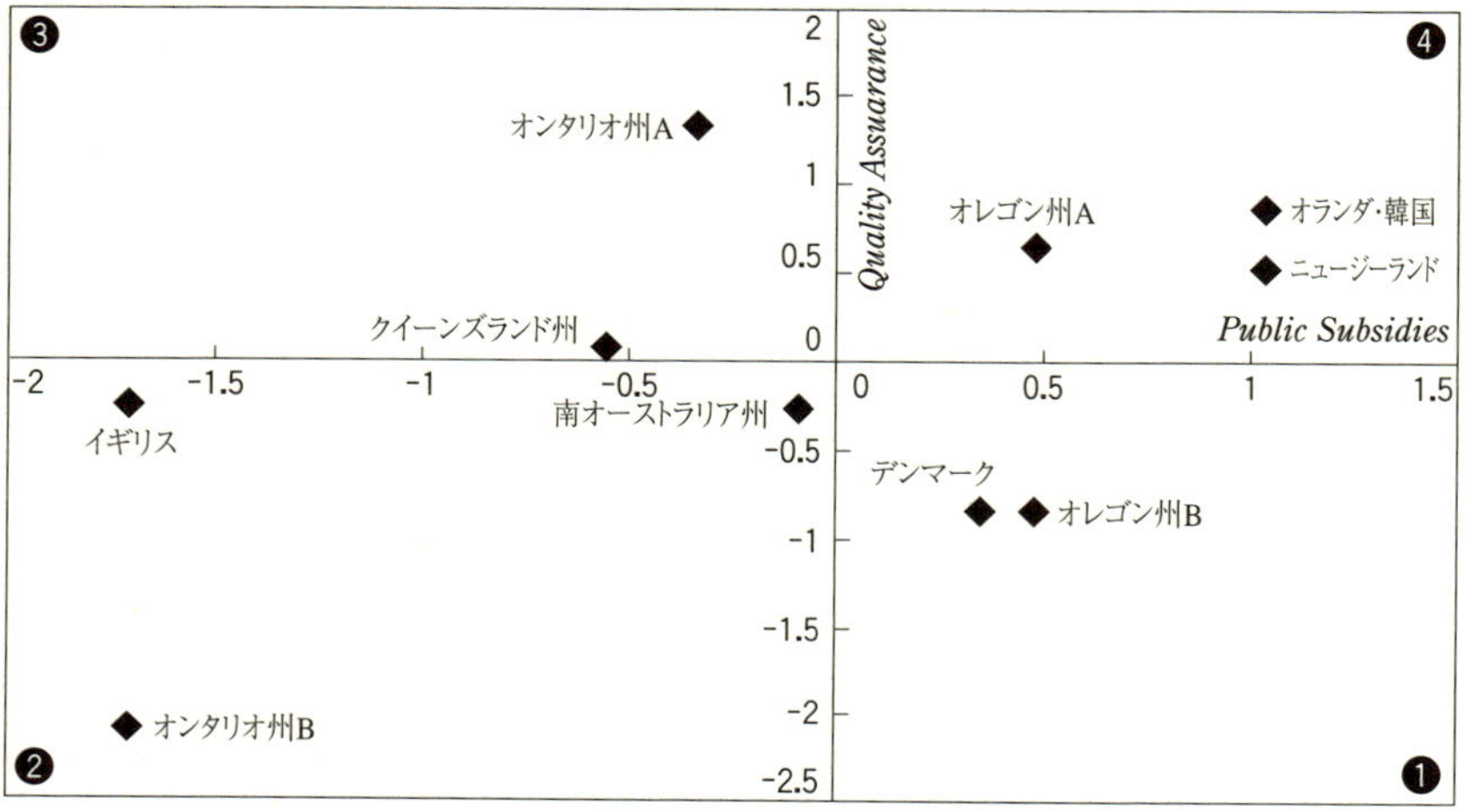


注）分析の対象となっているオルタナティブ・スクールの各国での呼称は次の通りである。オランダ（私立学校）、ニュージーランド（総合学校）、韓国（特性化学校）、オレゴン州A（チャータースクール）、オレゴン州B（私立オルタナティブ・スクール）、デンマーク（独立学校）、南オーストラリア州（独立学校）、クイーンズランド州（独立学校）、オンタリオ州A（公立オルタナティブ・スクール）、オンタリオ州B（私立オルタナティブ・スクール）、イギリス（独立学校）。**図5－3**～**図5－6**についても同じ。

は多岐にわたるが、ここではオルタナティブ・スクールに関する主なQAを扱っている。一例であるが、設立前の要件に倫理（人権）に関する誓約が含まれているのはこのためである。配点に関しては、各国（州）の教育省や監査局、オルタナティブ・スクールにQAに関する質問票の記入を依頼し、その回答に対して現地調査時等にインタビューで確認していく作業を行った。さらに、調査対象国（州）全体における各国（州）の相対的な位置を出すために、国（州）ごとにQAの配点を加算し、標準得点に変換した。また、X軸には、**図5－1**に示した割合に従って各国（州）のPSの割合を標準得点に変換し、相対的な位置を出してある。

まず、設立前と設立後とのすべての得点を合わせた総合的な標準得点を示す**図5－2**について見てみたい。この図でQA値とPS値を見ると、双方ともに高いのはオランダと韓国、ニュージーランドである（第4象限）。オレゴン州A（チャー

**図5－3　各国のオルタナティブ・スクールに対するQAとPS【設立前】**

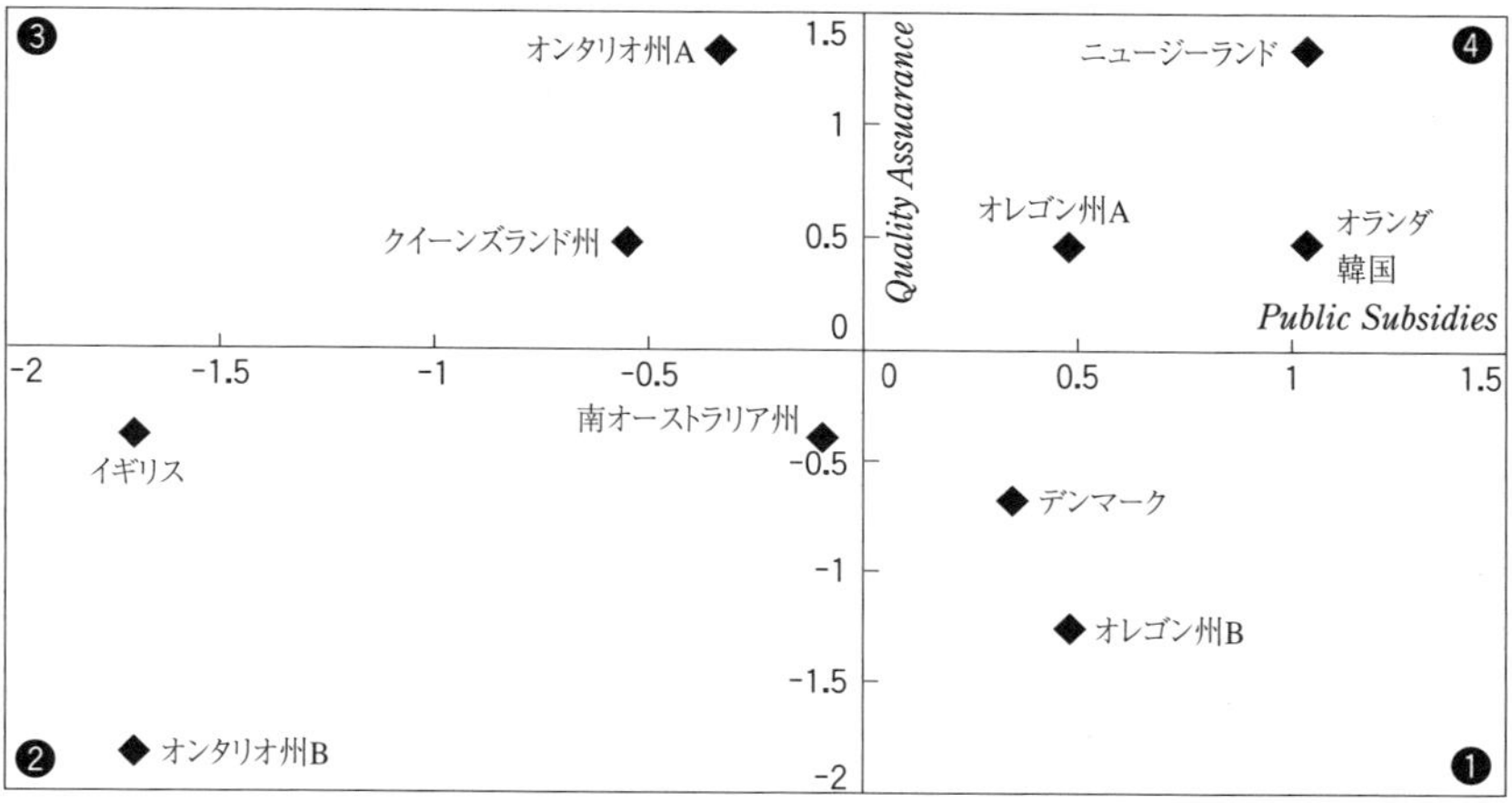


**図5－4　各国のオルタナティブ・スクールに対するQAとPS【設立後】**

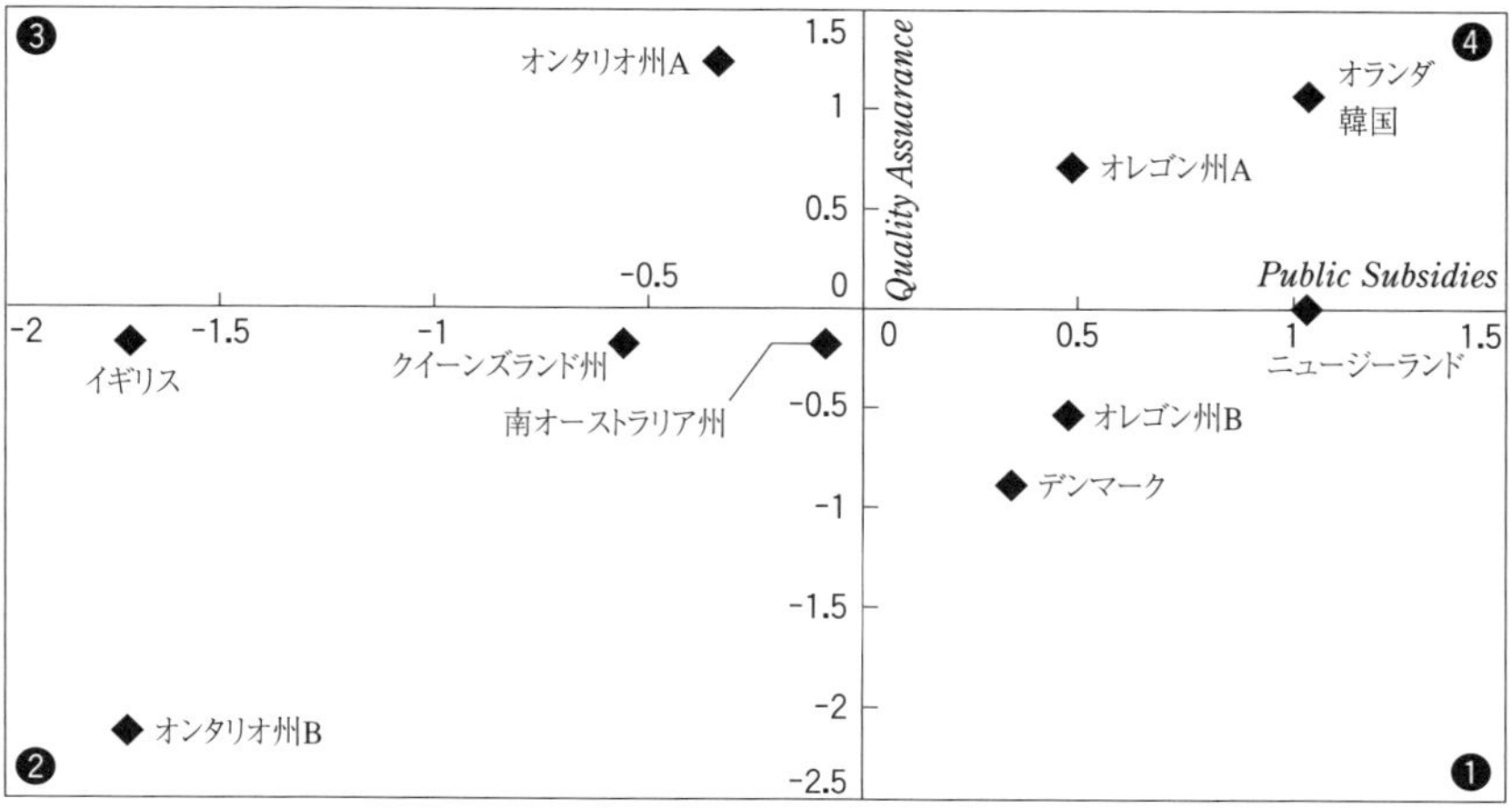

ータースクール）はQA値に関してこれらの国々とはほぼ同一であるが、PS値に関しては低くなる。

第4象限のグループ以上にQA値は高いが、PS値が平均より低いのがオンタリオ州A（公立オルタナティブ・スクール）である。QAはほぼ平均値であるが、クイーンズランド州も似た傾向を示す（第3象限）。これらの州は、助成金が比較的少ない一方で規制が少なくない。また、QA値もPS値も平均以下のグループがイギリスとオンタリオ州（私立オルタナティブ・スクール）である（第2象限）。これらはオルタナティブ・スクールに対しては助成金を出さないので、基本的に干渉しないという原則に立つ国（州）である。PS値は第1象限のグループに次いで高く、QA値が平均以下なのがデンマークとオレゴン州（私立オルタナティブ・スクール）である（第1象限）。これらの国（州）は少なくない助成金を享受する一方で、学校づくりの自由度も比較的に高いといえる。

興味深いことに、国（州）によっては設立前と設立後、教育内容と学校経営では相当に異なる位置づけを示す。まず、学校の設立前と設立後の変化に注目してみたい。**図5－3**および**図5－4**を見ると、設立前では第3象限にあったクイーンズランド州が第2象限へと移動していることが分かる。同様に、設立前ではもっとも高いQA値をもつニュージーランドも設立後は平均値となる。これらの国は、設立前の認証段階で相応のクオリティが要求されるが、設立後はさほど厳しくない監査となる国（州）である。一方、これらの国（州）とは対照的に設立前に比べてQA値を上げているのがオレゴン州B（私立オルタナティブ・スクール）やオランダ、韓国である。

次に、設立後の教育内容と学校経営に分けて各国（州）の特性を見てみたい。**図5－5**および**図5－6**を見比べると、前者よりも後者のほうが全体的にQAの値を上げていることが分かる。全般的にこうした傾向が見られるのは、学校経営に関するオンタリオ州（私立オルタナティブ・スクール）のQAが極度に低い分だけ、他国（州）のQA値が引き上げられているからである。しかしながら、とくにイギリスやオレゴン州B（私立オルタナティブ・スクール）の位置づけが示唆しているように、QAにおいて教育内容に関してはさほど厳しくなくても、学校経営に関して

**図５－５　各国のオルタナティブ・スクールに対するQAとPS【教育内容】**

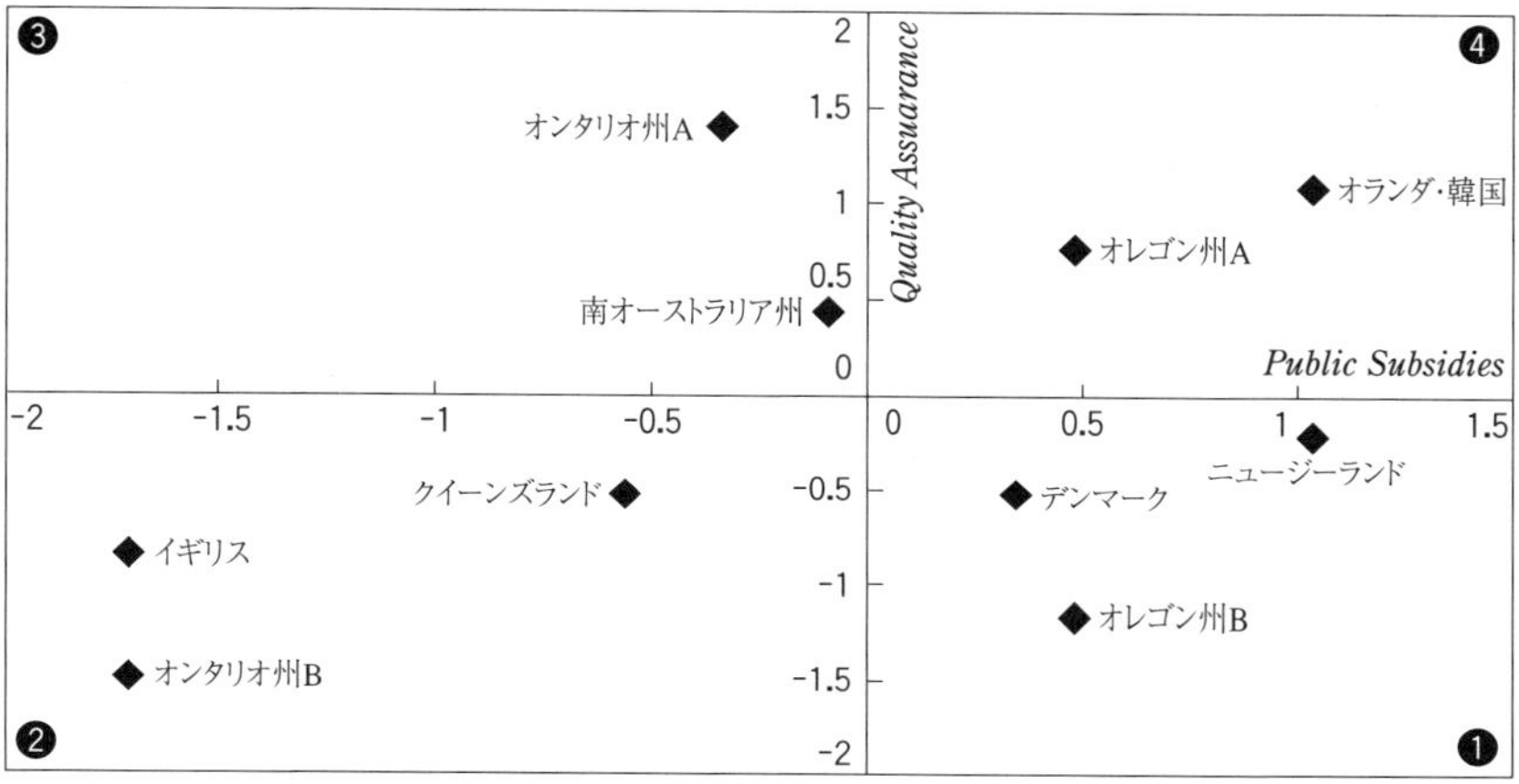


**図５－６　各国のオルタナティブ・スクールに対するQAとPS【学校経営】**

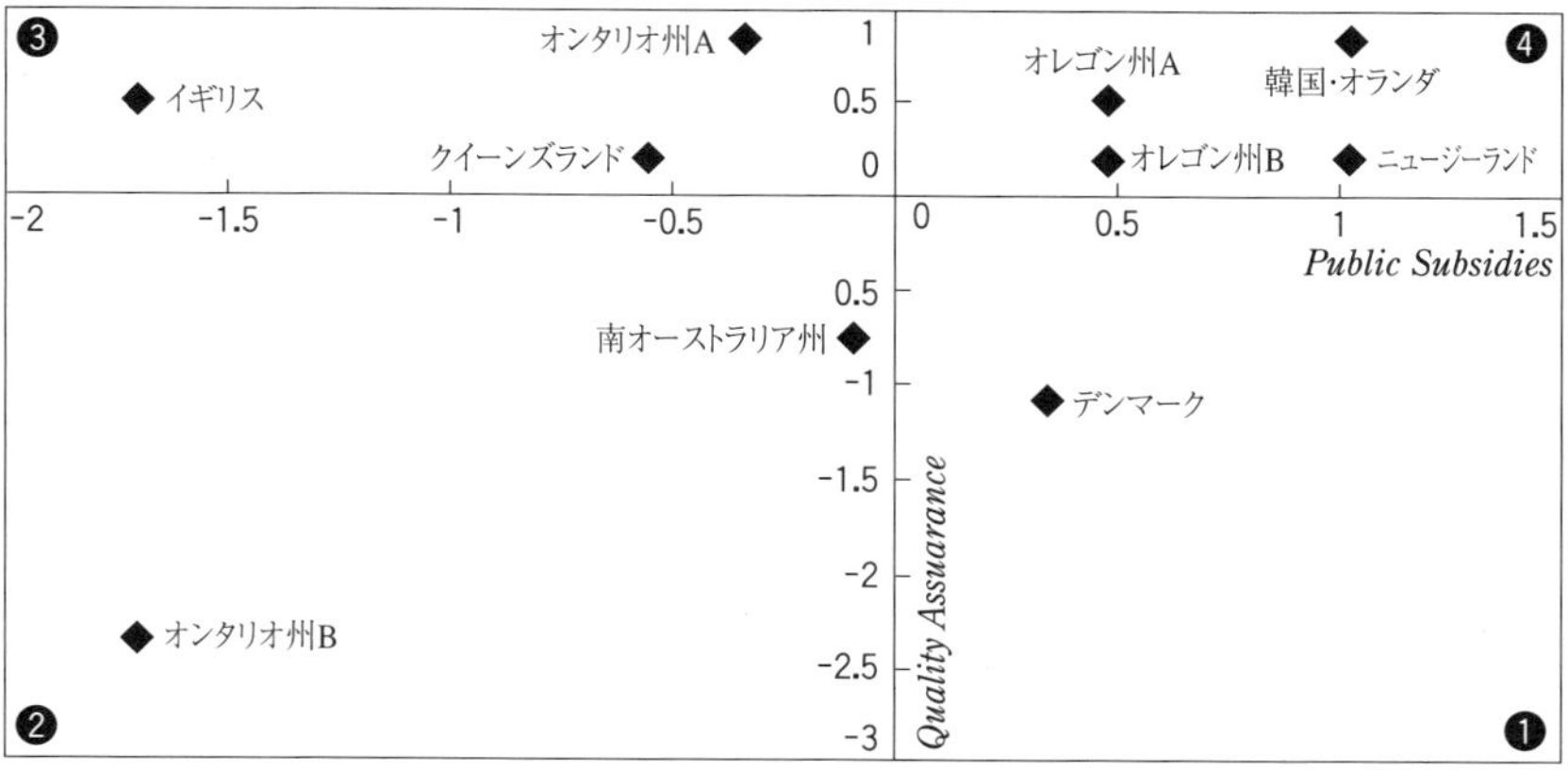

は厳しくなる傾向の国（州）がいくつか存在することは強調されてよい。イギリスのように、教育内容については原則として「助成金も出さなければ口も出さない」位置づけにある国でも、学校経営に関してはQA値が平均以上となる。健全な学校経営に対する相応の、または周到な配慮がなされている国（州）は珍しくないといえよう(2)。

いずれの図においても、常に第四象限にある、つまりQAもPSも高い値にあるのはオランダである。PSの値が低く、QA値が高いのはオンタリオ州（公立オルタナティブ・スクール）である。逆に、PS値が高くQA値が低いのはデンマークおよびオレゴン州（私立オルタナティブ・スクール）である。デンマークとオランダは、市民が主体の学校づくりが実践されている先進的な事例として双方ともに紹介されることがあるが、QA値の格差は顕著であり、後述するように、学校づくりのあり方は相当に異なっているといってよい。

ニュージーランドの場合、学校経営は韓国やオランダとともにQAの得点が高いほうであるが、教育内容となるとQA値は平均以下となる。また、右に述べたように、ニュージーランドは設立前と比べると設立後にはQAの高い得点グループから離れ、平均値へと移行する。このことは、独立財政のフリースクールが公費助成を伴った統合学校になったタマリキ・スクールのエドワーズ校長が、現在のニュージーランドでは一度認証されたフリースクールにとって国家目標をクリアすることはさほど困難ではなく、書類手続き上の煩雑さのほうが大変だ、と述べていることと符合する（Edwards 2002：125）。つまり、事後評価よりも事前規制が重視されるタイプである。

## 3 教育行政の類型

ここでは、一般的な教育行政の類型についてオルタナティブ・スクールとの関連性も含めて整理し、その後にオルタナティブ教育をめぐる教育行政のあり方について先の散布図を参照しながら考察を加えることにしたい。

教育行政による統制のあり方は多様であるが、ここでは次の三つの類型、すなわち「市場統制型」、「官僚統制型」、「市民統制型」に大別し、それぞれの特性について概説する。当然ながら、これまでに扱ったどの国（州）も純然に特定の類型に属するわけではなく、二つ以上の類型の特性をあわせもつ国（州）もある。しかし、大半の国（州）は右の類型のいずれかの属性を顕著に見いだすことができるといえる。

### (1) 市場統制型

現在のアメリカおよびイギリスにおける教育行政の趨勢は、市場重視の政策に見て取ることができる。一九八〇年代以降、停滞する公教育の再生を目指して、選択と多様性を重視する市場原理に則った学校改革が実施されてきた。こうした動向の原動力となったのは、フリードリヒ・A・ハイエク（Friedrich August Hayek）などの影響下にある新自由主義のイデオローグである。アメリカでは、ジョン・E・チャブ（John E. Chubb）とテリー・M・モー（Terry M. Moe）によって、公立学校の危機の背景には教育の専門家による公立学校の運営メカニズムの問題が介在していることが指摘され、それに代わる市場原理に即した学校運営システムが提唱された（Chubb and Moe 1990）。以来、公教育に対する官僚や行政のコントロールをできるかぎり少なくし、個々人の自己決定と自己責任のもとに教育社会を形成するメカニズムの再構築が試みられてきた。先進諸国で一九八〇年代以降から引き継がれた一九九〇年代の保守的思潮の中でこの原理は勢力をもつに至り、アメリカのチャータースクール、イギリスの自律的学校経営などの新しいタイプの学校や制度が生まれた。

次の節で取り上げる官僚統制型に比べると、市場原理のもとではオルタナティブ・スクールの設置や運営に関しても自由度がはるかに高いといえるが、その一方で学校に対して自己責任が求められることになる。アメリカのチャータースクールのように、公費をもって運営される学校は相応の説明責任《アカウンタビリティ》が求められ、当初の目標が一定の期間以内に達成されない場合には閉校を命じられることもある。第3章でも述べたように、実際にアメリカではこの一〇年ほどで約七パーセントのチャータースクールが閉校している。官僚統制では得られない自由と自治を享受する一方で、自己管理能力が重視され、学校運営などのあらゆる面で効率性や効果、適切なパフォーマンスおよび生産性が常に求められるといってよい。

市場統制型のいま一つの特徴として、市場原理にゆだねる結果、学校間の競争が起こり、知名度の高い有名校がより多くの生徒を集め、不人気の学校は淘汰される傾向も指摘されなくてはならない。こうした消費社会において、学校は選択の対象であり、親（保護者）の意識は市場で購買する消費者の意識と重なる。特別な措置がとられないかぎり、貧困家庭に比して裕福な家庭にはより多くの選択が可能となるという社会階層間での不平等の問題も挙げられる。さらに、アメリカのチャータースクールに対する公正な認証および資格の付与のあり方が重要な課題として浮上していることが示しているように、市場化（規制緩和）の結果、公共性の内実が改めて問われるという事態が起きていることも指摘されてよい。

### (2) 官僚統制型

東アジア諸国などに見られる教育行政の特徴として、中央集権的な色彩が強いこと、換言すれば、父権的《パターナリスティック》な官僚統制が挙げられる。官僚統制では、完結した意思伝達システムのもとに中央で策定された施策が国の隅々にまで効果的に普及し、全国的に均一の教育レベルを保持しやすい。また、学校設置に対する規制も強く課され、カルト集団などによる子どもの人権を蹂躙するような教育実践はなかなか生まれにくい。

その一方で、上意下達のシステムは市民による教育づくりの自発性を削ぐことにもなりかねない。とくに、オルタナティブ教育の本質的な特性ともいえる独自性や自発・自立性との拮抗対立は生じやすく、事実、第4章に示したような係争が各国で見られる。

官僚的統制においてオルタナティブ教育は、メインストリームの学校教育を補うための「受け皿」として見なされる傾向にある。台湾では不登校の子どもを「学校に戻すため、（中略）中央政府は、既存の公立・私立学校以外のオルタナティブな学び舎を認定していく方向で動いている」（一見、二〇〇一年、八五ページ）のであり、韓国のオルタナティブ・スクールは「正規学校への不適応、家庭の事情、非行、家出等の原因で中途脱落した学生を収容」（横田、二〇〇一年、六〇ページ）する場として認証されている。オルタナティブな教育実践を国家制度の一部として取り込む傾向は、日本でも学校復帰を前提にしたSSP（スクーリング・サポート・プログラム）などの施策に見いだすことができる。

官僚統制型の社会では、メインストリームの教育では対応できない特別のニーズに対応するために、オルタナティブ・スクールやプログラムに対して子どもをメインストリームに復帰させる機能または受け入れる機能が期待される。日本において顕在化している不登校問題は、先進国のみならず、ある程度、学校教育が普及した新興国、とくに一九八〇年代以降急速な経済発展を遂げた東・東南アジア諸国でも徐々に見られるようになった。こうした事態に対して各国政府はさまざまな手立てを打ち出してきたが、行政レベルでの対応は不登校の芽を塞ぐような予防措置と民間のリソースを利用する形での治療措置に大別できる。

予防措置に関しては、ソフトな措置とハードな措置とに分けることができる。スクール・カウンセラーの全国的配置などは前者であり、義務教育の名のもとに不登校の子どもの親に対して罰金を課すことも辞さない応対は後者である(3)。

また、治療措置に関してもさまざまな応対が見られる。日本のように学校復帰を目的にするフリースクールなどの支援策（SSPおよびSSN）もあれば、韓国のように「特性化学校」として従来にない形で特認する施策もある。台湾でも、オルタナティブ・スクールは「特例」や「体制外学校」として認められている。台湾や日本のフリースクールなどに通う子どもたち（およびタイのホームスクーラー）は、無認可のオルタナティブ・スクールで学んでも正規の卒業資格が得られないので学籍を近くの認可校に置き（二重学籍）、義務教育の修了資格の取得と進学への可能性を開く特例措置が容認されている。

このように、一元的な教育システムに適合しない特別のニーズに対して、その芽を塞ぐという予防的なストラテジーと、すでにこうしたニーズに応えている実践を「特例」的に認め、場合によっては支援していくという治療的なストラテジーとの共存、すなわち両刀遣い的な施策のあり方が官僚統制型の特徴である。また、二重学籍に見られる「ねじれの構造」は教育システム改革の重要課題であるといってよい。

## (3) 市民統制型

デンマークやスウェーデンなどの北欧諸国は、教育分野においてもいちはやく地方分権化政策を実施し、一般に自律した学校運営が行われている。オルタナティブ・スクールにかぎらず公立学校においても相当の自治権が与えられており、教育担当省庁の主な機能は指導助言による牽引役ではなく、法律やガイドラインの策定などを通した大綱に関わる政策策定である。また、多様な学校群の支援組織が発達しているのも市民統制型の特徴である（第2章ケース・スタディ⑥を参照）。

市民による自主的な学校づくりの典型は、デンマークのオルタナティブな学校教育ストリームであるフリースコーレに見ることができる。そこでは、カリキュラムづくりや教師の採用、修了試験を受けるか否かなどについて親（保護者）を中心とした学校理事（評議）会で意思決定を行う。校舎を親や地域社会で造ることも珍しくなく、まさに地域住民の地域住民による地域住民のための学校づくりが日常で実現されている。親は、学校教育の消費者というよりもむしろ創り手または担い手として学校づくりに日常レベルで参加しており、教育内容を学校職員と共同で創り上げてゆくプロセスへの関心は高いといえる。

たしかに、市場統制型の教育施策においても自由と自治に価値が置かれているが、それらは市民統制型で強調される自由と自治とは根幹を異にする。繰り返し述べるが、市場統制型の社会では学校は選択対象となり、ともすれば子どもも教育市場の「商品」として見なされる。しかし、家庭や地域社会を巻き込んだ市民統制型の学校づくりは創造の喜びを分かち合う営みであり、その根底には、いささか大げさな表現になるが、消費概念の本来的な意味ともいわれる「生命の横溢」(4)が見いだされるといってよい。

市民統制型の学校教育が約一世紀半にわたって醸成されてきたデンマークの場合、フリースコーレの生みの親であるグルントヴィの提唱した「相互作用」と呼ばれる他者とのコミュニケーション（対話）の思想がオルタナティブ・スクールづくりの根底にあり、一般に市場統制型の学校選択や官僚統制型の学校運営よりも、より人間性に価値を置くような精神文化に根づいているといえよう(5)。

たしかに、市民統制型は人間同士の絆が失われたといわれる現代社会のあり方に対する代案を示しているのかもしれない。しかし、第4章で触れたトゥヴィンド・スクール事件が示唆するように、そうした社会では新たな〈公共性〉を構築する市民力が試されると同時に、それを育成する社会のあり方も問われているといえよう。認証や評価の諸条件の設定など、市民の内発性を生かしながら〈公共性〉をいかに創生し、保障していくかが市民社会の形成に向けた重要課題となっている。

## 4 オルタナティブ教育に関する行政の比較考察

以上、一般的な学校教育の統制のあり方を類型別に概説した。**図5－2～図5－6**で示した各国の相対的な位置づけに照らし合わせると、オルタナティブ教育に関する教育行政のあり方は必ずしも右に示したような典型的な類型のいずれかに該当するわけではないが、これらの類型を参照しながらオルタナティブ・スクールに対する行政のあり方について考えてみたい。

**図5－2～図5－6**において、主に第四象限に位置するオランダおよびニュージーランドはオルタナティブ教育の世界にも市場原理を見いだすことができる[6]。両国とも学校の自立・自律性と自己責任が求められ、学校監査のための専門機関をもち、全国レベルでの学校評価ネットワークも発達している市場統制型の教育社会である。これらの事例（とくにオランダ）は、オルタナティブ・スクールが少なくとも淘汰されずに市場で生き残れるように設立前から行政によって方向づけられる積極支援・管理型の行政のあり方を示しており、管理のベクトルが強くなると官僚統制型の性格を帯びることもある（オランダ・タイプ）。

第3象限に位置するオンタリオ州（公立オルタナティブ・スクール）は、公費助成が少ないほうであるにもかかわらず規制が厳しく、公的機関からの干渉を受ける消極支援・干渉型の行政のあり方である（散布図によっては、同州と近い傾向を示すクイーンズランド州も部分的に該当）。オンタリオ州は一九七〇年代より公設のオルタナティブ・スクールが設立され、多様なニーズをもつ子どもたちを受け入れてきた。しかし、一九九四年以降、市場経済を重視する新政権のもとで新自由主義に基づく教育改革が行われ、公立オルタナティブ・スクールに対する規制が強化された。しかも、大幅な予算の削減が実施され、公立オルタナティブ・スクールの経営は窮地に追い込まれている。オル

**図５－７　オルタナティブ・スクールに対する教育行政の４類型**

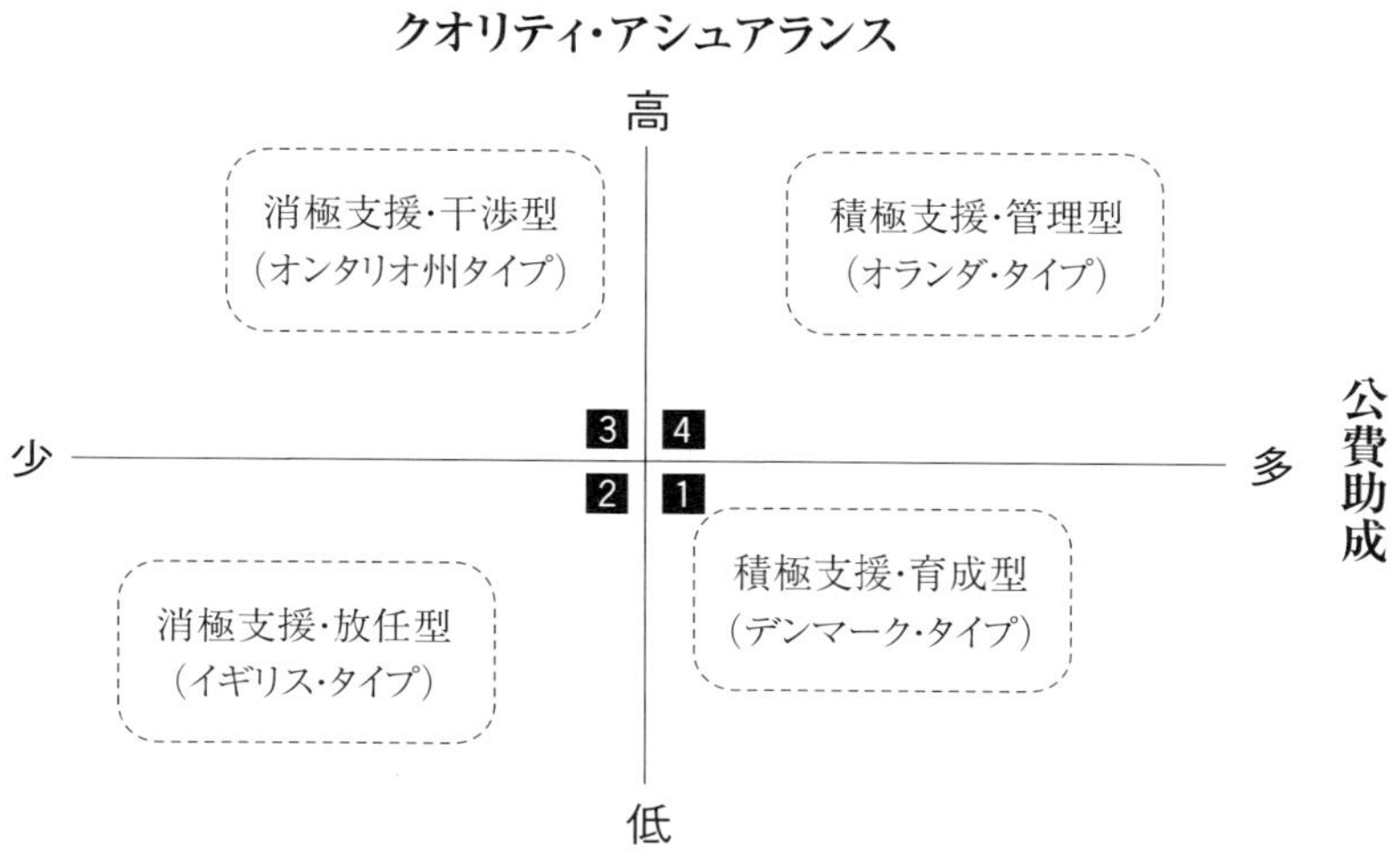


タナティブ教育の実践者にとって、消極支援・干渉型はもっとも不満の募る行政のあり方であることはいうまでもない（オンタリオ州タイプ）。

学校経営の**図5－6**を除くすべての図において第2象限に位置するイギリス、およびすべての散布図において第2象限に位置するオンタリオ州Ｂ（私立オルタナティブ・スクール）は、原則的に公費助成はなく公的機関からの干渉も（少）ない。この意味で、これらの国（州）は、公立校と同程度の助成と同時に比較的厳しい監査を受けるオランダやニュージーランドの対極に位置する。

これは、政府もオルタナティブ・スクールも相互干渉を避けようとする消極支援・放任型の行政のあり方であるといえよう（イギリス・タイプ）。ただし、このタイプは時の政権や為政者が放任できないと判断するようになると、第3象限へと引きつけられていくこともある。イギリスのサマーヒル・スクールの係争は、たしかに希少な例ではあるが、こうした行政上の判断と強引な措置が起こり得ることを示唆する事件であった。ひとたび係争になると行政も学校も痛手を負うことが予見されるので、消極支援・放任型では両者とも近づきすぎない「ハリネズミどうしの関係」が成立しやすい。

第1象限のオレゴン州Ｂ（私立オルタナティブ・スクール）およびデンマークは、前節で述べた市民統制型に該当する。ある程度の公費助成が提供される一方で、ＱＡの値は低く、一般に行政の市民に対する信頼度は高い。また、実践者の行政の役割に対する印象は干渉やクオリティのコントロールというよりも支援もしくは育成という感覚に近い(7)。とくに、デンマークの場合であるが、市民の学校づくりに対しても厚い信用が置かれているだけでなく、市民の活動を積極的にはぐくんでいこうとする支援メカニズムが官民の協働作業により構築されている積極支援・育成型の行政のあり方である（デンマーク・タイプ）。

以上、**図5－2**～**図5－6**に対応したオルタナティブ・スクールに対する四つの行政のあり方をまとめて示すと**図5－7**のようになる。現在、各国でその影響力を強めているかに見える市場原理に基づく学校（づくり）観は、第4象限の積極支援・管理型の特徴でもある。

オレゴン州の私立オルタナティブ・スクールの中には、第2章のケース・スタディ⑤で示したように、チャータースクールへの移行を遂げた学校もある。現時点では、第1象限に見いだされる私立オルタナティブ・スクールの特性も、当地のオルタナティブ教育関係者の声を聞くかぎり、近い将来に第四象限の特性へと変容していく可能性が多分にある。また、第2象限に位置しながら無認可で営まれてきたオルタナティブ・スクールも公的な認証を受けることにより、第4象限へと引きつけられていくことも十分に考えられる。このように、積極支援・管理型の磁場は、近年の市場を重視する教育改革の趨勢の中でますます磁力を強めているのが現状といえよう。

## 5　学校選択と学校づくり――オランダとデンマークの差異

ここで、第4章に示したオルタナティブ教育に関する三つの認証基準、すなわち「福祉・倫理面での適切性を指摘した基準」、「学習・学力面での適切性を指摘した基準」、「公教育との等価性を指摘した基準」を想い起こしたい。積極支援・管理型（オランダ・タイプ）、消極支援・干渉型（オンタリオ州タイプ）、消極支援・放任型（イギリス・タイプ）、積極支援・育成型（デンマーク・タイプ）のいずれの教育社会においてもこれらの基準のさまざまな組み合わせをもってオルタナティブな教育実践は認証されたり評価されたりしながらクオリティが保障されている。

**図5-7**から示唆されるのは「クオリティの創られ方の違い」である。たしかに、各々の教育社会で「適切性」や「等価性」は見られるかもしれないが、適切なクオリティまたは等価なクオリティに対する認識には相当の差異があることは指摘されなくてはならない。

なかでも注目に値する差異は、第1象限のオランダ・タイプと第4象限のデンマークタイプの差異であろう。欧米でオルタナティブ教育を生かす教育システムをもつ国としてしばしば言及されるのがオランダとデンマークであるが、両国は国際比較調査の結果、似て非なる特徴を有することが明らかになったといえる。とくに、日本の今後の教育行政のあり方を検討するにあたり、両者の間の距離を質的に吟味することは重要であると思われるので、この点について以下に述べたい。

いくつかの点で、オランダとデンマークはたしかに似ている。ともにヨーロッパ大陸の小国であるし、時代は異なるが、かつて海を越えて諸外国を征した覇権国家（民族）でもあった。また、四三ヵ国が参加している「世界価値観調査」によれば、双方ともにポストモダン的な価値観を顕著に有する社会でもある（Inglehart 1997 : 93）。

しかし、両国は学校文化に関しては相当に異なる様相を呈する。第2章のケース・スタディに示したように、オランダでは市民が情報を的確にとらえ、自らに適した学校を選べるように徹底した学校の情報提供が義務づけられている。この傾向は学校監査制度の進展に伴い、近年、とくに強くなっている。各学校がアピールする魅力を市民が判断するのではなく、できるかぎりの客観的な評価を第三者が提示することにより市民が判断できるように工夫されつつある。[8]「体裁のよい学校喧伝の情報よりも、すべてを数値化した客観的指標」づくりが目指されているのである。こうしたオランダにおける学校の情報開示の傾向は、市場原理を重視する政策の一環として情報公開が浸透する先進諸国で見られる趨勢であるといえよう。

他方、しばしば教育先進国と称されるデンマークであるが、興味深いことに学校の情報開示はつい最近まで行われてこなかった。ほとんどの親（保護者）が地元の学校に子どもを通わせることが慣習となっているデンマークでは、親が学校選択を行う場合は地域住民の口伝えの情報に依ってきた。デンマークの学校助成制度について研究した世界銀行のハリー・A・パトリノス（Harry Anthony Patrinos）も指摘しているように、学校情報のプライバシーに関する強固な伝統は、とくに学校が公的資金を受け取っていることを考えると、不可思議に思われるのである（Patrinos 2001 : 5）。

たしかに、欧州諸国では二〇〇〇年前後を境に学校をできるかぎり客観的に監査・評価しようとする傾向が強くなった。デンマークも例外でなく、一九九九年に学校監査の全国組織の設置が国会で決議されるなど[9]（一七三ページを参照）、学力水準に対する関心はかつてないほどに高まっているといえよう。[10]

事実、デンマークでは二〇〇二年に「教育の開示性および透明性に関する法律」が可決した。[11]この法律によれば、独立学校も含めたすべての教育機関はホームページ上に最小限、次の情報を掲載しなくてはならない。

❶教育の形態および授業科目（教育の指針やシラバス）

❷ 教育信条や方法
❸ 試験結果（匿名で各教科やクラスの平均点を掲載）
❹ 学校の授業の質（学校評価の結果）
❺ その他の学校の教育のクオリティに関する情報

こうした動きについて、独立学校協会事務局長のホイゴール氏は、近年のヨーロッパの教育界における市場主義とそこから来る情報開示への圧力がデンマーク国内でも影響力をもちつつあることを認める。しかし、その一方で、市民や納税者に公的資金の使途や成果が明らかになることは民主主義にとってよいことであり、公費を受け取っているオルタナティブ・スクールが情報を開示することにはそれなりの意義を見いだせるという。要は、過度な評価至上主義に走らない「デリケートなバランス」が重要であるとのことである。(12)

二〇〇四年三月現在のところ、「教育の開示性および透明性に関する法律」は強硬な性質のものではなく、罰則も定められていない。ホイゴール氏によれば、関係者で主な争点となっているのは右の情報の❸と❹であり、ほかの情報はすでに多くのオルタナティブ・スクールがインターネット上で開示してきたことである。また、氏はこの法律によって親の学校選択に大きな変化が生じること、つまり、親がより良い学校教育を求めて遠隔の学校に子どもを送ることはないと考える。さらに、デンマークの主要紙（Berlingske Tidende）による最近の世論調査の結果（二〇〇二年一一月一五日）では、デンマークの親がより多くの関心を示しているのは試験結果や授業のクオリティなどの学校の序列化にかかわる項目ではなく、コミュニケーション技能であったことを指摘し、❸と❹の情報開示に関しても「大事件」ではないという。

ここで、なぜ情報開示の項目の中で❸と❹の試験結果と学校監査の情報公開がとりたてて問題にされるのかを考えることは重要であろう。これは、おそらく数値で表されるような指標によって人間の営みが評価されるということに対するデンマーク社会、とりわけオルタナティブ教育関係者の懸念であるように思われる。デンマーク人一般にとって、競争は人間（社会）にとって大事な何かを損なう忌むべきものである（Borish 1991 : Chap. 10）。デンマーク外務省が作成したフォルケホイスコーレ（成人教育段階のオルタナティブ教育コミュニティ）紹介のパンフレットには、次のように記されている（Royal Danish Ministry of Foreign Affairs. n.d. : 17）。

ここに、単純な事実があります。それは、フォルケホイスコーレでは職業資格のための試験やコースを設置することは一切許されないということです。もう少し明確に表現するならば、デンマークでは「フリースクール」群に属するいずれの学校も次の条件を満たせば潤沢な公費助成を受けられるのです。その条件とは、人間らしく生きるため以外の、いかなる目的のためにも生徒を訓練しないということなのです。

右の引用文に表されているような人間性重視の文化は、国家主義や市場主義の磁場に引き寄せられることなく、**図5－7**の第1象限に留まりながら独自の公共空間を醸成してきたことと無関係ではないといえよう。

似て非なる二国、オランダとデンマークの差異についてまとめると次のようになる。

先の散布図の位置づけからも明らかな通り、双方ともに積極的な関係性が教育実践と行政との間で築かれている点では共通するが、その方向性は相当に異なる。学校監査（評価）のあり方に示唆されるように、オランダの場合は緻密で厳格なQAのあり方が重視されるが、デンマークの場合は、政策上の変化は見られるものの、人々の意識の上ではむしろ緩やかなQAのあり方が重んじられている。オランダの教育システムは誰もが学校選択の自由を享受できるような市場開放性を強める一方で、デンマークの場合は依然として地域に根ざした学校づくりが行われており、この両国の差異は、学校教育に対する基軸が学校選択にあるのか、学校づくりにあるのかによると思われる。

オランダでは一般的にオルタナティブ教育を含めて学校は選ばれる存在であり、そのための洗練されたシステムが確立されつつある。他方、デンマークでは、学校は選択の対象というよりも親たちの積極的な参加を通してつくられ、常につくりかえられる存在としてとらえられているのである。つまり、一見、似ている両者を分け隔てているのは、外発的な学校づくりのメカニズムと内発的な学校づくりのメカニズム、行政のあり方でいうなら、管理の〈まなざし〉の教育行政のあり方と支援の〈まなざし〉の教育行政のあり方の違いであるといってよいであろう。

## 6　求められる教育社会のあり方

ひるがえって日本のオルタナティブ教育事情を考えると、フリースクールなどの民間施設は消極支援・放任型に近く、助成も（少）なければ干渉されることもまずない。また、私立学校は、自由裁量があるようでも公費助成があるかぎりある程度のコントロールは避けられない。したがって、もっとも近いタイプは積極支援・管理型であるといえよう。

このような現況に鑑みると、二一世紀の日本のオルタナティブ・スクールにとってどのようなタイプの行政のあり方が望ましいのであろうか。当然ながら、これらの四タイプのあり方がすべてではないが、四タイプのいずれかをモデルとして見なすのではなく、自らのパースペクティブを得るための参照とすることはそれなりに意義のあることであると思われる。

おそらく、一九九〇年代以降における国内外の教育をめぐる趨勢を見るにつけ、私たちの教育社会は第四象限の磁力を強くしてきているといえるであろう。それは、全国各地で導入されつつある学校選択制の導入という事態からも傍証されよう。また、先述のとおり教育特区などにより認証を受けるようになると、フリースクールなどのオルタナティブ・スクールは第2象限から第4象限への移行を余儀なくされる可能性も強まるであろう。

こうした状況下で熟慮するに値するのは、第一象限に位置する積極支援・育成型（デンマーク・タイプ）である。厳密にいえば、各々のケース・スタディに示唆されているように、このタイプに該当するデンマークとオレゴン州（私立オルタナティブ・スクール）の両者をひとくくりにすることには無理がある。というのも、デンマークは国の教育システム全般が積極支援・育成型であるのに対して、オレゴン州は州の教育システム全般からすると積極支援・管理型の色彩ももち合わせており、私立オルタナティブ・スクールというカテゴリーのみ例外的に扱われているといってよいからである。[13] とはいえ、両者、とくにデンマークの教育行政の特性ともいえる「はぐくむ支援」のあり方は注目されてよい。市場原理や国家による父権主義《パターナリズム》にゆだねるわけでもなく、イギリスにおける一部の独立学校と政府のように相互干渉を忌避するわけでもない教育社会のあり方が積極支援・育成型には見いだされる。そこには、デンマークのフリースクール運動の父であるグルントヴィの生を肯定するような文化、またはフランスの思想家ジョルジュ・バタイユ（George Bataille 1897-1962）が思索していた生を直接に享受するような位相が多分に作用しているといえよう（バタイユ、一九七三年）。

第2章のケース・スタディ⑥で引用したデンマーク教育省のオルタナティブ教育担当官の言葉、「イギリスのオルタナティブ・スクールは自由を得るか助成金を得るかの二者択一を迫られています。サマーヒルは助成金を捨てて自由を選びました。しかし、デンマークでは自由と助成金の双方を享受できるのです」は、はぐくむ、もしくはケアする行政のあり方をよく表している。

第1章に示したような諸特性をはぐくんでいくこと、とくに私たちが市場や国家から相対的な距離をとりながらすでに見いだされる〈公共性〉をはぐくんでいくことに価値を見いだすのであれば[14]、もっとも示唆に富む類型は積極支援・育成型ではないだろうか。

## 7 オルタナティブ教育の陥穽《かんせい》

オルタナティブ・スクールのような自発的なアソシエーションに対する支援を考える際に重要なのは、それぞれの場で生成する〈公共性〉を社会の中ではぐくむという視座であろう。しかし、こうした視座が醸成されるには、いくつかの陥穽《かんせい》に留意する必要がある。ここでは、近年の教育社会の潮流に照らし合わせて、第2章で示したようなオルタナティブ教育の実践が直面するかもしれない陥穽について考えてみたい。

### (1) 市場経済からの囲い込み

日本を含めた各国において一九九〇年代以降、市場を重視する教育改革が進められてきた。一連の改革は強い影響力をもち、たとえメインストリームに対する自律的なオルタナティブとして始まった教育実践であるとしても、市場メカニズムに絡めとられ、いつのまにか〈公共性〉への芽が摘まれてしまうような危険にさらされることも多分にある。近年、こうした危惧を増幅させるような事件も実際に起きた。

アメリカのチャータースクールでは、多様な子どものニーズに合った教育が展開される一方で、市場の中で生徒が「商品」として見なされるケースも指摘されている。いくつかの州では露骨なまでに教育のビジネス化と子どものプロダクト化が進行し、こうした動きに対する警鐘も聞かれる。[15] また、日本においては、不登校問題解決の糸口の一つとしてサポート校が一時的に隆盛したものの、多くの不登校の子どもたちを抱えたまま倒産してしまったケースも見られる。[16]

こうした例は、メインストリームの教育システムの外にいる子どもがしばしば市場の「恣意」に翻弄されるという危険性を示唆しているといえよう。たしかに、市場で選択を行う市民の判断が常に適切なものであるという保障はどこにもなく、プリンストン高等研究所社会科学部教授のマイケル・ウォルツァー（Michael Walzer）がアメリカのバウチャー制度[17]の「もっとも大きな危険」として指摘しているように、教育を市場にゆだねることは、「多くの子どもたちを企業的な冷酷さと親の無関心さを合わせたような状況にさらすこと」になるかもしれないのである（Walzer 1983 : 219［ウォルツァー、一九九九年、三三四ページ］）。

市場原理による学校改革を、ロンドン大学キングス・カレッジ教授のシャロン・ゲヴァーツ（Sharon Gewirtz）は福祉主義から脱福祉主義への転換として把握し、一連の政策を「ポスト福祉主義教育政策コンプレックス（ＰＷＥＰＣ：Post-welfarist Education Policy Complex）」と呼んでいる。ゲヴァーツの重要な指摘は、競争とともに規制緩和と分権化とを主張するＰＷＥＰＣは、大綱の設定を通した中央政府のコントロールを逆に強め、政府の目標を達成するように各学校のパフォーマンスに対する監督が強化され、その結果、「規制された自治」が生まれるという点にある。それは、高度に規制された市場における新たな管理と統制なのである。ゲヴァーツは、ＰＷＥＰＣの特性として次の諸点を挙げる（Gewirtz 2002 : 122）。

❶ 学校への新たな規制管理制度の導入

❷ 子どもの商品化と価値のある子どもとそうでない子どもとの差異化

❸ 教師の隷属化を通した学校教育での社会関係の再構築と競合的な個人主義の教え込み

❹ 伝統的な教授様式の重要視
❺ 学校教育へのアクセスの不平等化と社会階層化の進展
❻ 資本主義的価値と資本主義的合理性の学校教育への浸透
❼ 異議を唱える声の沈黙化
❽ 全身的なストレス対応の非政治化および個人化

こうした傾向は、近年のヨーロッパ諸国における学校監査・評価体制の強化と重ね合わせて見ることができる。しかし、ＰＷＥＰＣに見いだされるような〈まなざし〉のもとにオルタナティブ・スクールの監査が行われると齟齬が生じ得ることは、サマーヒル・スクールやアヴェントゥリジン・スクールなどの係争が例証している通りである。オルタナティブ・スクールに対する支援は、一般に積極支援・管理型に見られる支援とは異なる支援のあり方が求められているといえよう。

## (2) 国家からの取り込み

市場システムとともに、オルタナティブ教育のムーブメントを吸引する磁場を形成しているのが国家システムである。現在では、とくに社会保障の分野に見られるように、地域社会や市民を中心としたアソシエーションによる自己統治は国家にとっても望ましいことであると見なされており、市民社会の自発的な活力を最大限に生かすことは国家戦略にとっての重要課題として考えられている。ただし、「市民社会と国家のアクターの協調は『取り込み』の性格を色濃く帯びている」という斎藤（二〇〇二年、一〇二〜一〇三ページ）の指摘にも注意を喚起しなくてはならない。つまり、「活力ある社会」という旗印のもとに統治の市民社会化が進められる状況においては、市民のアソシエーションがそのエネルギーを動員される一方で政治的には無力にされるという現象が起こり得るのである。

メインストリームの教育で担いきれないニーズが生じ、日本の不登校現象のように一つの社会現象として顕在化するようになると、国家はそのニーズを満たす既存の機能を自らのシステム内に取り込もうとする。この傾向は中央集権的な教育システムをもつ国ほど顕著に見られ、そこでのオルタナティブ教育はメインストリームの教育の補完的な役割を担うことに終始するのである。

こうした「取り込み」の典型的な現れとして、一九九九年に始まった日本の文部科学省のSSP（スクーリング・サポート・プログラム、第1章の注9を参照）を挙げることができる。同プログラムは、「学校復帰」を前提に、「不登校の小・中学生の学校への復帰策を探る調査研究」費という名目でフリースクールなどの民間教育施設に補助金を提供する事業である。当初、SSPは財政難に悩まされる小規模のフリースクールなどにとって願ってもない支援に思われた。しかし、二〇〇一年度の調査支援対象となった六三〇ヵ所の施設のうちフリースクールなどの民間施設は三六ヵ所に留まり、結果的にこのプログラムの恩恵を受けたのは公設公営の適応指導教室が多かった（「不登校問題に関する調査研究協力者会議」第五回、［二〇〇二年一一月一九日］配付資料）。

この背景には、募集案内が十分に通知されなかったこともあるかもしれないが、SSPは学校復帰を目的としている点が強調されなくてはならない。学校嫌いでフリースクールなどに通う子どもの多いところに学校復帰を前提に財政支援をするというのは、多くのフリースクールにとって本来の設立目的に適わないことになるのは明らかである。SSPは一見して魅力的な財政支援策でもあるが、既存の民間施設をメインストリームの補完的な役割として位置づける性格のものであり、典型的な一元的教育観の現れであるといってよい。

筆者らによるオルタナティブ・スクールなどを対象にした全国調査でも示されたように（オルタナティブ教育研究会、二〇〇一年および二〇〇三年）、オルタナティブ・スクールのプログラムはアプリオリに設定されるというよりも、子どもの現状から出発して相互的なコミュニケーションを通して生成される傾向にある。そのプロセスは「その時その場」が優先されながら形成されるダイナミックなものなのである。しかし、こうした営みも、ひとたび国家システムの中に取り込まれると、インシデンタルな学びがプログラム化され、学びの場での「出来事」性が希薄化される。場合によっては、不登校の子どもたちは公教育というハードなシステムの外でもよりハードなシステムに取り囲まれてしまうこともあり得るといえよう。

### (3) 私的領域への閉じこもり

オルタナティブ教育にとっていま一つの陥穽《かんせい》は、私的領域に閉じこもり、外とのコミュニケーションを閉ざす傾向である。オルタナティブ・スクールの中には、市場システムとも国家システムとも距離をとる一方で、いわば私的領域に閉じこもる傾向を示す学校もある。

子どもの個性を重視するオルタナティブ教育論では、子どもの私的な時間や空間がしばしば強調される。しかし、ともすれば、子どもを社会的文脈から切り離してとらえる教育観が支配的となり、子ども本位の教育が自閉的に機能してしまう場合がある。

これとパラレルな関係図式として、オルタナティブ・スクールと地域コミュニティとの関係性を描くこともできる。内外のフリースクールには、保守的性格の強い地域社会において自らを「理解されない」共同体として自認し、地域社会の「離れ小島」的な性格を帯びる学校は少なくないように思われる。先に、イギリスのオルタナティブ・スクールと行政との関係を「ハリネズミどうしの関係」、すなわち近づきすぎると互いに傷つけ合うので、適度な距離をとり、問題を起こさずにいる関係としてとらえた。実際に、社会の中ではぐくまれるというよりも「一匹狼」的な存在として地域社会に位置しているオルタナティブ・スクールは少なくない(18)。

コミュニティから自らを隔絶し、自閉的な空間内で教育活動を完結させる傾向は、日本の不登校の子どもたちを対象にした施設にも見受けられる。筆者らによる調査によれば、不登校の子どもの「受け皿」の一つである適応指導教室は、地域住民と交流する機会が比較的に少なく、自らのネットワークに地域の人々が関わる度合いも低いことが明らかになった。公的施設のもつこうした性格の一方で、フリースクールなどには地域を巻き込んだ展開が比較的に多く見られたのである。(19)

さらに、オルタナティブ・スクールの自閉性の印象を強くしかねない痛ましい事件が二〇〇三年二月に起きた。ニュージーランド郊外に設立された日本の不登校生らを集めた施設で集団暴行により一人の生徒が死亡し、地元警察に関係者の身柄が拘束された。この事件については、地元警察を中心に現在も調査中である。事件を私的領域へと閉じこもる傾向性の結末としてとらえるのは早計にすぎるが、地域社会におけるオルタナティブ・スクールのあり方を問い直す契機の一つとなる事件であるといえよう。(20)

## 8 適切なクオリティ・アシュアランスとは

右に示した三つの陥穽《かんせい》に絡めとられない公共空間は、いったいどのように形成されるのであろうか。そこで重要となるのは、社会に開かれた自律的な営みを可能にするクオリティ・アシュアランスの適切なあり方であろう。

これまでもオルタナティブ教育と公共性の問題をめぐりさまざまな議論が交わされてきたが、それらは大別して次の二つの立場からの主張に集約される。一つは、学校づくりの大部分を専門家でない市民の手にゆだねると秩序ある統制がとれないので、指導・助言や外的な規制が不可欠であるとする行政や政界からの主張である。いま一つは、上からの規制をなくせば市民の自発性が生かされ、理想的な学校がつくられるという市民グループからの主張である。

こうした議論は、しばしば国家による管理かレッセフェールかという二極論に収斂《しゅうれん》されてきたように思われる。実際に、先の散布図で示すと、オルタナティブ教育をも積極的に制度に取り込んできた国（州）は第4象限に位置し、制度には取り込まずに容認（放任）してきた国（州）は第2象限に位置する傾向にあったといえよう。しかし、双方に対して次のような問題を指摘することができる。

積極支援・管理型（第4象限）の問題性は、国家による管理が過度になりすぎると、多様なオルタナティブを一元的な眼差しのもとに置いてコントロールしてしまう傾向が見られることである。近年、オルタナティブ・スクールを積極的に支援しようとする姿勢を見せる政府は増えているように思われる。しかし、積極的に支援することは統制の網の目がより細やかに張り巡らされることにもなり得る。制度内に取り込まれることによってオルタナティブ教育がその独自性を失うことは十分に考えられるのである。第4象限に位置するオランダやニュージーランドのオルタナティブ・スクールをめぐる係争事例に鑑みると、「パノプティコン（一望監視システム）の脱学校化・社会的拡大」の傾向、すなわち認可校の中だけで機能してきた抑制力が認証や監査を通してオルタナティブ・スクールにも浸透するという傾向は、一九九〇年代以降、より顕著に見られるように思われる(21)。

一方、消極支援・放任型（第2象限）の問題は、社会全体で〈公共性〉（の萌芽）をはぐくむという視座が欠如していることにある。日本を含めたアジア諸国のオルタナティブ教育は、制度の網の目を縫うようにして第2象限の社会空間の中に位置しながら存続してきたといえる。無認可校の生徒の学籍および卒業認定については巧妙な方法が機能しており、行政もそれを容認している。日本では、フリースクールに通う子どもの約六割が近隣の公立学校への「出席」日数としてフリースクールでの学習日数が認められており（オルタナティブ教育研究会、二〇〇一年、五八～五九頁）、学籍と実際の学びの場とが異なるメカニズムが容認されている。台湾のフリースクールの子どもも、学籍を公立校に預ける形で「卒業」している。タイのホームスクーラーの多くは、第2章で扱った子ども村学園の「卒業生」である。

このように、東（南）アジア諸国の教育制度ではオルタナティブ・スクールが容認されてはいるが、公的支援もなく、社会の中ではぐくまれないまま存続しているところが少なくない。こうした逆境の中でオルタナティブ・スクールを運営できるのは、一般市民というよりも人並みならぬ才と力量と意志とをもち合わせたごく少数の市民ということになる。実際に、オルタナティブ教育の歴史は、こうした「選ばれた市民」によって紡がれてきたという感は否めない。(22)

## 9 積極支援・育成型の教育社会のあり方

現在の私たちに求められているのは、国家による管理かレッセフェールかという二極的な教育社会のあり方ではなく、第1象限での位置づけを可能にするようなQAの適切なあり方の探求である。では、**図5-2**の第1象限の国（州）が、「取り込」まれることも「閉じこも」ることもなく、市場や国家という磁場に吸引されずに踏み留まり、自律的な公共空間を形成できているのはなぜであろうか。

最後に、積極支援・育成型の学校づくりのあり方から浮き彫りにされる特性について考えてみたい。第2章のケース・スタディ⑤および⑥に示したように、現地調査などを通して明らかになった積極支援・育成型の特徴は次のようにまとめることができる。

第一に、人間の内発的発展(23)を信頼し、それを助長するような精神文化もしくはそうした精神を体現するキーパースンが存在するということが指摘されてよい。デンマークの場合は、一世紀半前に、詩人、歴史家、教育改革者のN・F・S・グルントヴィが「生のための学校」を唱え、そのヒューマニズムにのっとった思想はC・コルの実践を通して広められた。彼らの教育思想と実践は、公立・私立の別を問わず、デンマークの学校教育に大きな影響を及ぼし、競争原理に基づいた教育観や物象的な人間観を忌避する文化を生み出してきた（Borish 1991 ; Lund, et al. 2003 ; 清水、一九九六年）。また、オレゴン州でも、デンマークに見られるような教育観が社会通念として定着しているわけではないが、オルタナティブ・スクールの民間自助組織であるLEARNを運営する中心的なキーパースンが学校設立支援マニュアルを制作し（Rubinstein, et al. n.d.）、教育法（施行規則）にも影響を及ぼし、生徒の「ニーズおよび興味」を重んじる教育文化の形成に寄与してきた。

第二に、少数派の権利を擁護し、実際に社会に影響力を及ぼすほどの組織力をもったアソシエーションが発達していることが挙げられる。デンマークには思想・信条や主義主張が異なる学校群ごとに支援協会が活動しており、相互啓発を日常レベルで行うというアソシエーションの伝統が見られる。[24] また、オレゴン州でもLEARNのような情報や知恵を分かち合うネットワークが重要な役割を果たしている。これらの横の連帯《ネットワーキング》が、自閉的な空間を形成することもなく、文化・社会的領域が市場・国家システムに侵食されずに独自の公共空間を醸成してきた理由の一つであるといえる。

第三に、右の精神文化が活かされるような社会構造の基盤となる規定が憲法レベルのみならず、省令や施行規則レベルでも定置されていることが指摘されてよい。デンマークの場合、オルタナティブ・スクールで子どもを教育する権利が憲法で保障されているが、これに留まらず、「フリースコーレおよび私立の基礎学校等に関する法律」にQAに関するゆるやかな規定があり、この規定のもとに、親の学校づくりへの参画や内発的な学校評価のあり方が定められている（**資料Ⅱ　法令①〜④**を参照[25]）。

第2章のケース・スタディ⑥でも述べたように、デンマークのオルタナティブ・スクールでは、学校の生徒全員の親から構成される「親の会」が選ぶ監査役に自分たちを評価してもらうというオルタナティブ・スクール独自の監査方法が浸透している。監査の報告もいたって簡易なものである（実際例は**資料Ⅲ**を参照）。たしかに、こうした方法に従えば、ともすれば緊張感のない温情主義的な評価になってしまう可能性もあろう。しかし、ここで重要なのは、安易に専門分化した学校づくりのあり方に身をゆだねることよりも、他者の〈まなざし〉を通した自己形成とは一線を画した内発的発展の可能性をデンマークの評価のあり方に見いだすことなのではないだろうか。

オレゴン州の場合も、州法および行政法に生徒の「ニーズおよび興味」を重視した教育についての規定がある（**資料Ⅱ　法令⑤〜⑦**参照）。さらに施行規則としても、オルタナティブ教育プログラムを実施するにあたり、柔軟な学習の条件を設定するように定められている（**資料Ⅱ　法令⑧**）。こうした規制が実際に監査のあり方を規定し、ゆるやかな評価が実践されているのである（評価フォームの実際例は**資料Ⅳ**を参照）。

**図4－1**（二二五ページ）に示したように、憲法レベルでは親や子どもの主体性が尊ばれているにもかかわらず、施行規則や通達レベルとなるとその精神は生かされず、むしろ逆に作用するという構造がいくつかの係争から明らかにされた。こうした趨勢の中で、オレゴン州のオルタナティブ教育は州法の精神が現場レベルにまで受け継がれている稀少な例であるといってよい。

このように積極支援・育成型の国（州）には、一般的には規則によって萎縮される自発性や柔軟性、刷新性などの「非規定性を確保するための規定」が見られる。こうした規則らしからぬ規則は、オルタナティブ教育の発展基盤となり、人間社会の内発的発展を促すためのクオリティ・アシュランスとして機能するであろう。このような自家撞着ともいええるカラクリ、すなわちシステムらしからぬ要素をシステムの中に組み込んでおくことが、オルタナティブ教育のような内発的な営みをはぐくんでいくための鍵ではないだろうか。

# あとがき

公教育というメインストリームの先行研究は山積されてきた一方で、オルタナティブ教育の研究、ましてや実践や理論の紹介ではなく、その実際、すなわち法律や行財政との関わりをも射程に置いた研究は皆無に等しい。したがって、ここ一〇年ほど取り組んできた研究は、トンネルを掘り続けるような作業であったような気がする。

ただ、掘り続ける作業の過程で常に磁石をもつように心がけたつもりである。心がけたというよりも、私たちの教育社会を煽るような趨勢が気になり、「適切な方向性」を意識せざるを得ない状況に置かれていたと表現したほうが正しいのかもしれない。その磁石が指し示していたのは、行政による指導・助言に基づいた管理主義でもなければ強引さが目立つ市場尊重主義でもなく、またフリースクールなどに対して一切の公的支援は行わないという放任主義でもない新たな方角であった。ただ、その方角を何と呼んだらよいのか分からないままに掘り続けていたように思う。

本書では、「新たな方角」の重要性を再確認するところまでは漕ぎ着けたのかもしれない。しかし、当然のことながら、その先がさらなる課題として残されている。その先への探求は、研究者が勝手に理論を立ち上げていくような努力を払うよりも、フィールドの声に耳を傾け、現場に見いだせる実践知や臨床知を嗅ぎ取り、そこから理論を構築していく息の長いプロセスが不可欠であるといえよう。

本論で扱った各国のオルタナティブ・スクールの実践から新たな理論を築いていけるような萌芽を読み取ることは十分に可能であり、研究者はこうした実践から謙虚に学んでいかなくてはならないと思う。

あとで気づいたことであるが、本論の節々で自ずと「内発的発展」という言葉を使っていた。内発的発展は、周知の通り、社会学者の鶴見和子の著作やスウェーデンのダグ・ハマーショウルド財団による報告書、古くは夏目漱石の講話（明治四四年、和歌山での講演「現代日本の開化」『私の個人主義』、講談社学術文庫所収）で使用された言葉である。このキーワードのもとでの研究は「先進国」や「途上国」という分断線を横断するようなライフワークになると自認しており、最終章の最後でこの言葉が素直に出てきたことにより自分の研究生活のサイクルが一巡し、また一つ大きなテーマを意識的に設定しなおした上での再出発が必要なのではないか、と改めて思い知ることとなった。

最後になるが、次のサイクルへと遷る前に、これまでお世話になった方々に謝意を表しておきたい。

現在、国際的な研究や事業に従事できている素地を養っていただいたのは、やはり大学院時代にお世話になった諸先生方であると確信する。とくに、千葉杲弘先生には国際教育研究の基本をご教示いただいたばかりか、貧乏院生であった大学院時代から多くのモラル・サポートをいただいたことを想い出す。

すでに一〇年になるが、四六時中、複数の事業が同時進行している国立教育政策研究所の事業部と呼ばれる部に身を置きながら、まがりなりにも研究活動を継続してこられた背景には、いつも刺激的なメッセージを発していた国内外の実践者の方々との出会いがある。本論の多くは、彼（女）らを念頭に置いて書かれている。

各国のオルタナティブ教育実践者やオルタナティブ・スクールをはぐくむ〈まなざし〉で支えている諸外国の行政関係者の方々の知恵と勇断にフィールドで触れるにつけ、いく度も鼓舞されたことも想い出す。既存の制度の枠外を対象とするような研究で、しかもインターネットというこの上なく便利なトゥールをもってしても入手することのできない資料やデータを得ることができたのも、彼（女）らの熱意に負うところが大である。これまでに励まされた方々のお名前をすべてここに記すことはできないが、一人ひとりの方に深謝の意を表したい。

数多くの職場の上司や同僚の中でも、オルタナティブ教育研究に関しては一人の盟友に言及しないわけにはいかない。本文でも取り上げた論文や報告書の共同執筆者である菊地栄治（現在は早稲田大学）さんである。彼とは、国内外のフィールドを回ったり、研究会を立ち上げたり、全国調査を実施したり、報告書を作成したりしてきた。こうした時間を共有して、いろいろな労苦や喜びを分かち合えたことは、人生の糧というに相応しい経験であった。まだまだ未完のプロジェクトの途上であるがゆえにいささか気恥ずかしいが、改めて感謝する。

この本の知見は、日本学術振興会の科学研究費補助金（基盤研究）による海外学術調査プロジェクトの「オルタナティブな教育実践と行政の在り方に関する国際比較研究（二〇〇〇〜二〇〇二年度）」から生まれた諸成果に多くを負っている。プロジェクトにご参加いただいたメンバー一人ひとりに、そしてオルタナティブな研究の可能性を認めて下さった科学研究費の関係者各位にも感謝したい。

国際比較研究に関しては、一四ヵ国（州）にも及ぶ国際比較研究を進めるにあたり献身的にお手伝いいただいた井田佐恵子さんと石井博子さんにもお礼の言葉を述べたい。振り返れば、お二人の誠意と窮境での「楽観主義」にずいぶんと助けられてきたように思う。

本書を出版して下さった新評論の武市一幸さんとの縁は、筆者が主宰していた国際オルタナティブ教育研究会の講演会でお話いただいた、デンマークの教育に詳しい清水満さんを通してであった。この場を借りてお二人にも感謝の言葉を送りたい。

最後に、長いあいだ精神的な支えとなってくれている父と母、永田秀太郎・和子に、そして本当の「生きる力」を授けてもらっている妻の麻里と子どもたちの悠馬・葵に「ありがとう」の言葉を心より伝えたい。

二〇〇五年四月二日

永田　佳之

Moo Baan Dek (The Children's Village School)
Address : Latya-Srisawat Rd., Muang Kanchanaburi 71190, Siam (Thailand)
Tel/Fax : +66-669-918-3269-70 / +66-662-814-0369
E-mail : mbd@ffc.or.th
URL : http://www.childrensvillageschool.com
http://www.ffc.or.th/mbdeng/index.htm

〈デンマーク〉
Dansk Friskoleforening (The Friskole Office)
Address : Prices Havevej 11, 5600 Fåborg, Denmark
Tel/Fax : +45-6261-3013 / +45-6261-3911
E-mail : DF@friskoler.dk
URL : http://www.friskoler.dk

Lilleskolernes Sammensluting (The Association of Little Schools)
Address : Sankt Kjelds Gade 3, DK 2100 Copenhagen, Denmark
Tel/Fax : +45-3929-5004 / +45-3929-6004
E-mail : ls@lilleskole.dk
URL : http://www.lilleskole.dkt

〈ドイツ〉
European Forum for Freedom in Education
Address : Husemannplatz 3-4 D-44878 Bochum, Germany
Tel/Fax : +49-234-610-4736 / +49-234-610-4738
E-mail : contact@effe-eu.org
URL : http://www.effe-eu.org

Bundesverband der Freien Alternativschulen
(BFAS: Federal Association of Free and Alternative Schools)
Address : In den Orthofen 6, D-45770 Marl
Tel/Fax : +49-2365-295517 or 44701 / +49-2365-2955172
E-mail : N/A
URL : http: www.paritaet.org/bfas/homepage.htm

……………………………………………………………

〈ホームスクーリング〉
欧米諸国だけでなく各国のホームスクーリングに関する情報は以下の URL を参照されたい。

http://www.education-otherwise.org/Links/HE_Intern.htm
（イギリスの Education Otherwise のホームスクーリング・ネットワーク集）

http://homeschooling.gomilpitas.com
（アメリカの A to Z Home's Cool Homeschooling のネットワーク集）

〈イギリス〉

Independent Schools Council Information Service (ISCis)

Address : St Vincent House, 30 Orange Street, London, WC 2 H 7 HH
Tel/Fax : +44-20-7766-7070/ +44-20-7766-7071
E-mail : info@iscis.uk.net
URL : http://www.isc.co.uk

Human Scale Education

Address : 96 Carlingcott, Bath BA 2 8 AW, England
Tel/Fax : +44-1275-332516
E-mail : info@hse.org.uk
URL : http://www.hse.org.uk

Education Otherwise

Address : P.O. Box 7420, London, N 9 9 SG, UK
Tel/Fax : N/A
E-mail : enquiries@education-otherwise.org
URL : http://www.education-otherwise.org

〈イスラエル〉

The Institute for Democratic Education

Address : Namir Rd. 149, Tel Aviv 62507
Tel/Fax : +972-3-741-2730 / +972-3-741-2723
E-mail : ide@democratic-ed.org
URL : http://www.democratic-edu.org

〈オーストラリア〉

Australasian Association for Progressive and Alternative Education (AAPAE)

Address : 8 Galali Pl, Aranda, ACT 2614
Tel : +61-2-6251-3136
E-mail : Cecelia.b@bigpond.com
URL : N/A

〈タイ〉

Spirit in Education Movement

Address : 117 Fuang Nakorn Rd. Opp. Wat Rajabopit Bangkok 10200, Siam (Thailand)
Tel/Fax : +66-622-622-0955 / +66-622-225-9540
E-mail : suancompany@access.inet.co.th
URL : N/A

## 【資料Ⅴ】 オルタナティブ教育関連　団体リスト

（ 少なくとも欧文である程度の情報が入手可能な団体の URL に限っての掲載してある。「N/A」は「該当せず」の意味であるが、事務局長など個人等の連絡先は URL の中に記されている場合がある。）

〈アメリカ〉

Alternative Education Resource Organization (AERO)
Address : 417 Roslyn Rd, Roslyn Heights USA, New York 11577, USA
Tel/Fax : +1-516-621-2195 / +1-516-625-3257
E-mail : JerryAERO@edrev.org
URL : http://www.educationrevolution.org

Center for Education Reform
Address : 1001 Connecticut Avenue, NW, Suite 204, Washington DC 20036, USA
Tel/Fax : +1-202-822-9000 / +1-202-822-5077
E-mail : cer@edreform.com
URL : http://www.edreform.com

Center for School Change
Address : Hubert H. Humphrey Institute of Public Affairs, University of Minnesota, Twin Cities (West Bank) 301, 19th Avenue South, Minneapolis, MN 55455 USA
Tel/Fax : +1-612-626-1834 / +1-612- 625-0104
E-mail : N/A
URL : http://www.hhh.umn.edu/centers/school-change

Coalition of Essential Schools (CES)
Address : 1814 Franklin St., Suite 700, Oakland, CA 94612, USA
Tel : +1- 510-433-1451
E-mail : N/A
URL : http://www.essentialschools.org

National Coalition of Alternative Community Schools (NCACS)
Address : 1266 Rosewood, 5 Unit 1, Ann Arbor, MI 48104-6205, USA
Tel : +1-734-668-9171
E-mail : ncacs1@earthlink.net
URL : http://www.ncacs.org

Sudbury Education Resource Network (SERN)
Address: P.O. Box 656 Sudbury, MA 01776, USA
Tel : N/A
E-mail : N/A
URL : info@sudburynetwork.org

## 【資料Ⅳ】 オレゴン州のオルタナティブ・スクールに関する監査項目（例）

オレゴン州行政法581-022-1350

オレゴン州オルタナティブ教育、オルタナティブ青年活動(AYA)評価フォーム

(2001—2002年度)

＿＿＿＿＿＿学区による評価（オレゴン州法336.615-336.665）

1）AYAの学習状況は環境の観点からみて柔軟ですか。(州法336.625)　はい＿＿いいえ＿＿

2）AYAの学習状況は時間の観点からみて柔軟ですか。(州法336.625)　はい＿＿いいえ＿＿

3）AYAの学習状況はプログラムの構造からみて柔軟ですか。(州法336.625)　はい＿＿いいえ＿＿

4）AYAの学習状況は教育学の観点からみて柔軟ですか。(州法336.625)　はい＿＿いいえ＿＿

5）AYAのプログラムは差別に関する行政法581-21-045に即していますか。　はい＿＿いいえ＿＿

6）AYAプログラムは基礎学校支援基金の対象となる子どもを認める会計手続きを行っていますか。　はい＿＿いいえ＿＿

7）AYAプログラムには個々の生徒の進度に合わせた評価プロセスがありますか。　はい＿＿いいえ＿＿

8）AYAプログラムはノースウェスト学校・カレッジ協会による認証を受けていますか。　はい＿＿いいえ＿＿

9）AYAプログラムは特殊教育プログラムの対象となる子どもの受入れ体制ができていますか。(94-142)　はい＿＿いいえ＿＿

10）AYAプログラムは少なくとも年に1度は学区教育委員会による評価を受けていますか。(州法336.615-336.665)　はい＿＿いいえ＿＿

11）州行政法581-022-1350(2)と照らし合わせて、学区からの助成は、AYAが満足のいく形で完了するために十分ですか。　はい＿＿いいえ＿＿

12）AYAの施設の安全性と適切性は毎年、評価されていますか。　はい＿＿いいえ＿＿

13）すべての生徒は、公立学校の学習内容基準と照らし合わせて、CIM*および／またはCAM**を受けるための適切な学習基準の教育を受けていますか。　はい＿＿いいえ＿＿

14）すべての被雇用者は過去の犯罪歴の審査を受けていますか。　はい＿＿いいえ＿＿

学区教育委員会　署名＿＿＿＿＿＿＿＿＿＿＿＿　日付＿＿＿＿＿＿＿＿

出典）オレゴン州教育省提供資料

* Certificate of Initial Masteryの略。後期中等教育修了資格に加えて得られる学力証明。

** Certificate of Advanced Masteryの略。上記のCIMをもつ者がインターンシップなどを経ることにより得られる上級資格。

1．監査は次の者が担当した。　　a）市の委員会

b）名前：　技師　×××　××××

住所：　××××

郵便番号：　××××

電話番号：　××××

---

2．監査者は、1999年８月１日から2003年７月31日の任期で、当該校の親の会により選出された。このことに関し、親の会は1999年８月10日の書簡をもって××××市および教育省に伝達済みである。

---

3．ここに、次のことを確認する。

a）義務教育年齢にある生徒の、デンマーク語、算数・数学および英語の水準は、公立の小中学校で達成されていると認められる水準を満たすものであり、さらに

b）生徒たちの教育への参加については、総じて何らかのコメントを必要とするものではない。

---

4．結果としての特別なコメント：

---

5．

××××　26.04.01　　　　(署名)

場所および日付け　　　　監査者の署名

監査者、理事長および学校の責任のもとに出されるこの監査報告書は、私立の教育施設××××フリースコーレ／エフタースコーレの、次回の定例総会で公表される。

出典）デンマーク教育省資料

**【資料Ⅲ】 デンマークのフリースコーレに関する監査報告**

## ××××××フリースコーレ監査報告
（2000／01学年度）

1999年８月７日の、自由学校、私立の初等教育学校等に関する法律第691号、さらに2000年５月31日の法律第478号の第７条による変更に従って、教育省が行った法律公布に基づくもの。

学校名：　××××フリースコーレ／エフタースコーレ

住所：　××××××、×××市

電話番号：　××××××　　学校コード：　××××

A．学校の理事会および指導者の報告

1．授業日数：　200　　休暇および休日日数：　165

2．私どもの意見では、この学校の教育は、公立の小中学校で一般に要求される水準を満たすものである。

上記のとおり、ここに厳粛に通知する。

校長：
名前：　×××　×××

理事長／学校所有者：
名前：　×××　×××
住所：　××××××、
×××市
電話番号：　××××××

26.04.01　（署名）
日付けおよび署名

26.04.01　（署名）
日付けおよび署名

出典）デンマーク教育省提供資料

## 【資料Ⅱ】 オルタナティブ教育に関する法令<br>（「積極支援・育成型」の国（州）の事例から）

《デンマーク》

①教育義務年齢にある全ての子どもは、国民学校（訳注：公立の初等教育学校）にて無償で教育を受ける権利を有す。ただし国民学校で一般に要求されるものと同じレベルの教育を子どもが受けるように配慮する親または保護者はその子に国民学校に通わせ、そこでの教育を受けさせる義務は負わない。（憲法第76条）

②フリースコーレおよび私立の基礎学校等は、公立の小中学校で一般に要求されている基準にしたがって、第１学年から第９学年までの範囲の教育を行う。（フリースコーレおよび私立の基礎学校等に関する法律第１条１項）

③公立の小中学校で一般に要求される内容に見合った教育を行うことなど、フリースコーレおよび私立の基礎学校等の全般的な活動を監査することは、学校へ通う生徒の親たちが行う（親の会）。親の会は、いかなる方法で監査を行うべきかについて自ら決定を下す。（同法律第９条１項）

親の会は、４年間を任期として、生徒のデンマーク語、算数・数学および英語の習得状況を監督するように監督者に要請するか、あるいは地方自治体の委員会に対して、このような監査の執行について要請をする。監査者は親の会に所属する者、当該校の理事、当該校で働く者、あるいはそれらの者と婚姻関係または近い親族関係にある者であってはならない。（同法律第９条２項）

④国は各学校の年度ごとの生徒数にしたがって、フリースコーレおよび私立の基礎学校等に対し全般的な経営のための助成金を支給する。（同法律第10条１項）

《オレゴン州》

⑤「オルタナティブ教育プログラム」とは、生徒の教育のニーズおよび興味に最もよいかたちで応え、学区および州の学力標準の達成において生徒の手助けとなるように設計された学校または学校とは別に設けられた教室を意味する。（オレゴン州法336−615）

⑥生徒の教育のニーズおよび興味に応えることが必要とされる場合、当該学区の教育委員会の許可を得た上で、親または保護者は州の教育省に登録済みの、推薦を受けた、適当かつ利用可能な公立のオルタナティブ・プログラムまたは私立のオルタナティブ・プログラムのひとつに学籍を置くことができる。（中略）この項に従って登録した生徒は州政府の学校基金の分配対象となっている学区内の学校に登録されていると見なされるものとする。（オレゴン州法336−635）

⑦子どもに刷新的でより柔軟な教育方法を提供するため、学区教育委員会は新たにオルタナティブ教育の選択肢を公教育制度内に設置してよいこととする。（オレゴン州行政法581−022−1350）

⑧オルタナティブ教育プログラムを実施するにあたり、学区教育委員会は環境や時間、構造、教授方法において柔軟な学習の条件を設定する（オレゴン州法336−625−１）

**第10条　罰則** [13]

10.1　お菓子をもらえないとは毎日配るおやつのことを指し、見学客が土産に配るお菓子は除かれる。

10.2　果物をもらえないとは毎日配るおやつとしての果物のことを指し、見学客からの果物は除かれる。

10.3　軟禁するとは審判委員が定める範囲内に拘束することで特別なケースに適用される。

10.4　権利の剥奪とは菓子をもらえない、果物をもらえない、校外に出られない、特別活動への参加ができないことを意味する。ただし見学客があり土産に配られる物は除かれる。

10.5　特権の剥奪とは見学客からの菓子をもらえない、果物をもらえない、校外へ出られない、特別活動への参加ができないことを意味する。

10.6　罰金または代償の労働については、個人または全体のものを盗んだ場合または損害を与えた場合に適用する（児童に収入がある場合）。収入のない児童の場合は代償にゴミ収集、野菜採りなどの仕事を審判委員会の責任のもとに行う。

10.7　警告

10.8　陳謝

10.9　全体のための労働を学園評議会で罰則としてもいい。

10.10　係りの者 [14] は自分の列のみを注意すること、列を越えた注意はうるさくて他の者に迷惑であるから行わない。

〈訳注〉

1　ここに掲げる諸規則（学園の「法律」）は2001年12月現在のものである。

2　「特権（特別権利）の剥奪」の内容については10.5を、また「権利の剥奪」の内容については10.4を参照のこと。

3　ラチャニー・ドンチャイ校長を指す。学園評議会を担当する書記によってその規則が決められた日付と提案者の名前を記す場合とそうでない場合があるが、以下、この邦訳では省かれている。

4　上級生と同義。

5　特別事項を扱う、１人の大人と４人の子どもから成る委員会。委員は学園の全体会議で決められる。

6　特別委員会は大人２人、上級生３人、下級生２人から成る。委員は学園評議会で決定される。

7　カード遊びは賭け事となり、仏教の五戒に抵触するからこの条項を設けてある（校長による説明）。

8　タイの法律に従い、すべての児童・生徒が子ども村学園でも朝礼に出席しなくてはならない。学園では、朝礼をさぼった子どもには菓子抜きなどの罰則を設けている。

9　子ども達が竹を使って作成する鉄砲のような遊び道具。

10　例えば、歩きやすい歩道づくり、畑の肥料作りなど。

11　直訳では「新しい委員会」であるが、1.3および1.8に記されている「特別委員会」でも問題解決不可能な場合に設けられる最終決議を担った委員会。

12　「学園委員会」は、学園の「内閣」にあたり、経営やカリキュラムを決める重要な委員会である。これはもともと学園校長がいわば独裁者になってはならないという考えから、校長みずから提案し設けられた。しかし実際には子どもには議題を扱う専門的知識や判断力が十分でない場合が少なくないので、2001年２月に廃止された。なお、ここで小学４～６年生の同委員会への参加が提起されている。この条項は、かつては６人の職員と６人の上級生から構成されていた委員会だが、上級生は必ずしも下級生を代弁しないので、設けられた。

13　10.7および10.8は罰則の種類として挙げられている。

14　学園評議会や朝礼などの集会における整列係りを指す。

**第9条　不変の規則**

9.1　放課後教科書を家に持って帰らない者は特権を5日間剥奪する。何冊持って帰らなかったかではなく何日間持って帰らなかったかを基準とする。

9.2　以下にあげるような学園全体のための仕事の当番をしなかった者は審判委員会にかけ、事実とされた場合は1日間の特権を剥奪する。

(あ) ゴミ集め

(い) 学園整備[10]

(う) 審判委員会の仕事

(え) 厨房のかたづけ、来客のもてなし、冷蔵庫の管理、おかずの分配、菓子作り、荷物運びのような全体で責任を負うべき仕事

9.3　鐘をついて遊んではならない。違反者は2日間権利を剥奪する。

9.4　建設資材で遊んだ者は5日権利を剥奪する。

9.5　教室でおしゃべりに人を引き込んだり、叫んだり大声を出して迷惑をかけたりした者は5日権利を剥奪する。

9.6　水浴に行くのが遅い者あるいは水から上がるのが遅い者は5日間権利を剥奪する。

9.9　学園敷地外に出た者は10日間権利を剥奪する。桟橋で水に入った者は7日間権利を剥奪する。

9.10　灯油で遊んだ者は特権を20日間剥奪する。

9.11　車を追って走る、車で遊ぶ、ぶらさがる（走行中）などした者は特権を5日間剥奪する。

9.12　衣服を捨てた者は1枚につき5日権利を剥奪する。

9.13　動物や昆虫をいじめた場合5日権利を剥奪する。飼われている動物の場合は特権の剥奪を7日間とする。ただし問題を起こしたのが動物の場合はこの限りではない。

9.14　許可なくして他人の家に入った場合は権利の剥奪を1日間とする。さらに物品を損壊した場合は権利の剥奪を5日間とする。

9.15　危険な場所または危険な方法で遊んだ者は5日間権利を剥奪する。

9.16　夜中に大声で迷惑をかけた者は5日間権利を剥奪する。

9.17　学園評議会でおならをした者は権利を1日間剥奪する。

9.18　水浴当番を怠った者は3日間余分に当番をする。

9.19　以前人を罵った者は提訴され菓子をもらえないことになっていたが、提訴された当日の菓子がもらえない、に変更する。

9.20　公立学校通学生4人、大人4人の計8人で「新しい委員会」[11]を設置する。

9.21　小学4～6年の児童の委員会を設置し、学園委員会[12]に参加させる。

6.9　15歳以上の生徒は朝に桟橋のところで水浴をするのに審判委員会の許可をもらう必要はないが、寮の大人に願い出なくてはならない。15歳以下の児童は朝の水浴は寮でしてよい。

6.10　学園敷地内の清掃を監督する役をもうけ、その時々の審判委員が審理し、十分にできていない場合は翌日全校が菓子をもらえないこととする。

6.11　菓子は15：00時に食べる、水浴は15：30に行う（冬季のみ）。

**第7条　食事、おやつ**

7.1　活動に参加する児童で来なかった者には菓子を与えない。ただし幼い児童はこの限りではない。

7.2　ご飯を捨てることは以前は権利剥奪3日であったが、寮母の裁定で食事の量を減らすこととする。

7.3　食事や菓子は学園全体のものであり、分配は公平にする。

7.4　菓子を配るときや食事中に手、爪、足などが清潔か調べる。

7.5　分配される物を他の者に代りに受け取ってもらってはならない。ただし手を離すことができない仕事をしている場合を除く。

7.6　菓子や食べ物は厨房棟、六角堂、美術棟および運動場で食べる。

7.7　菓子を抜く罰は日にちでまたは回数で行う。

7.8　会議室に菓子を持ち込んで食べることを禁ずる。

7.9　菓子や食べ物を受け取る際は毎回皿または茶碗を持参する。

**第8条　遊び、活動**

8.2　遊具で遊んでいる際けんかが起きたら、けんかをした者は1週間の謹慎とする。

8.3　許可なしで活動室、美術室、音楽室の備品を持ち出すことを禁ずる。

8.4　美術室に入り器具や作品に損壊を与えた者は7日間入室を禁ずる。

8.5　六角堂や階段の上で遊んだり走ったりすることを禁ずる。違反者は権利を5日間剥奪する。

8.6　イーボ[9]遊びをする者は審判委員の許可をもらってから竹を切ることができる。

8.7　図書室から本を借りてなくした者は2倍の罰金を支払う。

8.8　毎週水曜日の夜にパフォーマンスの活動を毎月続ける（2001年2月16日より無効）。

8.9　以前同様、週に4日間映画を上映する。

2.35　朝礼の列に並ばない者は特別権利を３日間剥奪する。
2.36　朝の農作業に従事しない者は食事をとることができるが菓子はもらえない。
2.37　暴力をふるい虐待をする者は食事を半分にして農作業をさせる。作業については審判委員のあいている日・時間の内に作業時間を定める。食事の減量については回数か日数かで定める（ケース毎に罰を審理する）。
2.38　再審委員会は再審のケースについて学園評議会の議事第１項で説明する。

**第３条　行儀**

3.1　下品な言葉を使ったり罵ったりする者は菓子をもらえない。
3.2　来客に迷惑をかけたり客の持ち物をねだったり壊したりすることを禁ずる。
3.3　行列して何かを受け取る際、ふざけたり大声でしゃべっている者は列の最後尾につく。

**第４条　個人の権利の侵害**

4.1　他人の胸にさわる、尻にさわるまたはトイレをのぞくといった行為で個人の権利を侵害する者は特権を５日間剥奪される。それ以外にも審判委員が審理をする。
4.2　ふざけてまたは暴力をふるって怪我させた場合、させた者が治療の費用を払う。

**第５条　全体の権利の侵害**

5.1　講堂の壁、ボード、規約違反者の名前を書き出してある黒板、誕生日メニューのボード、教室の黒板にいたずら書きをしない。
5.2　関係者以外の厨房への入室を禁ずる。
5.3　飲料水を捨てたり飲料水で手を洗ったりすることはかたく禁ずる。
5.4　他の寮のおかずをとった場合、それが故意であると判明すれば２倍にして弁償する。

**第６条　清潔**

6.1　靴は学園用のものを常時はく（無効）。
6.2　ゴミをひとつ捨てた者は権利を１日剥奪する。
6.3　身体を不潔にしている者は権利を１日剥奪する。
6.4　爪を伸ばすことを禁ずる。ただし楽器を演奏する者の右手はこのかぎりではない。
6.5　ゴミを見てもかたずけない者は権利を１日剥奪する。
6.6　果物の皮はゴミ箱以外に捨ててはならない。
6.7　しらみがいることを審判委員に見つかった者は当日の菓子をもらえない（1999年１月22日より無効）。
6.8　保健室に入る前に足と手をきれいにする。

2.10　毒蛇または毒のある動物は審判委員会の許可なしで叩くことができる。

2.11　罰を与えることについては身体への虐待の場合とその他の場合とで分けて審議する。

2.12　審判委員の構成は以下のように定める。大人１人、学園外の教育機関への通学生２人、小学４～６年生２人。

2.13　罰則、提訴および規約を提起するにあたり重複を禁ずる。

2.14　木登りは実のなる大木のみ許可する。

2.15　転寮は両方の寮に居住する大人および管理者に願い出る。

2.16　審判委員５人のうち４人でも審理することができる。

2.17　学園評議会では議長を１人選出し、議長は３人の議長補佐を選ぶ権限を有する。

2.18　提訴された者も審判委員に立候補できる。

2.20　すべての犬は飼い主が登録をして責任をもつ。その犬がなんらかの間違いを犯した場合、飼い主が責任をとる。噛み付いた場合は放逐し、飼い主は傷の手当ての費用を負担する。

2.21　学園評議会は週１回、金曜の13：30に開催する。

2.22　再審委員会には大人２人、子ども３人を任命し、２週間の任期とする。

2.23　身体的虐待への提訴は時効を設けず議長の決断による。

2.24　前任の審判委員はやり残した任務を終わらせる。事情聴取をしていない件または事情聴取がまだ済んでいない件についてはその任務を続行する。

2.25　過ちを犯した者で学園評議会に出席しない者は提訴する。

2.26　15歳以上の上級生は年長児たちと水浴してよい。

2.27　半数に満たなくても規約は通過できるが、多数の意見でなくてはならない。

2.28　議長補佐は金曜日に学園評議会の出欠を調べる（2001年10月８日より無効）。

2.29　各寮のメンバーは農作業に責任をもつ。

2.30　学園評議会の議事日程を以下のように変更する。

第１項　その週内に起きた過った行為と罰についての告知

第２項　成員相互からの要請

第３項　規約の提示、解説

2.31　（朝礼に出席しなかったために罰を受けることになった子どもでも）瞑想・ヨガに参加する児童は瞑想・ヨガの先生の指導のもとに罰の軽減を受けることができる[8]（無効）。

2.32　学園評議会に欠席した者は来園した客の配る菓子をもらうことはできない。学園本部でお菓子をもらうことも禁ずる。

2.33　命を粗末にする者、非常に危険な遊び、たとえば川下りをするような者は水から上がらせる。

2.34　お菓子は午後４時以降食べ、夕飯は５時から始める（冬季のみ）。

【資料Ⅰ】

## 子ども村学園評議会規約[1]

**第1条　方針**

1.1　暗闇での遊び、おしゃべりを禁ずる。違反者は特権を1日剥奪[2]される。

1.2　12才以上の児童が2人だけまたはグループで暗闇で遊ぶまたはしゃべることを禁ずる。違反者は特権1日剥奪の罰を受ける（1999.11.19エウ寮母[3]提起）。

1.3　学園外の教育機関への通学生またはスアン寮の生徒[4]ないしは15歳以上の生徒で幼い児童を1回でもいじめた場合は審判委員会[5]にかける。さらに何度も繰り返される場合は、特別委員会[6]が退学をさせるか否かについて審議する。幼い児童の身体への虐待があった場合も同様に審議する。

1.4　賭け事を禁ずる。違反者の物品は押収され、共有物とされる。

1.5　新入生を最初の1か月は提訴することを禁ずるが、身体への虐待の場合は除く。

1.6　新入児童または学園に来たばかりの大人に対していじめ、誘惑、いびり、虐待を行う者へは2倍の罰を与える。

1.7　学園評議会を欠席した者は次の学園評議会までのあいだ特権を剥奪される。

1.8　樹木を伐った者は、審判委員会および特別委員会が審議した上で、小さい木の場合は代わりの木を植えてその手入れをすること、大きい木の場合は1本につき200バーツを支払うこととする。

1.9　あらゆる場合においてカード遊びを禁ずる[7]。

**第2条　総則**

2.1　身体的虐待に関する罰は不変のものである。忠告や謝罪で許されることは認めないが、再審を請求することはできる。

2.2　審判委員会は1週間役目を果たさない寮があれば少なくとも週2回は点検をする。

2.3　物品または金銭を拾得した者は審判委員会に届け出、持ち主を捜す。見つからない場合は共有物とする。

2.4　木工用器具類は大人が責任をもつ。

2.5　学園評議会で会議に関心を持たない者については、議長が2度警告を出した後に退出を命じることができる。

2.6　学園評議会での提訴が間に合わなかった場合は次期の審判委員会に提訴する。

2.7　毛布を捨てた場合、審判委員会が5日間保管し、所有者が出てこないならば共有物とする。

2.8　学園評議会を通過した翌日から規約は適用される。その日のうちに罰を受けた場合は再審委員会に再審を請求する。

2.9　7歳以下の児童は学園評議会を欠席する権利がある。出席して騒々しくて退出させられた場合はやはり退出させられたということになる。

21. 「パノプティコン（一望監視システム）の脱学校化・社会的拡大」の傾向については、樋田（2001）を参照されたい。タイの国家教育委員会オルタナティブ教育担当官であるスカピロム氏もオルタナティブ教育の多様性が制度化される際の問題性について触れている（77頁を参照）。
22. この問題性については、2002年３月に開催されたアジア・太平洋地域オルタナティブ教育セミナーでも指摘された。Nagata and Manivannan（2002）p.30.
23. ここで用いた「内発的発展」は、鶴見らが使用する内発的発展と同義である（鶴見・川田編［1989］）。また、筆者はオルタナティブ・スクールを内発的発展のコミュニティとして参与観察し、その理論化に努めてきた。例えば、永田（1997；2002a）を参照。
24. デンマークにおけるアソシエーションの文化は、教育分野に限られていない。詳しくは、Kaspersen and Ottesen（2001）を参照されたい。
25. さらなる関連の資料（政府が市民に配布している情報パッケージ）の邦訳は国際オルタナティブ教育研究会（2003b）を参照。

まった市場経済主義の過ちの多くをくり返すのではないか」と懸念を表明している（Powell [2001] p.35）。

11. Lov om gennemsigtighed og åbenhed I uddannelserne. この法律の詳細については次のホームページを参照されたい。http://www.retsinfo.dk/index/UND/AT 001028.htm

12. ホイゴール氏との電子メール上でのパーソナル・コミュニケーション（2002年11月21日）。なお、ここでいう「バランス」、換言すれば「節度や中庸」は近代化の中においてもバランス感覚を保ち続けるデンマーク社会の特質であるといわれている（例えば、Borish［1991］Chap. 7を参照）。

13. 具体的には、第2章ケース・スタディ⑤に示した、ブルーマウンテン・スクールのあるサウス・レーン学区の事例などが積極支援・育成型として挙げられる。

14. 新たな〈公共性〉を日本のオルタナティブ教育実践に見いだすことはさして困難ではない。例えば、菊地・永田（2000）、オルタナティブ教育研究会（2001）（特に第10章）、同研究会（2003）（特に第7章）を参照されたい。

15. 例えば、Carnie, et al. (1996). p. xiv.

16. 一例として、朝日新聞（夕刊）、1999年10月15日。

17. 学校を対象に助成金を供与するという現行の制度の代わりに、学費補助として政府がバウチャー（引換券）を配る制度。子どもが入学した学校にバウチャーを提出し、学校はその分の助成を政府から得る。これまで、アメリカのミルウォーキーやチリなどで導入が試みられてきた。

18. 例えば、「世界でいちばん自由な学校」として知られるイギリスのサマーヒル・スクールの創設者、A. S. ニイルは「サマーヒルはひとつの島である」と述べ、自らの学園の閉鎖性を認めていた（Neill [1949] p.53）。オルタナティブ・スクールのこうした傾向についての筆者による批判的論考については永田（1996）の202～208頁を参照されたい。

19. 全国のオルタナティブな「学び舎」を対象にした全国調査において、「地域住民と交流する機会を設けている」を選んだ適応指導教室は16.6%にとどまる一方で、フリースクールやフリースペースは約4～5割を占めた。また、自らのネットワークに「地域のさまざまな人々がかかわっている」を選んだ同教室は30.9%である一方で、フリースクールやフリースペースは約5割であった（オルタナティブ教育研究会［2003］20頁、62頁）。

20. 朝日新聞（夕刊）、2003年2月27日。

てゆるやかではない。独立学校の会計監査関連の告示には、「監査者は少なくとも１年に１度は、予告なしに金庫の内容や残高の監査を実施する」（「フリースコーレと私立の基礎学校、私立の高校、上級予備試験のためのコースにおける会計監査、ならびに成人学習の準備のための単科授業等に関する告示」第４条）と明記されている（国際オルタナティブ教育研究会［2003b］p.64）。

3．こうした厳罰主義は、東アジア諸国の教育行政が長年にわたり維持してきた特性として指摘されてよいであろう。筆者らによる現地調査でもその一端に触れることがあった。一例であるが、台湾では「強迫入学」という言葉が用いられ（日本語よりも強制的な意味あいを相当に薄めている言葉であると聞く）、就学を絶対視するように仕向けるシステムが定着している。実際にはそれほど見られないようであるが、巡回中の警官が平日に街頭で学齢期の子どもを見つけると、関係機関の共有する無断欠席者のリストを調べ、通報するシステムが全国的に敷かれているという。

4．バタイユ（2001［1973］）、50頁。バタイユの消費概念のとらえ直しについては、見田（1996）を参照。

5．デンマークの精神文化については、Borish (1991) を参照されたい。

6．韓国については、教育システム全体の中でのオルタナティブ・スクールの割合が低いのでここでの考察からは除外するが、オルタナティブ・スクールの総数が少ないだけに、前述の類型でいえば官僚統制型に近いといえよう。

7．デンマークのオルタナティブ教育関係者の教育省に対する印象については、第２章ケーススタディ⑥を参照。興味深いことに、IEA（国際教育到達度評価学会）の公民教育調査（1999年）において14歳児の自国の政府関係機関（生徒が住む市町村の地方議会や地方政府、裁判所、政党、国会等）への信頼度を調べた際、デンマークは28参加国中の第１位であった（経済協力開発機構［OECD/OECD 教育研究革新センター］［2003］91～92頁）。

8．教育監査局中央事務所での国際協力調整官へのインタビュー（2002年１月30日）。

9．こうした動向の背景には、国際教育到達度評価学会（IEA：The International Association for the Evaluation of Educational Achievement）の数学・理科教育調査等において、デンマークの生徒の学習成果がふるわなかった1990年代の経験があるといわれている。

10．デンマークの自由な学校づくりの伝統を評価するパウェルは1990年代以降の教育情勢を見て、「デンマーク人がイギリスやその他の国々ですでに犯してし

ル・ガイドライン等の基準の改善（緩和）を要求しながら公費助成の可能性を追求する学校の中には、大半のキリスト教・イスラム教・ユダヤ教の信条に基づく宗教系学校のほか、セブンスデイ・アドベンティスト・スクール、ヒューマン・スケール・エデュケーションの会員となっている多くの小規模校が含まれる（Carnie, et al. [1996] p.71）。

31. 同裁判の事例について述べた「相応しい教育」の解釈については、例えば、http://www.education-otherwise.org/Legal/Summ Law Eng Wales.pdf（2005年1月20日にアクセス）を参照。

32. 例えば、Inspectie van het Onderwijs 1998；2001a；2001b を参照。

33. 実際の監査報告書（邦訳）については、国際オルタナティブ教育研究会（2001）265～266頁を参照。

34. J. トゥーリーは、ほとんど注意を払われていないイギリスの1988年教育改革法第16条および17条に注目し、独自のカリキュラムをもつオルタナティブ・スクールがナショナル・カリキュラムの遵守から除外され、なおかつ「課程認定校（Approved Curriculum Schools）」として公費助成を獲得する可能性について提示している。さらに、付加的な法文をセイフティ・ネットとして積極的に利用する可能性について論じ、消極的な法規定の積極的解釈を試みている（Tooley [1996], pp.127-138）。

## 第５章：QA の国際比較

1. オーストラリアでは国勢調査の結果を用いた社会経済指標に基づき、生徒の家庭の経済事情に配慮した助成が行われており、公費助成の対公立校費は独立学校により相当の開きがある。例えば、クイーンズランド州の場合、最大の助成を受けている貧困地区の独立学校は公立学校の70％の公費を得、最少の助成を受けている豊かな地区の独立学校は13.7％の公費に留まる。このように、地域の経済指標をもとに各校の助成額を決めている国（州）の割合については、最大値と最小値の平均をとって代表値とした。南オーストラリア州のデータは、独立学校協会の算出した平均比率を用いている（Date retrieved 21 Oct. 2004, from http://www.ais.sa.edu.au/; www.aisq.qld.edu.au）。なお、学校単位で申請するテーマ別のグラント（補助金）は除外してある。

2. 市民による自由な学校づくりで知られるデンマークでさえ、会計監査は決し

な教育を受けさせる義務がある、と明記されている。この附加的ともいえる表現がイギリスのオルタナティブ・スクールの存立基盤となっている。ホーム・エデュケーションの支持団体である「エデュケーション・アザワイズ」は「その他の方法」で教育することに特別な許可を要しないこと、特別な建物や設備なども不要なこと、親にも教師資格が特段求められていないこと、ナショナル・カリキュラムに従う必要がないこと、時間割やカリキュラムも不要なことなどを強調している（Education Otherwise, [1981]）。また、1990年代後半以降、急速にオルタナティブ教育関連の法整備の進みつつある韓国については、法的・制度的認定型と特別措置的容認型の中間に位置するという見方もできよう。

24. 厳密な意味では、1990年代以降の日本はSSP（スクーリング・サポート・プログラム）やSSN（スクーリング・サポート・ネットワーク）などの助成プログラムを政府が実施しており、第２のタイプと第３のタイプの間に属するという見解も成り立つ。しかし、SSPやSSNは学校復帰を前提とし、参加する民間団体は一部に限られているので、第３のタイプに近いというのが筆者の見解である。
25. 小玉は、「リベラリズムにおける教育の公共性において問題とされてこなかった、新しい課題を公共性の問題として浮上させるもの」としてボウルズ＝ギンタスを評するが、競争的市場の導入を提唱する一方で、国家・市場・共同体による相補的統治をも重視するギンタスの論じ方は「アンビヴァレントな姿勢」であると述べ、「学校選択論の不十分さ」を指摘している（小玉［1999］151頁）。
26. タマリキ・スクール校長であるP. エドワーズ氏への同校でのインタビュー（2002年８月19日）。
27. ベッカーズ氏と筆者による電子メール上でのパーソナル・コミュニケーション（2002年11月21日）。
28. 例えば、吉田（2003）、坂野（2003）および第２章ケーススタディ③を参照。
29. この点、カナダ（オンタリオ州）のシュタイナー学校による、オルタナティブなカリキュラムと州の標準カリキュラムとの整合性の一覧表づくりという取り組みなどは注目されてよい。吉田(2003)、９頁およびToronto Waldorf School. n.d., p.15を参照。
30. イギリスの場合、公費助成よりも独立により価値をおいている学校としてサマーヒル・スクールやサンズ・スクール、新興のキリスト教・イスラム教・ユダヤ教の信条に基づく宗教系学校のいくつかが含まれる。反対に、ナショナ

を参照。

14. 詳しくは、http://www.mceetya.edu.au/nationalgoals を参照。

15. 詳しくは、ブールービン・サドベリー・スクールのURLにある'Queensland government inspections and assessments'（http://www.booroobinschool.com.au）を参照。

16. ただし、第2章ケース・スタディ⑥で触れたように、公立校の監査は全国評価研究所（EVA）が行っている（173ページを参照）。

17. より詳しいQAの解説については、国際オルタナティブ教育研究会（2003a）300〜314頁を参照。この章で扱うQAの内容は、①上記「国際比較調査」の研究分担者による収集情報、②海外の実践者や行政官等にQAに関する質問項目を送付し、その回答をまとめた情報、③筆者による現地調査と電子メール上でのパーソナル・コミュニケーションを通して得た情報がもとになっている。また、各国（州）の法規等の情報については、本論で初出の文献や本章および次章の文脈からして重要であると思われるソースのみ注に出所を記す。さらなる情報または他の関連情報については、国際オルタナティブ教育研究会（2001）および（2003a）を参照されたい。

18. http://www.essentialschools.org/pub/ces_docs/about/org/HST_statement.html（2004年6月10日にアクセス）.

19. 以上、韓国に関する資料は、教育人的資源部の資料「学校外代案プログラムに対する評価認定および授業認定制の導入による代案教育機会の拡大・内実化推進計画」（試案）に基づく。詳しくは、鄭（2003）を参照。

20. 詳しくは、国際オルタナティブ教育研究会（2003b）を参照。

21. Minister for Education and Children's Services, South Australia (2001) p.v, vi.

22. ミシガン大学社会調査研究所のR. イングレハートの調査では、北欧諸国やオランダなどの国々でポストモダン的な価値観が強く見られ、その特徴の一つとしてデンマークとオランダは生活満足度（「生活一般に満足している」度合い）が1970年代から1990年代にかけて常に高い。その他、市民に対する信頼度や自発的アソシエーションの社会的な普及などの特徴が挙げられる（例えば、Inglehart［1997］p.82,93,174,185,190）。

23. 本文でも述べた通り、イギリスの現行法の基礎となっている1944年教育法（第36条）には、すべての義務教育年齢の子どもをもつ親は、子どもを学校に登校させるか、あるいはその他の方法によって、教育上に特別な配慮を必要とする場合はそれを含めて、子どもそれぞれの年齢、能力、素質に見合った十分

校を言い表した言葉（2001年11月７日、インタビュー）。

5．ニュージーランドのメトロポリタン校は教育省に対して信頼を置いておらず、閉鎖してから公設の特性学校として再開したらどうかという提案に対しても、一度閉鎖したら再開できる保障はどこにもないとして、学校理事会が提案を受け入れなかった（Vaughan［2002a］p.96）。

6．表4‐1には簡略化して記されているが、サマーヒル・スクールの裁判の合意事項の中には、将来の監査では全校自治会や子どもたちの意見を十分に尊重することなどが盛り込まれた。係争の経緯については、「守り抜いた創立理念　フリースクールの元祖『サマーヒル』」毎日新聞、2000年11月11日、O' Leary（1999）および Charter（2000）などを参照。

7．例えば、Nagata and Manivannan (2002), p.181を参照。

8．2004年３月10日のインタビュー。また、新自由主義的改革の学校現場への影響については Gewirtz（2002）を参照。

9．2001年11月７日、同スクールでのインタビュー。

10．オルタナティブ教育の質について語る際、「クオリティ・アシュアランス」（質保証）を用いるのか、「クオリティ・コントロール」（質制御）を用いるのかは、オルタナティブ教育を考える者の意識や〈まなざし〉の問題と深くかかわる。ここでは、前者を用いる場合、その意識は「支援」にあり、後者を用いる場合、その意識は「管理」にあるという区分けをしたい。筆者がこうした区分けをするのは、オルタナティブ教育は管理される対象としてではなく、支援しはぐくまれる対象としてとらえる視座を強調するためである。

11．デンマークの場合、2000年に教育省が「フリースコーレおよび私立の基礎学校における教育を受ける義務の履行とその監査に関するガイドライン」を作成し、学校設立を希望する市民に分かりやすいように法律の遵守事項などを説明している。詳しくは、国際オルタナティブ教育研究会（2003b）を参照。

12．同条を基盤にホームスクールなどオルタナティブな教育活動を展開している団体として、Education Otherwise が挙げられる。詳しくは、次の URL を参照。http://www.education-otherwise.org

13．国家教育法については、次の英訳および邦訳を参照されたい。Office of the National Education Commission（2000）；村田翼夫ほか（2000）；平田利文・森下稔（2000）。なお、2002年の同教育法改定補遺（第２版）については、平田ほか（2004）67～90頁を参照。また、省令案は、「家庭による基礎教育の実施に関する省令（案）」（国際オルタナティブ教育研究会［2003b］379～381頁）

の情報の拡散を行っている。
19. 2001年6月に実施した筆者らによる現地調査では、義務教育段階の不登校の子どもの数は1,000人当たり3人ほどである（一見［2001］85頁）。
20. http://www.paritaet.org/bfas/homepage.htm（2004年6月2日にアクセス）
21. ディスカバリー・ワン・スクールについては、次のホームページを参照。http://www.discovery 1.school.nz
22. トルストイの学校については、Tolstoy（1967）を参照。
23. ペレストロイカ以降のロシアにおけるオルタナティブ教育の動向については、澤野（2003b）を参照されたい。
24. 具体的な事例については、澤野（2003a）を参照されたい。
25. ここに示すカテゴリーおよびデータについてはニュージーランド教育省データ運用分析部の提供による資料をもとにした。学校関連統計に関するホームページは http://www.minedu.govt.nz である。
26.「公立オルタナティブ・スクール」も存在するが、通常の公立学校とさして変わらない教育内容の学校が大半であり、オルタナティブとして見なすには適当なカテゴリーではないという（2003年2月21日、教育省のオルタナティブ教育担当官等へのインタビュー）。

## 第4章：係争＆QA

1．本章でいう国際比較調査は「オルタナティブな教育実践と行政の在り方に関する国際比較研究」（科学研究費補助金基盤研究(B)(2)、1999～2002年度、研究代表者：永田佳之）を指す。この調査では、第2章で扱ったようなオルタナティブ教育実践校および行政機関や支援組織を訪問し、実践校での参与観察を行うと同時に、インタビュー調査を実施した。調査の成果については、国際オルタナティブ教育研究会（2001）および（2003a）を参照。
2．一例であるが、タイの子ども村学園では、係争に至らないまでも、国家との争議が設立以来絶えなかった（西本肇・永田佳之［2002］19～20頁）。
3．'a square peg in a round hole'（サマーヒルの裁判事件の後でBBCが2001年に制作・放映したサマーヒル特集番組の副題）。
4．'stick in a throat' 2001年11月に行った現地調査の際、ブールービン・サドベリーバレー校代表のデレック・シェパード氏が州の教育制度における自らの学

あり方に関する国際比較研究（代表：永田佳之）」（平成12〜14年度科学研究費補助金・基盤研究(B)(2)）。

4．http://www.sudburyvalley.org（2004年６月20日にアクセス）。

5．http://www.edreform.com（2005年１月22日にアクセス）。

6．近年のチャータースクールの直面する諸問題については、Wells（2002）を参照。

7．Special Education Needs（SEN）の認定を受けている子どもが通う学校や海外に赴任している軍人の子どもがステイする寄宿制学校等には政府から補助金が支給され、こうした子どもを受け入れている私学は財源の一部として公的資金を使用しているという見方も可能である。

8．詳細は、梶間（2001）を参照されたい。

9．公費助成をオルタナティブな教育ストリームに導入することを目指す団体の一つであるHSEについては、Carnie, et al.（1996）および、当団体のホームページ http://www.hse.org.uk を参照。

10．オーストラリアのシュタイナー学校については、Edmunds（2000）、または次の全豪シュタイナー・スクール協会のホームページを参照。http://www.steiner-australia.org

11．カナダの独立学校のデータについては、次のホームページを参照のこと。http://www.independentschools.ca

12．例えば、オンタリオ州のトロント・ヴァルドルフ・スクールでは、中等学校修了資格を授与できるように州の教育省と交渉し、独自のカリキュラムがいかに標準カリキュラムに対応しているかを示している。Toronto Waldorf School. n.d., Part 2 を参照。

13．詳しくは、尾花（1999a）および（1999b）を参照。

14．詳しくは、鄭（2003）を参照。

15．ハジャ・センターについては東京シューレ（2000a）、26〜31頁および横田（2003）を参照されたい。

16．国家教育法については、次の英訳および邦訳がある。Office of the National Education Commission（2000）；村田翼夫ほか（2000）；平田利文・森下稔（2000）.

17．「子ども村学園」校長へのインタビュー（2003年３月22日）。

18．2000年から年に３回、AERCが *Here & Now : Alternative Education Newsletter.* を英語およびタイ語で出しており、タイを中心としたオルタナティブ教育関連

34. デンマーク教育大学でのインタビュー（2004年3月26日）。
35. エフタースコーレ事務局でのインタビュー（2001年9月12日）。
36. 翻訳については、国際オルタナティブ教育研究会（2003b）を参照のこと。
37. 独立学校法、正確な名称は「フリースコーレおよび私立の基礎学校に関する法律」（'Bekendtgørelse af lov om friskoler og private grundskoler m.v.' (Lov bekendtgørelse nr.696 af 4) august 2003）である。
38. 前者は、オルタナティブ教育リソース・センター（ニューヨーク）でのジェリー・ミンツ事務局長へのインタビュー（2001年2月17日）。後者は韓国でホームスクールを実践する金在雄　西江大準教授へのインタビュー（2001年10月15日）。
39. ホルショルム・リレスコーレでのインタビュー（2001年9月12日）。
40. エンガーベ・フリースコーレでのインタビュー（2001年9月11日）。
41. フリースコーレ支援協会でのインタビュー（2001年9月11日）。
42. 佐伯胖氏の「未知なるものの制度的導入」論、もしくは「倫理的態度としての未知性」、「未知性への信頼の倫理性」については、佐伯（1980）、299〜310頁を参照されたい。
43. 一般的には多数派が少数派に影響を与えると考えられてきたが、セルジュ・モスコヴィッシ（S. Moscovici）は真の影響力（イノベーション）は少数派によってもたらされるという少数派影響理論を1970年代のフランスを中心に展開した。オルタナティブ教育の社会的意義を少数派影響理論からとらえる試みは今後の課題としたい。また、同理論の詳細については、Moscovici（1976）および Moscovici, et al.（1985）を参照。

## 第3章：

1. 詳細については、菊地・永田（2001）またはオルタナティブ教育研究会（2003）を参照されたい。
2. 例えば、国際的にも知られるニュージーランドのフリースクールのタマリキ・スクールはイギリスのサマーヒル・スクールと同様の自由主義に基づくフリースクールであるが（Gribble [1998], pp.41-60）、統合学校として公費助成で運営されている。
3. 国際オルタナティブ教育研究会による「オルタナティブな教育実践と行政の

1980年代初頭に導入された学校類型ごとの予算配分システム。同一の学校群の中で各組織を競合させることにより、教育の質を高め、効率化を図ることが目的とされている。詳しくは、Køber（2000）を参照。

19. 親の会による監査の詳細については、国際オルタナティブ教育研究会（2003b）、4～9頁を参照。
20. Undervisningsministeriet（2001）。翻訳は、国際オルタナティブ教育研究会（2003b）を参照。
21. 教育省でのハンネ・トラベーオ氏へのインタビュー（2002年3月11日）。ただし、前述の通り、移民の設立した独立学校に関しては、閉校となる割合は比較的に高く、事情を異にしている。
22. 教育省でのハンネ・トラベーオ氏へのインタビュー（2001年9月10日）。
23. オーステッド・フリースコーレでのインタビュー（2001年9月12日）。
24. トゥヴィンド・スクールは1960年代のカウンターカルチャー運動の時代に生まれたオルタナティブ・スクールである。国内外での非常にラディカルな実践で知られる。学校は国内でも10校以上となり、カリブ海域などの途上国でもホテルやテレビ局を経営するまでに成長した。税金が教育目的に使用されているかどうか疑惑がもたれ、1996年、認証が取り消された。しかしこの事件は、「国家からの教育の自由」の侵害ではないかとして国民的な議論を巻き起こした。詳しくは、第4章を参照されたい。
25. ホルショルム・リレスコーレでのインタビュー（2001年9月12日）。
26. 独立学校協会でのインタビュー（2001年9月10日）。
27. http://www.uvm.dk/eng（2004年6月2日にアクセス）。
28. 教育省でのインタビュー（2001年9月10日）。
29. オルタナティブ・スクールと市（地方自治体）とは細かな現実的な問題で対立する場合もある。例えば、筆者が訪問したフリースコーレでは、市の水泳プールは公立学校の子どもは無料であるのに、オルタナティブ・スクールの子どもは支払いを要求されたり、市営のスクールバスの利用は公立学校が優先されたりするなどの問題があり、その都度交渉をしているという。
30. Efterskolernes Sekretariat（2000）pp.14-16およびエフター・スコーレ事務局長、エルス・ホールンド氏へのインタビュー（2001年9月12日）。
31. フリースコーレ協会でのインタビュー（2001年9月11日）。
32. エフタースコーレ事務局でのインタビュー（2001年9月12日）。
33. 教育省でのインタビュー（1999年12月17日）。

Royal Danish Ministry of Foreign Affairs, n.d.)。

4．グルントヴィの詳細については、清水満（1993［1996］）およびBorish（1991）を、コルについてはLund（2003）を参照。

5．デンマーク語で*folkeskolen*。初等教育レベルの公立学校であるが、ここでは一般に用いられている訳語を使っている。

6．公立学校に関する「国民学校法」については、千葉（1998）を参照のこと。また、オルタナティブ教育関連の法律やガイドラインについては国際オルタナティブ教育研究会（2003b）を参照されたい。

7．デンマークで全国的に設立されている基礎教育レベルのオルタナティブ・スクール。公費助成を受けているが、教授法や教科書などへの要請はいっさいなく、カリキュラムに関しても基礎科目の教授以外は自由である。

8．教育省でのインタビュー（2001年9月10日）。

9．のちに述べるように、デンマークには公立学校からなるメインストリームとは別にオルタナティブ・ストリームが並存し、後者には複数のオルタナティブ学校群が含まれる。それぞれの学校群は独自の名称をもつが、ここではその総称として「オルタナティブ・スクール」を用いることにする。

10．全国私学協会事務局でのインタビュー（2001年9月10日）。この後に引用する同氏の言葉についても同じ。

11．ロスキルデ市郊外のオステッド・エフタースコーレにおける教師へのインタビュー（2001年9月13日）。

12．独自のヒューマニズムを培ってきたデンマーク人の国民性や価値観については、Borish（1991）を参照。

13．全国私学協会事務局長エーベ・フォルスベルグ氏へのインタビュー（2001年9月10日）。

14．初めてのフリースコーレが設立されたのは1852年である。

15．エーベ・フォルスベルグ氏へのインタビュー（2001年9月10日）。なお、デンマーク市民による学校づくりを「アソシエーションの文化」という視座からとらえた論考としてKaspersen and Ottesen（2001）を参照。

16．申請書の例（邦訳）については国際オルタナティブ教育研究会（2001）267～268頁を参照。

17．エフタースコーレ事務局長、エルス・ホールンド氏へのインタビュー（2001年9月12日）。

18．デンマークの小学校や大学、成人教育施設など、あらゆる教育機関を対象に、

注

18. ブルーマウンテン・スクールでのハル・サドフスキー氏へのインタビュー（2003年２月23日）。
19. 原文については、国際オルタナティブ教育研究会（2003a）、183頁を参照。
20. オレゴン州教育省学校財政データ分析担当官へのインタビュー（2003年２月21日）。
21. 実際、オレゴン州の新たな法案をめぐる動向に対して「ウォッチ」するメーリング・リストが立ち上げられており、LEARN関係の市民を中心に最新の情報交換を日常的に行っている。さらに、本文に引いたスタイン氏は親たちが教育法の策定に参画する可能性を考えているという（2003年３月５日の電子メールによるパーソナル・コミュニケーション）。
22. こうした課題がオルタナティブ教育実践者たちのチャータースクールへの関心を高めていることは確かである。ただ**表２－５－２**を見て分かるように、一般的にチャータースクールの方が高度な説明責任《アカウンタビリティ》をあらゆる領域において期されるといえるのであり、たとえオルタナティブ・スクールがチャータースクールへと移行したとしても、オルタナティブ教育を活性化させてきたともいえる「緩やかさ」がどのように変容していくのかに注目していく必要があろう。

## 第２章ケーススタディ⑥：デンマーク

1. OECD-CERI (2001) p.49. たしかに、近年に実施されたOECDによる生徒の学習到達度調査（PISA）の分析結果のように、教育費の支出のわりには生徒のパフォーマンスは決して優れたほうではないというデータもある（OECD [2001 b], p.91.）。しかし、国際比較調査で用いられている基準では、後でふれるヒューマニスティックな教育もしくは「民衆の社会的自覚」（清水［1993］62頁）に基づく教育〈成果〉は、必ずしも計れるとは限らないことは強調されてよい。なお、スイスの国際経営開発研究所（IMD）の2003年の世界競争ランキングでは、人口2,000万以下の小規模経済国グループでデンマークは、第１位のフィンランドと第２位のシンガポールに次いで第３位につけている（IMD [2003]）。
2. 当時の教育史については、佐々木（1999）第１部を参照。
3. デンマーク政府が作成した教育パンフレットを見ると、草の根のムーブメントに相当の信頼を置き、そうした文化を自負していることが分かる（例えば、

6．オレゴン州に限らず、オルタナティブ教育の実践の場は、正規の「学校」としてではなく、「プログラム」として行政上の扱いを受けることがある。しかし、レーン郡の教育制度の興味深いところは、ハード（建物）を伴った「学校」のみならず、ソフト（アイデア）重視の「プログラム」が町に散在していることであるという見方もできる。教育という営みが学校という閉じられた空間ではなく、あらゆる学びをいつでもどこでも実現できるような生涯学習空間を実現する萌芽が見られる地域であり、その意味で街ぐるみのチャータースクール構想は現実味を帯びた構想であるといえよう。同構想図については、国際オルタナティブ教育研究会（2003a），178頁を参照。

7．オレゴン州全体では、2003年２月現在で23校が開校し、55校ほどが候補リストにあるという（2003年２月21日、オレゴン州教育省チャータースクール担当官へのインタビュー）。

8．ホームソースでのインタビュー（2003年２月19日）。

9．同上。なお、州教育省のデータでは、1995年に10,764人であったホームスクーラーは2003年には18,543人に伸びている。

10．Oregon Department of Education (2002) p.25. には、2.5％当たる約15,000人がホームスクーラーであるとされているが、現地調査で筆者が得たデータは部分的に通学している子どもを含むものである。

11．ブルーマウンテン・スクールでのローラ・スタイン氏へのインタビュー（2003年２月20日）。

12．ローラ・スタイン氏との電子メールによるパーソナル・コミュニケーション（2003年２月24日）。

13．レーン郡の電話帳および関係者へのインタビューから算出。

14．ブルーマウンテン・スクールでのハル・サドフスキー氏へのインタビュー（2003年２月23日）。

15．ブルーマウンテン・スクールでのローラ・スタイン氏へのインタビュー（2003年１月20日）。スタイン氏自身、2003年２月現在、OAAEの理事も務めている。

16．このマニュアル（Rubinstein, et.al. n.d.）には一般市民がオルタナティブ教育プログラムおよびチャータースクール、ホームスクールを創設する際の手続きや税制、必要書類、認証、関連法、それぞれのオルタナティブ教育形態の特性などについて解説されており、オルタナティブ教育の優れた紹介書かつ専門書ともなっている。

17．レスリー・ルービンシュタイン氏への電話インタビュー（2003年２月23日）。

2．オランダ教育文化科学省でのインタビューに基づく（2002年１月31日）。
3．「教育の自由」獲得のための歴史的経緯とその内容については、結城忠（1998）38～50頁および Estelle（1986）pp.113-137を参照している。
4．Anderson (1991 [1983]) pp.11-12（アンダーソン［1987］26～27頁）
5．この節の情報は、Ministerie van Onderwijs Cultuur en Wetenschappen（OCenW), n.d. (a) および結城忠（1998）に多くを負っている。
6．教育監査局中央事務所でのインタビュー（2002年１月30日）。
7．バウチャー制としてオランダの教育システムを評価した論文として、Estelle,（1986；1997）がある。
8．ロッテルダム教育監査局でのインタビュー（2002年１月30日）。
9．Helmut van Renesse 氏へのインタビュー（2002年１月29日）
10．アヴェントゥリジン・スクールの判例に関しては、筆者が加入しているオルタナティブ教育の国際メーリング・リストである“Aerolist”での通信および同校の代表への私信に対する返答をもとに記した（電子メールによるパーソナル・コミュニケーション、2002年11月14・18・21日）。同校を紹介する情報については、http://www.aventurijn.org を参照。

## 第２章　ケーススタディ⑤：オレゴン

1．例えば、Kellmayer (1995) p.27 ; Barr and Parrett (1997) p.23. を参照。
2．公立学校の生徒１人につき年間約5,000ドルが州政府から支給されるが、オルタナティブ・スクールにはその８割が助成され、残りの２割はオルタナティブ・スクールを管轄する学区の教育委員会の予算となる。
3．この節の記述の多くは、サドベリーバレー型の民主学校として知られるブルーマウンテン・スクールの創設者であるローラ・スタイン（Laura Stein）氏およびレスリー・ルービンシュタイン（Leslie Rubinstein）氏への現地インタビューに基づく（2003年２月20日）。
4．ジェームス・E・カーター（1924年～）第39代米国大統領（1977～1981）。引退後は、「平和の使者」として紛争を未然に防ぐ活動を個人の資格で行い、2002年のノーベル平和賞を受賞している。
5．CAT でのトゥイン氏へのインタビュー（2003年２月22日）。以下のトゥイン氏の言葉の引用についても同じ。

2．シュタイナー学校は、ドイツの人智学者であるR.シュタイナーの思想に基づき、1919年にシュトゥットガルトに創設されたオルタナティブな学校。現在では、50ヵ国以上に普及している。オーストラリアのシュタイナー学校については Edmunds（Compiled by Wyndham K. C.）(2000）および全国支援協会のURL、http://www.steiner-australia.org を参照のこと。

3．こうした一貫教育は就学前教育を意味する Reception から第12学年まで一貫した教育という意味で「R-12」と称される。

4．以下の MWS に関する描写は、筆者が2001年の10月から11月にかけて、および2003年の6月から翌年3月にかけて同学園近くに滞在し、しばしば学園を訪れて教師らにインタビューした際の記録をもとにした記述である。豪ドルから円への換算レートは2004年6月現在のものを用いた。

5．MWS の「学力」のユニークさについては、永田（2005）を参照。

6．詳しくは、http://www.ais.sa.edu.au/html/home.asp を参照。

7．以下の AISSA に関する記述は同事務局スタッフへのインタビューに基づく（2004年2月25日)。

8．以下の BSS に関する叙述は、筆者が2001年11月5日～7日および2003年10月3～4日に同学園を訪れ、参与観察した際の記録および教師らへのインタビューをもとにした記述である。

9．Neo-Humanism。インド人の霊的指導者であるP. R. サーカー（Shrii Prabbat Ranjan Sakar、1921～1990）の思想を基盤に教育活動や救援活動を世界的に展開している団体。

10．第2章「ケース・スタディ③：オーストラリア」の注1を参照。

11．詳しくは、Booroobin Sudbury School（1999）を参照。

12．詳細については、BSS ホームページ http://www.booroobinschool.com. au/frames.html を参照。

13．詳しくは、http://www.booroobinschool.com.au に掲載されている係争関連の資料を参照。

### 第2章　ケーススタディ④：オランダ

1．自立的な意思決定を行う個人によって政治共同体は構成されるとする思想や、そうした共同体のあり方を理想とする主義。

Commission, Office of Prime Minister. Kingdom of Thailand（2000）および2つの邦訳（村田翼夫ほか訳［2000］ならびに平田利文・森下稔訳［2000］を参照している。

7．子ども村学園でのラチャニー校長へのインタビュー（2001年11月27日）。

8．同上。

9．2001年11月に子ども学園で開催された第3回国際オルタナティブ教育セミナーでのホームスクール・セッションでの報告によれば、タイではホームスクールを実践している家族がバンコクを中心に約150家族いる。うち3分の2は近くの公立学校と連携しながら「就学」している家族であり、残りの3分の1は独自に家庭内で教育プログラムを実践している家族である。後者の場合、子ども村学園などのオルタナティブ・スクールに登録し、学園が作成した試験を受け、学園を「卒業」し、進級する子どもが大半である。

10. The Resource Center for Alternative Education（2001a）および（2001b）を参照。

11.「第3回国際オルタナティブ教育セミナー」でのドンチャイ氏による講演での発言（2001年11月28日）。

12. 子ども村学園でのラチャニー校長へのインタビュー（2001年11月27日）。

13.「第3回国際オルタナティブ教育セミナー」でのドンチャイ氏による講演での発言（2001年11月28日）。

14. 子ども村学園でのドンチャイ氏へのインタビュー（2001年11月28日）。

15. 国家教育委員会でのスカピロム氏へのインタビュー（2001年11月26日）。

16. このネットワークについては、Nagata and Manivannan（2002），pp.174-176を参照。

17. 例えば、モンテッソーリ理論のタイ社会への導入を試みている実践例としてBenthum（2001）が挙げられる。

## 第2章　ケーススタディ③：オーストラリア

1．Sudbury Valley School。アメリカのマサチューセッツ州にある自由と自治を重んじた民主学校。詳しくは、Greenberg（1996）（ダニエル・グリーンバーグ／大沼安史訳『「超」学校——これが21世紀の教育だ——』一光社、1998年）を参照。

## 第2章　ケーススタディ①：ボリビア

1．自由学園については、Becker（1930）を参照。インドなど、いわゆる発展途上国のオルタナティブ教育を紹介した本として、Gribble（1998）が挙げられる。

2．http://hdr.undp.org/reports/global/2004/pdf/hdr 04_HDIpdf（2004年9月23日にアクセス）。

3．同法律については、Ley 1551 de Participacion Popular (http://www.congreso.gov.bo/11 leyes/leyes/1551.htm) を参照。

4．Ministerio de Educacion, Cultura y Deportes, Viceministerio de Educacion Inicial, Primaria y Secundaria (Bolivia) (1998).

5．筆者はこれまでラ・フローレスタ学園を3度ほど訪ね、参与観察を行ったが、以下に描出する学園の様子や引用する同学園教師らの言葉は、2001年3月12日～21日に行った現地調査の際に聴き取りした内容が中心である。

6．「ラカウタ」については倉田・永田（2002）を参照。

7．ペスタロッチ学園に関する貴重なモノグラフ（英文）としてGribble（1998）pp.131-145を参照されたい。

8．1921年にA. S. ニイルによって設立された「世界で最も自由な学校」と称されるフリースクール。授業に出席するか否かも生徒自身が決定する。

9．靴を脱ぐ理由は、第一に室内を清潔にすること、第二に心地よさを全身で感じられることだという。

## 第2章　ケーススタディ②：タイ

1．ラチャニー・．ドンチャイ校長へのインタビュー（2004年6月4日）。

2．詳しくは、永田（1996）（第5章第8節）、（1997）、（2001a）を参照。

3．学園の規則については、**資料I**を参照されたい。

4．省令案については、国際オルタナティブ教育研究会（2003）379～381頁を参照されたい。

5．この記述は著者によるスカピロム氏およびラチャニー校長へのインタビューに基づく（2001年11月26日、27日）。

6．ここで取り扱う国家教育法の訳はOffice of the National Education

掲げ、2002年9月から中等教育において必修化された。

12. この報告書は、次のURLから入手できる。http://www.hhh.umn.edu/centers/school-change/docs/wrhc.pdf

13. 2002年1月にブッシュ政権下で可決された教育改革法であり、「落ちこぼれゼロ法」とも訳される。基礎学力の強化を目指し、各州に公立学校の生徒を対象とする学力テストを義務づけ、さらに全国統一テストの受験も課している。テストの結果は公開され、親は学校選択の参考とする。2年にわたって成績不振の学校は、改善計画の提出が求められる。

14. 日本でもこうした動きは見られる。例えば、ラーンネット・グローバルスクール代表の炭谷俊樹はデンマークの教育から影響を受けた独自の学習活動を展開している（炭谷［2000］）。また、きのくに子ども村学園の堀慎一郎はプロジェクト・ベースの学習活動を通して多くの成果を挙げている（堀［1997；1998］）。

15. オルタナティブ教育研究会（2001）33～36頁および、オルタナティブ教育研究会（2003）27～29頁、48～50頁。

16. スリランカにおける民衆の非暴力運動。五つのR（Relief, Rehabilitation, Re-Construction, Reconciliation, Reawakening）を通して幾世紀にも及ぶ民族闘争の根本的な解決を目指している。

17. とりわけ、教育開発分野でアジア独自の開発理論を打ち立て、教育政策レベルまで影響を与えた教育刷新プログラムとして、キット・ペンが挙げられる。詳しくは、永田（2002b）を参照。

18. 例えば、Gribble（1998）。グルントヴィ思想のアジアでの展開についてはZøllner（1994）を参照。

19. 例えばミラーは、1960年代以降のアメリカのフリースクール運動は、当時の公教育に対する不満の映し鏡であったととらえている（Miller [2002] Chap. 1）。

20. 真の影響は少数派から生まれることを論証したのはモスコヴィッシ（Serge Moscovici 1976；1985）であり、オルタナティブ教育の社会的意義もモスコヴィッシらが唱えた少数派影響理論からとらえ直す必要があると筆者は考えている。この課題については、別の機会に論じたい。

3.『アメリカ教育事典（*Encyclopedia of American Education.* Second Edition）』には「オルタナティブ・スクール」の定義として次のように記されている。「ユニークかつ顧客自身の設計による教育プログラムであり、往々にして実験的である。才能のある生徒のために設計される場合もあるが、多くの場合は、行動や感情面において、身体的、知的側面において問題があり、危機に立つ生徒に関連している」（Unger [2001] p.57）。

4．最近のチャータースクールの課題については、例えば、Wells (2002) を参照。

5．以下の論旨は、高炳憲（1999）37〜40頁からのものである。聖公会大学で教鞭をとる高は、1995年に「対案教育を考える集まり」を主宰し、『対案学校のモデルと実践』などの編著があり、1997年から隔月刊誌『初めのように』（対案教育を考える集まりの機関誌）の編集長を務める。なお、高は ‘Alternative’ に対して「対案」という訳語を用いている。

6．詳しくは、http://ici.umn.edu/products/prb/141/default.html。なお、この調査結果は日本の適応指導教室を対象にした調査結果と極めて類似していることは興味深い（オルタナティブ教育研究会［2003］）。

7．ニュージーランドのオルタナティブ教育研究者であるK. ヴォーンは、いわゆる問題児だけを対象とするようになった同国政府の「オルタナティブ教育」政策を批判的に論じ、その意味の狭義化の問題について指摘している（Vaughan [2002 a] p. 97.）。

8．横田（2001）55〜68頁および、横田（2003）18〜27頁を参照。

9．平成11年度から実施されている「不登校児童生徒の適応指導総合調査研究委託」の別称。平成14年度には630ヵ所の適当指導教室や民間施設で実施されてきたが、不登校の子どもたちの「学校復帰」に向けての望ましい指導のあり方について研究するためのプログラムは、フリースクールやフリースペースにはさほど使用されず、民間施設数は36ヵ所に留まる（「文部科学省における不登校に関する施策」文部科学省　不登校問題調査研究協力者会議第一回配布資料、2002年９月５日）。2003年度からは、SSPを拡充する形で新たにSSN（スクーリング・サポート・ネットワーク）整備事業が始まっている。

10．Barr and Parrett, op. cit., pp.14-15。なお、オーストラリアの一般の学校の生徒とシュタイナー学校の生徒の大学での成績比較については、永田（2005）を参照されたい。

11．市民教育（Citizenship Education）は、イギリス政府が「責任ある社会的道徳的行動」や「民主社会の構成員としての知識・技能の習得・活用」を目標に

において、「出席扱い」のフリースクールなどに通う不登校児童・生徒も通学定期乗車券制度（「学割」）の適用を受けることができるようになった。これは、当時の教育政策に対するフリースクールなどによる反対運動の成果であった（東京シューレ［2000b］77頁）。

13. 1990年代後半以降、筆者らはフリースクールやフリースペースを対象にした全国調査を実施し、オルタナティブな学び舎に〈公共性〉が見いだされることについて示してきた。オルタナティブ教育研究会（2001）および菊地・永田（2000；2001）、オルタナティブ教育研究会（2003；2004）を参照されたい。また、フリースクールの〈公共性〉については、沖縄のアメラジアン・スクールをフィールドにした、渋谷（2002）も参照。

14. ④以降はデンマーク社会においても多様な見解があるという見方もできるが、社会全体として対話を重視し、教育機会を少数派の人々にまで保障し、一定の経済水準と豊かな文化水準への志向が顕著に見られるのがデンマーク社会の特徴であろう。清水（1996）を参照。

## 第1章の〈注〉

1.『国際教育社会学事典（International Encyclopedia of the Sociology of Education）』でも「オルタナティブ・スクール」や「フリースクール」はプライベート・セクターにより多く見られるが、中央政府からのコントロールが緩いパブリック・セクターにも存在することが指摘され（Saha［1997］pp.456-463）、私教育に比べると国家の統制の強い公立教育の中にもオルタナティブ教育は見られることが強調されている。

2. 近年、「特別なニーズ教育」という視座から、通常の教育では満たされない特別なニーズは障碍教育のみならず、不登校の子どもや帰国子女などの新たなニーズに対応した教育も含めるべきであるという論が台頭している（例えば、渡部［1999］）。一方、こうした概念の敷衍化は障害教育の固有性の軽視や障碍児教育の弱体化につながる可能性もあるとする高橋らの見解もある（高橋ほか［2000］）。また、「特別なニーズ教育」という視座が強調された国際ステートメントとしては、「特別なニーズ教育における原則、政策、実践に関するサラマンカ声明ならびに行動要綱」（ユネスコ・サラマンカ宣言、1994年）が挙げられる。

# 注および引用・出典一覧

## 序〈注〉

1．これらの施策は不登校問題の解決を目的に策定されたものばかりではないが、2002年９月に立ち上げられた文部科学省による不登校問題調査研究協力者会議の資料の中で「文部科学省における不登校に関する施策」としてまとめられた諸施策である。個々の施策の詳しい内容については、「文部科学省における不登校に関する施策」（同会議第一回配付資料）を参照。

2．文部科学省の統計上では、2001年度の統計で不登校の子どもの数は10年ぶりに減少に転じた。しかし、全国的に適応指導教室が増えていることや、いわゆる保健室登校でも「登校」と見なされることなどを考慮すれば、問題の根本的な解決への兆しがあるととらえるのは早計に過ぎるといえよう。

3．http://www.edreform.com（2004年１月現在のデータ。同年６月28日にアクセス）

4．AERO (The Alternative Education Resource Organization). (2002) p.19.

5．http://www.skolverket.se/friskolor/information/info_diagr_2.shtm（2004年12月７日にアクセス）

6．http://www.minedu.govt.nz（2004年９月15日にアクセス）

7．http://www.moe.go.kr/bbs（2004年９月15日にアクセス）

8．1998年より「Fonte（旧「不登校新聞」）」が毎月２号のペースで毎回4,000部発刊されてきた。2005年１月現在、161号を数える。

9．1990年代後半から最も活発な運動を展開してきたNPOとして「湘南に新しい公立学校を創り出す会」が挙げられる。詳しくは、佐々木（2001）。

10．朝日新聞2003年４月21日（朝刊）「学校に戻す前提　最善か：踏み込み不足の不登校対策」はこうした齟齬を鋭く指摘した記事の一つである。

11．1983年に「フリースクール研究会」が全国規模で設立され、1985年の会員数は600名を超えた（フリースクール研究会［1985］）。定期的な発行された「フリースクール通信」には当時立ち上げられた臨教審の教育の自由化論など公教育を意識したさまざまな論考も寄せられている。

12．この通知の翌年３月、「登校拒否児童生徒が学校外の公的機関等に通所する場合の通学定期乗車券制度の適用について」という初等中等局中学校課長通知

Wylie, Cathy. (1998) *Can Vouchers Deliver Better Education?: A Review of the Literature, with Special Reference to New Zealand.* Wellington: NZCER (New Zealand Council for Education Research).

Zøllner, Lilian. (1994) (Tran. by A. M. Anderson) *Grundtvig's Educational Ideas in Japan, The Philippines and Israel.* Vejle: Kroghs Forlag ALS.

*Søger Statstilskud.* 2001 J. nr. 1999-3340-2. København K: Undervisningsministeriet.

——. (2003) *Tal der Taler, Uddannelsesnøgletal 2003*. København K: Undervisningsministeriet.

Undervisningsministeriet Tilskudskontoret. (2000) *Orientering om Statstilskud til Frie Grundskoler.* København K: Undervisningsministeriet.

Unger, Harlow G.. (2001) *Encyclopedia of American Education (Vol. I),* Second Edition, New York: Facts On File, Inc..

UNESCO (The United Nations Educational, Scientific and Cultural Organization). (1981) *Self-management in Educational Systems.* Paris: UNESCO.

U.S. Department of Education. (2002) *Guidance for Title V, Part A of the Elementary and Secondary Education Act, as Reauthorized by the No Child Left Behind (NCLB) Act (State Grant for Innovative Programs).* Washington DC.

Vaughan, Karen. (2002a) "Daring to be Different: The Rise and Fall of Auckland Metropolitan College." In *New Zealand Annual Review of Education.* Livingstone, Ian (ed.). Wellington: School of Education, Victoria University of Wellington, pp. 85-103.

——. (2002b) "Some Like it Liminal: Finding a Place for the Last Alternative State High School in New Zealand." In *Education and Social Justice.* 4 (3 Autumn). pp.52-59.

Walzer, Michael. (1983) *Spheres of Justice: A Defence of Pluralism & Equality.* Bath: The Pitman Press. マイケル・ウォルツァー（山口晃 訳）(1999)『正義の領分—多元性と平等の擁護—』而立書房。

Wells, Amy Stuart. (ed.). (2002) *Where Charter School Policy Fails: The Problems of Accountability and Equity.* New York: Teachers College, Columbia University.

Whitty, Geoff, et al.. (1998) *Devolution & Choice in Education: the School, the State and the Market.* Buckingham: Open University Press.

Wongtham, Wasant Techa. (1991) "Lessons in freedom." In *Bangkok Post.* 21 Dec. 1991.

Wood, Bill. (2003) "Innovation, Difference, Performance: The Mount Barker Waldorf School, South Australia." (paper presented at Education Research Conference 2003 (Flinders University)).

cation Research.

Tokyo Shure. n.d. *Japanese Free Schools and Tokyo Shure.* Tokyo: Tokyo Shure.

Tolstoy, Leo. (Trans. by Leo Weiner). (1967) *Tolstoy on Education.* Chicago: The University of Chicago Press.

Tooley, James. (1996) "Denationalising the Curriculum: From Bureaucratic Monolith to Safety-Net." In Carnie, et al. (1996), pp.127-138.

——. (1999) *The Global Education Industry: Lessons from Private Education in Developing Countries.* London: IEA (The Institute of Economic Affairs).

——. (2000) *Reclaiming Education.* London: Cassell.

Toronto Waldorf School. n.d. *High School Course Calendar 2000-2001.* Thornhill: Toronto Waldorf School.

Troost, Nel. (ed.). (2001) *Inspecting in a New Age: International Meeting on the Occation of the 200th Anniversary of the Netherlands Inspectorate of Education, 19 October 2001.* Utrecht: Inspectie van het Onderwijs.

Undervisningsministeriet (Danish Ministry of Education). (1996a) *Undervisningsministeriets Bekendtgørelse nr. 559 af 20. juni 1996: Bekendtgørelse om Revision m.v. ved Friskoler og Private Grundskoler m.v., Private Gymnasieskoler m.v. og Kursus til Højere Forberedelseseksamen og om Studieforberedende Enkeltfagsundervisning for Voksne m.v. (Frie Grundskoler).* København K : Undervisningsministeriet.

——. (1996b) *Undervisningsministeriets Bekendtgørelse nr. 569 af 20. juni 1996: Bekendtgørelse af lov om Folkehøjskoler, Efterskoler, Husholdningsskoler og Håndarbejdsskoler (Højskoleloven).* København K: Undervisningsministeriet. (Trans. in the Danish Law Gazette A, 1998. *Consolidated Act No.569 of 20 June 1996 for Danish Folk High Schools, Continuation Schools, Home Economics Schools, and Needlework Schools.* Copenhagen: Ministry of Education).

——. (2000) *De Frie Grundskoler i tal 1999/00.* København K: Undervisnings ministeriet.

——. (2001a) *Bekendtgørelse nr. 903 af 12. oktober 2001: Bekendtgørelse om tilskud m.v. til Friskoler og Private Grundskoler m.v. (Frie Grundskoler).* København K: Undervisningsministeriet.

——. (2001b) *Orientering om Oprettelse af Friskole / Privat Grundskole, som*

Saha, Lawrence J.(ed.).(1997) *International Encyclopedia of the Sociology of Education.* Oxford: Pergamon.

SEM (Spirit in Education Movement). (1999) *Seminar Report: International Seminar on Curriculum Development in Alternative Education Toward a Culture of Peace and Non-violence for the Children of the World.* Bangkok: SEM.

Sheppard, Derek. (2002) "Independent Education: An Australian Perspective." In Nagata and Manivannan (2002), pp.41-50.

Snel, B. and J. van Bruggen. (2001) "After 200 Years: A Law on Inspection of Education for the Netherlands." Utrecht: Central Office Inspectorate of Education of the Netherlands.

South Australian Independent Schools Board (ISB) Incorporated. (1994) "Statement of Goals and Principles." Malvern: South Australian Independent Schools Board Incorporated.

—— (1996) "ISB Services." Malvern: South Australian Independent Schools Board Incorporated.

—— (1997) *Handbook for School Councillors in ISB Member Schools.* Malvern: South Australian Independent Schools Board Incorporated.

—— (1999) *ISB Annual Report 1998.* Malvern: South Australian Independent Schools Board Incorporated.

Stehlik, Tom. (2002) *Each Parent Carries the Flame: Waldorf Schools as Sites for Promoting Lifelong Learning, Creating Community and Educating for Social Renewal*. Flaxton: Post Pressed.

Sub-Committee on Learning Reform of the National Education Commission (NEC), Office of the Prime Minister and Ministry of Education, Thailand. (2000) *Learning Reform: A Leaner-centred Approach: A Publication on Learning Reform Indispensable to All Teachers as Well as Those Responsible for Educational Provision.* Bangkok: Office of National Education Commission.

Tamariki School. n.d. *He Huarahi Tamariki School for Teenage Parents: Working with Students and Their Families in Our Community of Learning.* Porirua: Tamariki School.

Timperley, H. and V. Robinson. (2002) *Partnership: Focusing the Relationship on the Task of School Improvement.* Wellington: New Zealand Council for Edu-

O'Leary, John. (1999) "Progressive school threatened with closure could go abroad." In *Times*, 28 May 1999.

Oregon Department of Education. (2002) *Oregon Report Card: An Annual Report to the Legislature on Oregon Public Schools 2001-2002.* Salem: Oregon Department of Education.

Patrinos, Harry A. (2001) *School Choice in Denmark (Preliminary Report)*. Washington DC: World Bank.

Pedersen, Peter Højgaard. (2002) "The Danish Free School System." In Nagata and Manivannan (2002). pp.51-77.

Pers, Henrik. (1997) *Act on the Folkeskole: the Danish Primary and Lower Secondary School.* [http://eng.uvm.dk]

Pérez de Cuéllar, Javier, et al. (1998[1995]) *Our Creative Diversity: Report of the World Commission on Culture and Development.* Paris: UNESCO Publishing.

Potter, John (2002) "Summerhill School and the Inspectors." In AERO (2002 d) pp.40-44.

Powell, Robert. (2001) *The Danish Free School Tradition: A Lesson in Democracy.* Kelso: Curlew Productions.

Raywid, Mary Anne. (1999) "History and Issues of Alternative Schools". In *The Education Digest.* Vol. 64, No. 9. pp. 47-51.

Resource Center for Alternative Education. (2000a) *Here & Now: Alternative Education Newsletter.* Vol.1, Issue 1, Aug. 2000. Bangkok: Suan Nyuen Mee Ma.

——. (2000b) *Here & Now: Alternative Education Newsletter.* Vol.1, Issue 2, Nov. 2000. Bangkok: Suan Nyuen Mee Ma.

——. (2001a) *Here & Now: Alternative Education Newsletter.* Vol.1, Issue 3, Mar. 2001. Bangkok: Suan Nyuen Mee Ma.

——. (2001b) *Here & Now: Alternative Education and Society Journal.* Vol.2, Issue 1, Aug. 2001. Bangkok: Suan Nyuen Mee Ma.

Royal Danish Ministry of Foreign Affairs. n.d. *The Danish "Folkehøjskole".* n.p..

Rubinstein, L., Y. DeYoung and J. V. Tuin. (eds.). n.d. *Alternative Education Manual: A Start-up and Operations Guide for Private, Publicly Funded Alternative Education Programs and Charter Schools in Lane County, Oregon.* Eugene: Center for Appropriate Transport.

NCISA (National Council of Independent Schools' Associations). (2001) *The Year in Review 2000-2001.* ACT: NCISA.

Neill, A. S. (1949) *The Problem Family.* London: Herbert Jenkins. A. S.ニイル（霜田静志 訳）（1981）『問題の家庭』黎明書房。

——. (1985 [Hart Publishing Company 1960]) *Summerhill: A Radical Approach to Child-Rearing.* Penguin Books. A. S. ニイル（霜田静志 訳）（1990 [1962]）『人間育成の基礎——サマーヒルの教育』誠信書房。

Noddings, Nel. (1992) *The Challenge to Care in Schools: An Alternative Approach to Education.* New York: Teachers College Press.

O'Brien, P., Thesing, A., & Herbert, P. (2001) *Alternative education: literature review and report on key informants' experiences.* Wellington: Ministry of Education.

OECD (Organization for Economic Co-operation and Development). (2000) *Motivating Students for Lifelong Learning: Centre for Educational Research and Innovation "What Works in Innovation in Education."* Paris: OECD.

——. (2001a) *Education Policy Analysis 2001: Education and Skills.* Paris: OECD.

——. (2001b) *Knowledge and Skills for Life: First Results from PISA 2000.* Paris: OECD.

——. (2004) *Education at a Glance: OECD Indicators-2004 Edition.* Paris: OECD（経済協力開発機構（OECD）(2004)『図表でみる教育：OECD インディケータ（2004年版）』）

OECD-CERI. (2001) *Education Policy Analysis.* Paris: OECD.

Office of the National Education Commission, Office of the Prime Minister, Kingdom of Thailand. (2000) *National Education Act B.E. 2542 (1999).* Bangkok: Office of the National Education Commission. 平田利文・森下稔 訳（2000）『タイ仏暦2542年（西暦1999年）国家教育法』；村田翼夫・渋谷恵ほか訳（2000）「タイにおける「仏暦2542（1999）年国家教育法（全訳）」筑波大学比較・国際教育学研究室 編『比較・国際教育』第 8 号。

OFSTED (The Office for Standards in Education). (1993) *Inspecting Independent Schools: HMI Methods and Procedures.*

——. (1997a) *Are You Ready for Your Inspection?: A Guide for Nursery Education Progiders in the Private, Voluntary and Independent Sectors.*

——. (1997b) *Inspecting Independent Schools: A Framework.*

Country Report Denmark 1999." Paris: OECD.

Mintz, Jerry (ed. in chief). (1995) *The Almanac of Education Choices.* New York: Macmillan Publishing USA.

Moscovici, Serge. (1976) (Tran. by C. Sherrard and G. Heinz) *Social Influence and Social Change.* London: Academic Press.

——. (1985) 'Innovation and Minority Influence' In Moscovici, et al. (eds.). *Perspectives on Minority Influence.* London: Cambridge University Press.

Murray, James A.H., et al. (1933) *Oxford English Dictionary, Vol I (A-B).* Oxford: Oxford at the Clarendon Press.

Nagata, Yoshiyuki. (1997) "Die Her Herausforderung von Moo-Ban-Dek: Eine Alternativshule in Thailand." In *Summerhill: Antiautoriätre Pädagogik heute: Ist die freie Erziehung tatsächlich gescheitert?* P. Ludwig (ed.). Weinheim: Beltz, pp.71-83.

——. (1999) "Moo Baan Dek (The Children Village School): Thailand." In NIER (National Institute for Educational Policy Research). *Teacher Education for Peace and International Understanding.* Tokyo: NIER, pp.258-259.

——. (2004) *Alternative Education—An International Perspective—.* Adelaide: Shannon Research Press.

Nagata, Y. and R. Manivannan. (eds.) (2002) *Prospect and Retrospect of Alternative Education in the Asia-Pacific Region: Report of the International Seminar for the Development of Alternative Education—Sharing Experiences among 'Free School' Educators in Asia and the Pacific.* Tokyo: NIER.

Nagata, Y. and E. Kikuchi. (2002) "Sociology of Alternative Education: "Publicness' Generated from Diversity." In Nagata and Manivannan (2002). pp. 89-114.

Nathan, Joe. (1996) *Charter Schools.* San Francisco: Jossey-Bass Publishers. ジョー・ネーサン（大沼安史 訳）（1997）『チャータースクール―あなたも公立学校が創れる』一光社。

National Research Bureau. (2000) *Process Evaluation of School Based Alternative Education: Report to the Ministry of Education.* Wellington: Ministry of Education.

——. (2000) *Evaluation of Alternative Education Phase Two: Outcomes: Report to the Ministry of Education.* Jun. 2000. Wellington: Ministry of Education.

*trator's Perspective.* Bangkok: IIEP(International Institute for Educational Planning, UNESCO).

Manivannan, Ramu. (2002) "A Gandhian Experiment in Alternative Education for India." In Nagata and Manivannan (2002). pp.78-88.

McEvoy, Paddy. (1996) "Steiner Schools in Ireland: A Case Study of Opting in." In Carnie, et al. (1996). pp.110-119.

Mercogliano, Chris. (1998) *Making it up as We Go Along: The Story of the Albany Free School.* Portsmouth: Heinemann.

Miller, Ron. (1992) "Educating for Wholeness," In *Alternatives in Education*. Mark and Helen Hegener (ed.), Washington: Home Education Press.

——. (2002) *Free Schools, Free People: Education and Democracy after the 1960s*. New York: State University of New York Press.

Minister for Education and Children's Services, South Australia. (1997) "A Policy for Planning a NEW or Significantly Changed Non-Government School." 23/5/1997. n.p..

——. (2001) "Non-Government Schools Planning Policy-Revised. Oct 2001." n.p..

Ministerie van Onderwijs Cultuur en Wetenschappen (OCenW). n.d. (a). *Information Dossiers on the Structures of the Education Systems in the European Union 2000: The Netherands.* Zoetermeer: OCenW.

—— . n.d. (b). *Primary School: A Guide for Parents and Carers 2001-2002.* Zoetermeer: OCenW.

——. (2001) Education, Culture and Science in the Netherlands: Facts and Figures. Zoetermeer: OCenW.

Ministerio de Educación, Cultura y Deportes, Viceministerio de Educatión Initial, Primaria y Secundaria (Bolivia). (1998) *Prugrama de reforma educative: informede evalucación annual gestión 1997*. La Paz.

Ministry of Education. n.d. *Preparing a Strategic Plan: Guidance for Proprietors of Private Schools Who Apply to Negotiate an Integration Agreement Under The Private Schools Conditional Integration Act 1975.* Wellington.

—— . n.d. Criteria for Assessing a Prospective Integrated School's Strategic Plan. Wellington.

Ministry of Education, of Labour, and of Finance (prepared by Wurzburg, Gregory). (1999) "Alternative Approaches to Financing Lifelong Learning:

Lee, Ya-ching. (2002) "Alternative Schools in Taiwan: Experiences in 'Autonomous Education'." In Nagata and Manivannan (2002). pp.155-166.

Leontieva, Olga. (2002) " 'Parking' Alternative to Grade-Schooling: Russia." In Nagata and Manivannan (2002). pp.134-143.

Leue, Mary M. (ed.). (1999[1992]) *Challenging the Giant: The Best of ΣΚΟΛΕ. The Journal of Alternative Education.* Ashfield, MA: Down-to Earth Books.

——. (ed.). (1994) *Challenging the Giant, Vol.Ⅱ : The Best of ΣΚΟΛΕ. The Journal of Alternative Education.* New York: Down-to-Earth Books.

——. (ed.). (1996) *Challenging the Giant, Vol.Ⅲ : The Best of ΣΚΟΛΕ. The Journal of Alternative Education.* New York: Down-to-Earth Books.

——. (ed.). (2000) *Challenging the Giant, Vol.Ⅳ : The Best of ΣΚΟΛΕ. The Journal of Alternative Education.* Ashfield, MA: Down-to-Earth Books.

Levy, Daniel C. (ed.).(1986) *Private Education: Studies in Choice and Public Policy.* New York: Oxford University Press.

Lilleskolernes Sammenslutning. n.d. *Regnskab 1999 for 43 Lilleskoler: Resultatopgørelse Balance og Noter.* København.

Lilleskolernes, Sammenslutning. (2000) "Arsberetning 2000" *LS-Nyt / Lilleskolernes Sammenslutning.* 114-1 Mar. København.

——. (2001) "Arsberetning 2001." *LS-Nyt / Lilleskolernes Sammenslutning.* 127-20 Feb. København.

Lund, Birte Fahnøe, et al. (eds.). (2003) *Freedom in Thought and Action: Kold's Ideas on Teaching Children.* Ollerup: Center for Research on Free School; Copenhagen: Forlaget Vartov.

Maleny District Community Learning Centre Ltd and The Booroobin Sudbury School. (1999) *Approved Curriculum Framework and Related Planning Implementation Assessment and Observation Process.* Maleny Queensland: Maleny District Community Learning Centre Ltd and The Booroobin Sudbury School.

——. (2001) *Maleny District Community Learning Centre Limited A.B.N. 54 077 579 027: Audit Report and Financial Statements for the Period ended 31st December 2000.* Maleny Queensland: Maleny District Community Learning Centre Ltd and the Booroobin Sudbury School.

Malpica, Carlos.(1983) *The Generalisation of Educational Innovations: the Adminis-*

van het Onderwijs.

The Institute for Democratic Education. n.d. *The International Course for Democratization Process Consultants: Educational Novelty from Viewpoint of a Democratic World.* Hadera: The Institute for Democratic Education.

Jacobs, Kerry. (2000) "Devolved Management in New Zealand Schools." In *The Governance of Schooling: Comparative Studies of Developed Management.* Arnott, M. A. and C. D. Raab (eds.). London: Routledge, pp.180-197.

Kaspersen, Lars Bo and Ottesen Laila (2001) "Associationalism for 150 Years and Still Alive and Kicking: Some Reflections on Danish Civil Society." In Hirst, P. and Bader, V. (2001), pp.105-130.

Kellmayer, John. (1995) *How to Establish an Alternative School.* Thousand Oaks: Corwin Press.

Koetzsch, Ronald E.. (1997) *The Parents' Guide to Alternatives in Education.* Boston: Shambhara Publications.

Korsgaard, Ove. (2000) Grundtvig's Educational Ideas-on Trying Bonds and Cutting Knots. (paper presented at European Forum Freedom for Education 2000)

Kozol, Jonathan. (1972) "Politics, Rage and Motivation in the Free Schools." In *Harvard Educational Review: A Special Issue: Alternative Schools.* Vol.42, No.3, Aug. 1972. Cambridge, MA: Harvard Educational Review, pp.414-422.

——. (1972) *Free Schools: Death at an Early Age.* New York: Bantam Books.

Køber, Henrik. (2000) "The Danish Independent Schools and the State Subsidies to the Schools". (paper presented at European Forum Freedom for Education 2000).

Kühl, Jørgen. (2000) "The Rights of Minorities in the Democratic Tradition: The Danish Experience". (paper presented at European Forum Freedom for Education 2000).

Kwag, Young Sun. (2002) "San Children's School and Alternative Education in Korea." In Nagata and Manivannan (2002). pp.144-154.

Lamb, Albert (ed.). (1992) *The New Summerhill: A. S. Neill.* Penguin Books.

Lane Educational Alternatives Resource Network (LEARN). n.d. *Choices: A Resource Catalog of Publicly Funded, Non-Profit Educational Choices in Central Lane County.* Eugene: LEARN.

——. (ed.). (2000) *Heading for Democracy: The Policy of Democratization and Equal Opportunity in the Israeli Education System.* The Israeli Ministry of Education.

Hirst, Paul and Veit Bader (eds.). *Associative Democracy—The Real Third Way—.* London: Franc Cass.

Hodgetts, Colin. (1996) "Third Sector Alliance: Schools that Want to Join the State System." In Carnie, et al. (1996). pp.57-83.

Holt, John. (1970) *How Children Learn.* New York: Dell Publishing.

——. (1970) *How Children Fail.* New York: Dell Publishing.

Human Scale Education. (2002) *Human Scale Education News (Schools for tomorrow)*. n.d. Bristle: Human Scale Education.

Husén, Torsten and Postlethwaite, T. Neville (eds-in-chief). (1994) *The International Encyclopedia of Education.* Second Edition. Vol. 1. Oxford: Pergamon.

Illich, Ivan. (1972) *Deschooling Society.* New York: Harper & Row Publishers.

IMD. (2003) *IMD World Competitiveness Yearbook 2003: The World's Leading Publication on How Nations Sustain Competitiveness.* Lausanne: IMD (WCY).

Inglehart, Ronald. (1997) *Modernization and Postmodernization: Cultural, Economic, and Political Change in 43 Societies.* Princeton: Princeton University Press.

——. (2003) *Human Values and Social Change—Findings from the Values Surveys..* Leiden: Brill.

Inspectie van het Onderwijs. (1998) *Integral School Supervision of Primary School in the Netherlands: Netherlands Inspectorate of Education.* Utrecht: Inspectie van het Onderwijs.

——. (2000a) *The Evaluation of Basic Secondary Education in the Netherlands (1996-1999): Summary of the Evaluation by the Dutch Inspectorate of Education.* Utrecht: Inspectie van het Onderwijs.

——. (2000b) *Integral School Supervision Report: State Primary School de Kweekvijver.* Utrecht: Inspectie van het Onderwijs.

——. (2001a) *Evaluation Framework: Regular School Supervision Secondary Education.* Version 2.2. 2001-2002. Utrecht: Inspectie van het Onderwijs.

——. (2001b) *Inspecting in a New Age.* Utrecht: Inspectie van het Onderwijs.

——. (2001c) *The Inspectorate of Education of the Netherlands.* Utrecht: Inspectie

New York: Random House.

Graubard, Allen. (1972) "The Free School Movement." In *Harvard Educational Review: A Special Issue: Alternative Schools.* Vol. 42, No. 3, Aug. 1972. Cambridge, MA: Harvard Educational Review, pp. 351-373.

Green, Andy. (1997) *Education, Globalization and the Nation State.* New York: St. Martin's Press. アンディー・グリーン（大田直子 訳）（2000）『教育・グローバリゼーション・国民国家』東京都立大学出版会。

Greenberg, Daniel. (1996) *Free at Last.* Framingham, MA: Sudbury Valley School Press. ダニエル・グリーンバーグ（大沼安史 訳）（1997）『「超」学校――これが21世紀の教育だ』一光社。

――. (1998) *Education in America.* Framingham, MA: Sudbury Valley School Press. ダニエル・グリーンバーグ（大沼安史 訳）（1998）『「超」教育――21世紀教育改革の指針』一光社。

Greenberg, D. and S. Mimsy. (1998) *Starting a Sudbury School: A Summary of the Experiences of Fifteen Start-up Groups.* Framingham, MA: Sudbury Valley School Press.

Gribble, David. (1998) *Real Education: Varieties of Freedom.* Bristol: Libertarian Education.

Hague, William. (2000) *A Free Schools Future.* London: Politeia.

Hannam, Derry. (2001) *A Pilot Study to Evaluate the Impact of the Student Participation Aspects of the Citizenship Order on Standards of Education in Secondary Schools: Draft Report for Prof. Bernard Crick. Ministerial Adviser for Citizenship Education at the Department for Education and Employment (DfEE)* . n.p..

Hart, Harold H.(ed.). (1970) *Summerhill: For & Against.* New York: Hart Publishing Company. ハロルド・ハート（小泉正美 訳）（1973）『人間とは　教育とは――A. S. ニイル是か非か』黎明書房。

Hartman, Gertrude. (1926) "The Progressive Education Association" In *The New Era*: A Review of New Education. Vol.7, No.27. pp. 121-122.

Hassel, Bryan C.. (1999) *The Charter School Challenge: Avoiding the Pitfalls, Fulfilling the Promise.* Washington DC: Brooking Institution Press.

Hecht, Yacov. n.d. *Democratic Education: Education's Answer to the 21st Century.* Hadera: The Institute for Democratic Education.

Fantini, M. D..(1976) *Alternative Education: A Source Book for Parents, Students and Administrators*. New York: Anchor Books, Doubleday & Com.

Faure, Edgar, et al. (1972) *Learning to Be: The World of Education Today and Tomorrow.* Paris: UNESCO (The United Nations Educational, Scientific and Cultural Organization); London: Harrap. ユネスコ国立教育研究所内フォール報告書検討委員会（代表：平塚益徳）訳（1975）『未来の学習』第一法規出版。

Fernandez, A. and S. Jenkner(ed.). (1995) *International Declarations and Conventions on the Right to Education and the Freedom of Education* (A book series of the European Forum for Freedom in Education), EFFE. Vol. 8. Frankfurt/Main: EFFE.

Foundation for Children (FFC). n.d. In *Focus: Foundation for Children in 1987's News.* Bangkok: FFC.

Foundation for Children (FFC). n.d. *Foundation for Children.* Bangkok: FFC.（「子ども財団」制作パンフレット）.

Finn, C. E. Jr., B. V. Manno and G. Vanourek. (2000) *Charter Schools in Action: Renewing Public Education.* Princeton: Princeton University Press. C.フィンほか（高野良一 監訳）（2001）『チャータースクールの胎動――新しい公教育をめざして』青木書店。

Fiske, E. B. and H. F. Ladd. (2000) *When Schools Compete: A Cautionary Tale.* Washington DC: Brookings Institution Press.

Freire, Paulo.(1974) *Pedagogy of the Oppressed.* New York: Continuum. パウロ・フレイレ（小沢有作・楠原彰・柿沼秀雄・伊藤周 訳）（1979）『被抑圧者の教育』亜紀書房。

French, Anne. (2000) *The Heart of the Matter: How the Education Review Office Evaluates Pre-tertiary Education.* Wellington: Victoria University of Wellington through Victoria Link.

Gewirtz, Sharon. (2002) *The Managerial School: Post-welfarism and Social Justice in Education.* London: Routledge.

Gintis, Herbert. (1995) "The Political Economy of School Choice." In *Teachers College Record.* Vol. 96, No. 3. Spring 1995, Teachers College, Columbia University. pp.492-511.

Goodman, Paul. (1962) *Compulsory Mis-education and the Community of Scholars.*

pp.167-177.

Dhongchai, R. and P. Dhongchai.(1989) *Children Village: A Community for Natural Education and Self-reliance.* Bangkok: FFC (Foundation for Children). ラチャニー・ドンチャイ，ピポップ・ドンチャイ（金原隆 訳）（1991）『子供村の10年』子ども財団。

——. (1997) *Real Life at Moo Baan Dek: The Coming of Age of an Alternative Education Community.* Bangkok: FFC (Foundation for Children) Publishing House.

Edmunds, L. Francis (Compiled by Wyndham K. C.). (2000) *The Essentials of Rudolf Steiner Education.* n.p..

Education Otherwise. (1981) *School is Not Compulsory: The Essential Introduction to Home-based Education.* Education Otherwise. エデュケーション・アザワイズ（相沢恭子ほか 訳）（1997）『学校は義務じゃない——イギリスのホーム・エデュケーション実践の手引き』明石書店。

Edwards, Patricia. (2002) "Tamariki: A New Zealand 'Free School'." In Nagata and Manivannan (2002). pp.116-133.

Efterskolerne. (1992) *Meet the Danish Efterskole.* Copenhagen: Efterskolernes Secretariat.

——. (2001)*Efterskolerne 2002-2003.* Copenhagen: Efterskolernes Secretariat.

——. n.d. The Danish *'Efterskole' : a Brief Introduction.* Copenhagen: Efterskolernes Secretariat.

——. n.d. *Efterskoler for Elever med Laese- og Stavevanskeligheder.* Revideret 1998.

Efterskolernes Sekretariat. (2000) *Meet the Danish Efterskole.* Copenhagen: Efterskolernes Sekeretariat.

ERO (Education Review Office).(2000) *Evaluation Criteria.* Jul. 2000. Wellington: ERO.

——. (2000) *Self Review in School.* Jul. (2000). Wellington: ERO.

Estelle, James. (1986) "Public Subsidies for Private and Public Education: The Dutch Case." In *Private Education: Studies in Choice & Public Policy.* Levy, Daniel C.(ed.). New York: Oxford University Press, pp.113-137.

——. (1997) "Benefits and Costs of Privatized Public Services: Lessons from the Dutch Education System." In *Market Approaches to Education: Vouchers and School Choices.* E. Cohn(ed.). Oxford: Pergamon, pp.479-498.

Washington DC: The Brookings Institution.

Cohen, Adir. (1983) *The Educational Philosophy of Martin Buber.* East Brunswick, N. J.: Associated University Presses.

Conley, Brenda Edgerton.(2002) *Alternative Schools: A Reference Book.* Santa Barbara: ABC-CLIO.

Croall, Jonathan. (1984) *Neill of Summerhill: The Permanent Rebel.* London: Ark.

The Danish Friskole Association. (1995) *The Danish Friskole: a Segment of the Grundtvigian- Kold School Tradition.* Fåborg: Danish Friskole Association.

Danish Ministry of Education.(1994) *Danish Youth Education Problems and Achievements: Report to OECD.* Copenhagen: Danish Ministry of Education.

———. (1997) *Act on the Folkeskole. The Danish Primary and Lower Secondary School: Consolidated Act No.55 of 17 January 1995.* Copenhagen: Danish Ministry of Education

Danmarks Privatskoleforening. n.d. *Bla Bog 2000 Oversigt over Foreningens Medlemsskoler m.v.,* København: n.p..

Dansk Friskoleforening. (2001) *Dansk Friskoleforening: Arsberetning 2000.* n.p..

Deakin, Ruth. (1996)" 'Opting in' under the 1993 Education Act: A Case Study of Oak Hill School, Bristol." In Carnie, et al. (1996). pp.84-109.

Delors, Jacques, et al.(1996) *Learning: The Treasure within: Report to UNESCO of the International Commission on Education for the Twenty-first Century.* Paris: UNESCO Publishing. J.ドロールほか（天城勲 監訳）（1997）『学習：秘められた宝——ユネスコ「21世紀教育国際委員会」報告書』ぎょうせい。

Democratic Schools Conference. (2001) *Progressive or Prehistoric? Alternative Democratic Education in the 21st century: Papers & Discussions from Democratic Schools Conference Held at Currambena, Sydney, Apr. 2001.* n.p..

Dewey, John. (1944[1916]) *Democracy and Education.* New York: The Free Press. ジョン・デューイ（松野安男 訳）（1975）『民主主義と教育』岩波書店。

———. (1963[1938]) *Experience and Education.* New York: Collier Books, Macmillan Publishing Company. ジョン・デューイ（河村望 訳）（2000）『デューイ＝ミード著作集７　学校と社会，経験と教育』人間の科学社。

Dhongchai, Rajani. (2002) "My Experience with the Children's Village School and Alternative Education in Thailand." In Nagata and Manivannan (2002).

*and Denmark's Non-violent Path to Modernizations.* Nevada City: Blue Dolphin Publishing.

——. (1996) *Danish Social Movements in a Time of Global Destabilization*. Vejle: Kroghs Forlag Als.

Bruggen, J. C. van. (2000) "Inspection of Schools as an Engine for Sustainable Change: SICI Report." London: SICI Secretariat. (paper presented at the International Conference 'Designing Education for the Learning Society' on 5-8 Nov. 2000.)

——. (2001) "The Netherlands Inspectorate of Education: Where Are We Now and What Are Our Challenges in 2005?." Utrecht: Central Office Inspectorate of Education of the Netherlands. (Statements for the International Meeting 'Inspecting in a New Age' on 19 Oct. 2001.)

Buber, Martin. (1965) *Between Man and Man.* New York: Macmillan Company.

Bunn, Stan. (2001) *Oregon Personnel Accounting Manual: A Handbook on Student Accounting (bj/bb 05/15/01)*. Salem: Oregon Department of Education.

Carnie, Fiona. (1999) *Setting up a Small School: Information Pack.* Bath: Human Scale Education.

——. (2003) *Alternative Approaches to Education: A Guide for Parents and Teachers.* London: Routledge Falmer.

Carnie, Fiona, M. Tasker and M. Large (eds.). (1996) *Freeing Education: Steps towards Real Choice and Diversity in Schools.* Gloucestershire: Hawthorn Press.

Center for Appropriate Transport (CAT) / Human Powered Machines. n.d. *Catalogue 2002.* Engene: CAT

Centre for Self Managed Learning. (2000) *An Independent Inquiry into Summerhill School.* Brighton: The Centre for Self Managed Learning.

Charter, David. (2000) "Blunkett court deal reprieves 'freedom' school." In *Times*, 24 Mar. 2000.

Christensen, Jørgen Grønnegaard. (2000) "Governance and Devolution in the Danish School System." In *The Governance of Schooling: Comparative Studies of Developed Management.* Arnott, M. A. and C. D. Raab(eds.). London: Routledge, pp.198-216.

Chubb, John E. and T. M. Moe. (1990) *Politics, Markets, and America's Schools.*

Apple, Michael W. and J. A. Beane(eds.) (1995) *Democratic Schools.* Alexandria, VA: Association for Supervision and Curriculum Development.

Appleton, Matthew. (2000) *A Free Range Childhood: Self-Regulation at Summerhill School.* Brandon: The Foundation for Educational Renewal.

Australasian Association of Progressive and Alternative Education (AAPAE). (2002) *Learning through Relationship and Understanding: Papers & Discussions from the National Conference of Australasian Association of Progressive and Alternative Education Held at Marbury School, Aldgate, South Australia, 19-21 Apr. 2002.*

Axmark, Flemming(ed.). (1996) *The Danish "Folkehøjskole".* Copenhagen: The Royal Danish Ministry of Foreign Affairs, Department of Information.

Balle, Thorstein and M. Balle-Petersen(eds.). (1995) *The Danish Friskole: A Segment of the Grundtvigian-Kold School Trandition.* Faaborg: The Danish Friskole Associations.

Barr, R. D. and W. H. Parrett. (1997) *How to Create Alternative, Magnet, and Charter Schools that Work.* Bloomington: National Educational Service.

Becker, Sylvia L. (1930) "A Progressive School in Japan" In *The New Era in Home and School*. London: The New Education Fellowship. pp.160-162.

Beckers, Hanneke and Michael de Vos. (2003) "Education in the Netherlands: Aventurijn as an 'enfant terrible'." In AERO (2003), pp.18-19.

Benthum, Willem V. (2001) *The Montessori Learning Centre: Secondary Department of the International Montessori School Phuket. A Concept.* n.p..

Bolland, T., J. Letschert and W. van Dijk. (1999) *Primary Education in the Netherlands: A Picture of a Primary School.* Enschede: SLO (Netherlands Institute for Curriculum Development).

The Booroobin Sudbury School.(1999) *Approved Curriculum Frameworks and Related Planning Implementation Assessment and Observation Processes.* Maleny Qld: Maleny District Community Learning Centre Ltd and the Booroobin Sudbury School.

——. (2001) *The Booroobin Sudbury School Law Book of Rules and Management, Manual about Management of the School and Boarding Accommodation Rules.*

Borish, Steven M. (1991) The *Land of the Living: The Danish Folk High Schools*

New York: AERO.
——. (2000b) *The Education Revolution: The Magazine of the Alternative Education Resource Organization (Formerly Aero-Gramme).* #30, Fall 2000. New York: AERO.
——. (2001a) *The Education Revolution: The Magazine of the Alternative Education Resource Organization (Formerly Aero-Gramme).* #31, Winter 2001. New York: AERO.
——. (2001b) *The Education Revolution: The Magazine of the Alternative Education Resource Organization (Formerly Aero-Gramme).* #32, Spring/Summer 2001. New York: AERO.
——. (2002a) *The Education Revolution: The Magazine of the Alternative Education.* #33, Winter 2002. New York: AERO.
——. (2002b) *Education Revolution: The Magazine of the Alternative Education.* #34, Spring 2002. New York: AERO.
——. (2002c) *Education Revolution: The Magazine of the Alternative Education.* #35, Summer 2002. New York: AERO.
——. (2002d) *Education Revolution: The Magazine of the Alternative Education.* #36, Autumn 2002. New York: AERO.
——. (2003) *IDEC 2003 Magazine*. Summer 2003. New York: AERO
——. (2004) *Education Revolution: The Magazine of the Alternative Education.* Spring 2004. New York: AERO
——. (2004) *Education Revolution: The Magazine of the Alternative Education.* Fall 2004. New York: AERO
AISQ (The Association of Independent Schools of Queensland Inc.). (2000) "August 2000." *AISQ Research Brief.* Spring Hill: AISQ.
AISSA (Association of Independent Schools of South Australia). (2001) "Who really funds school education in South Australia?" In *The Independent: Bulletin from the Association of Independent Schools.* Malvern: AISSA.
Allen, Dwight W. (1975) "Alternative Schools and the Crisis of Education in Developed Countries". In Unesco-IBE. *Prospects*. Vol.V, No.2.
Anderson, Benedict. (1983[1991]) *Imagined Communities.* London:Verso. B.アンダーソン，（白石隆・白石さや 訳）（1987）『想像の共同体：ナショナリズムの起源と流行』リブロポート。

割と連携』平成7～8年度科学研究費補助金・基盤研究(Ｂ)(1)研究成果報告書（代表：谷村覚)、9～31頁。

――（1999)『ホリスティック教育論――日本の動向と思想の地平』日本評論社。

――（2003)「多様性に開かれたシュタイナー学校――カナダの4校の事例調査を中心に」国際オルタナティブ教育研究会（2003a)、4～15頁。

渡部昭男（1999)「特別な教育ニーズをもつ子どもの視点からの学校・学級編制（編成）問題」(日本教育学会第57回大会報告)『教育学研究』第66巻第1号、77～78頁。

ワツラウィック・ポール，ジョン・H・ウィークランド，リチャード・フィッシュ（長谷川啓三 訳）(2000)『変化の原理―問題の形成と解決』法政大学出版局。

AERO (The Alternative Education Resource Organization). (1997a) *Aero-Gramme: The Alternative Education Resource Organization Newsletter*. #22, Fall 1997. New York: AERO.
―――. (1997b) *Aero-Gramme: The Magazine of the Alternative Education Resource Organization*. #23, Winter 1998. New York: AERO.
―――. (1998a) *Aero-Gramme: The Magazine of the Alternative Education Resource Organization*. #24, Spring-Summer 1998. New York: AERO.
―――. (1998b) *Aero-Gramme: The Magazine of the Alternative Education Resource Organization*. #25, Fall 1998. New York: AERO.
―――. (1999a) *The Education Revolution: The Magazine of the Alternative Education Resource Organization (Formerly Aero-Gramme)*. #26, Winter 1999. New York: AERO.
―――. (1999b) *The Education Revolution: The Magazine of the Alternative Education Resource Organization (Formerly Aero-Gramme)*. #27, Summer 1999. New York: AERO.
―――. (1999c) *The Education Revolution: The Magazine of the Alternative Education Resource Organization (Formerly Aero-Gramme)*. #28, Winter 1999. New York: AERO.
―――. (2000a) *The Education Revolution: The Magazine of the Alternative Education Resource Organization (Formerly Aero-Gramme)*. #29, Spring 2000.

方について——報告』文部科学省。

フリースクール研究会（1985）「フリースクール通信」No. 22、フリースクール研究会（一光社）。

ペトス，ビクター・A（藤田暁男ほか 訳）（2000）『福祉社会と市民民主主義——協働組合と社会的企業の役割』日本経済評論社。

保坂亨（2000）『学校を欠席する子どもたち』東京大学出版会。

細谷俊夫・奥田眞丈・河野重男 編（1990）『新教育学大事典』第一法規出版。

堀真一郎（1984）『ニイルと自由の子どもたち』黎明書房。

—— 編著（1985）『世界の自由学校』麦秋社。

——（1994）『きのくに子どもの村——私たちの小学校づくり』ブロンズ新社。

——（1997）『自由学校の設計——きのくに子どもの村の生活と学習』黎明書房。

——（1998）『自由学校の子どもたち——きのくに子どもの村のおもしろい人々』黎明書房。

本図愛実（2001）「アメリカ：オルタナティブスクールとしてのチャータースクール」国際オルタナティブ教育研究会（2001）、25～37頁。

松崎巌 監修（1991）『国際教育事典』アルク。

見田宗介（1996）『現代社会の理論』岩波書店。

森田洋司（2000）『「不登校」現象の社会学』学文社。

文部省 編（2000）『諸外国の教育行財政制度』（教育調査第126集）。

文部科学省初等中等教育局児童生徒課（2002）『生徒指導上の諸問題の現状と文部科学省の施策について』。

文部科学省（2002）『諸外国の初等中等教育』（教育調査第128集）。

結城忠（1994）『学校教育における親の権利』海鳴社。

——（1998）「オランダにおける教育の自由の法的構造」『季刊　教育法』116号、エイデル研究所、38～50頁。

横田正雄（2001）「韓国の不登校の現状とその対応について——ヨンサン・ソンジ高校（聖地高校）の事例から」国際オルタナティブ教育研究会（2001）、53～79頁。

——（2003）「韓国の不登校の現状とその対応について〈その２〉　ヤンオップ高校とハジャセンターの実践を通して」国際オルタナティブ教育研究会（2003a）、18～27頁。

吉田敦彦（1998）「オルタナティブ教育と生涯学習の再定義——ホリスティックな教育観による架橋」『生涯学習社会における学校教育と学校外教育の役

村学園」を語る：ドンチャイ校長夫妻を迎えての講演会記録』ユウ教育セミナー。

二宮皓 編著（1995）『世界の学校——比較教育文化論の視点にたって』福村出版。

日本カリキュラム学会編（2001）『現代カリキュラム事典』ぎょうせい。

日本教育社会学会編集委員会 編（2001）『教育社会学研究（特集 不登校問題の社会学） 第68集』東洋館出版社。

日本法哲学会 編（1997）『多文化時代と法秩序』有斐閣。

ハーバーマス，ユルゲン（細谷貞雄・山田正行訳）（1973［2000］）『公共性の構造転換：市民社会の一カテゴリーについての探求』未來社。

バタイユ，ジョルジュ（生田耕作訳）（1973）『呪われた部分』二見書房。

——（2003）（中山元訳）『呪われた部分 有用性の限界』筑摩書房（ちくま学芸文庫）。

樋田大二郎（2001）「不登校現象からみる学校教育の変容——登校自明性の低下とパノプティコンの拡大」日本教育社会学会編集委員会 編（2001）、25～42頁。

樋口陽一・吉田義明 編（2001）『解説 世界憲法集』三省堂。

平田利文ほか（2004）『日本・タイ両国における「市民性」の育成に関する実証的比較研究』（平成14～16年度科学研究費補助金基盤研究（B）(1)）中間報告書。

藤田英典（1996）「教育の市場性／非市場性——『公立中高一貫校』『学校選択の自由』問題を中心に」森田尚人・藤田英典・黒崎勲・片桐芳雄・佐藤学 編『教育学年報5 教育と市場』世織書房、55～95頁。

——（1997）「『教育における市場主義』批判——黒崎氏の反論に応えて」藤田英典・黒崎勲・片桐芳雄・佐藤学 編『教育学年報6 教育史像の再構築』世織書房、409～455頁。

——（1999a）「＜市民的共生＞と教育改革の課題——黒崎氏の批判論文を読んで」藤田英典・黒崎勲・片桐芳雄・佐藤学 編『教育学年報7 ジェンダーと教育』世織書房、375～394頁。

——（1999b）「問われる教育の公共性と教師の役割——教育改革のゆくえ」油布佐和子編『〈シリーズ〉子どもと教育の社会学5 教師の現在・教職の未来——あすの教師像を模索する』教育出版株式会社、180～204頁。

——（2000）『市民社会と教育——新時代の教育改革・試案』世織書房。

不登校問題に関する調査研究協力者会議（2003）『今後の不登校への対応の在り

報告書（代表：山田達雄）、46～55頁。

永田佳之（1996）『自由教育をとらえ直す――ニイルの学園＝サマーヒルの実際から』世織書房。

――（1997）「内発的発展としてのオルターナティブ・スクール――タイの「子ども村学園」を事例に」『国際教育研究紀要』Vol. 3、東和大学国際教育研究所、61～76頁。

――（1998）「学校自治の可能性――新教育は共同性の問題にどう取り組んだか」日本教育方法学会 編『教育方法27――新しい学校・学級づくりと授業改革』明治図書、28～44頁。

――（2000）「デンマークの教育――独自の教育実践を育む支援構造」全国市町村教育委員会連合会 編『時報市町村教委』第166号、16～19頁。

――（2001a）「現代アジアにおける創造的テンションの創生――タイの『子ども村学園』」『教育学年報８』世織書房、274～280頁。

――（2001b）「フリースクール――日本と諸外国の実情」教科教育研究所 編『CS（学校経営）研レポート』第43号、啓林館、１～21頁。

――（2001c）「仏教的なケアリングの共同体：タイの子ども村学園における福祉教育」『福祉教育・ボランティア学習の構造と実践に関する総合的研究（平成10～12年度科学研究費補助金・基盤研究(B)(1)研究成果報告書（代表：菊地栄治））』、164～173頁。

――（2002a）「タイの『子供村学園』――その内発的発展の生成メカニズム」藤田英典ほか 編『教育学年報９』世織書房、505～521頁。

――（2002b）「タイにおける『キット・ペン』学習概念の理論と実際――多元的特性に着目して」『国際教育協力論集』第５巻第１号、広島大学教育開発国際協力研究センター、47～59頁。

――（2005）「教育とセレンディピティ――オーストラリアのシュタイナー学校に見る豊かな〈学力〉」『教育展望』（第51巻第１号）教育調査研究所、44～51頁。

中村浩子（2001）「ニュージーランド：多様な教育形態と行政のあり方――タマリキ・スクールの教育実践を事例に」国際オルタナティブ教育研究会（2001）、133～157頁。

西平直（1993）『エリクソンの人間学』東京大学出版会。

――（1999）『シュタイナー入門』講談社（現代新書）。

西本肇・永田佳之 監修（2002）『タイのオルタナティブ教育――「タイ子どもの

における特別なニーズ教育概念の検討――その理念、領域、対象、ケア・サービス」『東京学芸大学紀要（1部門）』第51集。

千葉忠夫 監修（1998）『デンマーク国民学校法』東京お茶の水／自分流文庫。

チャータースクール研究会（2001）『アメリカ合衆国のチャータースクールに関する総合的な研究（最終報告）』文部省「教育改革の推進のための総合的調査研究」（代表：大沼安史）。

中華民国教育部編（1989）『國民教育法規選輯』台北市：教育部國教司。

趙恵貞（1999）「学校を拒否する子どもたち――韓国における子どもと若者の文化（第6回公開研究会）」東京大学大学院教育学研究科附属 学校臨床総合教育研究センター 編『学校臨床総合教育研究センター年報――ネットワーク』1998年創刊号、学校臨床総合教育研究センター、33～36頁。

鶴見和子（1996）『内発的発展論の展開』筑摩書房。

――（1999）『コレクション鶴見和子曼陀羅Ⅸ環の巻―内発的発展論によるパラダイム転換―』藤原書店。

鶴見和子・川田侃 編（1989）『内発的発展論』東京大学出版会。

テイラー，チャールズ（岩崎稔・辻内鏡人 訳）（1996）「多文化主義・承認・ヘーゲル」『思想』No.865／1996年第7号、岩波書店、4～27頁。

電気総研／余暇開発センター 編（1999）『世界23カ国 価値観データブック』同友館。

電気総研／日本リサーチセンター編（2004）『世界60カ国価値データブック』同友館。

東京シューレ 編（2000a）『アジアの不登校1――韓国の不登校 日韓不登校交流報告書』東京シューレ。

――（2000b）『フリースクールとはなにか』教育史料出版会。

東京大学教育学部比較教育学研究室 編（1993）『知られざる新教育――比較教育学的再考察』東京大学教育学部比較教育学研究室。

永井憲一 監修（1992［1987］）『教育条約集』三省堂。

中島千恵（1998）「教育の中央統制と市民コントロール――チャータースクールのスポンサーの分析を通して」日本教育行政学会 編『教育行政研究と教育行政改革』年報24、教育開発研究所、115～129頁。

――（2001）「企業による公立学校の運営――アメリカのチャータースクール運動から」『学校と企業のパートナーシップに関する国際比較調査研究（中間報告書）』1999～2001年度科学研究費補助金・基礎研究（A）(2)研究成果

育研究会（2003a）、149～157頁。

支援基礎論研究会編（2000）『支援学――管理社会をこえて』東方出版。

児童財団・児童権利擁護センター（園山礼子・田中美代子 訳）（1988）『サムルーン――工場で酷使されるタイの少年の物語』明石書店。

――（金原隆 訳・編）、刊行年不明『家庭内での子どもに対する身体的虐待――子どもへの強姦』児童権利擁護センター。

柴田寿子（2000）『スピノザの政治思想――デモクラシーのもうひとつの可能性』未來社。

篠田武司（2003）「ガバナンスと『市民社会の公共化』――P. ハーストのアソシエーティブ・デモクラシー論をめぐって」『新しい公共性：そのフロンティア』山口定ほか編、197～222頁。

渋谷真樹（2002）「アメラジアン・スクールからみる新しい公共性の創出」日本子ども社会学会　編『子ども社会研究』第8号、ハーベスト社、92～106頁。

清水満（1993［1996］）『生のための学校――デンマークで生まれたフリースクール「フォルケホイスコーレ」の世界』新評論。

――（1997）『共感する心、表現する身体：美的経験を大切に』新評論。

下村哲夫（1998）「義務教育観の転換」日本教育制度学会紀要編集委員会 編『教育制度学研究』第5号、日本教育制度学会、6～16頁。

自由教育を共に考える仲間（1989）「子どもの村学園」（自費出版資料集）。

人本教育基金會（2001）『人本教育礼記――理念學校在台灣』第139号／2001年1月号、台北：人本教育基金會。

末廣昭（1993）『タイ――開発と民主主義』岩波新書。

末廣昭・東茂樹 編（2000）『タイの経済政策――制度・組織・アクター』アジア経済研究所。

炭谷俊樹（2000）『第3の教育――突き抜けた才能は、ここから生まれる』角川書店。

鄭廣姫（2003）「韓国の代案教育――その行政的な現状と今後の方向を中心に」国際オルタナティブ教育研究会（2003a）、106～120頁。

台北市政府教育局、刊行年不明『自主學習實驗計畫』台北：台北市政府教育局。

高野良一（2001）「教育自治と教育法」日本教育法学会 編『講座　現代教育法2――自治・分権と教育法』三省堂、15～34頁。

高橋智・前田博行・千賀愛・猪狩恵美子・是永かな子・西村和正（2000）「日本

12～14年度科学研究費補助金・基盤研究(Ｂ)(2)研究成果報告書（代表：永田佳之）。

国際教育法研究会 編（監修　永井憲一）（1992）『教育条約集』三省堂。

国立教育政策研究所国際研究・協力部 編（2000）『「知識基盤型社会」を目指す韓国の教育改革』国立教育政策研究所国際研究・協力部。

小玉重夫（1999）『教育改革と公共性―ボウルズ＝ギンタスからハンナ・アレントへ―』東京大学出版会。

齋藤純一（2000）『公共性』岩波書店。

――（2002）「現代社会における公共性の言説をめぐって」佐々木毅・金泰昌 編『公共哲学３　日本における公と私』東京大学出版会、101～114頁。

佐伯胖（1980）『「きめ方」の論理：社会的決定理論への招待』、東京大学出版会。

坂野慎二（2001）「ドイツおよびスイスのシュタイナー学校」国際オルタナティブ教育研究会（2001）、159～177頁。

――（2003）「ドイツのオルタナティブな学校」国際オルタナティブ教育研究会（2003a）、84～104頁。

坂本良江（1984）『世界でいちばん自由な学校――サマーヒル・スクールとの６年間』人文書院。

佐々木毅・金泰昌 編（2001）『公共哲学２　公と私の社会科学』東京大学出版会。

―― 編（2002a）『公共哲学４　欧米における公と私』東京大学出版会。

―― 編（2002b）『公共哲学５　国家と人間と公共性』東京大学出版会。

―― 編（2002c）『公共哲学７　中間集団が開く公共性』東京大学出版会。

―― 編（2002d）『公共哲学10　21世紀公共哲学の地平』東京大学出版会。

佐々木正治（1999）『デンマーク国民大学成立史の研究』風間書房。

佐々木洋平（2001）『市民が創る公立学校』コモンズ。

佐藤学（1996）『カリキュラムの批評――公共性の再構築へ』世織書房。

澤野由紀子（1993）「＜研究ノート＞1920年代ソビエト―ロシアの新教育――アヴァンギャルド芸術と学校教育」東京大学教育学部比較教育学研究室 編（1993）、103～119頁。

―― 訳（1996）「ロシア連邦法『教育について』（1992年７月10日）」関啓子・澤野由紀子 編『資料ロシアの教育：課題と展望』新読書社、475～518頁。

――（2003a）「ロシアのオルタナティブ・スクール事情」国際オルタナティブ教育研究会（2003a）、29～37頁。

――（2003b）「ロシアの民主化とオルタナティブ教育」国際オルタナティブ教

「教育改革国際シンポジウム」企画運営編集委員会 編（2002）『教育改革国際シンポジウム――21世紀の学校を創る』（平成13年度「教育改革国際シンポジウム」報告書）国立教育政策研究所。

教育部 編（2000）『国民教育法規選輯』台北：教育部。

教育部統計處 編（2000）『中華民國教育統計』台北：教育部。

吉良直（2003）「民主的教育の理念と実践――個性と社会性を育成する教育の模索」江原裕美 編『内発的発展と教育――人間主体の社会変革とNGOの地平』新評論、383～412頁。

窪田眞二（2001）「教育の主体と参加」日本教育法学会 編『講座　現代教育法1――教育法学の展開と21世紀の展望』三省堂、144～162頁。

倉田知幸・永田佳之（2002）「アンデス高地における国際技術協力――ラカウタ・プロジェクトが示唆する今日的意義」『国際協力研究』Vol.18, No.1, 国際協力出版会、81～89頁。

栗山次郎（1995）『ドイツ自由学校事情――子どもと教師で作る学校』新評論。

黒石晋（1991）『システム社会学―大キサの知―』ハーベスト社。

黒崎勲（1994）『学校選択と学校参加――アメリカ教育改革の実験に学ぶ』東京大学出版会。

――（2000）『教育の政治経済学――市場原理と教育改革』東京都立大学出版会。

――（2002）「学校選択の理念と教育の公共性」藤田英典ほか 編『教育学年報9　大学改革』世織書房、457～504頁。

経済協力開発機構（OECD）／OECD教育研究革新センター（2003）『図表でみる教育：OECDインディケータ（2002年版）』明石書店。

現代教育研究会（代表：森田洋司）（2001）『不登校に関する実態調査――平成5年度不登校生徒追跡調査報告書』。

高炳憲（1999）「韓国の対案教育運動の基本的性格」、尾花清 編『日韓教育フォーラム』第3号、37～40頁。

国際オルタナティブ教育研究会（2001）『オルタナティブな教育実践と行政の在り方に関する国際比較研究（中間報告事例集）』平成12～14年度科学研究費補助金・基盤研究（B）(2)研究成果報告書（代表：永田佳之）。

――（2003a）『オルタナティブな教育実践と行政の在り方に関する国際比較研究（最終報告書）』平成12～14年度科学研究費補助金・基盤研究（B）(2)研究成果報告書（代表：永田佳之）。

――（2003b）『デンマーク教育省「自由学校創設パッケージ」（資料集）』平成

尾花清（1999a）「画一化されない小さな学校づくり運動――プルム学校が韓国教育に問うもの」尾花清 編『日韓教育フォーラム』第3号／1999年10月号、20～25頁。

――（1999b）「韓国における学校づくりの可能性――プルム学校研究序説」大東文化大学編『大東文化大学紀要』第37号、141～160頁。

尾花清・洪淳明（2001）『共に生きる平民を育てるプルム学校――学校共同体と地域づくりへの挑戦』キリスト教図書出版社。

オルタナティブ教育研究会（国立教育政策研究所）（2001）『オルタナティブな学び舎の実態に関する調査報告書』（菊地栄治・永田佳之）。

――（2003）『オルタナティブな学び舎の教育に関する実態調査報告書』平成14年度国立教育政策研究所政策研究機能高度化推進経費・研究成果報告書。

――（2004）『公共性をはぐくむオルタナティブ教育の存立基盤に関する総合的研究』平成15年度国立教育政策研究所政策研究機能高度化推進経費・研究成果報告書。

海外不登校問題調査研究会（代表：二宮皓）（2000）『各国における不登校問題の現状』平成11年度文部省初等中等教育局「教育方法の改善に関する調査研究」委託研究報告書。

梶間みどり（2001）「イギリスにおける学校設立の法的基準と多様化する教育の公共性――サマーヒルスクールの提訴が示唆するもの」国際オルタナティブ教育研究会（2001）、181～202頁。

――（2003）「オランダにおけるオルタナティブな教育の取り組みと行政の関わりについて――教育監査制度の視点から」国際オルタナティブ教育研究会（2003a）、137～148頁。

川野辺敏 監修（関啓子・澤野由紀子 編集）（1996）『資料ロシアの教育――課題と展望』新読書社。

河森正人（1997）『タイ――変容する民主主義のかたち』アジア経済研究所。

金子郁容・鈴木寛・渋谷恭子（2000）『コミュニティ・スクール構想』岩波書店。

菊地栄治・永田佳之（2000）「オルタナティブ教育の社会学――多様性から生まれる〈公共性〉」『臨床心理学研究』Vol. 38, No. 2、日本臨床心理学会、40～63頁。

――（2001）「オルタナティブな学び舎の社会学――教育の〈公共性〉を再考する」日本教育社会学会 編『教育社会学研究』第68集、東洋館出版社、65～84頁。

# 参考文献一覧

朝倉景樹（1995）『登校拒否のエスノグラフィー』彩流社。

阿部照哉・畑博行 編（1991）『世界の憲法集』有信堂高文社。

天野一哉（2001）『子供が「個立」できる学校——日米チャータースクールの挑戦・最新事情』角川書店。

石川憲彦（1994）『学校の精神風土』アドバンテージサーバー。

——（2001）『不登校現象（不登校・いじめなど）の前方視的・学際的研究』平成10～11年度科学研究費補助金・基盤研究（C）(1)研究成果報告書（代表：石川憲彦）。

一見（鐙屋）真理子（2001）「台湾におけるオルタナティブ教育の登場——その成立と行政との関わりに着目して」国際オルタナティブ教育研究会（2001）、81～116頁。

伊藤隆二・堀真一郎 編著（1988）「特別企画＝フリースクール」『こころの科学』18号／1988年3月号、日本評論社、29～107頁。

今田高俊（1994）『混沌の力』講談社。

——（1995）『自己組織性—社会理論の復活—』創文社。

——（2001）『意味の文明学序説——その先の近代』東京大学出版会。

宇野重昭・鶴見和子 編（1994）『内発的発展と外向型発展：現代中国における交錯』東京大学出版会。

鵜浦裕（2001）『チャータースクール——アメリカ公教育における独立運動』勁草書房。

オヴェ・コースゴール／清水満 編著（1993）『デンマークで生まれたフリースクール「フォルケホイスコーレ」の世界——グルントヴィと民衆の大学』新評論。

大沼安史（2003）『希望としてのチャータースクール——学校を公設民営——』本の泉社。

奥田眞丈・河野重男 監修（1993）『現代学校教育大事典』ぎょうせい。

179, 183, 295
マウントバーカー・ヴァルドルフ・スクール（MWS） 82～87, 89～92
マオリ民族学校　206, 212, 216
マグネットスクール　14, 15, 31, 129, 141, 197
〈まなざし〉 56, 103, 127, 149, 184, 225, 226, 228, 259, 260, 261, 285, 289, 296, 298
マニヴァナン，ラム　22, 35
マルベリー・スクール　198
ミケルセン，オーレ　i, 178, 183
南オーストラリア州独立学校審議会（ISB） 90
南オーストラリア州独立学校連盟（AISSA） 90～92
耳を傾ける文化　i, 37, 40
ミラー，ロン　31, 36
民主学校　128
モー，M・テリー　273
モンテッソーリ，マリア　15, 29, 30, 36, 55, 78, 106, 117, 134, 202
モンテッソーリ学校（教育） 20, 30, 35, 81, 90, 95, 104, 114～116, 118, 161, 192, 193, 197, 199, 200, 206, 209, 210, 251, 257

【や】

「ゆとり」の教育　155
ユネスコ　187
四一〇教育運動　203

【ら】

ラカウタ（土の家）住居建設プロジェクト　53, 55
ラ・フローレスタ（アハユ）学園　45, 49～63, 207, 253
理念学校（法） 6, 203, 204
リレスコーレ　161, 162, 164, 167, 174, 182, 215～217
リレスコーレ協会──►独立学校協会
ルソー，ジャン・ジャック　15, 16, 36
レアルスコーレ　161, 162, 215, 216
レアルスコーレ協会──►全国私学協会
レーン郡教育オルタナティブ・リソース・ネットワーク（LEARN） 28, 138, 146, 147, 149, 295

【わ】

YMCA　176
YWCA　176

【は】
ハイエク，A・フリードリヒ　273
バウチャー制　121, 288
パーカスト，ヘレン　29, 30, 114
ハジャ・センター　201
バタイユ，ジョルジュ　286
パノプティコン（一望監視システム）　293
ハリソン・アンド・ハリソン対スティブンソン裁判　259
ハリネズミどうしの関係　280, 291
ヒューマン・スケール・エデュケーション（HSE）　193
標準化　122～126, 201, 221
標準テスト　241, 244, 245, 267
非規定性の規定　261
非規定性を確保するための規定　296
ピオネール　208
フォルケホイスコーレ　30, 178, 284
藤田英典　8
不登校　iii, 4, 6, 7, 187, 201, 203, 229, 275, 290～292
フリースクール（運動）　7, 12, 14, 15, 17, 18, 26, 27, 31, 32, 80, 129, 141, 202, 203, 211, 229, 257, 272, 275, 285, 286, 290～293, 297
フリースコーレ（協会）　5, 30, 156～158, 161～163, 165～167, 169, 172, 173, 179～181, 183, 187, 190, 205, 215～217, 277
フリースコーレおよび私立の基礎学校に関する法律　232, 234, 295
フリースペース　187, 190, 201
ブールービン・サドベリー・スクール（BSS）　93～104, 198, 223, 227
ブルーマウンテン・スクール　135, 140, 141, 145～148, 152, 153
プルム学園　201
フレネ，セレスティン　20, 29, 30, 55
フレネ学校（教育）　30, 114, 118, 205, 206, 209, 210, 224
フレーベル　36
フレンド・オブ・ザ・スクール　242
プロジェクト・ワーク　183
文化に対する民主主義的統制　255
ペスタロッチ，ヨハン・ハインリッヒ　16, 36
ペスタロッチ学園　45, 54, 207
ペーターゼン，ペーター　114
北政国民中学校自主学習計画実験クラス　204, 223
ポスト福祉主義教育政策コンプレックス（PWEPC）　288
ポストモダン　252, 281
ポートフォリオ　133
ボービア，フレデリク　179
ホームスクーラー（スクール）　5, 72, 73, 75, 119, 125, 135, 136, 142, 144, 150, 157, 181, 191, 197, 206, 214, 216, 230, 232, 266, 276, 294
ホームスクーリング　31, 136, 142, 155, 202, 204, 214
ホリスティック（教育）　29, 30, 35, 36, 38, 52, 63
『ホリスティック教育論』　35
ポリャーナ，ヤーズナヤ　207
ホルト，ジョン　36

【ま】
マイノリティ（擁護）　i, ii, 36～40, 178,

全国評価研究所（EVA）173
センター・フォー・アプロープリエイト・トランスポート（CAT） 129～134,146,147,150
セントラル・パーク・イースト中等学校 17
『想像の共同体』 107

【た】
代案学校 26、234
タキシメーター・システム 170,182,266
ダグ・ハマーショウルド財団 298
多元的な教育システム 234
多元的な社会 261
タマリキ・スクール 211,255,256,272
ダルトン・プラン（学校） 30,106,114,115,117,118,199,209,210,257
チャータースクール（法） 5,7,8,12,18,33,128,133,134,142～145,147,150,153,190～192,197,213,214,216,241,244,246,247,249,251,273,274,280,287
チャブ，E・ジョン 273
鶴見和子 298
ディスカバリー・ワン・スクール 206
ティーム・ティーチング 183
適応指導教室 7
デューイ，ジョン 15,16,29,30,164
デンマーク教育大学 179
ドイツ人学校 161
トゥヴィンド・スクール 172,222,223,248,277
等価性 190,205,231,235,236,260,281
統合学校 18,26,206,212,237,241,251,255,272
闘争──►学校闘争
特性化学校 5,201,234,250,256,260,276
特性学校 5
特別の教育的利益 232,237
特別のニーズ 15,17,33,38,187,237,253,256,260
独立学校（レアルスコーレ）協会 i，37,162～165,174,193,283
独立学校審議会 165
独立学校法 157,166,172,173,181
ドクロリー，オヴィド 29,30
ドクロリー学校 30
トルストイ 207

【な】
内発的な学校評価 295
内発的発展 294,296,297
ナショナリズム 39,107,108
ナショナル・ガイドライン 236,254～257
ナショナル・カリキュラム 244
ナチュラル・ラーニング（ラーナー） 96,98,103
夏目漱石 298
ニイル，アレキサンダー・サザーランド（Neill, A. S.） 14～16,29,30,36,68,70,164
二重学籍 276
『人間開発報告書』 46
人間性重視の文化 284
ネオナチ 178～180
ネオ・ヒューマニズム 94
ノースウェスト学校・カレッジ協会 136
ノンフォーマル教育 73,74,203

サマーヒル・スクール（教育） 7,14,16,30,35,45,54,68,70,71,97,128,162,193,198,206,211,222〜224,227,228,248,255,279,286,289
サルボダヤ運動 35
サンズ・スクール 45
シヴィック・ヒューマニズム 106
支援メカニズム 10,65,78,80,146,154,155,166,186,201,204,228,280
シカゴ大学付属実験小学校 16,30
私事化 31,187
質保証──►クオリティ・アシュアランス
指定特色校 206,212,237,251
児童財団 66
自由ヴァルドルフ学校──►シュタイナー学校
自由オルタナティブ学校連盟 205
自由学校 205
自由教育 139
就学義務 119,155
シュタイナー，ルドルフ 15,16,29,30,36,78,84,134,202,206
シュタイナー学校（教育） 7,16,20,27,30,35,80〜82,84,86,87,90,95,104,114,117,118,124,161,162,192,193,197〜200,206,209,210,231,232,235,242,247,257,258
シュタイナー教育支援事務所 117
少数派──►マイノリティ
少数派の権利 184
少数民族学校 208
初等・中等学校教育法 5,201,233,234,242
私立オルタナティブ・スクール 129,135,137,141〜146,150,152,153,214,216,241,265,270,272,279,280,286
新教育 12,16,28,29
新教育運動 184
新教育連盟 28
新自由主義 226,278
人性教育（心の教育） 256
人智学 30,90,257
進歩主義・オルタナティブ教育オセアニア協会（AAPAE） 198
進歩主義教育（協会） 12,16,28,29,40,45,139
人本基金会 203
森林学校 203
スクーリング・サポート・ネットワーク（SSN） 229,276
スクーリング・サポート・プログラム（SSP） 26,229,275,276,290
スクール・カード 87
スモール・イズ・ビューティフル 164
正義委員会 97
生のための学校 156,158〜161,178,181,295
生命の横溢 277
世界価値観調査 281
説明責任 89,123,125,126,143,192,256,274
セーフティー・ネット 26,253
セレンディピティ 27
全豪シュタイナー学校連盟 245
全豪独立学校評議会（NCISA） 80,90,102,193,198
全国共通試験 120,121,124,125
全国私学（レアルスコーレ)協会 158,160,163,165

カレッジ・オブ・ティーチャーズ　83
ガンディー学園　201,202,223
ガンディー，マハトマ　34
規制された自治　288
教育運動における精神（SEM）　75,203
教育運動のための人民集会　203
教育基本法　233
教育義務　156
教育審議会　118
教育水準監査院（OFSTED）　240
教育特区　286
教育の自由　106～109,112,115,116,119,122,124～126,163,177,209,230,257
教育評価局（FRO）　241
キルパトリック，ウィリアム・ハード　29,30
ギンタス，ハーバート　254
クイーンズランド州独立学校協会（AISQ）　102
クオリティ・アシュアランス（QA）　10,136,149～151,220,228～261,263～272,279,292,296
クオリティ・カード　121
グッドマン　36
クリシュナムルティ，ジドゥ　30,35
グリブル，デイビッド　45
グリーンバーグ，ダニエル　95
グルントヴィ，N. F. S.　30,35,156,160～162,175,176,277,286,295
クロイツベルク自由学校　205,224
グローバリゼーション　4,39
ケアする（はぐくむ）行政　286
契約学校　197,207
ゲヴァーツ，シャロン　288
ケルシェンシュタイナー，ゲオルグ　29,30,206
健全なマイノリティ　ii，40
公教育との等価性　231,234,235,281
公共性　7,9,254,259,274,292
〈公共性〉　8,27,32～34,103,264,277,287
公設民営型学校　34,128,189,190,192,256
公費助成（PS）　81,88,89,99,100,107,112,120,150,158,166,168～170,172,180,190,193,206,210,221,222,228,229,241,245,248,256,264～267,279
公立オルタナティブ・スクール　31,129,141～144,197,214,216,265,270,272,278
国際オルタナティブ教育セミナー　117
国民学校（法）　157,234
国立教育政策研究所　32,298
国立教育測定研究所（CITO）　111,120,245
高炳憲　23
コースゴール，オヴェ　179
国家教育委員会　72,75～77
国家教育法　6,33,64,71～78,233
子ども中心主義　68
子どもの権利擁護センター　66,68
子ども村学園　64～78,162,202,203,294
コミュニティスクール　14,18
コル，クリステン　156,160,162,175,176,295

## 【さ】

財政平等の原則　106,109,112
佐伯胖　184
サドベリーバレー・スクール　80,95,128,145,192,198
サポート校　288

# 索　引


**【あ】**

アヴェントゥリジン・スクール　125,223,226,257,260,289

アジア・太平洋地域フリースクール・セミナー　32,37

アソシエーション（支援協会）　162,165,287,289,295

新しい公立学校を創る会　7

アデレイド宣言　93,102,199,237

アンダーソン，ベネディクト　107

イエナ・プラン学校　20,114,115,118,199,206,209,210

一元的な教育システム　276

一割の妙　ii，184

五つの自由　162,176,178

いのち　36

イノベーション　238

居場所　134

移民（問題）　158,171,180

イングレハート，ロナルド　252

インフォーマル教育　73,74

ウォルツァー，マイケル　288

受け皿　6,26,34,68,201,229,253,275,292

SESモデル　266

エデュ・トピア　181

NCLB教育改革法　31,33

エフタースコーレ（協会）　30,156,160～162,167,172,173,176～180,245

『エミール』　16

オークランド・メトロポリタン・カレッジ　223,226,227

オープン・クラスルーム　16

オープンスクール　14,18

親の会　167,170,171,174,296

親の学校参加　181

オルタナティブ教育リソース協会　181

オルタナティブ教育リソース・センター（AERC）　117,203

オレゴン州教育のオルタナティブな選択のための協会（OAAE）　145

オレゴン州独立学校連盟（OAIS）　145

**【か】**

カウンターカルチャー　16

学園評議会　70,71

学力（リテラシー）　27,31,33,76,138,149,155,180,235,254,258,281,282

学校選択　283～286

学校づくり　285

学校闘争　107～109,112,116,123～126

学校の中の学校　17,57

学校理事会　111,168,173,174,236,276

カナダ独立学校連盟（FISC）　200

壁のない学校　18

## 著者紹介

永田　佳之（ながた・よしゆき）

1962年、長野県に生まれる。

国際基督教大学博士課程修了、博士（教育学）。

1995年に国立教育政策研究所（旧国立教育研究所）に入所して以来、国際事業や国際比較研究に携わる。

著書に、『自由教育をとらえ直す――ニイルの学園＝サマーヒルの実際から――』（世織書房、1996年）、『国際教育協力を志す人のために――平和・共生の構築へ――』（共編著、学文社、2004年）、*Alternative Education —An International Perspective—*（Shannon Research Press, 2004）など。

オルタナティブ教育
――国際比較に見る21世紀の学校づくり――　（検印廃止）

2005年6月25日　初　版第1刷発行

著　者　永　田　佳　之
発行者　武　市　一　幸
発行所　株式会社　新　評　論

〒169－0051 東京都新宿区西早稲田3－16－28
電話 03（3202）7391番
振替・00160－1－113487
http://www.shinhyoron.co.jp

定価はカバーに表示してあります。

落丁・乱丁はお取替えします。

印　刷　フォレスト
装　丁　山田英春
製　本　清水製本プラス紙工



ISBN 4-7948-0664-7 C0037
Printed in Japan